CB055358

Lições preliminares de Direito

Miguel Reale

Lições preliminares de Direito

27ª edição
2002

27ª tiragem
2025

gen | saraiva jur

- O autor deste livro e a editora empenharam seus melhores esforços para assegurar que as informações e os procedimentos apresentados no texto estejam em acordo com os padrões aceitos à época da publicação, *e todos os dados foram atualizados pelo autor até a data de fechamento do livro*. Entretanto, tendo em conta a evolução das ciências, as atualizações legislativas, as mudanças regulamentares governamentais e o constante fluxo de novas informações sobre os temas que constam do livro, recomendamos enfaticamente que os leitores consultem sempre outras fontes fidedignas, de modo a se certificarem de que as informações contidas no texto estão corretas e de que não houve alterações nas recomendações ou na legislação regulamentadora.

- Data do fechamento do livro: 17-10-2002

- O autor e a editora se empenharam para citar vadequadamente e dar o devido crédito a todos os detentores de direitos autorais de qualquer material utilizado neste livro, dispondo-se a possíveis acertos posteriores caso, inadvertida e involuntariamente, a identificação de algum deles tenha sido omitida.

- Direitos exclusivos para a língua portuguesa
  Copyright ©2002 by **SRV Editora Ltda.**
  Publicada pelo selo **SaraivaJUR**
  Uma editora integrante do GEN | Grupo Editorial Nacional
  Travessa do Ouvidor, 11
  Rio de Janeiro – RJ – 20040-040
  www.grupogen.com.br

- **Atendimento ao cliente: (11) 5080-0751 | faleconosco@grupogen.com.br**

- Reservados todos os direitos. É proibida a duplicação ou reprodução deste volume, no todo ou em parte, em quaisquer formas ou por quaisquer meios (eletrônico, mecânico, gravação, fotocópia, distribuição pela Internet ou outros), sem permissão, por escrito, da **SRV Editora Ltda.**

- Capa: Roney Camelo

- **DADOS INTERNACIONAIS DE CATALOGAÇÃO NA PUBLICAÇÃO (CIP)**
  (CÂMARA BRASILEIRA DO LIVRO, SP, BRASIL)

  Reale, Miguel
  Lições preliminares de direito / Miguel Reale. – 27. ed. – [27. Reimp.] – São Paulo: Saraiva, 2025.

  Bibliografia.
  ISBN 978-85-02-04126-4 (impresso)

  1. Direito 2. Direito - Filosofia I. Título.

  02-4636   CDU-340.11

  Índices para catálogo sistemático:
  1. Direito : Teoria   340.11
  2. Teoria geral do direito   340.11

PRINCIPAIS OBRAS DO AUTOR

OBRAS FILOSÓFICAS

Atualidades de um Mundo Antigo, 1936, José Olympio, 2. ed., 1983, UnB; *A Doutrina de Kant no Brasil*, 1949, USP; *Filosofia em São Paulo*, 1962, Ed. Grijalbo; *Horizontes do Direito e da História*, 1956, 3. ed., 2 000, Saraiva; *Introdução e Notas aos "Cadernos de Filosofia" de Diogo Antonio Feijó*, 1967, Ed. Grijalbo; *Experiência e Cultura*, 1977, Ed. Grijalbo, 2. ed., 2000, Bookseller; *Estudos de Filosofia e Ciência do Direito*, 1978, Saraiva; *O Homem e seus Horizontes*, 1980, 1. ed., Convívio, 2. ed., 1997, Topbooks; *A Filosofia na Obra de Machado de Assis*, 1982, Pioneira; *Verdade e Conjetura*, 1983, Nova Fronteira, 2. ed., 1996, Fundação Lusíada, Lisboa; *Introdução à Filosofia*, 1988, 4. ed., 2002, Saraiva; *O Belo e outros Valores*, 1989, Academia Brasileira de Letras; *Estudos de Filosofia Brasileira*, 1994, Inst. de Fil. Luso-Brasileira, Lisboa; *Paradigmas da Cultura Contemporânea*, 1996, 2. tir., 1999, Saraiva; *Cinco temas do Culturalismo*, 2000, Saraiva.

OBRAS DE FILOSOFIA DO DIREITO

Fundamento do Direito, 1940, Ed. própria, 3. ed., 1998, Revista dos Tribunais; *Filosofia do Direito*, 1953, 19. ed., 3. tir., 2001, Saraiva; *Teoria Tridimensional do Direito*, 1968, 5. ed., 5. tir., 2001, Saraiva; *O Direito como Experiência*, 1968, 2. ed., 1992, Saraiva; *Lições Preliminares de Direito*, 1973, Bushatsky, 4./26. ed., 2002, Saraiva, uma ed. portuguesa, Livr. Almedina, 1982; *Estudos de*

Filosofia e Ciência do Direito, 1978, Saraiva; *Direito Natural/Direito Positivo*, 1984, Saraiva; *Nova Fase do Direito Moderno*, 2. ed., 1998, Saraiva; *Fontes e Modelos do Direito*, 1994, Saraiva.

OBRAS DE POLÍTICA E TEORIA DO ESTADO

O Estado Moderno, 1933, 3. ed., José Olympio, 4. ed., UnB; *Formação da Política Burguesa*, 1935, José Olympio, 2. ed., 1983, UnB; *O Capitalismo Internacional*, 1935, José Olympio, 2. ed., 1983, UnB; *Teoria do Direito e do Estado*, 1940, Livr. Martins Ed., 4. ed., 1984, Saraiva; *Parlamentarismo Brasileiro*, 1. e 2. ed., 1962, Saraiva; *Pluralismo e Liberdade*, 1963, Saraiva, 2. ed., 1998, Ed. Expressão e Cultura; *Imperativos da Revolução de Março*, 1965, Livr. Martins Ed.; *Da Revolução à Democracia*, 1969, Convívio, 2. ed., 1977, Livr. Martins Ed.; *Política de Ontem e de Hoje*, 1978, Saraiva; *Liberdade e Democracia*, 1987, Saraiva; *O Estado Democrático de Direito e o Conflito das Ideologias*, 2. ed., 1999, Saraiva; *Crise do Capitalismo e Crise do Estado*, 2000, Ed. Senac.

OBRAS DE DIREITO POSITIVO

Nos Quadrantes do Direito Positivo, 1960, Ed. Michelany; *Revogação e Anulamento do Ato Administrativo*, 1968, 2. ed., 1980, Forense; *Direito Administrativo*, 1969, Forense; *Cem Anos de Ciência do Direito no Brasil*, 1993, Saraiva; *Questões de Direito*, 1981, Sugestões Literárias; *Teoria e Prática do Direito*, 1984, Saraiva; *Por uma Constituição Brasileira*, 1985, Revista dos Tribunais; *O Projeto de Código Civil*, 1986, Saraiva; *O Projeto do Novo Código Civil*, 2. ed., 1999, Saraiva; *Aplicações da Constituição de 1988*, 1990, Forense; *Temas de Direito Positivo*, 1992, Revista dos Tribunais; *Questões de Direito Público*, 1997, Saraiva; *Questões de Direito Privado*, 1997, Saraiva.

OBRAS LITERÁRIAS

Poemas do Amor e do Tempo, 1965, Saraiva; *Poemas da Noite*, 1980, Ed. Soma; *Figuras da Inteligência Brasileira*, 1984, 1.

ed., Tempo Brasileiro, 2. ed., 1997, Siciliano; *Sonetos da Verdade*, 1984, Nova Fronteira; *Vida Oculta*, 1990, Massao Ohno; *Face Oculta de Euclides da Cunha*, 1993, Topbooks; *Das Letras à Filosofia*, 1998, Academia Brasileira de Letras.

OBRAS DIVERSAS

Atualidades Brasileiras, 1937, José Olympio, 2. ed., 1983, UnB; *Problemas de Nosso Tempo*, 1969, Ed. Grijalbo; *Reforma Universitária*, 1985, Convívio; *Miguel Reale na UnB*, 1981, Univ. de Brasília; *Memórias*, v. 1, 1986, 2. ed., 1987, v. 2, 1987, Saraiva; *De Tancredo a Collor*, 1992, Siciliano; *De Olhos no Brasil e no Mundo*, 1997, Expressão e Cultura.

PRINCIPAIS OBRAS TRADUZIDAS

Filosofia del Diritto, trad. Luigi Bagolini e G. Ricci, 1956, Torino, Giappichelli; *Il Diritto come Esperienza*, com ensaio introd. de Domenico Coccopalmerio, 1973, Milano, Giuffrè; *Teoría Tridimensional del Derecho*, trad. J. A. Sardina-Paramo, 1973, Santiago de Compostela, Imprenta Paredes, 2. ed., Universidad de Chile, Valparaíso (na coletânea "Juristas Perenes"), 3. ed. reestruturada, trad. Angeles Mateos, Tecnos, Madrid, 1997; *Fundamentos del Derecho*, trad. Julio O. Chiappini, 1976, Buenos Aires, Depalma; *Introducción al Derecho*, trad. Brufau Prats, 1976, 10. ed., 1991, Madrid, Ed. Pirámide; *Filosofía del Derecho*, trad. Miguel Angel Herreros, 1979, Madrid, Ed. Pirámide; *Expérience et Culture*, trad. Giovanni Dell'Anna, 1990, Bordeaux, Éditions Bière.

*À pequenina Luciana
estas primeiras luzes do Direito*

NOTA À VIGÉSIMA PRIMEIRA EDIÇÃO

Singular o destino deste livro. Nascido na sala de aula como apostilas, veio sendo revisto e completado até se tornar, sem perda de seu cunho didático, a exposição dos elementos essenciais de uma *Teoria Geral do Direito* como projeção natural de minhas pesquisas filosófico-jurídicas.

Estava longe de imaginar o sucesso da presente obra, com vinte e uma edições até agora no Brasil, uma em Portugal e nove na Espanha sob o título de *Introducción al Derecho*, traduzida e adaptada ao Direito espanhol por Brufau Prats, eminente catedrático de Filosofia do Direito nas Universidades de Barcelona e Valladolid.

Atribuo esse êxito ao tom coloquial que procurei emprestar a estas páginas, preservando a clareza e o rigor próprios dos trabalhos científicos.

Por outro lado, ao invés de uma espécie de Enciclopédia Jurídica, que redunda sempre em um amálgama indefinido de noções, preferi situar os problemas gerais do Direito Positivo em função da *teoria tridimensional do Direito*, resultado de minhas meditações sobre a estrutura e a natureza da experiência jurídica. Daí a reduzida exposição de doutrinas alheias, a não ser quando correspondentes a momentos essenciais do desenvolvimento científico, com remissão, porém, aos livros em que participo do debate das idéias, em cotejo com os mestres do pensamento jurídico.

Outro ponto que merece ser lembrado é a contínua ilustração da exposição teórica mediante a invocação de textos da Constituição ou do Direito Civil, o qual, a bem ver, é "a constituição do homem comum", continuando a ser, na linha da tradição romana, a disciplina jurídica por excelência.

Uma de minhas vaidades é ter podido contribuir, com minhas lições, para auxiliar os jovens a percorrer o mundo jurídico, conforme propósito assinalado no Prefácio que redigi para a 1.ª edição, cuja leitura me parece indispensável.

Daí minha constante preocupação de atualizar o texto à medida que iam se desenvolvendo minhas pesquisas. Nesse sentido, seja-me permitido observar que são relevantes os acréscimos feitos na presente edição, sobretudo nos Capítulos III, V, VII, XIII e XV, sendo que, neste último, penso ter estabelecido mais rigorosa relação entre os conceitos de *fontes* e de *modelos do Direito*, abrangendo estas os *modelos jurídicos* e os *modelos hermenêuticos*.

Como se vê, o passar dos anos não me tem privado, felizmente, do permanente dever de autocrítica, visando a atingir soluções teóricas cada vez mais em sintonia com a experiência jurídica, tema central de meus estudos.

Dezembro de 1993.

O Autor

PREFÁCIO À VIGÉSIMA SÉTIMA EDIÇÃO

Ao redigir *Lições Preliminares de Direito*, pareceu-me conveniente ilustrar a matéria exposta com remissão aos correspondentes artigos do Código Civil então em vigor, visando transmitir uma compreensão concreta da experiência jurídica.

Com a entrada em vigor da Lei n. 10.406, de 10 de janeiro de 2002, que instituiu o novo Código Civil, houve necessidade de rever o texto, para colocá-lo em consonância com os novos mandamentos legais.

Não foi tarefa fácil, dada a profunda diferença entre os paradigmas da codificação de 2002, mais aderentes aos imperativos éticos e sociais, e os do Código de 1916, mais apegados às soluções de caráter estritamente jurídico.

Essa revisão não importou em alteração substancial do livro, mas, a meu ver, veio dar mais atual significado a alguns pontos da Teoria Geral do Direito, cujos conceitos e temas procuro expor com a maior simplicidade possível, sem perda do necessário rigor científico.

Pude notar, aliás, que já havia sido previsto o advento de novos institutos, como, por exemplo, os relativos aos negócios jurídicos, no plano do Direito Privado, e as entidades que, hoje em dia, integram o Direito Público.

São Paulo, agosto de 2002.

MIGUEL REALE

PREFÁCIO À PRIMEIRA EDIÇÃO

Este é um livro, cuja estrutura e espírito se firmaram na sala de aula, destinando-se sobretudo aos que se iniciam no estudo do Direito. Sua inspiração remonta ao tempo em que ministrei, na Faculdade de Direito de São Paulo, Introdução no primeiro ano e Filosofia Jurídica no quinto, pondo-me *in concreto* o problema de dois estudos diversos, mas complementares.

São dessa época umas preleções que, apesar de múltiplas deficiências formais, vinham sendo reclamadas por meus antigos alunos, hoje mestres em várias Faculdades de Jurisprudência do País.

Todavia, o tempo decorrido e todos os resultados de minhas meditações e pesquisas não me permitiam rever e reeditar aquelas aulas antigas. Preferi reescrevê-las, como se as estivesse proferindo hoje.

O que, porém, não abandonei foi a compreensão da Introdução ao Estudo do Direito como uma composição artística, destinada a integrar em unidade os valores filosóficos, teóricos, sociológicos, históricos e técnicos do Direito, a fim de permitir ao estudante uma visão de conjunto, uma espécie de viagem ao redor do mundo do Direito, para informação e formação do futuro jurista.

Como toda viagem bem programada, esta apresenta um itinerário que não obedece a linhas inflexíveis. Há idas e retornos, com pausas demoradas, quando o assunto reclama; há fugas do caminho principal, para uma espiada a paisagens ou monumentos significativos nas redondezas; há vias amplas e serenas, onde se explana e se espraia o comumente sabido, mas há também, vez por outra, uma subida mais íngreme, ou descidas arriscadas para ver, de longe, as profundezas dos princípios. Além do mais, todo viajante culto prepara a sua excursão, enquadrando-a na devida perspectiva social e histórica. Sem esta, as criações do Direito deixam de ser formas de vida para se reduzirem a figuras convencionais e frias.

Penso, em verdade, que, em lugar de esquemas escolásticos vazios, que só solicitam a memória, o que mais convém ao calouro é ir tomando conhecimento, a pouco e pouco, do mundo em que vai construir a sua morada. Situá-lo desde logo no âmago da experiência jurídica, para que sinta a sua sedutora beleza e adquira ciência e consciência de sua dignidade cultural e ética.

Daí não ter querido, apesar das antigas preleções terem sido integralmente refundidas, abandonar o tom coloquial e simples, com repetições próprias da preleção oral, mas didaticamente aconselháveis, pelo propósito de ir envolvendo o estudante nas malhas do assunto, suscitando a sua reação crítica. É, também, a razão pela qual, primeiro, se enunciam noções elementares, quase que evidentes, para progressivamente tornar-se possível a plena determinação conceitual. Na árvore do saber, os conceitos equivalem aos frutos maduros.

Não será demais ponderar que, com este livro, se demonstra que a teoria tridimensional do Direito, além de seus possíveis valores no plano filosófico, abre algumas perspectivas originais também no plano da *Teoria Geral do Direito*. De certo modo, é uma contraprova de seu alcance, na medida em que é aplicada visando à *compreensão positiva e técnica* da experiência jurídica.

Temos criticado com veemência os estudantes por preferirem as apostilas aos livros, atribuindo tal fato a preguiça mental, a uma tendência a mastigar carne já moída. Em se tratando, porém, de obras de iniciação científica, talvez seja necessário rever o assunto, à luz das modernas teorias da comunicação, no sentido de se escreverem livros com espírito de apostila, compondo-se o rigor dos conceitos com os valores da comunicabilidade. Caberá ao professor completar o compêndio com leituras selecionadas, orientando a pesquisa bibliográfica e a elaboração dos problemas surgidos no desenrolar do curso.

    Deixo aqui meus agradecimentos aos que cooperaram na revisão deste livro, cujo Índice Remissivo foi organizado por Leib Soibelman, e por mim revisto e completado.

MIGUEL REALE
1973

ÍNDICE

Principais obras do autor V
Nota à vigésima primeira edição XI
Prefácio à vigésima sétima edição XIII
Prefácio à primeira edição XV

Capítulo I
OBJETO E FINALIDADE DA INTRODUÇÃO AO ESTUDO DO DIREITO

Noção elementar de Direito 1
Multiplicidade e unidade do Direito 3
Complementaridade do Direito 6
Linguagem do Direito 7
O Direito no mundo da cultura 9
O método no Direito 9
Natureza da Introdução ao Estudo do Direito 10

Capítulo II
O DIREITO E AS CIÊNCIAS AFINS

Noção de Filosofia do Direito 13
Noção de Ciência do Direito 16
Noção de Teoria Geral do Direito 18
Direito e Sociologia 19
Direito e Economia 20

Capítulo III
NATUREZA E CULTURA

O dado e o construído 23

Conceito de cultura 25
Leis físico-matemáticas e leis culturais 27
Bens culturais e ciências culturais 30

Capítulo IV
O MUNDO ÉTICO

Juízos de realidade e de valor 33
Estrutura das normas éticas 35
Formas da atividade ética 37

Capítulo V
DIREITO E MORAL

A teoria do mínimo ético 42
Do cumprimento das regras sociais 44
Direito e coação 46
Direito e heteronomia 48
Bilateralidade atributiva 50
Breves dados históricos 53
Confronto com as normas de trato social 56

Capítulo VI
CONCEITO DE DIREITO — SUA ESTRUTURA TRIDIMENSIONAL

A intuição de Dante 60
Acepções da palavra "Direito" 61
Estrutura tridimensional do Direito 64

Capítulo VII
SANÇÃO E COAÇÃO —
A ORGANIZAÇÃO DA SANÇÃO E O PAPEL DO ESTADO

Acepções da palavra "coação" 69
Conceito de sanção 72

O Estado como ordenação objetiva e unitária da sanção	76
As ordenações jurídicas não estatais	77

Capítulo VIII
METODOLOGIA DA CIÊNCIA DO DIREITO

O problema metodológico	81
Os métodos do Direito — indução, dedução, analogia	83
Explicação e compreensão	86
Teoria da argumentação e dialética	88

Capítulo IX
DA ESTRUTURA DA NORMA JURÍDICA

Das normas jurídicas em geral	93
Tipos primordiais de normas	96
Estrutura das regras jurídicas de conduta	99
Estrutura trivalente da norma jurídica	102

Capítulo X
DA VALIDADE DA NORMA JURÍDICA

Da validade formal ou vigência	105
Três requisitos essenciais	109
Da eficácia ou efetividade	112
O problema do fundamento	115

Capítulo XI
CLASSIFICAÇÃO DAS REGRAS JURÍDICAS

Das normas jurídicas quanto ao território	117
Das regras jurídicas quanto às fontes de Direito	120
Normas de eqüidade e tipos de justiça	122
Das normas quanto à sua violação	126
Das regras jurídicas quanto à imperatividade	128
Outras espécies de normas	136

Capítulo XII
FONTES DO DIREITO (I)

Fonte do Direito e poder	139
Direito romanístico e *common law*	141
O problema das fontes do Direito através da história	143
Natureza dos costumes primitivos	146
Do costume ao primado da lei ou do precedente judicial	148

Capítulo XIII
FONTES DO DIREITO (II)

A lei e o costume — distinções básicas	155
Papel dos costumes nos distintos campos do Direito	159
Compreensão do termo "lei" como fonte do Direito	162
Do processo legislativo como fonte legal	164

Capítulo XIV
FONTES DO DIREITO (III)

A jurisprudência	167
Técnicas de unificação da jurisprudência	172
A doutrina e os modelos jurídicos dogmáticos	175
A fonte negocial	179

Capítulo XV
EXPERIÊNCIA JURÍDICA E DIREITO OBJETIVO

Estruturas sociais e modelos jurídicos	183
O Direito Objetivo e o Estado	188
O ordenamento jurídico e seus elementos constitutivos	190
Validade do ordenamento jurídico	192

Capítulo XVI
DOS FATOS E ATOS JURÍDICOS

Fato e fato jurídico	199

Dos atos e negócios jurídicos	203
Atos nulos, anuláveis e inexistentes	206
Atos jurídicos e negócios jurídicos	208
Questão de fato e questão de direito	209

Capítulo XVII
DA RELAÇÃO JURÍDICA

Noção de relação jurídica	213
Elementos da relação jurídica	217
Espécies de relações jurídicas — O negócio jurídico	223

Capítulo XVIII
SUJEITO DE DIREITO E PERSONALIDADE JURÍDICA

Personalidade e capacidade	227
Das pessoas jurídicas	233
Pessoas jurídicas de Direito Público Interno	238
Pessoas jurídicas de Direito Privado	242

Capítulo XIX
SITUAÇÕES SUBJETIVAS E DIREITO SUBJETIVO

Direito e vontade	249
Direito e interesse	253
A solução eclética e a de Del Vecchio	254
Direito subjetivo como norma e como fato	256
Nossa compreensão do direito subjetivo	257
Outras situações subjetivas	260

Capítulo XX
MODALIDADES DE DIREITO SUBJETIVO

Espécies de direitos subjetivos privados	265
Direitos públicos subjetivos — Perspectivas históricas	267
Os direitos subjetivos públicos na Constituição brasileira	269
Fundamento dos direitos públicos subjetivos	271

Capítulo XXI
DA HERMENÊUTICA OU INTERPRETAÇÃO DO DIREITO

A interpretação gramatical e a sistemática 277
A interpretação histórica e a evolutiva 281
A Escola da livre pesquisa do Direito e o Direito livre. Posição de Gény e Zitelmann 284
Compreensão atual do problema hermenêutico 289

Capítulo XXII
INTEGRAÇÃO E APLICAÇÃO DO DIREITO

Distinções preliminares 295
Analogia e interpretação extensiva 296
A eqüidade 298
Natureza lógica da aplicação do Direito 299

Capítulo XXIII
OS PRINCÍPIOS GERAIS DE DIREITO

Noção de princípio geral de direito 303
Princípios do Direito pátrio 306
O Direito Comparado 307
O Direito Natural 310
Função e graduação dos princípios gerais de direito 314
O problema dos conflitos de princípios 317
O valor dos brocardos jurídicos 319

Capítulo XXIV
DOS PLANOS E ÂMBITOS DO CONHECIMENTO JURÍDICO

Ciência do Direito e Dogmática Jurídica 321
A História do Direito 327
A Sociologia Jurídica 328
A Política do Direito 330
Filosofia e Teoria Geral do Direito 332
Lógica Jurídica e Juscibernética 334
Outras formas do saber jurídico 336

Capítulo XXV
DIVISÃO DO DIREITO (I)

Direito Público e Direito Privado	339
Direito Interno e Internacional	341
Direito Constitucional	342
Direito Administrativo	343
Direito Processual	345
Direito Penal	346
Direito Internacional Público	348
Direito do Trabalho	349
Direito Internacional Privado	352
Direito Financeiro e Tributário	354

Capítulo XXVI
DIVISÃO DO DIREITO (II)

O Direito Civil	357
O Direito Comercial	361
Unificação do Direito Privado	363
Outros ramos do Direito Privado	367

Capítulo XXVII
FUNDAMENTOS DO DIREITO

Perspectivas gerais	371
A teoria da justiça	373
Bibliografia	379
Índice Analítico Remissivo	383
Índice Onomástico	389

Capítulo I

OBJETO E FINALIDADE DA INTRODUÇÃO AO ESTUDO DO DIREITO

> Sumário: Noção elementar de Direito. Multiplicidade e unidade do Direito. Complementaridade do Direito. Linguagem do Direito. O Direito no mundo da cultura. O método no Direito. Natureza da Introdução ao Estudo do Direito.

NOÇÃO ELEMENTAR DE DIREITO

Como poderíamos começar a discorrer sobre o Direito sem admitirmos, como pressuposto de nosso diálogo, uma noção elementar e provisória da realidade de que vamos falar?

Um grande pensador contemporâneo, Martin Heidegger, afirma com razão que toda pergunta já envolve, de certa forma, uma intuição do perguntado. Não se pode, com efeito, estudar um assunto sem se ter dele uma noção preliminar, assim como o cientista, para realizar uma pesquisa, avança uma hipótese, conjetura uma solução provável, sujeitando-a a posterior verificação.

No caso das ciências humanas, talvez o caminho mais aconselhável seja aceitar, a título provisório, ou para princípio de conversa, uma noção corrente consagrada pelo uso. Ora, aos olhos do homem comum o Direito é *lei* e *ordem*, isto é, um conjunto de regras obrigatórias que garante a convivência social graças ao estabelecimento de limites à ação de cada um de seus membros. Assim sendo, quem age de conformidade com essas regras comporta-se *direito*; quem não o faz, age *torto*.

Direção, ligação e obrigatoriedade de um comportamento, para que possa ser considerado lícito, parece ser a raiz intuitiva do conceito de Direito. A palavra *lei*, segundo a sua etimologia mais provável, refere-se a ligação, liame, laço, relação, o que se completa com o sentido nuclear de *jus*, que invoca a idéia de jungir, unir, ordenar, coordenar.

Podemos, pois, dizer, sem maiores indagações, que o Direito corresponde à exigência essencial e indeclinável de uma convivência ordenada, pois nenhuma sociedade poderia subsistir sem um mínimo de ordem, de direção e solidariedade. É a razão pela qual um grande jurista contemporâneo, Santi Romano, cansado de ver o Direito concebido apenas como regra ou comando, concebeu-o antes como "realização de convivência ordenada".

De "experiência jurídica", em verdade, só podemos falar onde e quando se formam relações entre os homens, por isso denominadas *relações intersubjetivas*, por envolverem sempre dois ou mais sujeitos. Daí a sempre nova lição de um antigo brocardo: *ubi societas, ibi jus* (onde está a sociedade está o Direito). A recíproca também é verdadeira: *ubi jus, ibi societas*, não se podendo conceber qualquer atividade social desprovida de forma e garantia jurídicas, nem qualquer regra jurídica que não se refira à sociedade.

O Direito é, por conseguinte, um *fato* ou *fenômeno social*; não existe senão na sociedade e não pode ser concebido fora dela. Uma das características da realidade jurídica é, como se vê, a sua *socialidade*, a sua qualidade de ser social.

Admitido que as formas mais rudimentares e toscas de vida social já implicam um esboço de ordem jurídica, é necessário desde logo observar que durante milênios o homem viveu ou cumpriu o Direito, sem se propor o problema de seu significado lógico ou moral. É somente num estágio bem maduro da civilização que as regras jurídicas adquirem estrutura e valor próprios, independente das normas religiosas ou costumeiras e, por via de conseqüência, é só então que a humanidade passa a considerar o Direito como algo merecedor de estudos autônomos.

Essa tomada de consciência do Direito assinala um momento crucial e decisivo na história da espécie humana, podendo-se dizer que a conscientização do Direito é a semente da Ciência do Direito.

Não é necessário enfatizar a alta significação dessa conversão de um *fato* (e, de início, o *fato* da lei ligava-se, como veremos, ao *fado*, ao destino, a um mandamento divino) em um *fato teórico*, isto é, elevado ao plano da consciência dos respectivos problemas.

Não é demais salientar essa correlação essencial entre o Direito como fato social e o Direito como ciência, a tal ponto que, ainda hoje, a mesma palavra serve para designar a *realidade jurídica* e a respectiva *ordem de conhecimentos*. Tem razão Giambattista Vico, pensador italiano do início do século XVIII, quando nos ensina que *verum ac factum convertuntur*, o verdadeiro e o fato se convertem.

É difícil, com efeito, separar a experiência jurídica das estruturas lógicas, isto é, das estruturas normativas nas quais e mediante as quais ela se processa.

MULTIPLICIDADE E UNIDADE DO DIREITO

Como fato social e histórico, o Direito se apresenta sob múltiplas formas, em função de múltiplos campos de interesse, o que se reflete em distintas e renovadas estruturas normativas.

Mas é inegável que, apesar das mudanças que se sucedem no espaço e no tempo, continuamos a referir-nos sempre a uma única realidade. É sinal que existem nesta algumas "constantes", alguns elementos comuns que nos permitem identificá-la como *experiência jurídica*, inconfundível com outras, como a religiosa, a econômica, a artística etc.

Deve existir, com efeito, algo de comum a todos os fatos jurídicos, sem o que não seria possível falar-se em Direito como uma expressão constante da experiência social. A primeira finalidade de nossas aulas será, pois, oferecer uma visão unitária e panorâmica dos diversos campos em que se desdobra a conduta humana segundo regras de direito.

Antes de se fazer o estudo de determinado campo do Direito, impõe-se uma visão de conjunto: ver o Direito como um todo, antes de examiná-lo através de suas partes especiais.

O Direito abrange um conjunto de disciplinas jurídicas. Mais tarde, teremos oportunidade de examinar a questão relativa à divisão do Direito, mas é indispensável antecipar algumas noções, sem as quais nossas considerações não teriam consistência.

O Direito divide-se, em primeiro lugar, em duas grandes classes: o Direito Privado e o Direito Público. As relações que se referem ao Estado e traduzem o predomínio do interesse coletivo são chamadas relações públicas, ou de Direito Público. Porém, o homem não vive apenas em relação com o Estado mas também e principalmente em ligação com seus semelhantes: a relação que existe entre pai e filho, ou então, entre quem compra e quem vende determinado bem, não é uma relação que interessa de maneira direta ao Estado, mas sim ao indivíduo enquanto particular. Essas são as relações de Direito Privado.

Essas classes, por sua vez, se subdividem em vários outros ramos, como, por exemplo, o Direito Constitucional, o Direito Administrativo, no campo do Direito Público; o Direito Civil, o Direito Comercial, no campo do Direito Privado. O Direito é, pois, um conjunto de estudos discriminados; abrange um tronco com vários ramos; cada um desses ramos tem o nome de *disciplina*.

Por que essa palavra *disciplina*? Aconselhamos sempre nossos alunos a dedicar atenção ao sentido das palavras; elas não surgem por acaso mas, como já vimos ao nos referirmos aos termos *lex* e *jus*, guardam muitas vezes o segredo de seu significado. Disciplinador é quem rege os comportamentos humanos e sabe impor ou inspirar uma forma de conduta aos indivíduos. Disciplina é um sistema de princípios e de regras a que os homens se devem ater em sua conduta; é um sistema de enlaces, destinados a balizar o comportamento dos indivíduos de qualquer idade ou classe social, bem como as atividades dos entes coletivos e do próprio Estado. O que importa é verificar que, no conceito de disciplina, há sempre a idéia de *limite* discriminando o que pode, o que deve ou o que não deve ser feito, mas dando-se a *razão* dos limites estabelecidos à ação. Daí podermos completar o que já dissemos, com esta parêmia: *ubi jus, ibi ratio*. Aliás, a palavra "razão" é deveras elucidativa, porque ela tanto significa limite ou medida (pensem na outra palavra que vem de *ratio, ração*) como indica o motivo ou a causa de medir. De qualquer modo, ninguém pode exercer uma atividade sem *razão de direito*.

Lembro-lhes, por exemplo, que este nosso contato está sob a proteção do Direito: eu, dando aula e os senhores ouvindo-a, estamos todos no exercício de uma faculdade jurídica. Os senhores conquistaram o direito de freqüentar as aulas, através dos exames que prestaram, e se não pagam taxas é porque ainda não há norma que as estabeleça. Quer dizer que estão aqui no exercício de uma atividade garantida. Também, por meu lado, estou no exercício de uma função que se integra na minha personalidade, como meu patrimônio: exerço um poder de agir, tutelado pelo Direito.

Há, portanto, em cada comportamento humano, a presença, embora indireta, do fenômeno jurídico: o Direito está pelo menos pressuposto em cada ação do homem que se relacione com outro homem. O médico, que receita para um doente, pratica um ato de ciência, mas exerce também um ato jurídico. Talvez não o perceba, nem tenha consciência disso, nem ordinariamente é necessário que haja percepção do Direito que está sendo praticado. Na realidade, porém, o médico que redige uma receita está no exercício de uma profissão garantida pelas leis do país e em virtude de um diploma que lhe faculta a possibilidade de examinar o próximo e de ditar-lhe o caminho para restabelecer a saúde; um outro homem qualquer, que pretenda fazer o mesmo, sem iguais qualidades, estará exercendo ilicitamente a Medicina. Não haverá para ele o manto protetor do Direito; ao contrário, seu ato provocará a repressão jurídica para a tutela de um bem, que é a saúde pública. O Direito é, sob certo prisma, um manto protetor de organização e de direção dos comportamentos sociais. Posso, em virtude do Direito, ficar em minha casa, quando não estiver disposto a trabalhar, assim como posso dedicar-me a qualquer ocupação, sem ser obrigado a estudar Medicina e não Direito, a ser comerciante e não agricultor. Todas essas infinitas possibilidades de ação se condicionam à existência primordial do fenômeno jurídico. O Direito, por conseguinte, tutela comportamentos humanos: para que essa garantia seja possível é que existem as regras, as normas de direito como instrumentos de salvaguarda e amparo da convivência social. Existem tantas espécies de normas e regras jurídicas quantos são os possíveis comportamentos e atitudes humanas. Se o comportamento humano é de delinqüência, tal comportamento sofre a ação de regras penais, mas se a conduta visa à consecução de um objetivo útil aos indivíduos e à sociedade, as normas jurídicas cobrem-na com o seu manto protetor.

Pois bem, quando várias espécies de normas do mesmo gênero se correlacionam, constituindo campos distintos de interesse e implicando ordens correspondentes de pesquisa, temos, consoante já assinalamos, as diversas disciplinas jurídicas, sendo necessário apreciá-las no seu conjunto unitário, para que não se pense que cada uma delas existe independentemente das outras. Não existe um Direito Comercial que nada tenha a ver com o Direito Constitucional. Ao contrário, as disciplinas jurídicas representam e refletem um fenômeno jurídico unitário que precisa ser examinado. Um dos primeiros objetivos da Introdução ao Estudo do Direito é a visão panorâmica e unitária das disciplinas jurídicas.

COMPLEMENTARIDADE DO DIREITO

Não basta, porém, ter uma visão unitária do Direito. É necessário, também, possuir o sentido da complementaridade inerente a essa união. As diferentes partes do Direito não se situam uma ao lado da outra, como coisas acabadas e estáticas, pois o Direito é ordenação que dia a dia se renova. A segunda finalidade da Introdução ao Estudo do Direito é determinar, por conseguinte, a complementaridade das disciplinas jurídicas, ou o sentido sistemático da unidade do fenômeno jurídico.

Existem vários tipos de unidade: há um tipo de "unidade física ou mecânica" que é mais própria dos entes homogêneos, pela ligação de elementos da mesma ou análoga natureza, nenhuma ação ou função resultando propriamente da composição dos elementos particulares no todo. Assim dizemos que um bloco de granito é unitário. Há outras realidades, entretanto, que também são unitárias, mas segundo uma unidade de composição de elementos distintos, implicados ou correlacionados entre si, sendo essa composição de elementos essencial à função exercida pelo todo. Pensem, por exemplo, no coração. O coração é uma unidade, mas unidade orgânica, que existe em virtude da harmonia das partes; há nele elementos vários, cada qual com sua função própria, mas nenhuma destas se desenvolve como atividade bastante e de per si; cada parte só existe e tem significado em razão do todo em que se estrutura e a que serve. Essa unidade, que se constitui em razão de uma função comum, chama-se *unidade orgânica*, tomando a denominação especial de *unidade de fim* quando se trata de ciências humanas. Nestas, com efeito, o todo se constitui para perseguir um *objetivo comum*, irredutível às partes componentes. A idéia de fim deve ser reservada ao plano dos fatos humanos, sociais ou históricos.

A Ciência Jurídica obedece a esse terceiro tipo de unidade, que não é o físico ou o orgânico, mas sim o *finalístico ou teleológico*. Às vezes empregamos a expressão "unidade orgânica", quando nos referimos ao Direito, mas é preciso notar que é no sentido de uma unidade de fins. Alguns biólogos afirmam que a idéia de "fim" é útil à compreensão dos organismos vivos, representando estes como que uma passagem entre o "natural" e o "histórico".

É necessário, porém, não incidirmos em perigosas analogias, sob o influxo ou o fascínio das ciências físicas ou biológicas. Uma delas constitui em conceber a sociedade como um *corpo social*, tal como o fizeram os adeptos da teoria organicista que tanta voga teve entre juristas e teóricos do Estado no fim do século XIX e primeiras décadas do século XX.

LINGUAGEM DO DIREITO

Para realizarmos, entretanto, esse estudo e conseguirmos alcançar a visão unitária do Direito, é necessário adquirir um vocabulário. Cada ciência exprime-se numa linguagem. Dizer que há uma Ciência Física é dizer que existe um vocabulário da Física. É por esse motivo que alguns pensadores modernos ponderam que a ciência é a linguagem mesma, porque na linguagem se expressam os dados e valores comunicáveis. Fazendo abstração do problema da relação entre ciência e linguagem, preferimos dizer que, onde quer que exista uma ciência, existe uma linguagem correspondente. Cada cientista tem a sua maneira própria de expressar-se, e isto também acontece com a Ciência do Direito. Os juristas falam uma linguagem própria e devem ter orgulho de sua linguagem multimilenar, dignidade que bem poucas ciências podem invocar.

Às vezes, as expressões correntes, de uso comum do povo, adquirem, no mundo jurídico, um sentido técnico especial. Vejam, por exemplo, o que ocorre com a palavra "competência" — adjetivo: competente. Quando dizemos que o juiz dos Feitos da Fazenda Municipal é competente para julgar as causas em que a Prefeitura é autora ou ré, não estamos absolutamente apreciando a "competência" ou preparo cultural do magistrado. Competente é o juiz que, por força de dispositivos legais da organização judiciária, tem poder para examinar e resolver determinados casos, porque competência, juridicamente, é "a medida ou a extensão da jurisdição".

Estão vendo, pois, como uma palavra pode mudar de significado, quando aplicada na Ciência Jurídica. Dizer que um juiz é incompetente para o homem do povo é algo de surpreendente. "Como incompetente? Ele é competentíssimo!", disse-me certa vez um cliente perplexo. Tive de explicar-lhe que não se tratava do valor, do mérito ou demérito do magistrado, mas da sua capacidade legal de tomar conhecimento da ação que nos propúnhamos intentar.

É necessário, pois, que dediquem a maior atenção à terminologia jurídica, sem a qual não poderão penetrar no mundo do Direito. Por que escolheram os senhores o estudo do Direito e não o de outra ciência qualquer? Se pensarem bem, nós estamos aqui nesta Faculdade para realizar uma viagem de cinco anos; cinco anos para descobrir e conhecer o mundo jurídico, e sem a linguagem do Direito não haverá *possibilidade de comunicação*. Não cremos seja necessário lembrar que *teoria da comunicação* e *teoria da linguagem* se desenvolvem em íntima correlação, sendo essa uma verdade que não deve ser olvidada pelos juristas.

Uma das finalidades de nosso estudo é esclarecer ou determinar o sentido dos vocábulos jurídicos, traçando as fronteiras das realidades e das palavras. À medida que forem adquirindo o vocabulário do Direito, com o devido rigor, — o que não exclui, mas antes exige os valores da beleza e da elegância, — sentirão crescer *pari passu* os seus conhecimentos jurídicos.

O DIREITO NO MUNDO DA CULTURA

Não pensem que haja só continentes geográficos, formados de terra, mar etc. Há continentes de outra natureza, que são os da história e da cultura, os do conhecimento e do operar do homem. Cada um de nós elege um país em um dos continentes do saber, para o seu conhecimento e a sua morada. Uns escolhem a Matemática, outros a Física, ou a Medicina; os senhores vieram conhecer o mundo do Direito. Qual a natureza desse mundo jurídico que nos cabe conhecer? Quais as vias que devemos percorrer, na perquirição de seus valores? O mundo jurídico encontra em si a sua própria explicação? Ou explica-se, ao contrário, em razão de outros valores? O mundo do Direito tem um valor próprio ou terá um valor secundário? O Direito existe por si, ou existe em função de outros valores? Devemos, pois, colocar o fenômeno jurídico e a Ciência do Direito na posição que lhes cabe em confronto com os demais campos da ação e do conhecimento. A quarta missão da nossa disciplina consiste em localizar o Direito no mundo da cultura no universo do saber humano. Que relações prendem o Direito à Economia? Que laços existem entre o fenômeno jurídico e o fenômeno artístico? Que relações existiram e ainda existem entre o Direito e a Religião? Quais os influxos e influências que a técnica e as ciências físico-matemáticas exercem sobre os fatos jurídicos? É preciso que cada qual conheça o seu mundo, o que é uma forma de conhecer-se a si mesmo.

O MÉTODO NO DIREITO

Mas, para que todas essas tarefas sejam possíveis, há necessidade de seguir-se um método, uma via que nos leve a um conhecimento seguro e certo. Adquirem também os senhores, através da Introdução ao Estudo do Direito, as noções básicas do método jurídico. Método é o caminho que deve ser percorrido para a aquisição da verdade, ou, por outras palavras, de um resultado exato ou rigorosamente verificado. Sem método não há ciência. O homem do vulgo pode conhecer certo, mas não tem certeza da certeza. O conhecimento vulgar nem sempre é errado, ou incompleto. Pode mesmo ser certo, mas o que o compromete é a falta de segurança quanto àquilo que afirma. É um conhecimento parcial, isolado, fortuito, sem nexo com os demais. Não é o que se dá com o conhecimento metódico; quando dizemos que temos ciência de uma coisa é porque verificamos o que a seu respeito se enuncia. A ciência é uma verificação de conhecimentos, e um sistema de conhecimentos verificados. Seria simplesmente inútil percorrermos o mundo jurídico buscando a sua visão unitária sem dispormos dos métodos adequados para conhecê-lo, pois *cada ciência tem a sua forma de verificação*, que não é apenas a do modelo físico ou matemático.

Eis aí algumas das finalidades básicas desta disciplina, que é ensinada muito sabiamente no primeiro ano, porque temos, diante de nós, todo um mundo a descobrir. Qualquer viajante ou turista, que vai percorrer terras desconhecidas, procura um guia que lhe diga onde poderá tomar um trem, um navio, um avião; onde terá um hotel para pernoitar, museus, bibliotecas e curiosidades que de preferência deva conhecer. Quem está no primeiro ano de uma Faculdade de Direito deve receber indicações para a sua primeira viagem qüinqüenal, os elementos preliminares indispensáveis para situar-se no complexo domínio do Direito, cujos segredos não bastará a vida toda para desvendar.

NATUREZA DA INTRODUÇÃO AO ESTUDO DO DIREITO

Não é a Introdução ao Estudo de Direito uma ciência no sentido rigoroso da palavra, por faltar-lhe um campo autônomo e próprio de pesquisa, mas é ciência enquanto sistema de conhecimentos logicamente ordenados segundo um objetivo preciso de natureza pedagógica. Não importa, pois, que seja um sistema de conhecimentos recebidos de outras ciências e artisticamente unificados.

Trata-se, em suma, de ciência introdutória, como a própria palavra está dizendo, ou seja, uma ciência propedêutica, na qual o elemento de arte é decisivo. Quem escreve um livro de Introdução ao Estudo do Direito compõe artisticamente dados de diferentes ramos do saber, imprimindo-lhes um endereço que é a razão de sua unidade. Não há, pois, que falar numa Ciência Jurídica intitulada Introdução ao Estudo do Direito como sinônimo, por exemplo, de Teoria Geral do Direito, ou de Sociologia Jurídica. Ela se serve de pesquisas realizadas em outros campos do saber e os conforma aos seus fins próprios, tendo como suas fontes primordiais a Filosofia do Direito, a Sociologia Jurídica, a História do Direito, e, *last but not least*, a Teoria Geral do Direito.

Podemos, pois, concluir nossa primeira aula, dizendo que a Introdução ao Estudo do Direito é um sistema de conhecimentos, recebidos de múltiplas fontes de informação, destinado a oferecer os elementos essenciais ao estudo do Direito, em termos de linguagem e de método, com uma visão preliminar das partes que o compõem e de sua complementaridade, bem como de sua situação na história da cultura.

Capítulo II

O DIREITO E AS CIÊNCIAS AFINS

> Sumário: Noção de Filosofia do Direito. Noção de Ciência do Direito. Noção de Teoria Geral do Direito. Direito e Sociologia. Direito e Economia.

Nossa primeira aula destinou-se a situar a Introdução ao Estudo do Direito como uma forma de conhecimento de natureza propedêutica, ou seja, um sistema auxiliar e preparatório de conceitos posto na base das disciplinas jurídicas. Tivemos ocasião de discriminar algumas das finalidades a que essa ordem de investigação se propõe, mostrando que se trata de um conjunto sistemático de princípios e noções indispensáveis àquele que vai penetrar no mundo jurídico e deseja fazê-lo com certa segurança.

Situada, assim, a Introdução ao Estudo do Direito, faz-se mister verificar quais as suas ligações, os seus nexos com outras ordens de conhecimento, especialmente com a Filosofia do Direito, a Teoria Geral do Direito e a Sociologia Jurídica.

NOÇÃO DE FILOSOFIA DO DIREITO

Seria impossível oferecer-lhes, numa aula introdutória, um conceito cabal de Filosofia do Direito, matéria destinada a ser estudada no fim do curso. De qualquer maneira, podemos adiantar aqui alguns elementos de informação, indagando do que significa o termo "Filosofia".

"Filosofia" é uma palavra de origem grega, de *philos* (amizade, amor) e *sophia* (ciência, sabedoria). Surgiu em virtude de uma atitude atribuída a Pitágoras, que recusava o título de *sophos*, *sábio*. O grande matemático e pensador não se tinha na conta de sábio, capaz de resolver todos os problemas do universo e de colocar-se tranqüilamente diante deles; preferia ser apenas um "amigo da sabedoria". "Filósofo", portanto, etimologicamente falando, não é o senhor de todas as verdades, mas apenas um fiel amigo do saber. Ora, a amizade significa a dedicação de um ser humano a outro, sem qualquer interesse, com sentido de permanência, de perenidade. A amizade não é relação fortuita, nem ligação ocasional; constitui-se, ao contrário, como laço permanente de dedicação. A "Filosofia", portanto, poderia ser vista, de início, como dedicação desinteressada e constante ao bem e à verdade: dedicar-se ao conhecimento, de maneira permanente e não ocasional, sem visar intencionalmente a qualquer escopo prático ou utilitário, eis a condição primordial de todo e qualquer conhecimento filosófico.

No que se refere propriamente à Filosofia do Direito, seria ela uma perquirição permanente e desinteressada das condições morais, lógicas e históricas do fenômeno jurídico e da Ciência do Direito. Existe, indiscutivelmente, ao longo do tempo, um fenômeno jurídico que vem se desenrolando, através de mil vicissitudes e conflitos, apresentando aspectos diferentes de ano para ano, de século para século. O Direito que hoje estudamos não é, por certo, o Direito que existia no mundo romano, ou o seguido pelos babilônicos, no tempo do rei Hamurabi. Por outro lado, o que hoje está em vigor no Brasil não é o mesmo do tempo do Império, nem tampouco existe identidade entre a vida jurídica brasileira e aquela que podemos examinar em outros países, como a Itália, a Espanha, ou a China. O Direito é um fenômeno histórico-social sempre sujeito a variações e intercorrências, fluxos e refluxos no espaço e no tempo.

Nessa mudança não haverá, entretanto, algo de permanente que nos permita saber em que o Direito consiste? Se ele muda, não será possível determinar as razões da mudança? Por outras palavras, se o Direito é um fato social que se desenvolve através do tempo, não haverá leis governando tal processo? Como explicar o aparecimento do Direito e o sentido de suas transformações? Esses problemas são de ordem filosófica, constituindo um conjunto de indagações indispensáveis para se penetrar nas "razões fundantes da experiência jurídica".

Dissemos, na aula anterior, que a Ciência do Direito abrange um conjunto de disciplinas ou sistemas de normas que exigem dos homens determinadas formas de conduta. As regras, por exemplo, do Código Comercial estabelecem como as pessoas devem se comportar quando praticam atos de comércio. Por outro lado, as normas do Código Penal discriminam as ações reputadas delituosas e as penas que lhes correspondem. Há, pois, distintas séries de diretrizes dirigindo o comportamento social. Mas se assim é, surge uma pergunta: por que sou obrigado a obedecer a regras de direito tão diversas e contrastantes? A resposta poderá ser simplista: obedeço às regras de direito, porque assim o Estado o ordena. Mas, essa resposta levanta logo uma dúvida: será porventura o Direito aquilo que se ordena? Reduz-se o Direito a uma expressão da força? Eis uma série de outras indagações que também pertence ao campo da Filosofia do Direito. Bastam, porém, as considerações ora desenvolvidas para verificar-se que, se resumirmos os tipos de indagações formuladas, chegaremos a três ordens de pesquisas, a que a Filosofia do Direito responde: *Que é Direito? Em que se funda ou se legitima o Direito? Qual o sentido da história do Direito?*

A definição do Direito só pode ser obra da Filosofia do Direito. A nenhuma Ciência Jurídica particular é dado definir o Direito, pois é evidente que a espécie não pode abranger o gênero. Não se equivoquem pelo fato de encontrarem uma definição de Direito no início de um tratado, ou compêndio de Direito Civil. Nada mais errôneo do que pensar que o que se encontra num livro de Direito Civil seja sempre de Direito Civil. Antes de entrar propriamente no estudo de sua disciplina, o civilista é obrigado a dar algumas noções que são pressupostos de sua pesquisa, como é o caso do conceito de Direito, que é um problema de ordem filosófica, representando mesmo uma das tarefas primordiais de *caráter lógico* que cabe ao filósofo do Direito resolver. Outro problema complementar é o relativo à legitimidade ou fundamento do Direito mesmo. Por que o Direito obriga? Basear-se-á o Direito na força? Pode-se explicar o Direito segundo critérios de utilidade? Fundar-se-á o Direito na liberdade ou terá a sua razão de ser na igualdade? Basta enunciar tais perguntas para se perceber que elas envolvem o *problema ético* do Direito, ou, mais amplamente, *axiológico*, isto é, dos *valores do Direito*.

Pois bem, ao lado do segundo problema ora apontado, que versa sobre o *fundamento do Direito*, há um terceiro, não menos importante, que não se refere à história do Direito como tal (essa é tarefa do historiador do Direito), mas sim ao *sentido* da experiência jurídica. Essa ordem se expressa através de perguntas como estas: Há progresso na vida jurídica? Pode-se afirmar que existem *leis* governando a experiência do homem nessa sua árdua faina de fazer e refazer leis? Em conclusão, o filósofo do Direito indaga dos princípios *lógicos*, *éticos* e *histórico-culturais* do Direito.

A Filosofia do Direito não se confunde com a Ciência do Direito, pois se coloca perante a indagação científica para examinar as suas condições de possibilidade. Toda ciência suscita uma indagação referente às condições lógicas do seu próprio desenvolvimento. Se a Ciência do Direito chega a determinados resultados, é preciso saber qual é o seu grau de certeza e segurança. Sob esse ângulo particular poder-se-ia dizer que a Filosofia do Direito é a Filosofia da Ciência do Direito, mas as perguntas todas que formulamos demonstram que o filósofo não fica adstrito a esse tema de ordem lógica, indagando, concomitantemente, dos valores éticos e históricos da juridicidade[1].

NOÇÃO DE CIÊNCIA DO DIREITO

A Ciência do Direito, ou *Jurisprudência*[2] — tomada esta palavra na sua acepção clássica —, tem por objeto o fenômeno ju-

---

1. Para maiores esclarecimentos sobre a tríplice ordem de indagações filosófico-jurídicas, *vide* Miguel Reale, *Filosofia do Direito*, 19.ª ed., Saraiva, 1999.

2. Quando empregarmos a palavra Jurisprudência como sinônimo de Ciência do Direito, sempre a grafaremos com maiúscula.

rídico tal como ele se encontra historicamente realizado. Vejam bem a diferença. A Ciência do Direito estuda o fenômeno jurídico tal como ele se concretiza no espaço e no tempo, enquanto que a Filosofia do Direito indaga das condições mediante as quais essa concretização é possível.

A Ciência do Direito é sempre ciência de um *Direito positivo*, isto é, positivado no espaço e no tempo, como experiência efetiva, passada ou atual. Assim é que o Direito dos gregos antigos pode ser objeto de *ciência*, tanto como o da Grécia de nossos dias. Não há, em suma, Ciência do Direito em abstrato, isto é, sem referência direta a um campo de experiência social. Isto não significa, todavia, que, ao estudarmos as leis vigentes e eficazes no Brasil ou na Itália, não devamos estar fundados em princípios gerais comuns, produto de uma experiência histórica que tem as mesmas raízes, as do Direito Romano.

Mais tarde estudaremos a questão dos princípios gerais que consubstanciam a experiência jurídica dos povos pertencentes a uma mesma fase histórica, e de que maneira se pode falar em uma Ciência Jurídica universal. Mas, por mais que se alargue o campo da experiência social do Direito, será essa *referibilidade imediata à experiência* a nota caracterizadora de uma investigação jurídica de natureza científico-positiva. Donde poder-se dizer que a ciência do Direito é uma forma de conhecimento *positivo* da realidade social segundo normas ou regras *objetivadas*, ou seja, *tornadas objetivas*, no decurso do processo histórico.

Com isso já esclarecemos outro ponto essencial, que é o sentido da expressão *Direito Positivo*, como sendo o Direito que, em algum momento histórico, entrou em vigor, teve ou continua tendo eficácia. A positividade do Direito pode ser vista como uma relação entre vigência e eficácia, mas ainda é cedo para compreender-se bem assunto tão relevante.

Também não é possível, a esta altura de nosso curso, esclarecer a natureza da Ciência Jurídica, que alguns pretendem seja apenas uma Arte, ou uma Técnica.

Somente após situarmos o Direito entre as formas da investigação social é que poderemos esclarecer essas e outras questões que muitas vezes subentendem simples divergências terminológicas.

NOÇÃO DE TEORIA GERAL DO DIREITO

A referência que fizemos à existência de princípios gerais comuns às investigações sobre o Direito, procedidas no Brasil e no estrangeiro, já nos mostra que a Ciência Jurídica não fica circunscrita à análise destes ou daqueles quadros particulares de normas, mas procura estruturá-los segundo princípios ou conceitos gerais unificadores.

"Teoria", do grego *theoresis*, significa a conversão de um assunto em *problema*, sujeito a indagação e pesquisa, a fim de superar a particularidade dos casos isolados, para englobá-los numa forma de *compreensão*, que correlacione entre si as partes e o todo. Já Aristóteles nos ensinava que não há ciência senão do *genérico*, pois enquanto ficamos apegados à miudeza dos casos não captamos a essência, ou as "constantes" dos fenômenos. Assim é tanto nas ciências naturais como nas ciências humanas.

É claro, portanto, que a Ciência Jurídica se eleve ao plano de uma Teoria Geral do Direito, que, como veremos com mais profundidade, ao volvermos a este assunto, representa a parte geral comum a todas as formas de conhecimento *positivo* do Direito, aquela na qual se fixam os princípios ou diretrizes capazes de elucidar-nos sobre a estrutura das regras jurídicas e sua concatenação lógica, bem como sobre os motivos que governam os distintos campos da experiência jurídica.

Alguns autores distinguem entre Teoria Geral do Direito e Enciclopédia Jurídica, atribuindo a esta a tarefa de elaborar uma súmula de cada uma das disciplinas do Direito, numa espécie de microcosmo jurídico. Enciclopédia quer dizer mesmo "conhecimento ou visão de natureza circular", o que, a bem ver, redundaria numa seqüência de problemas distribuídos em função do Direito Constitucional, Civil, Penal etc.

Parece-nos de bem reduzido alcance esse cinerama jurídico, que só pode ser avaliado por quem já percorreu cada um dos ramos do Direito. É à Introdução ao Estudo do Direito que cabe, a nosso ver, dar uma noção geral de cada disciplina jurídica, mas sem a pretensão de realizar uma síntese das respectivas questões fundamentais. Consoante dizer irônico de João Mendes Júnior, a Enciclopédia Jurídica nos levaria a conhecer um pouco de cada coisa, e de tudo nada...

DIREITO E SOCIOLOGIA

A colocação da Sociologia como disciplina obrigatória do currículo jurídico dispensa-nos de maiores indagações sobre a matéria, mas não será demais prevenir contra a pretensão de certos sociólogos de reduzir o Direito a um capítulo da Sociologia.

Sabem os senhores que os sociólogos até hoje não conseguiram estabelecer, sem discrepâncias, o objeto da Sociologia, o que não deve causar estranheza, pois com o Direito, que é bem mais antigo, acontece o mesmo. Certa variação quanto ao objeto parece ser inerente às ciências humanas.

Em linhas gerais, porém, pode-se dizer que a Sociologia tem por fim o estudo do fato social na sua estrutura e funcionalidade, para saber, em suma, como os grupos humanos se organizam e se desenvolvem, em função dos múltiplos fatores que atuam sobre as formas de convivência.

Com essa noção elementar, que nos situa no limiar de um grande tema, já podemos ver que a Sociologia não tem por objetivo traçar normas ou regras para o viver coletivo, mas antes verificar como a vida social comporta diversos tipos de regras, como reage em relação a elas, nestas ou naquelas circunstâncias etc.

Há muito tempo a Sociologia deixou de alimentar o propósito, que animara a Augusto Comte, o principal de seus instituidores, de ser a ciência por excelência, uma verdadeira Filosofia social englobante, na qual culminariam os valores todos do saber positivo.

Hoje em dia, a Sociologia, sem perder o seu caráter de pesquisa global ou sistemática do fato social enquanto social, achega-se mais à realidade, sem a preocupação de atingir formas puras ou arquetípicas. Desenvolve-se antes como investigação das estruturas do fato social, inseparáveis de sua funcionalidade concreta, sem considerar acessórios ou secundários os "estudos de campo", relativos a áreas delimitadas da experiência social.

É nesse contexto que se situa a atual Sociologia Jurídica, mais preocupada em determinar as condições objetivas, que favorecem ou impedem a disciplina jurídica dos comportamentos, do que em tomar o lugar da Filosofia do Direito, como o pretenderam os adeptos do "sociologismo jurídico". A Sociologia Jurídica apresenta-se, hodiernamente, como uma ciência positiva que procura se valer de rigorosos dados estatísticos para compreender como as normas jurídicas se apresentam *efetivamente*, isto é, como experiência humana, com resultados que não raro se mostram bem diversos dos que eram esperados pelo legislador. Como será observado, oportunamente, a Sociologia Jurídica não visa à norma jurídica como tal, mas sim à sua *eficácia* ou *efetividade*, no plano do *fato* social.

Desnecessário é encarecer a importância da Sociologia do Direito para o jurista ou para o legislador. Se ela não tem finalidade normativa, no sentido de instaurar *modelos de organização e de conduta*, as suas conclusões são indispensáveis a quem tenha a missão de modelar os comportamentos humanos, para considerá-los lícitos ou ilícitos.

DIREITO E ECONOMIA

Entre os fins motivadores da conduta humana destacam-se os relativos à nossa própria subsistência e conservação, tendo as exigências vitais evidente caráter prioritário. O *primo vivere, deinde philosophari*, antes viver e depois filosofar, é, a bem ver, um enunciado de Filosofia existencial, reconhecendo a ordem de urgência com que devem ser atendidas as necessidades ligadas à nossa estrutura corpórea.

É claro que os atos dos heróis, dos sábios e dos santos, assim como de abnegados anônimos no campo das ciências e das técnicas, estão aí atestando o possível sacrifício de necessidades vitais em benefício de outros valores, mas a regra é a satisfação primordial dos interesses relacionados com a vida e o seu desenvolvimento.

Esse tipo de ação, orientada no sentido da produção e distribuição de bens indispensáveis ou úteis à vida coletiva, é a razão de ser da Economia, cujo estudo já iniciaram nesta Faculdade, tornando-se dispensáveis maiores considerações.

O que nos cabe analisar é apenas a relação entre o fenômeno jurídico e o econômico, inclusive dado o significado da concepção marxista da história na civilização contemporânea.

Segundo o chamado "materialismo histórico", o Direito não seria senão uma superestrutura, de caráter ideológico, condicionada pela *infra-estrutura econômica*. É esta que, no dizer de Marx, modela a sociedade, determinando as formas de Arte, de Moral ou de Direito, em função da vontade da classe detentora dos meios de produção. Em palavras pobres, quem comanda as forças econômicas, através delas plasma o Estado e o Direito, apresentando suas volições em roupagens ideológicas destinadas a disfarçar a realidade dos fatos.

Os próprios marxistas mais abertos à crítica já reconheceram o caráter unilateral dessa colocação do problema, a qual peca inclusive do vício lógico de conceber uma estrutura econômica anterior ao Direito e independente dele, quando, na realidade, o Direito está sempre presente, qualquer que seja a ordenação das forças econômicas. Por outro lado, quando uma nova técnica de produção determina a substituição de uma estrutura jurídica por outra, a nova estrutura repercute, por sua vez, sobre a vida econômica, condicionando-a. Há, pois, entre Economia e Direito uma *interação* constante, não se podendo afirmar que a primeira *cause* o segundo, ou que o Direito seja mera "roupagem ideológica" de uma dada forma de produção.

Há, em suma, uma interação dialética entre o econômico e o jurídico, não sendo possível reduzir essa relação a nexos causais, nem tampouco a uma relação entre forma e conteúdo. Rudolf Stammler, um dos renovadores da Filosofia do Direito contemporânea, em obra célebre, publicada em fins do século passado, contrapunha-se ao materialismo histórico afirmando que, se o *conteúdo* dos atos humanos é econômico, a sua *forma* é necessariamente jurídica.

Nada justifica o entendimento do Direito como forma abstrata e vazia casada a um conteúdo econômico, inclusive porque o Direito está cheio de regras que disciplinam atos totalmente indiferentes ou alheios a quaisquer finalidades econômicas. Como bem observa Ascarelli, a questão é bem outra, por ser próprio do Direito receber os valores econômicos, artísticos, religiosos etc., sujeitando-os às suas próprias estruturas e fins, tornando-os, assim, jurídicos na medida e enquanto os integra em seu ordenamento.

Cabe, outrossim, ponderar que, assim como o fator econômico atua sobre o Direito, este resulta também de elementos outros, de natureza religiosa, ética, demográfica, geográfica etc., o que demonstra a unilateralidade e a inconsistência de todas as teorias que, como a marxista, enxergam no homem apenas uma de suas múltiplas dimensões.

Diríamos que o Direito é como o rei Midas. Se na lenda grega esse monarca convertia em ouro tudo aquilo em que tocava, aniquilando-se na sua própria riqueza, o Direito, não por castigo, mas por destinação ética, converte em jurídico tudo aquilo em que toca, para dar-lhe condições de realizabilidade garantida, em harmonia com os demais valores sociais.

Capítulo III

NATUREZA E CULTURA

Sumário: O dado e o construído. Conceito de cultura. Leis físico-matemáticas e leis culturais. Bens culturais e ciências culturais.

O DADO E O CONSTRUÍDO

Se volvemos os olhos para aquilo que nos cerca, verificamos que existem homens e existem coisas. O homem não apenas existe, mas coexiste, ou seja, vive necessariamente em companhia de outros homens. Em virtude do fato fundamental da coexistência, estabelecem os indivíduos entre si relações de coordenação, de subordinação, de integração, ou de outra natureza, relações essas que não ocorrem sem o concomitante aparecimento de regras de organização e de conduta.

Pois bem, essas relações podem ocorrer em razão de *pessoas*, ou em função de *coisas*. Verificamos, por exemplo, que um determinado indivíduo tem a sua casa e que dela pode dispor a seu talante, sendo-lhe facultado tanto vendê-la como alugá-la. Há um nexo físico entre um homem e um certo bem econômico. Há relações, portanto, entre os homens e as coisas, assim como existem também entre as coisas mesmas. Trata-se, é claro, de tipos diferentes de relações, cuja discriminação vai se enriquecendo à medida que a ciência progride.

Não é necessária muita meditação para se reconhecer, por exemplo, que existem duas ordens de relações correspondentes a duas espécies de realidade: uma ordem que denominamos *realidade natural*, e uma outra, *realidade humana, cultural ou histórica*.

No universo, há coisas que se encontram, por assim dizer, em estado bruto, ou cujo nascimento não requer nenhuma participação de nossa inteligência ou de nossa vontade. Mas, ao lado dessas coisas, postas originariamente pela natureza, outras há sobre as quais o homem exerce a sua inteligência e a sua vontade, adaptando a natureza a seus fins.

Constituem-se, então, dois mundos complementares: o do *natural* e o do *cultural*; do *dado* e do *construído*; do *cru* e do *cozido*. Havendo necessidade de uma expressão técnica para indicar os elementos que são apresentados aos homens, sem a sua participação intencional, quer para o seu aparecimento, quer para o seu desenvolvimento, dizemos que eles formam aquilo que nos é "dado", o "mundo natural", ou puramente natural. "Construído" é o termo que empregamos para indicar aquilo que acrescentamos à natureza, através do conhecimento de suas leis visando a atingir determinado fim[1].

Diante dessas duas esferas do real, o homem se comporta de maneira diversa, mas antes procura conhecê-las, descobrindo os nexos existentes entre seus elementos e atingindo as leis que as governam.

Montesquieu, que é um dos grandes mestres da ciência jurídico-política da França, no século XVIII, escreveu uma obra de grande repercussão na cultura do Ocidente, intitulada *De l'Esprit des Lois* (*Do Espírito das Leis*), cuja influência se fez notar na Revolução Francesa, primeiro, e, depois, na organização da democracia liberal. Pois bem, nesse livro de Montesquieu, a lei é definida como sendo uma "relação necessária que resulta da natureza das coisas".

Essa definição vale tanto para as leis físico-matemáticas como para as leis culturais. Vejamos se se pode falar em "natureza das

---

1. Observamos que, embora inspirada na terminologia de François Gény, a distinção aqui feita entre "dado" e "construído" não corresponde à desenvolvida por esse ilustre jurisconsulto francês.

coisas" ao nos referirmos às leis que explicam o mundo físico, ou seja o mundo do "dado", ou às leis morais e jurídicas, que são as mais importantes dentre as que compreendem o mundo da cultura e da conduta humana, do "construído".

CONCEITO DE CULTURA

Esse estudo tornar-se-á mais acessível com o esclarecimento prévio do que se deva entender pela palavra "cultura". Dissemos que o universo apresenta duas ordens de realidade: uma, que chamamos realidade natural ou físico-natural, e outra, que denominamos realidade cultural. A expressão tem sido impugnada ou criticada sob a alegação de ter sido trazida para o nosso meio por influência da filosofia alemã, que se desenvolveu em grande parte ao redor do termo *Kultur*, com preterição do termo "civilização".

Essa objeção não tem qualquer procedência. A palavra em si é genuinamente latina, e não cremos que se deva condenar o emprego de um vocábulo só por ter sido objeto, em outros países, de estudos especiais...

Além do mais, a palavra "cultura" já era empregada por escritores latinos, que, nas pegadas de Cícero, faziam-no em dois sentidos: como *cultura agri* (agricultura) e como *cultura animi*. A agricultura dá-nos bem idéia da interferência criadora do homem, através do conhecimento das leis que explicam a germinação, a frutificação etc. Ao lado da cultura do campo, viam os romanos a cultura do espírito, o aperfeiçoamento espiritual baseado no conhecimento da natureza humana. É na natureza humana que, efetivamente, repousam, em última análise, as leis culturais, sem que a aceitação do conceito de "natureza humana" implique, necessariamente, o reconhecimento de "leis naturais" anteriores às que se positivam na história.

Pois bem, "cultura" é o conjunto de tudo aquilo que, nos planos material e espiritual, o homem constrói sobre a base da natureza, quer para modificá-la, quer para modificar-se a si mesmo. É, desse modo, o conjunto dos utensílios e instrumentos, das obras e serviços, assim como das atitudes espirituais e formas de comportamento que o homem veio formando e aperfeiçoando, através da história, como cabedal ou patrimônio da espécie humana.

Não vivemos no mundo de maneira indiferente, sem rumos ou sem fins. Ao contrário, a vida humana é sempre uma procura de valores. Viver é indiscutivelmente optar diariamente, permanentemente, entre dois ou mais valores. A existência é uma constante tomada de posição segundo valores. Se suprimirmos a idéia de valor, perderemos a substância da própria existência humana. Viver é, por conseguinte, uma realização de fins. O mais humilde dos homens tem objetivos a atingir, e os realiza, muitas vezes, sem ter plena consciência de que há algo condicionando os seus atos.

O conceito de fim é básico para caracterizar o mundo da cultura. A cultura existe exatamente porque o homem, em busca da realização de fins que lhe são próprios, altera aquilo que lhe é "dado", alterando-se a si próprio.

Para ilustrar essa passagem do *natural* para o *cultural*, — mesmo porque não há conflito entre ambos, pois, como adverte Jaspers, a natureza está sempre na base de toda criação cultural, — costuma-se lembrar o exemplo de um cientista que encontra, numa caverna, um pedaço de sílex.

À primeira vista, por se tratar de peça tão tosca, tão vizinha do natural espontâneo, considera-a apenas com olhos de geólogo ou de mineralogista, indagando de suas qualidades, para classificá-la segundo os esquemas do saber positivo.

Um exame mais atento revela, todavia, que aquele pedaço de sílex recebera uma forma resultante da interferência, do *trabalho* do homem, afeiçoando-se a fins humanos, para servir como utensílio, um machado, uma arma. Desde esse instante, o *dado da natureza* se converte em *elemento da cultura*, adquirindo uma significação ou dimensão nova, a exigir a participação do antropólogo, isto é, de um estudioso de Antropologia cultural, que é a ciência das formas de vida, das crenças, das estruturas sociais e das instituições desenvolvidas pelo homem no processo das civilizações.

Esse exemplo, que nos transporta às origens da cultura, tem o mérito de mostrar a vinculação originária da cultura com a natureza, evitando-se certos exageros culturalistas, que fazem do homem um Barão de Münchausen pretendendo arrancar-se pelos cabelos para se libertar do mundo natural, no qual se acha imerso... É, ao contrário, com apoio na natureza, que a cultura surge e se desenvolve.

O sentido ora dado à palavra cultura não deve ser confundido com a acepção corrente da mesma palavra. "Cultura", na acepção comum desse termo, indica antes o aprimoramento do espírito, que possibilita aos homens cultivar todos os valores humanos. Homem culto é aquele que tem seu espírito de tal maneira conformado, através de meditações e experiências que, para ele, não existem problemas inúteis ou secundários, quando eles se situam nos horizontes de sua existência. O homem culto é bem mais do que o homem erudito. Este limita-se a reunir e a justapor conhecimentos, enquanto que o homem culto os unifica e anima com um sopro de espiritualidade e de entusiasmo. O termo técnico "cultura", embora distinto do usual, guarda o mesmo sentido ético, o que compreenderemos melhor lembrando que a cultura se desdobra em diversos "ciclos culturais" ou distintos "estágios históricos", cada um dos quais corresponde a uma *civilização*. O termo "cultura" designa, portanto, um gênero, do qual a "civilização" é uma espécie.

LEIS FÍSICO-MATEMÁTICAS E LEIS CULTURAIS

A afirmação feita de que a cultura implica a idéia de valor e de fim dá-nos o critério distintivo entre as duas esferas de realidades que estamos analisando. Se observarmos bem qual é o trabalho de um físico ou de um químico, perceberemos que o que ele pretende é explicar a realidade da maneira mais exata e rigorosa. Qual o desejo de um químico no seu laboratório? Tornar-se neutro perante o real, fazendo emudecer todos os seus preconceitos, de maneira que possa, numa fórmula feliz, abstrata e objetiva, surpreender a realidade na totalidade de seus elementos componentes. A Ciência Física é uma ciência descritiva do real, visando a atingir leis que sejam sínteses do fato natural. A lei física ideal deveria ser neutra, sem acréscimos à natureza, espelhando em sua estrutura as relações observadas, como pura "súmula estatística do fato".

É inegável que toda investigação científica está condicionada por certos pressupostos teóricos, e, por conseguinte, por determinadas opções valorativas, mas isto não impede que, de maneira geral, os fatos possam ser captados em suas relações objetivas.

Há entre os fatos ou fenômenos da natureza relações de funcionalidade e sucessão, importando fixar quantitativamente tais relações: o físico tem por mister e objetivo examinar os fenômenos que se passam e, através de observações, experimentações e generalizações, alcançar os princípios e as leis que os governam. A lei física é, de certa maneira, como que o retrato do fato, na plenitude de seus aspectos. Quando enuncio, por exemplo, a lei que governa a dilatação dos gases, estou indicando de maneira sintética os fatos observados e os que necessariamente acontecerão sempre que as mesmas circunstâncias ocorrerem.

Sendo a lei física uma expressão neutra do fato, qualquer lei, por mais que pareça, cede diante de qualquer aspecto fatual que venha contrariar o seu enunciado. Entre a lei e o fato, no mundo físico, não há que hesitar: prevalece o fato, ainda que seja *um só fato observado*; modifica-se a teoria, altera-se a lei.

Vejam se isso é possível em todos os campos do "mundo da cultura", a que pertence o Direito. Imagine-se um fato alterando a lei jurídica: um indivíduo, matando alguém, modificaria, mediante o seu ato, o Código Penal... Estão aí vendo, por um exemplo rude, a diferença fundamental entre as leis físico-matemáticas e as leis do tipo das leis jurídicas, diferença essa que resulta da "natureza das coisas" peculiar a cada esfera de realidade. Uma é lei subordinada ao fato; a outra é lei que se impõe ao fato isolado que conflitar com ela.

As relações que unem, entre si, os elementos de um fenômeno natural desenvolvem-se segundo o princípio de *causalidade* ou exprimem meras *referências funcionais*, cegas para os valores. As relações que se estabelecem entre os homens, ao contrário, envolvem juízos de valor, implicando uma adequação de meios a fins.

Recapitulando, podemos dizer que, ao contrário das leis físico-matemáticas, as *leis culturais* caracterizam-se por sua *referibilidade a valores*, ou, mais especificamente, por adequarem *meios* a *fins*. Daí sua natureza *axiológica* ou *teleológica*, não sendo demais lembrar que Axiologia significa "teoria dos valores"; e Teleologia, "teoria dos fins".

Nem todas as leis culturais são, porém, da mesma natureza, pois, enquanto as leis *sociológicas*, as *históricas* e as *econômicas* são enunciações de juízos de valor, com base nos fatos observados, — fatos esses que a Sociologia, a História e a Economia não se limitam a "retratar", como pretenderam os filósofos positivistas, — o mesmo não acontece no plano da Ética, que é a *ciência normativa dos comportamentos humanos.*

O sociólogo, o historiador e o economista não têm o propósito deliberado de disciplinar formas de conduta, muito embora suas conclusões possam e devam influir sobre a ordenação dos comportamentos. Costuma-se dizer que a História é mestra da vida, no sentido de que a experiência passada deve servir-nos de exemplo, e o mesmo se poderá dizer da Sociologia e da Economia, mas nenhum de seus cultores, enquanto se mantenham no plano objetivo de suas pesquisas, pensa converter suas convicções em *normas* ou *regras* para o comportamento coletivo.

É com base nas apreciações ou valorações econômicas, sociológicas, históricas, demográficas etc. que o *legislador* (ou, mais genericamente, o *político*) projeta normas, sancionando as que considera devam ser obedecidas.

Quando, pois, uma lei cultural envolve uma tomada de posição perante a realidade, *implicando o reconhecimento da obrigatoriedade de um comportamento*, temos propriamente o que se denomina *regra* ou *norma*.

Mais tarde cuidaremos de esclarecer outros aspectos dessa questão, caracterizando melhor o *momento normativo* da Ética, entendida como Ciência ou teoria geral dos comportamentos *não só valiosos, mas obrigatórios*. Por ora, vale a pena dedicar atenção ao seguinte quadro:

LEI

a) físico-matemática ou natural

b) cultural
- b¹) sociológica, histórica, econômica etc.
- b²) ética ou norma ética (moral, política, religiosa, jurídica etc.)

BENS CULTURAIS E CIÊNCIAS CULTURAIS

Dissemos que existem duas ordens de fenômenos: os da natureza e os da cultura. No estudo dos fenômenos puramente naturais, o homem chega a uma soma de conhecimentos que forma, em síntese, as chamadas ciências físico-matemáticas, como, por exemplo, a Física, a Química, a Matemática, a Astronomia, a Geologia, e assim por diante. Essas ciências não podem ser chamadas ciências culturais; elas, entretanto, como ciências que são, constituem "bens da cultura". Elas entram a fazer parte do patrimônio da cultura, mas não são ciências culturais, porquanto o seu objeto é a natureza: são "ciências naturais", e como produto da atividade criadora do homem, integram também o mundo da cultura.

Se o homem, por um lado, estuda e explica a natureza, atingindo ciências especiais, por outro lado, volta-se para o estudo de si mesmo e da sua própria atividade consciente; ele abre perspectivas para outros campos do saber, que são a História, a Economia, a Sociologia, o Direito etc.

Essas ciências, que têm por objeto o próprio homem ou as atividades do homem buscando a realização de fins especificamente humanos, é que nós chamamos de ciências propriamente culturais. Há, pois, uma distinção bem clara e necessária: todas as ciências representam fatos culturais, *bens culturais*, mas, nem todas as ciências podem ser chamadas, no sentido rigoroso do termo, *ciências culturais*.

Ciências culturais são aquelas que, além de serem elementos da cultura, têm por objeto um bem cultural. A sociedade humana, por exemplo, não é só um fato natural, mas algo que já sofreu no tempo a interferência das gerações sucessivas.

Quando uma criança nasce já recebe, através dos primeiros vocábulos, uma série de ensinamentos das gerações anteriores. Herda ela, indiscutivelmente, através da linguagem, um acervo de espiritualidade que se integrou na convivência. Em seguida, o ser humano vai recebendo educação e adquirindo conhecimentos para, depois, atuar sobre o meio ambiente e, desse modo, transformá-lo, através de novas formas de vida. A sociedade está constantemente em mutação, não obstante ter sua origem na natureza social do homem.

É necessário, pois, esclarecer o valor do ensinamento, que nos vem de Aristóteles, de que "o homem é um animal político" por sua própria natureza, ou seja, um animal destinado a viver em sociedade, de tal modo que, fora da sociedade, não poderia jamais realizar o bem que tem em vista.

É preciso compreender o sentido da palavra "natural" empregada por Aristóteles e seus continuadores. Não há dúvida que existe, na natureza humana, a raiz do fenômeno da convivência. É próprio da natureza humana viverem os homens uns ao lado dos outros, numa interdependência recíproca. Isto não quer dizer que o homem, impelido a viver em conjunto, nada acrescente à natureza mesma, pois ele a transforma, transformando-se a si mesmo, impelido por irrenunciável exigência de perfeição.

A sociedade em que vivemos é, em suma, também realidade cultural e não mero fato natural. A sociedade das abelhas e dos castores pode ser vista como um simples dado da natureza, porquanto esses animais vivem hoje, como viveram no passado e hão de viver no futuro. A convivência dos homens, ao contrário, é algo que se modifica através do tempo, sofrendo influências várias, alterando-se de lugar para lugar e de época para época. É a razão pela qual a Sociologia é entendida, pela grande maioria de seus cultores, como uma ciência cultural.

É evidente que o Direito, sendo uma ciência social, é também uma ciência cultural, como será objeto de estudos especiais[2].

---

2. Para um estudo mais amplo da teoria da cultura, essencial à Ciência do Direito, *vide* meu livro *Experiência e Cultura*, São Paulo, Ed. Grijalbo-EDUSP, 1977. Há uma 2.ª edição, da Bookseller, Campinas, 2000.

Embora devamos volver a este assunto, não é demais acrescentar desde logo que, graças às ciências culturais, é-nos possível reconhecer que, em virtude do incessante e multifário processo histórico, o gênero humano veio adquirindo consciência da irrenunciabilidade de determinados valores considerados universais e, como tais atribuíveis a cada um de nós. Correspondem eles ao que denominamos *invariantes axiológicas* ou *valorativas*, como as relativas à dignidade da *pessoa humana*, à salvaguarda da vida individual e coletiva, elevando-se até mesmo a uma visão planetária em termos *ecológicos*[3].

Pensamos ter demonstrado, alhures, que esses valores supremos inspiram e legitimam os atos humanos *como se fossem inatos*, ainda que se reconheça sua origem histórica. Pois bem, uma das finalidades do Direito é preservar e garantir tais valores e os que deles defluem — sem os quais não caberia falar em liberdade, igualdade e fraternidade — o que demonstra que a experiência jurídica é uma experiência ética, consoante passamos a examinar.

---

3. Sobre a relação entre as *invariantes axiológicas* e o Direito, *vide* pág. 276.

Capítulo IV

O MUNDO ÉTICO

Sumário: Juízos de realidade e de valor. Estrutura das normas éticas. Formas da atividade ética.

JUÍZOS DE REALIDADE E DE VALOR

Em nossa última aula, lembramos que as leis éticas, ou melhor, as normas éticas, não envolvem apenas um juízo de valor sobre os comportamentos humanos, mas culminam na escolha de uma diretriz considerada obrigatória numa coletividade. Da tomada de posição axiológica ou valorativa resulta a *imperatividade* da via escolhida, a qual não representa assim mero resultado de uma nua decisão, arbitrária, mas é a expressão de um complexo processo de opções valorativas, no qual se acha, mais ou menos condicionado, o poder que decide.

A característica da *imperatividade* do Direito como de todas as normas éticas, — embora tenha sido e continue sendo contestada, — parece-nos essencial a uma compreensão realística da experiência jurídica ou moral. Tudo está, porém, em não se conceber a imperatividade em termos antropomórficos, como se atrás de cada regra de direito houvesse sempre uma autoridade de arma em punho para impor seu adimplemento.

Apesar de não se poder negar que, no ato de aprovar uma lei, haja sempre certa margem de decisão livre, e, às vezes, até mesmo de arbítrio, na realidade a obrigatoriedade do Direito vem banhada de exigências axiológicas, de um complexo de opções que se processa no meio social, do qual não se desprende a autoridade decisória.

O certo é que toda norma enuncia algo que *deve ser*, em virtude de ter sido reconhecido um valor como razão determinante de um comportamento declarado obrigatório. Há, pois, em toda regra um *juízo de valor*, cuja estrutura mister é esclarecer, mesmo porque ele está no cerne da atividade do juiz ou do advogado.

Talvez já saibam o que seja um *juízo*. Juízo é o ato mental pelo qual atribuímos, com caráter de necessidade, certa qualidade a um ser, a um ente. Se, por exemplo, digo que "a Terra é um planeta", estou ligando ao sujeito "Terra" uma determinada qualidade: a de ser planeta, e não estrela ou cometa. A ligação feita entre o sujeito e o predicado é tida como necessária, sem o que não temos, propriamente, um juízo. A ligação entre o sujeito e o predicado pode ser de duas espécies: ou simplesmente *indicativa* ou, ao contrário, *imperativa*.

Em todo juízo lógico, cuja expressão verbal se denomina *proposição*, há sempre um sujeito de que se predica algo. Ora, a união entre o sujeito e o predicado pode ser feita pelo verbo copulativo *ser* ou, então, pelo verbo *dever ser*, distinguindo-se, desse modo, os juízos de *realidade* dos de *valor*. Podemos representar esses dois tipos de juízos, da seguinte maneira:

"S"   *é*   "P"
"S" *deve ser* "P"[1]

Uma lei física, como, por exemplo, a de inércia, explica o fenômeno do movimento, estabelecendo conexões necessárias entre os fatos observados, mas não o situa segundo uma escala positiva ou negativa de valores, nem determina que alguma coisa seja feita como conseqüência da verdade enunciada.

As relações que se passam entre os homens podem ser estudadas segundo nexos lógicos dessa natureza, como acontece na Sociologia, mas esta opera também com juízos de valor, formulando apreciações de natureza valorativa ou axiológica sobre os fatos sociais observados.

---

1. "S" quer dizer "sujeito", e "P" indica o "predicado" da proposição.

Já ocorre algo de diverso nos domínios da Ética, notadamente no que se refere à Moral e ao Direito, onde juízos de valor assumem uma feição diversa em virtude do caráter de obrigatoriedade conferido ao valor que se quer preservar ou efetivar.

O legislador não se limita a descrever um fato tal como ele é, à maneira do sociólogo, mas, baseando-se naquilo que é, determina que algo *deva ser*, com a previsão de diversas conseqüências, caso se verifique a ação ou a omissão, a obediência à norma ou a sua violação.

Essas diferenças vão se refletir na estrutura de qualquer norma de natureza ética, consoante passamos a expor.

ESTRUTURA DAS NORMAS ÉTICAS

Toda norma ética expressa um juízo de valor, ao qual se liga uma sanção, isto é, uma forma de garantir-se a conduta que, em função daquele juízo, é declarada permitida, determinada ou proibida.

A necessidade de ser prevista uma sanção, para assegurar o adimplemento do fim visado, já basta para revelar-nos que a norma enuncia algo que *deve ser*, e não algo que inexoravelmente *tenha de ser*.

A previsão de um dever, suscetível de não ser cumprido, põe-nos diante de um problema que envolve a substância da estrutura normativa. É que toda norma é formulada no pressuposto essencial da *liberdade* que tem o seu destinatário de obedecer ou não aos seus ditames.

Parece paradoxal, mas é fundamentalmente verdadeira a asserção de que uma norma ética se caracteriza pela possibilidade de sua violação, enquanto que não passaria pela cabeça de um físico estabelecer uma lei no pressuposto de sua não-correspondência permanente aos fatos por ele explicados.

Compreende-se a diferença radical quando se pensa que a norma tem por objeto decisões e atos humanos, sendo inerente a estes a dialética do *sim* e do *não*, o adimplemento da regra, ou a sua transgressão. É essa alternativa da conduta positiva ou negativa que explica por que a violação da norma não atinge a sua validade: como elegantemente disse Rosmini, filósofo italiano da segunda metade do século XIX, a norma ética brilha com esplendor insólito no instante mesmo em que é violada. A regra, embora transgredida e porque transgredida, continua válida, fixando a *responsabilidade* do transgressor.

A imperatividade de uma norma ética, ou o seu *dever ser* não exclui, por conseguinte, mas antes pressupõe a liberdade daqueles a que ela se destina. É essa correlação essencial entre o *dever* e a *liberdade* que caracteriza o mundo ético, que é o *mundo do dever ser*, distinto do *mundo do ser*, onde não há deveres a cumprir, mas *previsões que têm de ser confirmadas para continuarem sendo válidas*.

A norma ética estrutura-se, pois, como um juízo de dever ser, mas isto significa que ela estabelece, não apenas uma direção a ser seguida, mas também a medida da conduta considerada lícita ou ilícita. Se há, com efeito, algo que deve ser, seria absurdo que a norma não explicitasse o que deve ser feito e como se deve agir.

Temos dito e repetido que as palavras guardam o segredo do seu significado. Assim acontece com o termo "regra", que vem do latim *regula*. Da palavra latina originária *regula* derivaram dois vocábulos para o português: "régua" e "regra". Que é régua? É uma direção no plano físico. Que é regra? É a diretriz no plano cultural, no plano espiritual.

Por outro lado, a palavra *norma*, que nos lembra incontinenti aquilo que é *normal*, traduz a previsão de um comportamento que, à luz da escala de valores dominantes numa sociedade, deve ser *normalmente* esperado ou querido como comportamento *normal* de seus membros.

A norma é, em geral, configurada ou estruturada em função dos comportamentos *normalmente* previsíveis do homem comum, de um *tipo* de homem dotado de tais ou quais qualidades que o tornam o *destinatário razoável* de um preceito de caráter genérico, o que não impede haja normas complementares que prevejam situações específicas ou particulares, que agravem ou atenuem as conseqüências contidas na norma principal.

A regra representa, assim, um módulo ou medida da conduta. Cada regra nos diz até que ponto podemos ir, dentro de que limites podemos situar a nossa pessoa e a nossa atividade. Qualquer regra, que examinarem, apresentará esta característica de ser uma delimitação do agir; regra costumeira, de trato social, de ordem moral ou jurídica, ou religiosa, é sempre medida daquilo que podemos ou não podemos praticar, do que se deve ou não se deve fazer.

FORMAS DA ATIVIDADE ÉTICA

Esclarecida a natureza das normas éticas, devemos observar quantas espécies de normas desse tipo são possíveis numa sociedade. A discriminação dessas espécies de normas poderá ser feita em função das diferentes finalidades que os homens se propõem.

O filósofo alemão contemporâneo Max Scheler contrapôs à Ética formal de Kant, ou seja, à Ética do *dever pelo dever*, uma *Ética material de valores*, mostrando-nos que toda e qualquer atividade humana, enquanto intencionalmente dirigida à realização de um valor, deve ser considerada conduta ética. Pode mesmo ocorrer que o desmedido apego a um valor, em detrimento de outros, determine aberrações éticas, como é o caso dos homens que tudo sacrificam no altar do *poder*, da *beleza*, da *economia* etc.

Aceito o prisma scheleriano do conteúdo axiológico das atividades éticas, poderemos discriminar as espécies fundamentais de normas, em função de alguns valores cardinais, que, através dos tempos, têm sido considerados o *bem* visado pela ação.

Dedicaremos nossa atenção final à Ética entendida em função do *bem* individual ou social.

BELO — As atividades relativas à realização do que é belo, que têm como conseqüência o aparecimento dos juízos estéticos, das normas estéticas. Há homens que se preocupam, na vida, única e exclusivamente com o problema da beleza e a transformam no centro do seu interesse. É o caso dos artistas, dos poetas, dos homens para os quais a vida tem uma nota dominante, que é a nota estética. Embora haja homens que se preocupam exclusivamente com esse problema, ele é, de certa maneira, geral. O crescendo da cultura e da civilização tem como conseqüência tornar partícipes do problema da beleza um número cada vez maior de homens.

ÚTIL — Todos nós buscamos a realização de bens econômicos para satisfação de nossas necessidades vitais. O valor daquilo que é "útil-vital" implica um complexo de atividades humanas no comércio, na indústria, na agricultura. Assim como ao belo corresponde uma ciência chamada Estética e uma atividade, que são as artes, também com relação ao útil, existem a Ciência Econômica e uma série de atividades empenhadas na produção, circulação e distribuição das riquezas. Quando a Ética se subordina ao primado das exigências econômicas, ela se converte em mera superestrutura ideológica, tal como acontece no materialismo histórico de Marx e Lenin.

SANTO — É o valor ao qual correspondem as religiões e os cultos. Também neste campo existem homens que só vivem do valor do "santo", do "sacro", embora todos os homens, mais ou menos, sintam a necessidade dessa complementação transcendente da vida. É o valor do divino norteando o homem na sociedade, exigindo determinado comportamento por parte dos indivíduos e dos grupos.

Outro valor, que poderíamos lembrar, seria o que se designa a Filosofia, com a palavra "amor".

AMOR — Nas suas diferentes espécies e modalidades, desde a simpatia até à paixão, passando por todas as relações capazes de estabelecer um nexo emocional entre dois seres. Também este é, um campo vastíssimo, traduzindo um fim a ser atingido, um valor a ser realizado, intersubjetivamente. Não faltam tentativas de fundar-se uma Ética do Amor, ou *Erótica*, de Eros, o deus do amor.

PODER — É o valor determinante da Política, que é a ciência da organização do poder e a arte de realizar o bem social com o mínimo de sujeição. Há uma Ética da política ou Ética do poder, assim como homens há para os quais a "razão de Estado" deve prevalecer sobre todos os valores. A Política acima de tudo, da religião, da arte, da ciência etc., todas postas a seu serviço, como nos Estados totalitários.

Lembraríamos, por fim, os que mais de perto nos interessam, os valores do

BEM INDIVIDUAL E BEM COMUM — Todos os homens procuram alcançar o que lhes parecer ser o "bem" ou a felicidade. O fim que se indica com a palavra "bem" corresponde a várias formas de conduta que compõem, em conjunto, o domínio da Ética. Esta, enquanto ordenação teórico-prática dos comportamentos em geral, na medida e enquanto se destinam à realização de um *bem*, pode ser vista sob dois prismas fundamentais:

a) o do valor da *subjetividade* do autor da ação;

b) o do valor da *coletividade* em que o indivíduo atua.

No primeiro caso, o ato é apreciado em função da *intencionalidade* do agente, o qual visa, antes de mais nada, à plenitude de sua subjetividade, para que esta se realize como *individualidade autônoma*, isto é, como *pessoa*. A Ética, vista sob esse ângulo, que se verticaliza na consciência individual, toma o nome de Moral, que, desse modo, pode ser considerada a *Ética da subjetividade*, ou *do bem da pessoa*.

Quando, ao contrário, a ação ou conduta é analisada em função de suas relações intersubjetivas, implicando a existência de um *bem social*, que supera o valor do bem de cada um, numa trama de valorações objetivas, a Ética assume duas expressões distintas: a da *Moral Social (Costumes e Convenções sociais)*; e a do *Direito*.

Bem pessoal é aquele que o indivíduo se põe como seu dever, realizando-o enquanto indivíduo. Assim, Fulano pode ser temperante sem precisar de quem quer que seja. A virtude da temperança realiza-se no indivíduo e para o próprio indivíduo. No entanto, ninguém poderá ser justo para consigo mesmo. A Justiça é, sempre, um laço entre um homem e outros homens, como bem do indivíduo, enquanto membro da sociedade, e, concomitantemente, como bem do todo coletivo. Por conseguinte, o bem social situa-se em outro campo da ação humana, a que chamamos de Direito.

O assunto, porém, exige uma ou mais aulas especiais. Antes, porém, de passarmos à análise de outros aspectos do problema ético, cumpre-nos esclarecer que, se o valor da *subjetividade* é o fundamento da Moral, isto não significa que o indivíduo como tal seja a medida dos atos morais. Quando os indivíduos se respeitam mutuamente, põem-se uns perante os outros como pessoas, só se realizando plenamente a *subjetividade* de cada um em uma relação necessária de *intersubjetividade*. É por essa razão que a Moral, visando ao bem da *pessoa*, visa, implicitamente, ao *bem social*, o que demonstra a unidade da vida ética, muito embora esta possa ser vista sob diversos prismas.

Capítulo V

DIREITO E MORAL

Sumário: A teoria do mínimo ético. Do cumprimento das regras sociais. Direito e coação. Direito e heteronomia. Bilateralidade atributiva. Breves dados históricos. Confronto com as normas de trato social.

Encontramo-nos, agora, diante de um dos problemas mais difíceis e também dos mais belos da Filosofia Jurídica, o da diferença entre a Moral e o Direito. Não pretendo, num curso de Introdução ao Estudo do Direito, esgotar o assunto mas, apenas, dar alguns elementos necessários para que os senhores não confundam os dois conceitos, sem, todavia, separá-los. Nesta matéria devemos lembrar-nos de que a verdade, muitas vezes, consiste em distinguir as coisas, sem separá-las. Ao homem afoito e de pouca cultura basta perceber uma diferença entre dois seres para, imediatamente, extremá-los um do outro, mas os mais experientes sabem a arte de distinguir sem separar, a não ser que haja razões essenciais que justifiquem a contraposição.

Muitas são as teorias sobre as relações entre o Direito e a Moral, mas é possível limitarmo-nos a alguns pontos de referência essenciais, inclusive pelo papel que desempenharam no processo histórico[1].

---
1. Para maiores desenvolvimentos, *vide* a nossa *Filosofia do Direito*, 19.ª ed., cit., Título XI, págs. 621 e segs.

A TEORIA DO MÍNIMO ÉTICO

Em primeiro lugar, recordemos a teoria do "mínimo ético", já exposta de certa maneira pelo filósofo inglês Jeremias Bentham e depois desenvolvida por vários autores, entre os quais um grande jurista e politicólogo alemão do fim do século XIX e do princípio do seguinte, Georg Jellinek.

A teoria do "mínimo ético" consiste em dizer que o Direito representa apenas o mínimo de Moral declarado obrigatório para que a sociedade possa sobreviver. Como nem todos podem ou querem realizar de maneira espontânea as obrigações morais, é indispensável armar de força certos preceitos éticos, para que a sociedade não soçobre. A Moral, em regra, dizem os adeptos dessa doutrina, é cumprida de maneira espontânea, mas como as violações são inevitáveis, é indispensável que se impeça, com mais vigor e rigor, a transgressão dos dispositivos que a comunidade considerar indispensável à paz social.

Assim sendo, o Direito não é algo de diverso da Moral, mas é uma parte desta, armada de garantias específicas.

A teoria do "mínimo ético" pode ser reproduzida através da imagem de dois círculos concêntricos, sendo o círculo maior o da Moral, e o círculo menor o do Direito. Haveria, portanto, um campo de ação comum a ambos, sendo o Direito envolvido pela Moral. Poderíamos dizer, de acordo com essa imagem, que "tudo o que é jurídico é moral, mas nem tudo o que é moral é jurídico".

São aceitáveis os princípios dessa doutrina? Será certo dizer que todas as normas jurídicas se contêm no plano moral? Será mesmo que o bem social sempre se realiza com plena satisfação dos valores da subjetividade, do bem pessoal de cada um?

Comecemos por observar que fora da Moral existe o "imoral", mas existe também o que é apenas "amoral", ou indiferente à Moral. Uma regra de trânsito, como, por exemplo, aquela que exige que os veículos obedeçam à mão direita, é uma norma jurídica. Se amanhã, o legislador, obedecendo a imperativos técnicos, optar pela mão esquerda, poderá essa decisão influir no campo moral? Evidentemente que não.

Há um artigo no Código de Processo Civil, segundo o qual o réu, citado para a ação, deve oferecer a sua contrariedade no prazo de 15 dias. E por que não de 10, de 20, ou de 30? Se assim fosse, porém, influiria isso na vida moral? Também não.

Outro preceito do Código Civil estabelece que os contratos eivados de erro, dolo ou coação, só podem ser anulados dentro do prazo de 4 anos. Por que não no prazo de 5 anos ou de 3 anos e meio? São razões puramente técnicas, de utilidade social, que resolvem muitos problemas de caráter jurídico. Não é exato, portanto, dizer que tudo o que se passa no mundo jurídico seja ditado por motivos de ordem moral.

Além disso, existem atos juridicamente lícitos que não o são do ponto de vista moral. Lembre-se o exemplo de uma sociedade comercial de dois sócios, na qual um deles se dedica, de corpo e alma, aos objetivos da empresa, enquanto que o outro repousa no trabalho alheio, prestando, de longe em longe, uma rala colaboração para fazer *jus* aos lucros sociais. Se o contrato social estabelecer para cada sócio uma compensação igual, ambos receberão o mesmo quinhão. E eu pergunto: é moral? Há, portanto, um campo da Moral que não se confunde com o campo jurídico. O Direito, infelizmente, tutela muita coisa que não é moral. Embora possa provocar nossa revolta, tal fato não pode ficar no esquecimento. Muitas relações amorais ou imorais realizam-se à sombra da lei, crescendo e se desenvolvendo sem meios de obstá-las. Existe, porém, o desejo incoercível de que o Direito tutele só o "lícito moral", mas, por mais que os homens se esforcem nesse sentido, apesar de todas as providências cabíveis, sempre permanece um resíduo de imoral tutelado pelo Direito.

Há, pois, que distinguir um campo de Direito que, se não é imoral, é pelo menos amoral, o que induz a representar o Direito e a Moral como dois círculos secantes. Podemos dizer que dessas duas representações — de dois círculos concêntricos e de dois círculos secantes, — a primeira corresponde à concepção ideal, e a segunda, à concepção real, ou pragmática, das relações entre o Direito e a Moral.

As representações gráficas têm vantagens e desvantagens. Entre as desvantagens está a de se simplificar excessivamente os problemas. Servem, no entanto, no início dos estudos, como pontos de referência para ulteriores pesquisas.

DO CUMPRIMENTO DAS REGRAS SOCIAIS

Se analisarmos os fatos que se passam em geral na sociedade ou os que nos cercam em nossa vida cotidiana, verificamos que regras sociais há que cumprimos de maneira espontânea. Outras regras existem, todavia, que os homens só cumprem em determinadas ocasiões, porque a tal são coagidos. Há pois uma distinção a fazer-se quanto ao cumprimento espontâneo e o obrigatório ou forçado das regras sociais.

A qual dessas categorias pertencerá a Moral? Podemos dizer que a Moral é o mundo da conduta espontânea, do comportamento que encontra em si próprio a sua razão de existir. O ato moral implica a adesão do espírito ao conteúdo da regra. Só temos, na verdade, Moral autêntica quando o indivíduo, por um movimento espiritual espontâneo realiza o ato enunciado pela norma. Não é possível conceber-se o ato moral forçado, fruto da força ou da coação. Ninguém pode ser bom pela violência. Só é possível praticar o bem, no sentido próprio, quando ele nos atrai por aquilo que vale por si mesmo, e não pela interferência de terceiros, pela força que venha consagrar a utilidade ou a conveniência de uma atitude. Conquanto haja reparos a ser feitos à Ética de Kant, pelo seu excessivo formalismo, pretendendo rigorosamente que se cumpra "o dever pelo dever", não resta dúvida que ele vislumbrou uma verdade essencial quando pôs em evidência a espontaneidade do ato moral.

A Moral, para realizar-se autenticamente, deve contar com a adesão dos obrigados. Quem pratica um ato, consciente da sua moralidade, já aderiu ao mandamento a que obedece. Se respeito meu pai, pratico um ato na plena convicção da sua intrínseca valia, coincidindo o ditame de minha consciência com o conteúdo da regra moral. Acontecerá o mesmo com o Direito? Haverá, sempre, uma adequação entre a minha maneira de pensar e agir e o fim que, em abstrato, a regra jurídica prescreve? No plano da Moral, já o dissemos, essa coincidência é essencial, mas o mesmo não ocorre no mundo jurídico.

O exemplo que vou dar esclarece o assunto. É um exemplo trazido de minha experiência profissional, e que pode repetir-se com qualquer dos senhores, nesta vida cheia de imprevistos e de dramas que nos deixam perplexos. Certa vez, fui procurado por um casal de velhos — de quase 80 anos — que me expôs a sua situação de insuficiência econômica, carecedores que estavam dos mais elementares meios de subsistência. Como diziam os romanos, na sua compreensão realística da vida, a velhice é a pior das doenças. Pois bem, o casal de velhos revelou-me que tinha um filho, um industrial de grande capacidade econômica, possuidor de várias fábricas e estabelecimentos comerciais e que, entretanto, não admitia que seus prepostos ou a esposa prestassem qualquer auxílio a seus pais. Ora, o Código Civil brasileiro, como o de todas as nações civilizadas, consagra o princípio da solidariedade econômica entre os cônjuges e os parentes. Nesse sentido, os descendentes não podem faltar à assistência devida aos pais e avós, toda a vez que estes se encontrem em dificuldades econômicas, por motivos que não possam ser superados. É, evidentemente, um preceito de ordem jurídica e, ao mesmo tempo, de ordem moral. É o princípio de solidariedade humana, ou melhor, de solidariedade familiar que dita a regra jurídica consagrada nos códigos. Se a lei civil estabelece a obrigação de prestar alimentos, por sua vez, o Código de Processo assegura aos necessitados remédios indispensáveis à realização desse *desideratum*, graças à interferência do juiz.

Admitamos — como no caso concreto que me foi dado apreciar como advogado — que o filho não ceda a qualquer razão e se recuse, obstinadamente, a prestar assistência a seus genitores. Não restará aos pais senão uma via — a de propor uma ação que se chama "ação de alimentos". Feita a prova, com a demonstração de carência econômica dos interessados e da abastança do filho, para pagar a quantia arbitrada pelos peritos, o juiz proferiu a sentença, condenando o descendente a pagar uma prestação alimentícia mensal.

Essa sentença, depois da apelação, passou em julgado, isto é, tornou-se uma sentença da qual não cabia qualquer recurso. Sentença passada em julgado é aquela contra a qual não é possível mais recorrer; é uma sentença que se tornou exeqüível, por terem os órgãos do Poder Judiciário se pronunciado de maneira definitiva sobre a lide. Tínhamos uma sentença e podíamos, com ela, promover a execução e até a penhora dos bens do filho, a fim de garantir o que tinha sido decidido pelo juiz.

O filho passou a efetuar, mensalmente, o pagamento da pensão, mas com revolta: vencido, mas não convencido. Eu lhes pergunto: Até que ponto a regra moral coexistiu, nesse caso, com a regra jurídica? Até que ponto o pagamento se tornou moral? A regra moral de assistência aos ascendentes coexistiu com a regra jurídica até o momento em que se tornou indeclinável o recurso à força, através do Judiciário. No momento em que os pais compareceram ao pretório para propor a ação, visando à prestação compulsória do dever filial, a partir desse instante a regra moral não acompanhou mais a regra jurídica, mas entrou em eclipse por falta de apoio no plano da consciência do obrigado.

A Moral é incompatível com a violência, com a força, ou seja, com a coação, mesmo quando a força se manifesta juridicamente organizada. O filho que, mensalmente, paga a prestação alimentícia por força do imperativo da sentença, só praticará um ato moral no dia em que se convencer de que não está cumprindo uma obrigação, mas praticando um ato que o enriquece espiritualmente, com tanto mais valia quanto menos pesar nele o cálculo dos interesses.

DIREITO E COAÇÃO

O cumprimento obrigatório da sentença satisfaz ao mundo jurídico, mas continua alheio ao campo propriamente moral. Isto nos demonstra que existe, entre o Direito e a Moral, uma diferença básica, que podemos indicar com esta expressão: *a Moral é incoercível e o Direito é coercível.* O que distingue o Direito da Moral, portanto, é a coercibilidade. Coercibilidade é uma expressão técnica que serve para mostrar a plena compatibilidade que existe entre o Direito e a força.

Há três posições diferentes em face da relação entre o Direito e a força: uma teoria imbuída de eticismo absoluto, que sustenta que o Direito nada tem a ver com a força, não surgindo, nem se realizando graças à intervenção do poder público. Haveria, segundo os adeptos dessa doutrina, no tocante ao Direito, a mesma incompatibilidade que há com a Moral. Essa teoria, como se vê, idealiza o mundo jurídico, perdendo de vista o que efetivamente acontece na sociedade.

Em campo diametralmente oposto, temos a teoria que vê no Direito uma efetiva expressão da força. Para Jhering, um dos maiores jurisconsultos do passado milênio, o Direito se reduz a "norma + coação", no que era seguido, com entusiasmo, por Tobias Barreto, ao defini-lo como "a organização da força". Ficou famoso o seu temerário confronto do direito à "bucha do canhão", o que se deve atribuir aos ímpetos polêmicos que arrebatavam aquele grande espírito.

Segundo essa concepção, poderíamos definir o Direito como sendo a *ordenação coercitiva da conduta humana*. Esta é definição incisiva do Direito dada pelo grande mestre contemporâneo, Hans Kelsen, que, com mais de noventa anos, sempre se manteve fiel aos seus princípios de normativismo estrito.

A título de ilustração, cabe lembrar que Jhering simbolizava a atividade jurídica com uma espada e uma balança: o Direito não seria o equilíbrio da balança se não fosse garantido pela força da espada, consoante é exposto em seu famoso livro *A Luta pelo Direito*, que a minha geração lia com entusiasmo e que é pena ande tão esquecido, tantas são as lições magistrais que encerra sobre a dignidade das tarefas do jurista.

A teoria da coação, se logrou larga adesão na época do predomínio positivista, foi depois alvo de críticas irrespondíveis, a começar pela observação fundamental de que, via de regra, há o cumprimento espontâneo do Direito. Para milhares de contratos que se executam espontaneamente, bem reduzido é o número dos que geram conflitos sujeitos a decisão judicial. Não se pode, pois, definir a realidade jurídica em função do que excepcionalmente acontece.

Por outro lado, a coação já é, em si mesma, um conceito jurídico, dando-se a interferência da força em virtude da norma que a prevê, a qual, por sua vez, pressupõe outra manifestação de força e, por conseguinte, outra norma superior, e, assim sucessivamente, até se chegar a uma norma pura ou à pura coação... Foi essa objeção que Hans Kelsen procurou superar com a sua teoria da "norma fundamental", que analisaremos numa de nossas aulas.

O que há, porém, de verdade na doutrina da coação é a verificação da compatibilidade do Direito com a força, o que deu lugar ao aparecimento de uma teoria que põe o problema em termos mais rigorosos: é a teoria da *coercibilidade*, segundo a qual *o Direito é a ordenação coercível da conduta humana*.

A diferença está apenas em um adjetivo, mas é fundamental. Para uns, a força está sempre presente no mundo jurídico, é imanente a ele, e, portanto, inseparável dele. Para outros, a coação no Direito *não é efetiva, mas potencial*, representando como que uma segunda linha de garantia da execução da norma, quando se revelam insuficientes os motivos que, comumente, levam os interessados a cumpri-la.

A teoria da coercibilidade, certa enquanto revela a possibilidade de haver execuções jurídicas compulsórias, sem que isso comprometa a sua juridicidade deixa-nos, porém, no vestíbulo do problema, pois surge logo a seguinte pergunta: "Que é que explica essa compatibilidade entre o Direito e a força?".

DIREITO E HETERONOMIA

Pelos exemplos dados até agora já se vê que podemos obedecer ou não às normas de direito das quais somos destinatários. Elas são postas pelo legislador, pelos juízes, pelos usos e costumes, sempre por terceiros, podendo coincidir ou não os seus mandamentos com as convicções que temos sobre o assunto.

Podemos criticar as leis, das quais dissentimos, mas devemos agir de conformidade com elas, mesmo sem lhes dar a adesão de nosso espírito. Isto significa que elas valem *objetivamente*, independentemente, e a despeito da opinião e do querer dos obrigados.

Essa *validade objetiva e transpessoal* das normas jurídicas, as quais se põem, por assim dizer, acima das pretensões dos sujeitos de uma relação, superando-as na estrutura de um querer irredutível ao querer dos destinatários, e o que se denomina *heteronomia*. Foi Kant o primeiro pensador a trazer à luz essa nota diferenciadora, afirmando ser a Moral *autônoma*, e o Direito *heterônomo*. Nem todos pagam imposto de boa vontade. No entanto, o Estado não pretende que, ao ser pago um tributo, se faça com um sorriso nos lábios; a ele, basta que o pagamento seja feito nas épocas previstas. Nada mais absurdo e monstruoso do que a idealização de um *homo juridicus*, modelado segundo o Direito e destinado a praticá-lo com rigorosa fidelidade às estruturas normativas.

Há, no Direito, um caráter de "alheiedade" do indivíduo, com relação à regra. Dizemos, então, que o Direito é *heterônomo*, visto ser posto por terceiros aquilo que juridicamente somos obrigados a cumprir.

Dirão os senhores que os terceiros são o Estado e que o Estado é constituído pela sociedade dos homens, de maneira que, em última análise, estamos nos governando a nós mesmos. É uma satisfação poder pensar que nós mesmos estamos nos governando e ditando regras a que devemos obedecer. Nem sempre, contudo, existe essa aquiescência, porque posso estar contra a lei, em espírito, mas ser obrigado a obedecê-la. A lei pode ser injusta e iníqua mas, enquanto não for revogada, ou não cair em manifesto desuso, obriga e se impõe contra a nossa vontade, o que não impede que se deva procurar neutralizar ou atenuar os efeitos do "direito injusto", graças a processos de interpretação e aplicação que teremos a oportunidade de analisar. É inegável, porém, que, em princípio, o direito obriga, sendo o característico da heteronomia bem mais profundo do que à primeira vista parece. Daí podermos dar mais um passo e dizer que o *Direito é a ordenação heterônoma e coercível da conduta humana*.

Surge agora esta pergunta: O Direito é coercível e heterônomo como razão última, ou assim se apresenta em virtude de um outro requisito, este sim essencial?

BILATERALIDADE ATRIBUTIVA

Durante muito tempo, os juristas, sob a influência da Escola Positivista, contentaram-se com a apresentação do problema em termos de coercitividade; em seguida, renunciaram à "teoria da coação em ato", para aceitá-la "em potência", ou seja, depois de verem o Direito como *coação efetiva*, passaram a apreciá-lo como *possibilidade de coação* mas nunca abandonaram o elemento coercitivo. Este permaneceu como critério último na determinação do Direito. Podemos dizer que o pensamento jurídico contemporâneo, com mais profundeza, não se contenta nem mesmo com o conceito de *coação potencial*, procurando penetrar mais adentro na experiência jurídica, para descobrir a nota distintiva essencial do Direito. Esta é a nosso ver a *bilateralidade atributiva*.

A teoria da bilateralidade atributiva, a que tenho dado desenvolvimentos próprios, corresponde à posição de outros jusfilósofos contemporâneos. Assim, por exemplo, Del Vecchio diz que a Moral se distingue do Direito pelo elemento de "bilateralidade", "alteridade" ou "intersubjetividade", dando a esses termos um sentido talvez equivalente ao que enunciamos com o acréscimo do adjetivo "atributivo". Um jurista polonês integrado na cultura russa do século XX, Petrazinski, emprega a expressão "imperatividade atributiva". Por outro lado, não podemos olvidar os antecedentes da doutrina já contidos nos conceitos de *relação* de Aristóteles, de *alteritas* de Santo Tomás, de *exterioridade* desenvolvida por Christian Thomasius, na passagem do século XVII para o XVIII; e no de *heteronomia* exposto por Kant, ou no de *querer entrelaçante* de Stammler etc.[2].

Procurando caracterizar o que vem a ser "imperatividade atributiva", Petrazinski dá-nos um exemplo, que reproduzimos com algumas alterações.

Imaginemos que um homem abastado, ao sair de sua casa, se encontre com um velho amigo de infância que, levado à miséria,

---

2. Sobre essas perspectivas históricas, essenciais à plena compreensão do assunto, *vide* parágrafo seguinte, e o que escrevemos em *Filosofia do Direito*, cit., Título XI.

lhe solicita um auxílio de cinco rublos, recebendo uma recusa formal e até mesmo violenta. Em seguida, a mesma pessoa toma um coche para ir a determinado lugar. Ao terminar o percurso, o cocheiro cobra cinco rublos. A diferença de situação é muito grande entre o cocheiro que cobra cinco rublos e o amigo que solicitava a mesma importância.

No caso do amigo, que pedia uma esmola, havia um nexo de possível solidariedade humana, de caridade, mas, no caso do cocheiro, temos um nexo de crédito resultante da prestação de um serviço. No primeiro caso, não há laço de exigibilidade, o que não acontece no segundo, pois o cocheiro pode exigir o pagamento da tarifa. Eis aí ilustrado como o Direito implica uma relação entre duas ou mais pessoas, segundo certa ordem objetiva de exigibilidade.

Pelos estudos que temos desenvolvido sobre a matéria pensamos que *há bilateralidade atributiva quando duas ou mais pessoas se relacionam segundo uma proporção objetiva que as autoriza a pretender ou a fazer garantidamente algo*. Quando um fato social apresenta esse tipo de relacionamento dizemos que ele é *jurídico*. Onde não existe proporção no pretender, no exigir ou no fazer não há Direito, como inexiste este se não houver garantia específica para tais atos.

Bilateralidade atributiva é, pois, *uma proporção intersubjetiva, em função da qual os sujeitos de uma relação ficam autorizados a pretender, exigir, ou a fazer, garantidamente, algo*.

Esse conceito desdobra-se nos seguintes elementos complementares:

a) sem relação que una duas ou mais pessoas não há Direito (*bilateralidade em sentido social, como intersubjetividade*);

b) para que haja Direito é indispensável que a relação entre os sujeitos seja *objetiva*, isto é, insuscetível de ser reduzida, unilateralmente, a qualquer dos sujeitos da relação (*bilateralidade em sentido axiológico*);

c) da proporção estabelecida deve resultar a atribuição garantida de uma pretensão ou ação, que podem se limitar aos sujeitos da relação ou estender-se a terceiros (*atributividade*).

É claro que poderíamos empregar outras expressões para designar a nota distintiva do Direito, como, por exemplo, *proporção atributiva*, mas o essencial é compreender a substância do assunto, captando-lhe o *conceito* em sua concreção.

Não serão demais algumas considerações complementares, inclusive para desfazer alguns equívocos que rondam a matéria.

Num contrato de corretagem, por exemplo, o *proprietário* e o *intermediário* se relacionam para efetuar a venda de um prédio, ficando o corretor autorizado a prestar o seu serviço com a garantia de uma retribuição *proporcional* ao preço avençado. Nesse, como nos demais enlaces contratuais, nenhuma das pessoas deve ficar à mercê da outra, pois a ação de ambas está subordinada a uma *proporção transpessoal ou objetiva*, que se resolve numa relação de prestações e contraprestações recíprocas.

Não é, porém, essencial que a *proporção objetiva* siga o modelo da *reciprocidade* própria das relações contratuais. Basta que a relação se estruture segundo uma proporção que exclua o *arbítrio* (que é o não-Direito) e que represente a concretização de interesses legítimos, segundo critérios de razoabilidade variáveis em função da natureza e finalidade do enlace. Pode, por exemplo, um negócio ser aleatório, assumindo uma das partes, deliberadamente, o risco da operação acordada.

Nem se diga que o conceito de bilateralidade ou proporção atributiva só é aplicável no plano das relações privadas, não sendo conforme com a estrutura das relações entre os particulares e o Estado, ou para caracterizar, por exemplo, as *regras de organização* de um serviço público. Dir-se-á que nesta espécie de normas não há nem proporção, nem atributividade, mas é preciso não empregar aquelas palavras em sentido contratualista. Na realidade, quando se institui um órgão do Estado ou mesmo uma sociedade particular, é inerente ao ato de organização a atribuição de competências para que os agentes ou representantes do órgão possam agir segundo o *quadro objetivo* configurado na lei. Há, por conseguinte, sempre *proporção e atributividade*.

BREVES DADOS HISTÓRICOS

Houve, desde a mais remota antiguidade, pelo menos a intuição de que o problema do Direito não se confunde com o da Moral. Desde os pré-socráticos até os estóicos, passando pelos ensinamentos de Platão e de Aristóteles, as relações entre a Moral e o Direito são focalizadas sob diversos ângulos. Alguns deles coincidem com os que ainda são lembrados atualmente, mas não se pode dizer que tenha havido na Grécia o deliberado propósito de apresentar notas distintivas entre o mundo moral e o jurídico. O mesmo se pode dizer quanto aos jurisconsultos romanos, muito embora já observassem que *non omnis quod licet honestum est*, ou que *cogitationis nemo poenam patitur*. Estas duas afirmações já demonstram que os juristas romanos vislumbravam a existência de um problema a ser resolvido, sobre a distinção entre o Direito e a Moral. Daí terem dito que "ninguém sofre pena pelo simples fato de pensar" e, por outro lado, que "nem tudo que é lícito é honesto".

Esse problema, percebido, pois, desde a antiguidade clássica, adquiriu um sentido mais vital ou pragmático — digamos assim — na época moderna, especialmente depois dos conflitos surgidos entre a Igreja Católica e os vários cultos protestantes, e as dissensões que entre estes eclodiram.

Com o advento da Reforma luterana ou calvinista, travaram-se lutas violentíssimas no mundo europeu, com reflexos até mesmo no continente americano. Os protestantes dividiram-se em diversas correntes, de maneira que não havia conflito apenas entre a Igreja Católica e os protestantes, mas dos próprios protestantes entre si. Cada chefe de Estado passou a se atribuir o direito de intervir na vida particular dos cidadãos, a fim de indagar das suas convicções religiosas: uns queriam que seus súditos fossem católicos, outros que fossem protestantes. Houve, então, a necessidade de uma delimitação clara da zona de interferência do poder público — o que só seria possível através de uma distinção entre o mundo jurídico e o mundo moral e religioso. Aí o problema adquiriu um significado mais profundo e urgente, provocando o pronunciamento de vários mestres.

O mais notável dos estudiosos desta matéria foi o jurista alemão Thomasius, que escreveu a sua obra mais importante entre 1700 e 1705. Esse mestre, que gozava da admiração de outro grande vulto da época, Wilhelm Leibniz, voltou a sua atenção para o problema, procurando apresentar uma diferenciação prática entre o Direito e a Moral, de maneira a tutelar a liberdade de pensamento e de consciência, com uma delimitação entre o que chamou "foro íntimo" e "foro externo".

O Direito, dizia ele, só deve cuidar da ação humana depois de exteriorizada; a Moral, ao contrário, diz respeito àquilo que se processa no plano da consciência. Enquanto uma ação se desenrola no foro íntimo, ninguém pode interferir e obrigar a fazer ou deixar de fazer. O Direito, por conseguinte, rege as ações exteriores do homem, ao passo que as ações íntimas pertencem ao domínio especial da Moral. A Moral e o Direito ficavam assim totalmente separados, sem possibilidade de invasão recíproca nos seus campos, de maneira que a liberdade de pensamento e de consciência recebia, através de doutrina engenhosa, uma tutela necessária.

A doutrina de Thomasius teve grande repercussão porque correspondia, de certa forma, a uma aspiração da época. Basta lembrar que Kant aceitou a teoria de Thomasius, como quase todos os seus contemporâneos. Qual a resultante dessa teoria?

Se o Direito só cuida das ações exteriorizadas, somente aquilo que se projeta no mundo exterior fica sujeito à possível intervenção do Poder Público. Nenhum cidadão pode ser processado pelo simples fato de pensar, nem pode ser obrigado a ter esta ou aquela crença. A coação somente surge no momento em que a atividade do indivíduo se projeta sobre a dos demais indivíduos a ponto de causar-lhes dano.

Será exato dizer-se que o Direito só cuida daquilo que se exterioriza, não levando em conta o mundo da intenção? Em primeiro lugar, não é possível separar a ação dos homens em dois campos estanques. Ela é sempre uma e concreta, embora possa ser examinada em dois momentos, sem se decompor, propriamente, em partes. Por outro lado, se é certo que o Direito só aprecia a ação enquanto projetada no plano social, não é menos certo que o jurista deve apreciar o mundo das intenções. O foro íntimo é de suma importância na Ciência Jurídica. No Direito Penal, por exemplo, fazemos uma distinção básica entre crimes dolosos e culposos. Dolosos são as infrações da lei penal que resultam da intenção propositada do agente. O indivíduo que saca de uma arma com intenção de ferir seu desafeto, pratica um crime doloso, porque o ato é uma concretização de sua vontade consciente. O crime culposo, ao contrário, é aquele pelo qual alguém causa dano, mas sem intenção de praticá-lo. Se uma pessoa atropela um transeunte, matando-o ou ferindo-o, evidentemente existe uma infração da lei penal, desacompanhada, no entanto, de intenção dolosa; é um crime culposo. Se ficasse provado, porém, que o atropelamento se deu intencionalmente, e que o automóvel foi o instrumento de um desígnio criminoso, teríamos um crime doloso. Estão vendo, portanto, que na esfera penal é necessário levar em consideração o elemento íntimo ou intencional.

De maneira idêntica, podemos dizer que o Direito Civil não prescinde do elemento intencional. Há um dispositivo expresso do Código Civil que declara que "nas declarações de vontade se atenderá mais à intenção nelas consubstanciada do que ao sentido literal da linguagem".

No mesmo Código Civil, verificamos que os atos jurídicos podem ser anulados por dolo, erro, coação ou fraude. Quando um contrato, por exemplo, resulta de engano a respeito da substância do negócio, é possível torná-lo nulo. Há atos jurídicos nulos de pleno direito (os que já nascem eivados de nulidade insanável) e há atos jurídicos suscetíveis de anulação. A anulabilidade dos atos jurídicos está ligada, em grande parte, ao exame da intenção.

Deve-se, todavia, observar que a doutrina da "exterioridade do Direito" contém um elemento de verdade, no sentido de que pressupõe um fato inegável, por nós já salientado, isto é, que o Direito jamais cuida do homem isolado, em si e de per si, mas sim do homem enquanto membro da comunidade, em suas relações "intersubjetivas", até mesmo quando o que se quer tutelar é a subjetividade individual. Estão vendo que a teoria de Thomasius nos reconduz à doutrina da "bilateralidade atributiva", que, como já dissemos, lança suas raízes na cultura clássica.

Na história da Jurisprudência, podemos dizer que a apreciação desse dado fundamental já surge entre os filósofos gregos e especialmente por obra de Aristóteles, ao tratar, na sua obra intitulada *Ética a Nícômaco*, do problema da Justiça. Aristóteles foi o primeiro a vislumbrar, no fenômeno jurídico, o elemento da *proporcionalidade*. Depois dele encontramos a obra de Santo Agostinho e, finalmente, a de Tomás de Aquino que, escrevendo sobre Teologia, deixaram páginas admiráveis sobre o problema da Lei e da Justiça.

A propósito da virtude Justiça, afirmava que ela se diferencia das outras por ser *proportio ad alterum*, uma virtude objetiva, porquanto sempre implica a relação de dois sujeitos. É própria do Direito essa nota de "alteridade". *Alteritas*, de *alter*, outro, é uma expressão bastante significativa. O Direito é sempre "alteridade" e se realiza sempre através de dois ou mais indivíduos, segundo proporção. Falava Tomás de Aquino em *alteritas*, que, segundo Del Vecchio, corresponde, exatamente, à moderna palavra "bilateralidade".

No mundo moderno, outros pensadores renovaram o assunto como, por exemplo, Grócio, que foi o consolidador do Direito Internacional e, depois, Leibniz, que, além de grande matemático, cientista e filósofo, deixou escritos notáveis sobre problemas jurídicos. No mundo contemporâneo, especialmente a partir das últimas décadas do século XIX, é que o conceito voltou a adquirir nova profundidade, prevalecendo como critério distintivo fundamental, como resulta da doutrina de Rudolf Stammler sobre o Direito como "forma de querer entrelaçante, heterônomo e inviolável".

CONFRONTO COM AS NORMAS DE TRATO SOCIAL

Há, na sociedade, outra categoria de regras que são seguidas por força do costume, de hábitos consagrados, ou, como impropriamente se diz, em virtude de "convenção social". São as normas de trato social, que vão desde as regras mais elementares do decoro às mais refinadas formas de etiqueta e de cortesia.

Esse tipo de regras, que alguns autores, como Radbruch e Del Vecchio, contestam possam constituir um *tertium genus*, ocupam, por assim dizer, uma situação intermédia entre a Moral e o Direito. Ninguém pode ser coagido, por exemplo, a ser cortês, pois é inconcebível a cortesia forçada, como seria uma saudação feita sob ameaça de agressão. Nesse ponto, as normas "convencionais" compartilham da *espontaneidade* e da *incoercibilidade* próprias da Moral. Quem desatende a essa categoria de regras sofre uma sanção social, sem dúvida, tal como a censura ou o desprezo público, mas não pode ser coagido a praticá-las.

Por outro lado, não é indispensável que os atos de bom tom ou de cavalheirismo sejam praticados com sinceridade. Atende às regras de etiqueta tanto o homem desinteressado como quem se serve delas com intenções malévolas. Aliás, é o hipócrita quem mais se esmera na prática de atos blandiciosos.

Para que seja atendida uma norma de trato social basta, com efeito, a *adequação exterior* do ato à regra, sendo dispensável aderir a seu conteúdo: nesse ponto, as regras de trato social coincidem com o Direito, no que este possui de heteronomia.

Por outro lado, as regras costumeiras são bilaterais, tanto como as da Moral, mas não são bilateral-atributivas, razão pela qual ninguém pode *exigir* que o saúdem respeitosamente: a atributividade surge tão-somente quando o costume se converte em norma jurídica consuetudinária, ou então quando o ato de cortesia se transforma em obrigação jurídica, como se dá com a saudação do militar ao superior hierárquico, que passa ser "continência".

À vista do exposto, podemos resumir as notas distintivas dos três campos da Ética, que acabamos de analisar, compondo o seguinte quadro:

	Coercibilidade	Heteronomia	Bilateralidade	Atributividade
MORAL	−	−	+	−
DIREITO	+	+	+	+
COSTUME	−	+	+	−

Capítulo VI

CONCEITO DE DIREITO — SUA ESTRUTURA TRIDIMENSIONAL

Sumário: A intuição de Dante. Acepções da palavra "Direito". Estrutura tridimensional do Direito.

O estudo das diferenças e correlações entre a Moral e o Direito já nos permite dar uma noção do Direito, sem que nos mova a preocupação de definir. Resumindo o já exposto podemos dizer que o Direito é a *ordenação bilateral atributiva das relações sociais, na medida do bem comum*.

Todas as regras sociais ordenam a conduta, tanto as morais como as jurídicas e as convencionais ou de trato social. A maneira, porém, dessa ordenação difere de uma para outra. É próprio do Direito ordenar a conduta de maneira bilateral e atributiva, ou seja, estabelecendo relações de exigibilidade segundo uma *proporção objetiva*. O Direito, porém, não visa a ordenar as relações dos indivíduos entre si para satisfação apenas dos indivíduos, mas, ao contrário, para realizar uma convivência ordenada, o que se traduz na expressão: "bem comum". O bem comum não é a soma dos bens individuais, nem a média do bem de todos; o bem comum, a rigor, é a ordenação daquilo que cada homem pode realizar sem prejuízo do bem alheio, uma composição harmônica do bem de cada um com o bem de todos. Modernamente, o bem comum tem sido visto, — e este é, no fundo, o ensinamento do jusfilósofo italiano Luigi Bagolini, — como uma estrutura social na qual sejam possíveis formas de participação e de comunicação de todos os indivíduos e grupos.

A INTUIÇÃO DE DANTE

Essa conceituação ética do Direito, que coloca a coação como elemento externo e não como elemento intrínseco da própria vida jurídica, teve uma formulação bastante feliz, por obra não de um jurista, mas de um poeta.

Conhecem os senhores evidentemente a personalidade extraordinária do poeta Dante Alighieri. O "divino poeta", além de ter-nos legado a *Divina Comédia* — o poema maravilhoso da Cristandade — deixou obras de Política e Filosofia e, numa delas, referindo-se ao Direito, escreveu estas palavras que devem ficar esculpidas no espírito dos juristas, pela apreensão genial daquilo que no Direito existe de substancial: *Jus est realis ac personalis hominis ad hominem proportio, quae servata servat societatem; corrupta, corrumpit*. Esta definição de Dante merece nossa análise demorada pois, de maneira límpida, é apresentada a ordem jurídica como fundamento inarredável da sociedade. Vamos traduzir, se é necessário fazê-lo, uma vez que as palavras são transparentes: "O Direito é uma proporção real e pessoal, de homem para homem, que, conservada, conserva a sociedade; corrompida, corrompe-a".

Dante esclarece que a relação é uma proporção. A proporção é, sempre, uma expressão de medida. O Direito não é uma relação qualquer entre os homens, mas sim aquela relação que implica uma proporcionalidade, cuja medida é o homem mesmo. Notem como o poeta viu coisas que, antes dele, os juristas não tinham visto, oferecendo-nos uma compreensão do Direito, conjugando os conceitos de *proporção* e *socialidade*. Proporção entre quem? De homem para homem. Quando a proporção é respeitada, realiza-se a harmonia " ...quae servata, servat societatem..." e, quando corrompida, corrompe a mesma sociedade. Mas, Dante não diz que há apenas uma proporção de homem para homem. Ele delimita melhor o sentido da palavra *proportio* esclarecendo, quase com o rigor da técnica moderna: *realis ac personalis*.

É aqui que se nota a atualidade da conceituação jurídica oferecida por Dante, pois, dentre as múltiplas distinções do Direito, nenhuma é tão fundamental como a que distingue os direitos em *reais* e *pessoais*.

"O Direito é uma proporção real e pessoal, de homem para homem..." parece, à primeira vista, uma expressão redundante: pessoal, de homem para homem. Se é pessoal, por que dizer de homem para homem? É que, para Dante, o Direito tutela as coisas somente em razão dos homens: a relação jurídica conclui-se entre pessoas, não entre homens e coisas, mas é "real" quando tem uma coisa (*res*) como seu objeto.

A sua definição inspirava-se na obra e nos ensinamentos aristotélico-tomistas e, também, nas grandes lições dos jurisconsultos romanos, especialmente nas lições de Cícero, que dizia que devemos conhecer perfeitamente o homem, a natureza humana para, depois, conhecer o Direito.

Segundo o grande orador e político romano devemos procurar o segredo do Direito na própria natureza do homem: *natura juris ab homine repetenda est natura*. Vamos buscar o elemento fundamental do Direito no exame mesmo da natureza humana, pois é ele uma expressão ou dimensão da vida humana, como *intersubjetividade e convivência ordenada*.

Quer dizer que essas idéias, que hoje nos parecem tão modernas, como a da humanização e da socialização do Direito, já encontram os seus antecedentes através de uma tradição histórica mais que milenar. O Direito, indiscutivelmente, inova, apresenta elementos de renovação permanente, mas conserva, sempre, um fulcro de tradição.

ACEPÇÕES DA PALAVRA "DIREITO"

Com a palavra "Direito" acontece o que sempre se dá quando um vocábulo, que se liga intimamente às vicissitudes da experiência humana, passa a ser usado séculos a fio, adquirindo muitas acepções, que devem ser cuidadosamente discriminadas.

Em primeiro lugar, lembremos que esta é uma Faculdade de Direito, o que quer dizer de Ciência Jurídica. Estudar o Direito é estudar um ramo do conhecimento humano, que ocupa um lugar distinto nos domínios das ciências sociais, ao lado da História, da Sociologia, da Economia, da Antropologia etc.

A Ciência do Direito, durante muito tempo teve o nome de *Jurisprudência*, que era a designação dada pelos jurisconsultos romanos. Atualmente, a palavra possui uma acepção estrita, para indicar a doutrina que se vai firmando através de uma sucessão convergente e coincidente de decisões judiciais ou de resoluções administrativas (jurisprudências judicial e administrativa). Pensamos que tudo deve ser feito para manter-se a acepção clássica dessa palavra, tão densa de significado, que põe em realce uma das virtudes primordiais que deve ter o jurista: a *prudência*, o cauteloso senso de medida das coisas humanas.

Pois bem, esse primeiro sentido da palavra "Direito" está em correlação essencial com o que denominamos "experiência jurídica", cujo conceito implica a efetividade de comportamentos sociais em função de um sistema de regras que também designamos com o vocábulo Direito.

Não há nada de estranhável nesse fato, pois é comum vermos uma palavra designar tanto a *ciência* como o *objeto* dessa mesma ciência, isto é, a realidade ou tipo de experiência que constitui a razão de ser de suas indagações e esquemas teóricos.

"Direito" significa, por conseguinte, tanto o ordenamento jurídico, ou seja, o sistema de normas ou regras jurídicas que traça aos homens determinadas formas de comportamento, conferindo-lhes possibilidades de agir, como o tipo de ciência que o estuda, a Ciência do Direito ou Jurisprudência.

Muitas confusões surgem do fato de não se fazer uma distinção clara entre um sentido e outro. Quando dizemos, por exemplo, que o Direito do Brasil contemporâneo é diferente do que existia no Império e na época colonial, embora mantendo uma linha de continuidade, de acordo com a índole da nossa gente e nossas contingências sócio-econômicas, estamos nos referindo, de preferência, a um momento da vida da sociedade, a um *fato social*. É o Direito como fenômeno histórico-cultural.

Não pensem, entretanto, que se deva fazer uma identificação entre o Direito como experiência social e o Direito como ciência. A prova de que essa identificação não se justifica está neste fato, de conseqüências relevantes: não é apenas a Ciência do Direito que estuda a experiência social que chamamos Direito. O fenômeno jurídico pode ser estudado, como já vimos, também pelo sociólogo, dando lugar a um campo de pesquisas que se chama Sociologia Jurídica. A experiência jurídica pode ser igualmente estudada em seu desenvolvimento no tempo, surgindo assim a História do Direito.

História do Direito, Sociologia Jurídica e Ciência do Direito são três campos de conhecimento distintos, que se constituem sobre a base de uma única experiência humana, que é o Direito como *fato* de convivência ordenada.

Não param aí, todavia, as acepções da palavra. Às vezes dizemos que Fulano ou Beltrano se bateram ardorosamente "pelo Direito", ou que a "Organização das Nações Unidas propugna pelo Direito". Nesses casos, a palavra indica algo que está acima das duas acepções já examinadas, traduzindo um ideal de Justiça. Direito, em tais casos, significa "Justo". Quando nos referimos à luta, aos embates em favor do Direito, estamos empregando a palavra Direito em sentido axiológico, como sinônimo de "Justiça".

Resta ainda focalizar uma outra conotação da palavra Direito, que se identifica facilmente quando dizemos que o proprietário tem o *direito* de dispor do que é seu: é o sentido *subjetivo* do Direito, inseparável do *objetivo*, ao qual já nos referimos. É, por assim dizer, a regra de direito vista por dentro, como ação regulada.

Dissemos, numa das aulas anteriores, que as regras representam sempre o traçado dos âmbitos de atividade dos homens e dos grupos. Examinando qualquer norma de direito que discipline o comportamento humano, percebemos que nela coexistem dois aspectos bem distintos: se, por um lado, ela ordena a conduta, de outro, assegura uma possibilidade ou poder de agir. Temos, assim, um módulo de comportamento, com dois efeitos concomitantes: ao mesmo tempo que delimita a ação, garante-a dentro do espaço social delimitado. Quando o Estado edita uma norma de direito, fixando limites ao comportamento dos homens, não visa ao valor negativo da limitação em si, mas sim ao valor positivo da possibilidade de se pretender algo na esfera previamente circunscrita.

Não pensem que há na ordem jurídica a preocupação de levantar paredes em torno da atividade individual. O ideal é que cada homem possa realizar os seus fins da maneira mais ampla, mas é intuitivo que não poderia coexistir o arbítrio de cada um como o dos demais sem uma delimitação harmônica das liberdades, consoante clássico ensinamento de Kant. Desse modo, o Direito delimita para libertar: quando limita, liberta.

Pois bem, esse é o problema do *Direito Subjetivo*, que será melhor analisado numa de nossas próximas aulas, após mais precisa determinação do *Direito Objetivo*, do qual é inseparável.

Como vêem, a palavra Direito tem diferentes acepções, o que pode parecer estranho, mas já advertimos que é impossível nas ciências humanas ter-se sempre uma só palavra para indicar determinada idéia e apenas ela. O químico tem a vantagem de empregar símbolos distintos: o símbolo CO^2, por exemplo, se refere a um único e determinado ser. Isso dá segurança no campo da pesquisa e põe o problema da comunicação sobre bases mais sólidas, o que tem induzido alguns juristas a tentar axiomatizar o Direito, mas tais formalizações de tipo matemático sacrificam o conteúdo axiológico, essencial à compreensão da experiência jurídica. No campo das ciências sociais, não podemos alimentar ilusões no sentido de extremado rigor terminológico, mas nem por isso nos faltam estruturas conceituais ajustáveis à complexa e matizada conduta humana.

ESTRUTURA TRIDIMENSIONAL DO DIREITO

O simples fato de existirem várias acepções da palavra Direito já devia ter suscitado uma pergunta, que, todavia, só recentemente veio a ser formulada, isto é: esses significados fundamentais que, através do tempo, têm sido atribuídos a uma mesma palavra, já não revelam que há aspectos ou elementos complementares na experiência jurídica? Uma análise em profundidade dos diversos sentidos da palavra Direito veio demonstrar que eles correspondem a três aspectos básicos, discerníveis em todo e qualquer momento da vida jurídica: um aspecto *normativo* (o Direito como *ordenamento* e sua respectiva ciência); um aspecto *fático* (o

Direito como *fato*, ou em sua efetividade social e histórica) e um aspecto *axiológico* (o Direito como *valor* de Justiça).

Nas últimas décadas o problema da tridimensionalidade do Direito tem sido objeto de estudos sistemáticos, até culminar numa teoria, à qual penso ter dado uma feição nova, sobretudo pela demonstração de que:

a) onde quer que haja um fenômeno jurídico, há, sempre e necessariamente, um *fato* subjacente (fato econômico, geográfico, demográfico, de ordem técnica etc.); um *valor*, que confere determinada significação a esse fato, inclinando ou determinando a ação dos homens no sentido de atingir ou preservar certa finalidade ou objetivo; e, finalmente, uma *regra* ou *norma*, que representa a relação ou medida que integra um daqueles elementos ao outro, o fato ao valor;

b) tais elementos ou fatores (*fato*, *valor* e *norma*) não existem separados um dos outros, mas coexistem numa unidade concreta;

c) mais ainda, esses elementos ou fatores não só se exigem reciprocamente, mas atuam como elos de um processo (já vimos que o Direito é uma realidade histórico-cultural) de tal modo que a vida do Direito resulta da interação dinâmica e dialética dos três elementos que a integram[1].

Isto posto, analisemos o esquema ou estrutura de uma norma ou regra jurídica de conduta:

a) *Se F é, deve ser P*;

b) *Se não for P, deverá ser S*[2].

---

1. Sobre esses e outros aspectos da minha *teoria tridimensional*, vide nossas *Filosofia do Direito*, 19.ª ed., São Paulo, 1990; *Teoria Tridimensional do Direito*, 5.ª ed., São Paulo, 1994, e *O Direito como Experiência,* São Paulo, 1968, 2.ª ed., 1992. Cf., também, Recaséns Siches, *Tratado General de Filosofía del Derecho*, México, 1959, págs. 158 a 164, e *Introducción al Estudio del Derecho*, México, 1970, págs. 40 e segs.

2. F = fato; P = prestação; S = sanção. *Vide* págs. 72 e segs. deste livro.

Há, por exemplo, norma legal que prevê o pagamento de uma letra de câmbio na data de seu vencimento, sob pena do protesto do título e de sua cobrança, gozando o credor, desde logo, do privilégio de promover a execução do crédito. Logo, diríamos:

a) se há um débito cambiário (F), *deve ser* pago (P);

b) se não for quitada a dívida (não P), *deverá haver* uma sanção (S).

Mais tarde, estudaremos melhor essa questão. O que por ora desejamos demonstrar é que, nesse exemplo, a *norma de direito* cambial representa uma disposição legal que se baseia num *fato* de ordem econômica (o *fato* de, na época moderna, as necessidades do comércio terem exigido formas adequadas de relação) e que visa a assegurar um *valor*, o valor do *crédito*, a vantagem de um pronto pagamento com base no que é formalmente declarado na letra de câmbio.

Como se vê, um *fato* econômico liga-se a um *valor* de garantia para se expressar através de uma *norma* legal que atende às relações que *devem existir* entre aqueles dois elementos.

Pois bem, se estudarmos a história da letra de câmbio, que, numa explicação elementar e sumária, surgiu como um documento mediante o qual Fulano ordenava a Beltrano que pagasse a Sicrano determinada importância, à vista da apresentação do título; se estudarmos a evolução dessa notável criação do Direito mercantil, verificamos que ela veio sofrendo alterações através dos tempos, quer em virtude de mudanças operadas no plano dos *fatos* (alterações nos meios de comunicação e informação, do sistema de crédito ou organização bancária), quer devido à alteração nos *valores* ou *fins* econômico-utilitários do crédito e da circulação garantida da riqueza, até se converter num título de crédito de natureza autônoma, literal, abstrata e exeqüível.

Desse modo, *fatos*, *valores* e *normas* se implicam e se exigem reciprocamente, o que, como veremos, se reflete também no momento em que o jurisperito (advogado, juiz ou administrador) interpreta uma norma ou regra de direito (são expressões sinônimas) para dar-lhe aplicação.

Desde a sua origem, isto é, desde o aparecimento da norma jurídica, — que é síntese integrante de fatos ordenados segundo distintos valores, — até ao momento final de sua aplicação, o Direito se caracteriza por sua estrutura tridimensional, na qual fatos e valores se dialetizam, isto é, obedecem a um processo dinâmico que aos poucos iremos desvendando. Nós dizemos que esse processo do Direito obedece a uma forma especial de dialética que denominamos "dialética de implicação-polaridade", que não se confunde com a dialética hegeliana ou marxista dos opostos. Esta é, porém, uma questão que só poderá ser melhor esclarecida no âmbito da Filosofia do Direito. Segundo a dialética de implicação-polaridade, aplicada à experiência jurídica, o *fato* e o *valor* nesta se correlacionam de tal modo que cada um deles se mantém irredutível ao outro (polaridade) mas se exigindo mutuamente (implicação) o que dá origem à estrutura *normativa* como momento de realização do Direito. Por isso é denominada também "dialética de complementaridade".

Isto posto, podemos completar a nossa noção inicial de Direito, conjugando a estrutura tridimensional com a nota específica da bilateralidade atributiva, neste enunciado: *Direito é a realização ordenada e garantida do bem comum numa estrutura tridimensional bilateral atributiva*, ou, de uma forma analítica: *Direito é a ordenação heterônoma, coercível e bilateral atributiva das relações de convivência, segundo uma integração normativa de fatos segundo valores*.

Ultimamente, pondo em realce a idéia de justiça, temos apresentado, em complemento às duas noções *supra* da natureza lógico-descritiva, esta outra de caráter mais ético: *Direito é a concretização da idéia de justiça na pluridiversidade de seu dever ser histórico, tendo a pessoa como fonte de todos os valores*.

Se analisarmos essas três noções do Direito veremos que cada uma delas obedece, respectivamente, a uma perspectiva do *fato* ("realização ordenada do bem comum"), da norma ("ordenação bilateral-atributiva de fatos segundo valores") ou do *valor* ("concretização da idéia de justiça").

Donde devemos concluir que a compreensão integral do Direito somente pode ser atingida graças à correlação unitária e dinâmica das três apontadas dimensões da experiência jurídica, que se confunde com a história mesma do homem na sua perene faina de harmonizar o que *é* com o que *deve ser*.

Se, como bem adverte Jackson de Figueiredo, a vida vale sobretudo como oportunidade de aperfeiçoar-nos, o Direito, em razão de sua própria estrutura e destinação, representa uma das dimensões essenciais da vida humana.

Capítulo VII

SANÇÃO E COAÇÃO — A ORGANIZAÇÃO DA SANÇÃO E O PAPEL DO ESTADO

SUMÁRIO: Acepções da palavra "coação". Conceito de sanção. O Estado como ordenação objetiva e unitária da sanção. As ordenações jurídicas não estatais.

ACEPÇÕES DA PALAVRA "COAÇÃO"

Pelas lições anteriores, já tivemos ocasião de dizer que a Moral se distingue do Direito por vários elementos, sendo um deles a coercibilidade. Pela palavra coercibilidade entendemos a possibilidade lógica da interferência da força no cumprimento de uma regra de direito. A Moral é incompatível com a força, especialmente no que se refere à força organizada, que é, ao contrário, própria do Direito. O ato moral exige espontaneidade por parte do agente, sendo, desse modo, inconciliável com a *coação*.

É preciso entender bem os significados que a palavra "coação" comporta. Coação é um termo técnico, empregado pelos juristas, em duas acepções bastante diferentes. Em um primeiro sentido, coação significa apenas a violência física ou psíquica, que pode ser feita contra uma pessoa ou um grupo de pessoas. A mera violência não é uma figura jurídica, mas quando se contrapõe ao Direito, torna anuláveis os atos jurídicos. Nesta acepção genérica, a palavra coação é, de certa maneira, sinônimo de violência praticada contra alguém.

Lendo o Código Civil, os senhores encontrarão uma seção subordinada ao título "Da coação". Com o decorrer dos estudos de Teoria Geral do Direito Civil, vão aprender que nem todos os atos são lícitos juridicamente, porquanto a licitude do ato exige vários elementos, que o art. 104 do Código Civil discrimina, tais como a existência de agente capaz, de objeto lícito, de forma prescrita ou não defesa em lei.

Ora, em muitos casos, existe o agente capaz, mas ele está sendo influenciado por elementos extrínsecos que deturpam a autenticidade de sua maneira de decidir. O agente decide, mas sendo vítima de erro, de ignorância, de fraude, ou então, sob a irresistível pressão de determinadas circunstâncias.

Dizemos então que, entre os casos de anulabilidade dos atos jurídicos, está a eventualidade de violência ou de coação. O ato jurídico, praticado sob coação, é anulável; tem existência jurídica, mas de natureza provisória, até que o ofendido prove que agiu compelido, sob ameaça física ou psíquica. Dizemos, então, que a coação é um dos vícios possíveis dos atos jurídicos. Não é aqui o caso de tratar das várias espécies de atos jurídicos, porquanto esse estudo será desenvolvido no curso de Direito Civil. Não é demais, entretanto, dizer que os atos jurídicos podem ser divididos em duas, ou então três categorias.

Segundo alguns autores, especialmente os filiados à civilística francesa, os atos jurídicos se distinguem em atos *inexistentes, nulos de pleno direito* e *anuláveis*. Outros mestres, especialmente ligados à Ciência Jurídica italiana, não admitem distinção entre atos jurídicos inexistentes e nulos de pleno direito.

Atos inexistentes são aqueles que não chegam a se completar, ou a se aperfeiçoar, nem mesmo do ponto de vista formal ou extrínseco; são atos que abortaram antes de chegar ao seu termo. Os atos nulos de pleno direito, como veremos melhor mais tarde, revestem-se, ao contrário, de todos os requisitos formais, mas padecem de um vício substancial irreparável, que não só os impede de produzir efeitos válidos como também de ser convalidados por atos posteriores.

Alguns autores contestam, a nosso ver sem razão, a distinção tripartida, dizendo que os atos nulos de pleno direito são inexistentes perante o Direito, e que de nada aproveita à técnica jurídica o acréscimo de uma categoria, só concebível fora do âmbito normativo.

Deixando, por ora, de lado esse problema, que é dos mais elegantes da Ciência Jurídica, devemos reter apenas esta noção básica: existem nulidades de natureza absoluta e outras de caráter relativo. As absolutas inquinam o ato desde o seu aparecimento e não produzem efeito válido. O ato anulável, ao contrário, produz efeitos até e enquanto não declarada a sua nulidade.

Ora, entre os atos anuláveis, estão aqueles que nasceram em virtude de violência ou de coação. A coação pode ser de ordem física, desde a ameaça de agressão caracterizada até ao emprego de todas as formas de sofrimento ou tortura infligidas à vítima, ou a pessoa de sua estima. A violência pode ser também de ordem psicológica que, muitas vezes, não é menos forte que a outra. Imaginem que um indivíduo saiba de determinado segredo, de um fato de natureza íntima de outrem. Serve-se desse conhecimento para obrigá-lo à prática de um ato que não se concluiria se a ameaça não existisse. O legislador trata dessa matéria nos arts. 151 e segs. do Código Civil de 2002, estabelecendo que a coação, para que se considere viciada a vontade, há de ser tal que incuta ao paciente fundado temor de dano iminente e considerável à sua pessoa, à sua família ou aos seus bens.

Não é, entretanto, nesse sentido que empregamos a palavra coação, quando dizemos que o Direito se distingue da Moral pela possibilidade da interferência da coação. Neste caso, é esta entendida como força organizada para fins do Direito mesmo.

O Direito, como já dissemos várias vezes, é de tal natureza que implica uma organização do poder, a fim de que sejam cumpridos os seus preceitos. Como as normas jurídicas visam a preservar o que há de essencial na convivência humana, elas não podem ficar à mercê da simples boa vontade, da adesão espontânea dos obrigados. É necessário prever-se a possibilidade do seu cumprimento obrigatório. Quando a força se organiza em defesa do cumprimento do Direito mesmo é que nós temos a segunda acepção da palavra coação.

Coação, portanto, significa duas coisas: de maneira genérica, tal como aquela configurada no art. 151 do Código Civil de 2002, corresponde à violência, à força que, interferindo, vicia o ato jurídico; em sua segunda acepção, não é o contraposto do Direito, mas é, ao contrário, o próprio Direito enquanto se arma da força para garantir o seu cumprimento. A astúcia do Direito consiste em valer-se do veneno da força para impedir que ela triunfe...

CONCEITO DE SANÇÃO

Compreenderão melhor essa matéria, uma vez esclarecido o sentido de uma outra palavra: *sanção*.

Todas as regras, quaisquer que sejam, religiosas, morais, jurídicas ou de etiqueta, são evidentemente emanadas ou formuladas, da ou pela sociedade, para serem cumpridas. Não existe regra que não implique certa obediência, certo respeito.

As regras éticas existem para serem executadas. Se a obediência e o cumprimento são da essência da regra, é natural que todas elas se garantam, de uma forma ou de outra, para que não fiquem no papel, como simples expectativas ou promessas. As formas de garantia do cumprimento das regras denominam-se "sanções".

Sanção é, pois, todo e qualquer processo de garantia daquilo que se determina em uma regra. Como podem ser as "sanções"? Apresentam-se tantas formas de garantia quantas são as espécies dos distintos preceitos. Examinem, por exemplo, o caso de uma regra moral. As regras morais nós as cumprimos por motivação espontânea. Mas, quando as deixamos de cumprir, a desobediência provoca determinadas conseqüências, que valem como sanção.

Quais são as sanções específicas da ordem moral? Em primeiro lugar, temos o remorso, o arrependimento, o amargo exame de consciência. O homem bem formado, que faltou a um ditame ético, encontra em si mesmo uma censura, uma força psíquica que o coloca na situação de réu diante de si próprio. É o exame de consciência uma forma imediata de sanção dos ditames morais. É a sanção do foro íntimo. Existe, porém, também uma sanção extrínseca ou externa que se reflete na sociedade, pelo mérito ou demérito que o indivíduo granjeia, em razão ou em função dos atos praticados. A sanção de natureza social tem força bem maior do que se supõe. Nós não vivemos apenas voltados para nós mesmos, mas também em função do meio, da sociedade em que agimos. O homem é como que Jano bifronte, com uma face voltada para si próprio e outra que se espelha no meio social. O homem não é uma coisa posta entre outras coisas, mas uma força que se integra em um sistema de forças, sem se desprender do todo. A sanção na Moral obedece a essa dimensão individual-social do homem, porquanto opera tanto no plano da consciência quanto no plano da chamada consciência coletiva. Há uma reação por parte da sociedade, quando o homem age de modo contrário à tábua de valores vigentes. É o que se denomina mérito ou demérito social, como formas de sanção das regras morais.

Essas formas de sanção das regras morais não estão, entretanto, organizadas. De certa maneira, acham-se difusas no espaço social: é a crítica e a condenação, que a infração suscita; é a opinião pública que se forma sobre a conduta reprovada; são todos os sistemas de autodefesa da sociedade, que, aos poucos, eliminam da convivência o indivíduo que não obedece aos preceitos de ordem moral. Um ostracismo espontâneo é aplicado pela sociedade quando o indivíduo viola as suas obrigações de natureza ética. Pode-se dizer que a grande maioria dos homens cede diante da pressão dessa força difusa do meio social.

Há, entretanto, aqueles que nem sequer se arreceiam do exame de sua própria consciência, por estarem tão embrutecidos que nela é impossível o fenômeno psíquico do remorso. Nem faltam os que nenhuma importância dão à reação social, por se considerarem, às vezes, superiores ao meio em que vivem, como seres acima do bem ou do mal; ou, então, porque na própria "psique" não haverá repulsa àqueles motivos de conduta imoral, que atuam, poderosamente, sobre o homem normal. É nesse momento que se torna necessário *organizar as sanções*. O fenômeno jurídico representa, assim, uma forma de organização da sanção.

Na passagem da sanção difusa para a sanção predeterminadamente organizada, poderíamos ver a passagem paulatina do mundo ético em geral para o mundo jurídico. Das regras religiosas e morais, que abrangiam primitivamente todo mundo jurídico, este foi se despregando, até adquirir contornos próprios e formando um todo homogêneo pela organização progressiva da própria sanção.

A sanção, portanto, é gênero de que a sanção jurídica é espécie. Existem sanções morais e jurídicas, correspondentes, respectivamente, às regras de natureza moral e jurídica. Há também sanções próprias das normas religiosas, que dizem respeito à crença e à fé, fundadas na esperança ou certeza de uma vida ultraterrena, na qual cada homem receberá a retribuição de sua conduta, a paga ética, ideal, de seu comportamento.

A idéia fundamental da religião é a de que vivemos uma vida transitória, que não tem em si a medida de seu valor, mas que se mede, segundo valores eternos, à luz da idéia de uma vida ultraterrena, na qual os homens serão julgados segundo o valor ético de sua própria existência. O remorso é também, para o crente, uma força de sanção imediata e imperiosa. Todas as regras possuem, em suma, sua forma de sanção.

Alguns autores pretendem estabelecer um tipo de Moral sem sanção, mas, na realidade, todas essas tentativas têm falhado, reconhecendo-se, em geral, que a estrutura mesma de uma regra, qualquer que seja o seu objetivo, já implica esta ou aquela forma de sanção como um de seus elementos constitutivos, embora extrinsecamente aditados ao preceito.

O que caracteriza a sanção jurídica é a sua predeterminação e organização. Matar alguém é um ato que fere tanto um mandamento ético-religioso como um dispositivo penal. A diferença está em que, no plano jurídico, a sociedade se organiza contra o homicida, através do aparelhamento policial e do Poder Judiciário. Um órgão promove as investigações e toma as medidas necessárias à determinação do fato; um outro órgão examina a conduta do agente e pronuncia um veredito de absolvição ou de condenação. Condenado, eis novamente a ação dos órgãos administrativos para aplicar a pena.

Tudo no Direito obedece a esse princípio da sanção organizada de forma predeterminada. A existência mesma do Poder Judiciário, como um dos três poderes fundamentais do Estado, dá-se em razão da predeterminação da sanção jurídica. Um homem lesado em seus direitos sabe de antemão que pode recorrer à Justiça, a fim de que as relações sejam objetivamente apreciadas e o equilíbrio restabelecido.

As leis todas têm, portanto, uma sanção, motivo pelo qual o Código Civil de 1916, em seu art. 75, rezava que a "todo direito corresponde uma ação que o assegura".

Pode-se mesmo dizer que o progresso da cultura humana, que anda *pari passu* com o da vida jurídica, obedece a esta lei fundamental: verifica-se uma passagem gradual na solução dos conflitos, do plano da força bruta para o plano da força jurídica. Nas sociedades primitivas, tudo se resolve em termos de vingança, prevalecendo a força, quer do indivíduo, quer da tribo a que ele pertence. Ofendido o indivíduo, a ofensa se estende imediatamente ao clã, que reage contra o outro grupo social, numa forma de responsabilidade coletiva.

Existiu, com efeito, primeiro, a vingança social para, depois, surgir a vingança privada. De certa maneira, esta já representa um progresso, porquanto personaliza a responsabilidade. Com o decorrer do tempo, o fenômeno da vingança privada veio sendo submetido a regras, a formas delimitadoras. Há uma passagem lenta do período da vingança privada, como simples força bruta, ao período em que as contendas passam a ser resolvidas obedecendo a certas injunções ainda de força, mas já contida em certos limites. É o período dos duelos, das ordálias, do talião. Finalmente, o Estado proíbe o duelo, que já é um abrandamento da força. O Poder Público coloca-se em lugar dos indivíduos, chamando a si a distribuição da justiça, o que assinala um momento crucial na história da civilização.

Podemos dizer que, atualmente, excogitam-se técnicas mais aperfeiçoadas para obter-se o cumprimento das normas jurídicas, através não de sanções intimidativas, mas sim através de processos que possam influir no sentido da adesão espontânea dos obrigados, como os que propiciam incentivos e vantagens.

Assim, ao lado das *sanções penais*, temos as *sanções premiais* que oferecem um benefício ao destinatário, como, por exemplo, um desconto ao contribuinte que paga o tributo antes da data do vencimento.

O ESTADO COMO ORDENAÇÃO OBJETIVA E UNITÁRIA DA SANÇÃO

Visto sob esse prisma, que é o Estado?

É a organização da Nação em uma unidade de poder, a fim de que a aplicação das sanções se verifique segundo uma proporção objetiva e transpessoal. Para tal fim o Estado detém o monopólio da coação no que se refere à distribuição da justiça. É por isto que alguns constitucionalistas definem o Estado como a instituição detentora da coação incondicionada. Como, porém, a coação é exercida pelos órgãos do Estado, em virtude da competência que lhes é atribuída, mais certo será dizer que o Estado, no seu todo, consoante ensinamento de Laband, tem "a competência da competência".

O Estado, como ordenação do poder, disciplina as formas e os processos de execução coercitiva do Direito. Esta pode consistir na penhora, como quando o juiz determina que certo bem seja retirado do patrimônio do indivíduo, para garantia de um seu débito, se as circunstâncias legais o autorizarem. Coação pode ser a própria prisão, ou seja, a perda de liberdade infligida ao infrator de uma lei penal. Coação pode ser a perda da própria vida, como acontece nos países que consagram a pena de morte. Pode chegar-se ao extremo de tirar o bem supremo, que é a vida, a fim de preservar-se a ordem jurídica, o que não nos parece harmonizável com a natureza do Direito.

Podemos afirmar que, em nossos dias, o Estado continua sendo a entidade detentora por excelência da sanção organizada e garantida, muito embora não faltem outros entes, na órbita internacional, que aplicam sanções com maior ou menor êxito, como é o caso, por exemplo, da Organização das Nações Unidas (ONU). Cresce, porém, dia a dia, a importância de entidades supranacionais, que dispõem de recursos eficazes para lograr a obediência de seus preceitos. Instituições, como o Mercado Comum Europeu e o Mercosul, cada vez mais se convertem em unidades jurídico-econômicas integradas, marcando, sem dúvida, uma segunda fase no processo objetivo de atualização das sanções. Seria, todavia, exagero concluir, à luz desses exemplos, pela evanescência do Estado ou seu progressivo desaparecimento, quando, na realidade, o poder estatal cresce, concomitantemente, como aqueles organismos internacionais.

AS ORDENAÇÕES JURÍDICAS NÃO ESTATAIS

Aqui, surge um problema muito interessante, mas que naturalmente não poderá ser examinado em seus detalhes. Se o Estado é o detentor da coação incondicionada, não haverá outros organismos internos com análogo poder? Nós sustentamos, em nosso livro *Teoria do Direito e do Estado*, que a coação existe também fora do Estado. O Estado é o detentor da coação em última instância. Mas, na realidade, existe Direito também em outros grupos, em outras instituições, que não o Estado. Existe, por exemplo, um Direito no seio da Igreja. A Igreja é uma instituição e, dentro do corpo institucional da Igreja, há um complexo de normas suscetíveis de sanção organizada. É o Direito canônico, que não se confunde com o Direito do Estado.

Mas não é só. Como contestar a juridicidade das organizações esportivas? Não possuem elas uma série de normas, e até mesmo de tribunais, impondo a um número imenso de indivíduos determinadas formas de conduta sob sanções organizadas? O mesmo acontece com crescente número de entidades representativas dos mais diversos interesses coletivos, sendo inegável o poder de determinadas organizações não governamentais (ONGs). Parece-nos, pois, procedente a teoria da *pluralidade das ordens jurídicas positivas*.

Há, em suma, todo um Direito "grupalista" que surge ao lado ou dentro do Estado. É preciso, porém, reconhecer também que existe uma graduação no Direito, segundo o índice de organização e de generalidade da coação. O Estado caracteriza-se por ser a instituição, cuja sanção possui caráter de universalidade. Nenhum de nós pode fugir à coação do Estado. O Estado circunda-nos de tal maneira que até mesmo quando saímos do território nacional, continuamos sujeitos a uma série de regras que são do Direito brasileiro, do Estado brasileiro.

Há um meio de escaparmos à coação grupalista, que é o abandono do grupo, mas ninguém pode abandonar o Estado. O Estado é a instituição de que não se abdica. Os indivíduos que deixam o território nacional carregam consigo o Direito brasileiro, que vai proteger a sua vida, assim como exercer influência sobre sua pessoa e seus bens. De certa forma, podemos dizer que o Estado, com seu Direito, nos acompanha até mesmo após a morte, porquanto determina a maneira pela qual os nossos bens devem ser divididos entre os herdeiros, preserva nosso nome de agravos e injúrias etc.

Pois bem, em nenhuma das entidades internas ou internacionais, com competência para aplicar sanções a fim de garantir as suas normas, em nenhuma delas encontramos a *universalidade da sanção*, nem a força impositiva eficaz que se observa no Estado.

Daí dizermos que, se num país são múltiplos os entes que possuem ordem jurídica própria (*teoria da pluralidade dos ordenamentos jurídicos internos*), só o Estado representa o ordenamento jurídico soberano, ao qual todos recorrem para dirimir os conflitos recíprocos. Há, como escrevemos no citado livro[1], uma *gradação de positividade jurídica*, ou seja, diversos graus de incidência do Direito positivo, quer em extensão, quer em intensidade, devido exatamente à maior ou menor *organização da sanção*, sua objetividade e eficácia.

Apesar, por conseguinte, de poder haver organismos de coação fora do Estado, é neste que tal fato se reveste de maior intensidade e vigor. Nada exclui, porém, que venha a existir, num futu-

---
1. Cf. Miguel Reale, *Teoria do Direito e do Estado*, 4.ª ed., São Paulo, 1984, onde expomos a teoria da "gradação da positividade jurídica" dos vários ordenamentos existentes num País. Sobre esse assunto, v., especialmente, nosso livro *Estudos de Filosofia e Ciência do Direito*, São Paulo, 1978, págs. 35-51.

ro ainda imprevisível, um Estado ou Organização Universal, cujas sanções sejam tão ou mais eficazes que as do próprio Estado.

Há autores que, sob a influência de ensinamentos de Karl Marx, ou fascinados pela expansão de certos organismos internacionais, apresentam o Estado como uma entidade evanescente, isto é, destinada a perecer, substituída por outras formas de vida social, descentralizadas ou com menor *quantum* despótico. Estamos, porém, no plano de meras conjeturas, pois, por ora, o que vemos é o predomínio e a competição das soberanias estatais, em função de distintas comunidades, conscientes e zelosas de seus direitos e interesses.

A "crise universal de energia", produzida pela viravolta na "política do petróleo", veio, aliás, demonstrar a fragilidade de certos organismos internacionais, em conflito com cujos desígnios passaram a atuar os seus Estados-membros. Por outro lado, os marxistas, que se apossaram do poder na Rússia, acabaram por abandonar a idéia do Estado evanescente para instituir um tenebroso *Estado totalitário*, que se caracteriza pela fusão da *sociedade civil* com o *Estado*, este absorvendo aquela. Felizmente, o bolchevismo desapareceu, após mais de sete décadas de domínio, quando ocorreu a repentina eclosão do chamado "socialismo real", em 1991.

A bem ver, para que haja distinção efetiva entre a Moral e o Direito e, paralelamente, um Estado de Direito, que só pode ser de base democrática, o essencial é que a *sociedade civil* e o *Estado* não se confundam, mas se mantenham como valores distintos e complementares, correlacionados entre si, mas cada um deles irredutível ao outro.

Quando se pretende dissolver o Estado na sociedade, pondo-se termo às relações de poder e de direito, caímos no equívoco do anarquismo que, de tanto se prevenir contra o poder, acaba sendo vítima do poder anônimo, tão condenável como o poder totalitário que aniquila as forças criadoras dos indivíduos e da sociedade civil.

Dissemos que o Estado é uma instituição, da qual não se abdica, mas nem por isso pode ele ser visto como um ente absoluto, superior aos indivíduos e à sociedade civil, visto como é em razão destes que o Estado se constitui.

Donde dizer-se com razão que o Estado é, ao mesmo tempo e complementarmente, um *meio* e um *fim*. É um *meio* na medida em que sua estrutura e sua força originam-se historicamente, através de mil vicissitudes, para possibilitar aos indivíduos uma vida condigna no seio de uma comunidade fundada nos valores da paz e do desenvolvimento.

Por outro lado, o Estado se põe como *fim*, enquanto representa, e tão-somente enquanto representa, concomitantemente, uma ordem jurídica e uma ordem econômica, cujos valores devem ser respeitados por todos como condição de coexistência social harmônica, onde os direitos de cada um pressupõem iguais direitos dos demais, assegurando-se cada vez mais a plena realização desse ideal ético.

Ao contrário do que sustentam alguns economistas e internacionalistas, penso que é somente mediante um acordo entre Estados que se poderá controlar ou reduzir a força do capital financeiro de objetivo puramente especulativo e que esvoaça de um ponto a outro do planeta visando apenas o próprio lucro.

Como veremos, ao longo de nosso Curso, a complementaridade entre Indivíduo e Estado, bem como a dos Estados entre si, assinalam diversos e progressivos momentos da vida do Direito.

Capítulo VIII

METODOLOGIA DA CIÊNCIA DO DIREITO

Sumário: O problema metodológico. Os métodos do Direito — indução, dedução, analogia. Explicação e compreensão. Teoria da argumentação e dialética.

O PROBLEMA METODOLÓGICO

Logo no início de nosso curso, tivemos a oportunidade de fazer breve alusão ao problema do método no Direito, salientando que todo conhecimento científico ou filosófico pressupõe uma ordenação intencional da inteligência e da vontade capaz de permitir ao investigador alcançar um resultado dotado pelo menos de relativa certeza.

Notem que nos referimos a uma certeza relativa, pois nem todas as ciências podem lograr resultados rigorosamente certos, isto é, suscetíveis de igual *verificação*. Esta pode ser *analítica* ou *sintética*. Diz-se que uma verdade é analiticamente verificável quando ela, ou é evidente, ou pode ser reconduzida, por inferência, a uma verdade evidente, ou a um pressuposto admitido como certo ou válido. Sabem os senhores que uma verdade se diz evidente quando ela manifesta a sua certeza no ato mesmo de ser enunciada, sendo como tal recebida, sem contestação, pelo espírito, graças ao que podemos denominar "intuição intelectual". Nesse caso, não há necessidade de qualquer prova. Assim, quando dizemos que "o todo é maior que a parte", enunciamos uma verdade que se põe, por si mesma, num ato de imediata apreensão espiritual. Ora, a Lógica, que estuda as relações de inferência entre as proposições, bem como a estrutura e a validade dessas relações, pertence, assim como as Matemáticas, ao tipo de conhecimentos analiticamente verificáveis, sem recurso, pois, a dados da experiência.

Todas as ciências, em suas investigações, não podem deixar de obedecer às regras da Lógica, e ganham muito em rigor quando se servem das Matemáticas. Mas nem todas podem realizar verificações de tipo analítico. É o que acontece com as ciências físicas, químicas, biológicas etc., as quais realizam "verificações sintéticas", isto é, subordinam as suas hipóteses ao controle da experiência. É graças a processos de "experimentação", isto é, de experiências intencionalmente programadas e dirigidas, que os físicos ou biólogos verificam, em função dos fatos observados, o resultado de suas pesquisas. Também a Psicologia contemporânea, bem distinta da antiga Psicologia racional, ou Psicologia da alma, pode valer-se da experimentação para verificar grande parte de seus resultados, muito embora ainda reste vasto campo da Psicologia infenso às técnicas conhecidas de experimentação. A nosso ver, a Psicologia não pode deixar de recorrer à introspecção e à observação, o que em nada reduz o seu valor científico, pois não há nada mais absurdo do que pensar em termos de "modelos de excelência científica", como seriam os da Física ou os das Matemáticas.

Pois bem, nas chamadas ciências humanas ou sociais, como a Sociologia, a Economia ou o Direito, é bem reduzida a aplicação de processos experimentais, havendo epistemólogos (ou seja, especialistas em teoria do conhecimento) que chegam mesmo a declará-las incompatíveis com processos que tantos resultados têm alcançado na Física, na Biologia etc.

Isto, porém, não significa que as ciências sociais sejam destituídas de certeza. Esta é obtida mediante o *rigor do raciocínio, a objetividade da observação dos fatos sociais e a concordância de seus enunciados*. Quando uma ciência social obedece às exigências ora apontadas, ela estabelece *princípios e leis*. Não são leis de causalidade, como as da Física, mas *leis de tendência*, isto é, leis que asseguram certo grau de certeza e previsibilidade, visto se basearem em dados estatísticos e probabilísticos, ou por terem sido estabelecidas "com rigor", à vista da observação positiva dos fenômenos ou fatos sociais. Como se vê, se as ciências sociais não são exatas, devem ser "de rigor", ou seja, rigorosas quanto às técnicas de estudo e à coordenação lógica das proposições que formulam em correspondência cada vez mais completa com a realidade examinada, e de modo a excluir contradições.

Assim sendo, a Ciência do Direito, como investigação positiva desse campo da realidade social que chamamos *experiência jurídica*, não pode deixar de obedecer às regras da Lógica, nem deixar de seguir métodos adequados às suas finalidades.

OS MÉTODOS DO DIREITO — INDUÇÃO, DEDUÇÃO, ANALOGIA

Durante muito tempo discutiram jusfilósofos e juristas para saber se a Ciência do Direito deve ser uma ciência indutiva ou dedutiva. Sabem os senhores, por seus estudos de Lógica, que o método *indutivo* se caracteriza por ser um processo de raciocínio que se desenvolve a partir de fatos particulares, até atingir uma conclusão de ordem geral, mediante a qual se possa explicar o que há de constante ou comum nos fatos observados e em outros da mesma natureza. Não se trata, porém, de simples conhecimento que proceda do particular até o geral, porque é essencial que a passagem do particular ao geral se funde na experiência, realizando como que "o retrato sintético" dos fatos observados. A lei física, que explica, por exemplo, a propagação do som, é uma antecipação e previsão do que vai acontecer, toda vez que a fonte sonora entrar em ação, nas mesmas condições e circunstâncias.

Ao contrário do processo indutivo, temos o *dedutivo*, que se caracteriza por ser uma forma de raciocínio que, independentemente de provas experimentais, se desenvolve, digamos assim, de uma verdade sabida ou admitida a uma nova verdade, apenas graças às regras que presidem à inferência das proposições, ou, por outras palavras, tão-somente em virtude das leis que regem o pensamento em sua "conseqüencialidade" essencial. Deve-se lembrar também que há duas espécies de dedução, a silogística e a amplificadora. A primeira, a do silogismo, se distingue porque, postas duas proposições, chamadas premissa maior e premissa menor, delas resulta necessariamente uma conclusão, a qual, se esclarece ou particulariza um ponto, nada acresce substancialmente ao já sabido. Na dedução amplificadora, que muitos erroneamente atribuem somente às Matemáticas, do cotejo lógico de duas ou mais proposições podemos elevar-nos a uma verdade nova, que não se reduz, ponto por ponto, às proposições antecedentes.

Lembradas, assim, algumas noções elementares de Lógica, — que a inconsciência cultural expulsou de nossos Colégios... — já podemos voltar à problemática jurídica, para saber como nela se põe a questão do método.

Hoje em dia, não tem sentido o debate entre indutivistas e dedutivistas, pois a nossa época se caracteriza pelo *pluralismo metodológico*, não só porque indução e dedução se completam, na tarefa científica, como também por se reconhecer que cada setor ou camada do real exige o seu próprio e adequado instrumento de pesquisa. No que se refere à experiência do Direito o mesmo acontece. Assim é que, no momento da feitura ou elaboração das leis (*momento nomogenético*), a observação dos fatos se põe no início do conhecimento, de modo que a indução desempenha um papel relevante, embora não exclusivo. Efetivamente, o legislador, além dos fatos que pretende disciplinar, integrando-os no enunciado de uma nova lei, estuda e compara esse projeto de lei com as leis já em vigor, de tal modo que a indução e a dedução, assim como a análise e a síntese, se conjugam e se completam, como sístole e diástole do coração do conhecimento.

Pois bem, elaborada e promulgada a lei, que, do ponto de vis-ta formal ou lógico, é uma "proposição ou um conjunto coordenado de proposições normativas", o que prevalece é o processo dedutivo. Das leis ou preceitos legais vigentes inferem-se conseqüências disciplinadoras dos fatos sociais. A importância do processo dedutivo é tão grande que levou, durante muito tempo, ao equívoco de reduzir-se a aplicação do Direito ao uso de sucessivos silogismos. Foi cômodo, por exemplo, afirmar-se que uma sentença (isto é, o *juízo* editado pelo *Juiz*, numa demanda: notem a correlação esclarecedora entre *juízo e juiz!*) poderia ser reduzida a um silogismo, cuja premissa maior seria a lei; a premissa menor, os fatos; e a decisão constituiria a conclusão necessária. Na realidade assim não acontece. O ato de julgar não obedece a meras exigências lógico-formais, implicando sempre *apreciações valorativas (axiológicas)* dos fatos, e, não raro, um processo de interpretação da lei, aplicável ao caso, graças a um trabalho que é antes de "dedução amplificadora". Muitas vezes, para julgar uma ação, o juiz é levado, pela força geral e unitária do ordenamento jurídico, a combinar preceitos legais distintos, chegando a conseqüências normativas que não se continham, à primeira vista, nas proposições por ele criadoramente aproximadas. Disto melhor trataremos, quando cuidarmos da interpretação do Direito.

Não se esqueçam, aliás, que é muito freqüente em Direito o recurso à *analogia*. O *processo analógico* é, no fundo, um raciocínio baseado em razões relevantes de similitude. Quando encontramos uma forma de conduta não disciplinada especificamente por normas ou regras que lhe sejam próprias, consideramos razoável subordiná-la aos preceitos que regem relações semelhantes, mas cuja similitude coincida em pontos essenciais. Como demonstro em minha *Filosofia do Direito*, o processo analógico está como que a meio caminho entre a indução e a dedução, desempenhando função relevante no Direito, quando a lei é omissa e não se pode deixar de dar ao caso uma solução jurídica adequada.

Não são, porém, somente a indução, a dedução e a analogia os processos de conhecimento que o jurista emprega em seus domínios. A todo instante ele ordena normativamente fatos segundo valores, ou correlaciona valores a fatos segundo normas, o que significa que não pode dispensar o prisma do valor, na apreciação dos fatos sociais abrangidos por normas jurídicas[1].

Isso é próprio das ciências culturais, cujas notas distintivas já foram salientadas em aulas anteriores.

---

1. "Valorar" é apreciar algo sob prisma de valor, ao contrário de "avaliar" que consiste em determinar o valor ou *valia* de alguma coisa.

EXPLICAÇÃO E COMPREENSÃO

Não será demais, porém, lembrar uma diferença entre as ciências naturais e as ciências humanas no que se refere ao problema dos valores e dos fins. Bastará dizer que as leis físico-naturais são cegas para o mundo dos valores; não são boas, nem mais prudentes ou imprudentes, belas ou feias, mas podem ser apenas *certas* ou *não*, conforme a sua correspondência adequada aos fatos que *explicam*. *Explicar consiste em ordenar os fatos segundo nexos ou laços objetivos de causalidade ou de funcionalidade*, que terão tanto mais rigor científico quanto maior for a neutralidade de quem os estuda e enuncia.

No mundo humano, ao contrário, como os fatos sociais fazem parte da vida, dos interesses e dos fins do observador, este, por mais que pretenda ser cientificamente neutro (íamos quase dizendo, "heroicamente" neutro...) não os vê apenas em seus possíveis enlaces causais. Há sempre uma tomada de posição *perante* os fatos, tomada de posição essa que se resolve num ato *valorativo ou axiológico*. A bem ver, pode e deve existir *objetividade* no estudo dos fatos jurídicos, mas não é possível uma atitude comparável à pretendida "neutralidade avalorativa" de um analista em seu laboratório, ante uma reação química. Daí Dilthey ter afirmado, e depois dele o problema tem logrado outros desenvolvimentos, que "a natureza se explica, enquanto que a cultura se compreende".

Compreender é ordenar os fatos sociais ou históricos segundo suas conexões de sentido, o que quer dizer, finalisticamente, segundo uma ordem de valores.

É a razão pela qual os juízos, ou seja, os enlaces lógicos que o jurista estabelece entre os fatos, atribuindo a alguém um poder ou dever de agir, ou, dando certa estrutura ou organização aos fatos, se desenvolvem como *juízos de valor*, compondo-se com *juízos de realidade*. Em última análise, a experiência jurídica não *é* (não está aí, diante de nós, como uma pedra) nem tampouco *deve ser* (não deve ser como uma entidade angelical, ou um arquétipo transcendente) mas *é e deve ser ao mesmo tempo*, ou como costumamos sintetizar: *é enquanto deve ser*.

Não concordamos, por conseguinte, com aqueles que, embevecidos com as conquistas das ciências naturais, pretendem reduzir o Direito a esquemas ou modelos físicos, sem levar em conta a *distinção lógica* (e não ontológica, ou metafísica, entendamo-nos) entre *ser* e *dever ser*. A alegação de que tudo é Ser (partindo-se da abstração máxima de que Ser é o que é) não inquina a distinção entre "ser" e "dever ser" que é de ordem lógica, perceptível na estrutura elementar do *juízo*, que é o ato de atributividade necessária de uma qualidade a um ente, consoante o enunciado básico S é P, ou S = P.

Geralmente, quando se faz a distinção entre *ser* e *dever ser*, esquece-se de que esses termos, como verbos que são, exprimem tanto estado como atividade e movimento, não se devendo confundir o *verbo* "ser" com o *substantivo* "Ser" que é a estática indeterminação. No plano do *ser* situa-se tanto a realidade que está aí, diante de nós, no instante em que é observada, como a que flui ou se desenvolve. As leis da evolução da espécie, por exemplo, são leis do *mundo do ser*, isto é, *do ser em seu evolver*, o que desfaz o equívoco de sua redução a algo estático.

O que caracteriza o *mundo do ser*, em confronto com o *mundo do dever ser*, não é a ausência de movimento, mas sim a origem deste, que, no primeiro caso, resulta de *causas*; no segundo, ao contrário, é conseqüência de *motivos*, ou, consoante feliz expressão de Husserl, de *causas motivacionais*.

Ser e *dever ser* são, por conseguinte, duas posições lógicas perante o real, e não duas interpretações ontológicas do Ser, no plano metafísico, como penso ter demonstrado em meu livro *Experiência e Cultura*.

A teoria da cultura, que se baseia nessa distinção entre "ser" e "dever ser", é uma teoria positiva e não metafísica da realidade social e histórica. Mas também não é pelo seu simples enunciado, uma teoria fisicalista ou naturalista da sociedade e da história.

Estas considerações permitem-nos concluir que, sendo o Direito um fato histórico-cultural, que *é* e, concomitantemente, *deve ser*, a sua ciência não pode deixar de ser "compreensiva". Veremos, mais tarde, que, mais precisamente, é "compreensivo-normativa".

É a razão pela qual, embora reconheçamos a importância da Lógica Jurídica moderna, que procura dar às formas lógicas do Direito a axiomatização das Matemáticas, não cremos que o Direito possa se transformar numa Álgebra de enunciados normativos. Os resultados da formalização matemática só poderão tornar mais rigorosos os *juízos de valor*, mas jamais arredá-los do mundo do Direito.

Não compartilhamos, em suma, da teoria que traça quatro graus crescentes no aperfeiçoamento do saber científico, absolutizando o valor da Matemática, como se esta fosse a ciência perfeita. Tais graus seriam o descritivo, o indutivo, o dedutivo e o axiomático. Só quando um conhecimento atingisse a forma dos *axiomas matemáticos* teria atingido o seu desenvolvimento pleno...

Essa concepção, tão cara aos chamados neopositivistas, isto é, àquela corrente que só atribui sentido científico a expressões ou proposições de cunho físico-matemático, ou, então, a relações entre enunciados linguísticos, elimina da esfera da ciência todo o vasto campo dos conhecimentos que versarem sobre as coisas humanas, não lhes conferindo senão um valor de natureza moral ou artística.

Pensamos, ao contrário, que há diversos tipos de ciência, igualmente legítimos, cada qual fiel a seus métodos e processos em função da natureza daquilo que estudam. Nesse sentido, isto é, no quadro de um pluralismo metodológico, o Direito é uma ciência tão legítima como as demais.

TEORIA DA ARGUMENTAÇÃO E DIALÉTICA

Se há bem poucos anos alguém se referisse à arte ou técnica da argumentação, como um dos requisitos essenciais à formação do jurista, suscitaria sorrisos irônicos e até mordazes, tão forte e generalizado se tornara o propósito positivista de uma Ciência do Direito isenta de riqueza verbal, apenas adstrita à fria lógica das formas ou fórmulas jurídicas. Perdera-se, em suma, o valor da

Retórica, confundida errônea e impiedosamente com o "verbalismo" dos discursos vazios.

De uns tempos para cá, todavia, a Teoria da Argumentação volta a merecer a atenção de filósofos e juristas, reatando-se, desse modo, uma antiga e alta tradição, pois não devemos esquecer que os jovens patrícios romanos preparavam-se para as nobres artes da Política e da Jurisprudência nas escolas de Retórica. A Teoria da Argumentação deixa, porém, de ser mera técnica verbal, para se apresentar também sob a forma de *Lógica da persuasão*, implicando trabalhos práticos da linguagem falada e escrita como um instrumento indispensável sobretudo ao exercício da advocacia.

Diga-se de passagem que esse renovado interesse pela Teoria da Argumentação coincide com a revisão dos antigos estudos de Teoria da Legislação, a qual, tendo florescido no século XVIII, nos escritos de um Filangieri ou de um Bentham, volta hoje ao cenário das pesquisas sistemáticas sob as denominações de "Política do Direito" ou "Política Legislativa", tão essenciais a um Estado que, dia a dia, alarga a sua interferência em todos os planos da vida humana. A boa técnica de legislar será uma garantia contra abusos que as leis mal redigidas sempre propiciam.

Parece assistir, por conseguinte, razão ao filósofo italiano Giambattista Vico, com a sua doutrina dos *corsi e ricorsi* históricos, ou seja, dos ciclos e reciclos da história. Na realidade, nunca o fato histórico se repete, reaparecendo com elementos e sentidos novos, muito embora algo do passado ressurja, marcando a constância de uma intenção renovada.

O certo é que se vai enriquecendo sempre mais a bibliografia sobre a técnica de usar da palavra e do discurso, não apenas para transmitir ou comunicar algo, mas também para convencer o interlocutor, conquistando-lhe a adesão. É este um dos capítulos mais significativos da atual *Teoria da Informação ou Comunicação*.

É claro que o jurista não pode ficar alheio a tais processos técnicos, cabendo-lhe, como lhe cabe, no exercício da profissão de advogado, saber defender um ponto de vista com clareza e vigor, de tal sorte que a sua convicção se transmita a quem vai julgar. É evidente que o juiz arguto e prudente não se deixa dominar pelo sortilégio das palavras, mas o que se quer é que as alegações do autor ou do réu sejam efetivamente lidas ou ouvidas, com interesse e agrado, ainda que para serem contestadas. Há advogados, infelizmente, que esvaziam as melhores causas, tanto por falta de conhecimentos como por incapacidade de expressão, sendo certo que, no mais das vezes, a primeira acarreta a segunda, tão ligados andam o saber e a linguagem.

Ora, a essa arte de argumentar com êxito prático e aliciante alguns dão o nome de *dialética*, mas o termo que mais lhe corresponde é o de *dialela*, tal como foi proposto por Aristóteles, como arte de discorrer ou argumentar por problemas e contraposições, e que também se denomina *tópica*, à qual juristas contemporâneos como Theodor Viehweg e Chaim Perelman trouxeram notáveis contribuições.

É preferível, porém, reservar a palavra *dialética* para indicar o processo de desenvolvimento de uma realidade segundo normas que lhe são próprias ou imanentes. A nosso ver, se nada de seguro podemos dizer sobre a "dialética da natureza", já o mundo histórico, isto é, o mundo cultural, só pode ser compreendido em função de seu evolver, de sua dinamicidade, das leis ou fatores que governam o seu processo, ou em uma palavra, *dialeticamente*. A experiência jurídica, como componente essencial da vida humana, compartilha da *dialeticidade* do mundo da cultura, ao qual tantas vezes nos temos referido.

Não podemos aqui tratar mais longamente do problema dialético, mas é necessário esclarecer, desde logo, que, quando se fala em dialética, não se deve apenas pensar numa ou noutra de suas formas mais conhecidas ou vulgarizadas, como a dialética hegeliana ou a marxista, que são *dialéticas de termos contraditórios*. Em ambas, tanto os elementos contrários como os contraditórios se conciliam progressivamente em uma unidade englobante superadora, através de um esquema triádico de teses, antíteses e sínteses.

Ao lado dessa dialética de contradição, merece ser lembrada a *dialética de implicação-complementaridade*, ou, mais simplesmente, *dialética de complementaridade*, que, antes de mais nada, exclui possa haver conciliação de elementos contraditórios. Essa dialética compreende o processo histórico, não como uma sucessão de sínteses que se imbricam através de novas teses e antíteses, mas sim como um processo sempre aberto, no qual os fatores opostos se implicam e se complementam, sem jamais se reduzirem um ao outro, ao contrário do que ocorre na dialética hegeliano-marxista.

Pois bem, é à luz da dialética de complementaridade — por sinal aplicada também no plano das ciências físico-matemáticas — que, nos últimos anos, vêm sendo melhor compreendidas a concreção e a dinamicidade da experiência ou da vida jurídica, superando-se as formas jurídicas abstratas para atingir o seu conteúdo efetivo e real[2].

Se há algo, com efeito, que caracteriza o pensamento jurídico contemporâneo é a luta contra todas as modalidades de "formalismo", pelo reconhecimento de que a plena compreensão do Direito só é possível de maneira *concreta* e *dinâmica*, como dimensão que é da vida humana.

---

2. Sobre todos esses pontos *vide* Miguel Reale, *O Direito como Experiência*, cit., e o artigo "Ciência do Direito e Dialética", na *Revista Brasileira de Filosofia*, 1973, fasc. 91, págs. 261 e segs., depois inserto em *Horizontes do Direito e da História*, 3.ª ed., 2000, págs. 322-343, e *Dialética da Experiência Jurídica*, na mesma *Revista*, fasc. 115, págs. 239-246.

Quanto às teorias dialéticas, cf. nossa obra *Experiência e Cultura*, 2.ª edição citada, especialmente o Capítulo V.

Capítulo IX

DA ESTRUTURA DA NORMA JURÍDICA

> Sumário: Das normas jurídicas em geral. Tipos primordiais de normas. Estrutura das regras jurídicas de conduta. Estrutura trivalente da norma jurídica.

DAS NORMAS JURÍDICAS EM GERAL

Já nos é dado inferir das lições anteriores que a Ciência do Direito tem por objeto a experiência social na medida em que esta é disciplinada por certos esquemas ou modelos de organização e de conduta que denominamos *normas ou regras jurídicas.*

Sendo a norma um elemento constitutivo do Direito, como que a célula do organismo jurídico, é natural que nela se encontrem as mesmas características já apontadas, quando do estudo daquele, a saber, a sua natureza objetiva ou heterônoma e a exigibilidade ou obrigatoriedade daquilo que ela enuncia.

Alguns autores, sob a influência de Hans Kelsen, que efetivamente trouxe uma preciosa contribuição ao esclarecimento do assunto, começam por dizer que a norma jurídica é sempre redutível a um juízo ou *proposição hipotética,* na qual se prevê um fato (F) ao qual se liga uma conseqüência (C), de conformidade com o seguinte esquema:

Se F é, deve ser C.

Segundo essa concepção, toda regra de direito contém a previsão genérica de um *fato,* com a indicação de que, toda vez que um comportamento corresponder a esse enunciado, *deverá* advir uma conseqüência, que, por sinal, na teoria de Kelsen, como veremos logo mais, corresponde sempre a uma *sanção*, compreendida apenas como *pena*.

Entendemos, porém, que essa estrutura lógica corresponde apenas a certas categorias de normas jurídicas, como, por exemplo, às destinadas a reger os comportamentos sociais, mas não se estende a todas as espécies de normas como, por exemplo, às de organização, às dirigidas aos órgãos do Estado ou às que fixam atribuições, na ordem pública ou privada. Nestas espécies de normas nada é dito de forma condicional ou *hipotética*, mas sim *categórica*, excluindo qualquer condição.

Se desejarmos alcançar um conceito geral de regra jurídica, é preciso, por conseguinte, abandonar a sua redução a um juízo hipotético, para situar o problema segundo outro prisma. A concepção formalista do Direito de Kelsen, para quem o Direito é norma, e nada mais do que norma, se harmoniza com a compreensão da regra jurídica como simples enlace lógico que, de maneira hipotética, correlaciona, através do verbo *dever ser*, uma conseqüência C ao fato F, mas não vemos como se possa vislumbrar qualquer relação condicional ou hipotética em normas jurídicas como estas:

a) "Compete privativamente à União legislar sobre serviço postal" (Constituição, art. 22, V);

b) "Brasília é a Capital Federal" (Constituição, art. 18, § 1.º);

c) "Toda pessoa é capaz de direitos e deveres na ordem civil" (Código Civil de 2002, art. 1.º);

d) "Os filhos estão sujeitos ao poder familiar enquanto menores" (Código Civil de 2002, art. 1.630).

Poderíamos multiplicar os exemplos de regras jurídicas que se limitam a enunciar, de maneira objetiva e obrigatória, algo que deve ser feito ou constituído, sem que, nem sequer implicitamente, se pense em termos condicionais.

Somente por um artifício verbal poder-se-á dizer que o citado art. 18, § 1.º, da Carta Magna quer dizer que, *se* uma cidade for

Brasília, *deverá ser* considerada Capital Federal; ou então que, pelo art. 1.º da Lei Civil de 2002, *se* algum ser for pessoa, *deverá ser* capaz de direitos e obrigações... A mera conversão verbal extrínseca de uma proposição normativa, que enuncia simplesmente um dever ou confere poderes, em uma outra, que apresente esse dever sob forma condicional, não é bastante para conferir a uma norma o caráter hipotético.

Na realidade, as regras que dispõem sobre a organização dos poderes do Estado, as que estruturam órgãos e distribuem competências e atribuições, bem como as que disciplinam a identificação, modificação e aplicação de outras normas não se apresentam como juízos hipotéticos: o que as caracteriza é a *obrigação objetiva de algo que deve ser feito*, sem que o dever enunciado fique subordinado à ocorrência de um fato previsto, do qual possam ou não resultar determinadas conseqüências. Ora, não havendo a alternativa do cumprimento ou não da regra, *não há que falar em hipoteticidade*.

O que efetivamente caracteriza uma norma jurídica, de qualquer espécie, é o fato de ser *uma estrutura proposicional enunciativa de uma forma de organização ou de conduta, que deve ser seguida de maneira objetiva e obrigatória*. Esclareçamos melhor esta noção.

Dizemos que a norma jurídica é uma estrutura proposicional porque o seu conteúdo pode ser enunciado mediante uma ou mais proposições entre si correlacionadas, sendo certo que o significado pleno de uma regra jurídica só é dado pela integração lógico-complementar das proposições que nela se contêm.

Afirmamos que uma norma jurídica enuncia um *dever ser* porque nenhuma regra descreve algo que *é*, mesmo quando, para facilidade de expressão, empregamos o verbo *ser*. É certo que a Constituição declara que o Brasil *é* uma República Federativa, mas é evidente que a República não é algo que esteja aí, diante de nós, como uma árvore ou uma placa de bronze: aquela norma enuncia que "o Brasil *deve ser* organizado e compreendido como uma República Federativa". Esta, por sua vez, só tem sentido enquanto se ordena e se atualiza através de um sistema de disposições que traçam os âmbitos de ação e de competência que *devem ser* respeitados pelos poderes da União, dos Estados, do Distrito Federal e dos Territórios. A República Federativa é, pois, uma *realidade de dever ser*, uma construção cultural de tipo finalístico, ou, por outras palavras, é uma realidade normativa, na qual fatos e valores se integram. As considerações todas que fizemos sobre a natureza das realidades culturais, — que *são* enquanto *devem ser*, — dispensam maiores explicações sobre a forma pela qual os entes e atos jurídicos *são* ou se desenvolvem.

Dizemos, outrossim, que a regra jurídica enuncia um dever ser de *forma objetiva* e *obrigatória*, porquanto, consoante já foi exposto em aulas anteriores, *é próprio do Direito valer de maneira heterônoma*, *isto é, com ou contra a vontade dos obrigados*, no caso das regras de conduta, ou sem comportar alternativa de aplicação, quando se tratar de regras de organização.

Pensamos que o conceito de normas que acabamos de dar abrange todos os tipos de regras jurídicas, sem esvaziá-la de sua referibilidade ao seu possível conteúdo (a conduta humana e os processos de organização social) e sem reduzi-la a mero enlace lógico.

TIPOS PRIMORDIAIS DE NORMAS

A nossa próxima aula será destinada ao estudo das diversas espécies de normas jurídicas, mas é preciso desde logo estabelecer algumas distinções que se vinculam, de modo imediato, ao exposto quanto à estrutura da norma jurídica.

A Teoria Geral do Direito contemporânea, graças a investigações conjugadas de filósofos do Direito e jurisconsultos, tem procurado esclarecer o problema da norma jurídica, à luz da análise de suas categorias fundamentais, que depois se refletem nas diferentes espécies a serem examinadas.

A primeira distinção que se impõe é entre *normas de organização* e *normas de conduta*, à qual já nos referimos nas páginas anteriores. Na realidade, há regras de direito cujo objetivo imediato é disciplinar o comportamento dos indivíduos, ou as atividades dos grupos e entidades sociais em geral; enquanto que outras possuem um *caráter instrumental*, visando à estrutura e funcionamento de órgãos, ou à disciplina de processos técnicos de identificação e aplicação de normas, a fim de assegurar uma convivência juridicamente ordenada.

Surge, desse fato, a tendência natural a considerar *primárias* as normas que enunciam as formas de ação ou comportamento lícitos ou ilícitos; e *secundárias* as normas de natureza instrumental.

De certa forma, embora com alcance bem mais restrito, essa distinção já era feita por Jhering, ao se referir às normas que estabelecem o que deve ou não deve ser feito, e àquelas outras que se destinam aos órgãos do Poder Judiciário ou Executivo, para assegurar o adimplemento das primeiras, na hipótese de sua violação.

Como bem observa Norberto Bobbio, a distinção entre normas *primárias* e *secundárias* tem o inconveniente de ter duas acepções, uma *cronológica*, indicando uma precedência no tempo, e outra *axiológica*, significando uma preferência de ordem valorativa, razão pela qual aquele teórico do Direito italiano prefere indicá-las como sendo de *primeiro e segundo graus*.

Em verdade, nem sempre os autores coincidem em chamar primárias ou secundárias as normas, por exemplo, que prevêm a conduta, ou aquelas que estabelecem as sanções, no caso de ser violada a disposição. Típica é, a esse propósito, a posição de Hans Kelsen, para quem norma primária é aquela que enuncia a sanção, ficando em segundo plano, quase que eliminada por supérflua, como ainda nota Bobbio, a regra que fixa o que deve ou não ser feito.

Um outro jusfilósofo contemporâneo, Herbert Hart, que desenvolve a sua teoria jurídica no âmbito do Direito inglês, isto é, à luz do *common law*[1], dá um sentido diverso às expressões *nor-*

---

1. *Common law* é o nome que se dá à experiência jurídica da Inglaterra, dos Estados Unidos da América, e de outros países de igual tradição. O que caracteriza o *common law* é não ser um Direito baseado na lei, mas antes nos usos e costumes consagrados pelos *precedentes* firmados através das decisões dos tribunais. É, assim, um Direito costumeiro-jurisprudencial, ao contrário do Direito continental europeu e latino-americano, filiado à tradi-

mas *primárias* e *secundárias*, que não coincide com a distinção tradicional, nem com a de Kelsen.

Segundo Hart, as normas primárias se distinguem por se referirem à ação ou criarem uma obrigação (o que, no fundo, corresponde à doutrina tradicional), enquanto que as secundárias, que se reportam às primárias e delas são subsidiárias, não se limitam a estabelecer sanções, mas são mais complexas, importando na atribuição de poderes. As normas secundárias, no seu modo de ver, abrangem três tipos de normas, que ele denomina *de reconhecimento*, *de modificação* e *de julgamento*.

Normas de reconhecimento são aquelas que se destinam a identificar as normas primárias, possibilitando a verificação de sua validade e, por conseguinte, se elas podem ou não ser consideradas pertencentes a dado sistema ou ordenamento, como, por exemplo, ao ordenamento jurídico brasileiro. *As regras de modificação* regulam o processo de transformação das normas primárias, sua revogação ou ab-rogação, enquanto que as *normas de julgamento* disciplinam, da maneira mais precisa possível, a aplicação das normas primárias.

Não resta dúvida que essas discriminações de Hart têm o mérito de demonstrar o equívoco daqueles que, nas pegadas de Kelsen, timbram em ver a regra de direito apenas sob o seu aspecto sancionatório, ou penal, mas as três espécies de normas por ele apontadas não representam, a nosso ver, senão modalidades das *normas de organização*.

As *normas de organização* podem, de uma forma relativa, ser consideradas *secundárias* ou de *segundo grau*, pelo fato de pressuporem as que estabelecem as formas de atividade ou de comportamento obrigatórios, isto é, as *primárias* ou de *primeiro grau*, mas

---

ção romanística, do Direito Romano medieval, no qual prevalece o processo legislativo como fonte por excelência das normas jurídicas. Note-se que o Direito Romano clássico não era um Direito "legislado", mas antes o fruto da doutrina dos jurisconsultos e da jurisdição dos pretores, o que levou Gibson a dizer que, em matéria de técnica jurídica, a Inglaterra estaria mais perto de Roma do que as Nações latinas...

essa qualificação não deve significar uma escala de importância: no fundo, todas as regras jurídicas têm maior ou menor grau de instrumentalidade, como meios que são à consecução de valores e interesses individuais e coletivos.

As *regras de organização* não desempenham, porém, apenas as funções de reconhecimento e legitimação das normas primárias, ou de determinação dos processos de sua revisão e aplicação, como pretende Hart, mas apresentam também outros característicos, de ordem funcional ou estrutural, como é o caso, por exemplo, das *normas interpretativas*, que não visam a apurar a validade, nem a modificar a regra interpretada, mas apenas a esclarecer-lhe o significado. Sob o aspecto estrutural, temos, por exemplo, as normas que constituem os órgãos da Administração pública e lhes conferem atribuições, não sendo possível separar a estrutura do órgão e as atividades que lhe cumpre realizar. As *normas de organização*, com efeito, não vêm depois das *normas que fixam as atividades administrativas*, mas surgem concomitantemente com estas, razão pela qual o qualificativo de "normas primárias" e "secundárias" não nos parece relevante, sujeito que está à diversidade e concretitude da experiência jurídica.

O essencial é reconhecer que as normas jurídicas, sejam elas enunciativas de *formas de ação ou comportamento*, ou de *formas de organização e garantia* das ações ou comportamentos, não são modelos estáticos e isolados, mas sim *modelos dinâmicos que se implicam e se correlacionam*, dispondo-se num sistema, no qual umas são *subordinantes* e outras *subordinadas*, umas *primárias* e outras *secundárias*, umas *principais* e outras *subsidiárias* ou *complementares*, segundo ângulos e perspectivas que se refletem nas diferenças de qualificação verbal. Veremos a importância desta observação quando tivermos de caracterizar o Direito como sistema ou ordenamento.

ESTRUTURA DAS REGRAS JURÍDICAS DE CONDUTA

Na classe das regras que disciplinam as formas de atividade e de conduta, que abrangem tanto a atividade do Estado como os comportamentos individuais, mister é destacar as *regras de conduta*, que são propriamente aquelas que têm os indivíduos como seus destinatários.

É com referência a essas normas que podemos dizer que, do ponto de vista lógico, elas se estruturam como juízos hipotéticos, segundo o esquema já lembrado:

Se F é, C deve ser.

No concernente a esse tipo de normas jurídicas cabe observar, inicialmente, que elas se estruturam de maneira binada, articulando logicamente dois elementos que denominamos, respectivamente, *hipótese* ou *fato-tipo* (*Tatbestand*, em alemão; *fattispecie*, em italiano); e *dispositivo* ou *preceito* (*Rechtsfolge*; *disposizione*)[2].

A previsão do legislador raro é de um fato ou evento particular e único, mas sim de uma "espécie de fato", ou um "fato-tipo", ao qual poderão corresponder, com maior ou menor rigor, múltiplos fatos concretos. Quando, na experiência social, se verifica uma correspondência razoável entre um fato particular e o fato-tipo *F*, previsto na norma, o responsável por aquele fato particular (em geral, o agente, ou o autor daquilo que resultou de seu *ato*) goza ou suporta as conseqüências predeterminadas no *dispositivo* ou *preceito*.

Comumente se diz que o agente sofre ou frui os "efeitos" prefigurados na regra jurídica, mas ao empregarmos a palavra "efeito" devemos despojá-la de todo sentido *causal*: a conseqüência ou efeito jurídico não sobrevém, em virtude de uma relação de "causa e efeito", mas sim de uma subordinação ou subsunção lógico-axiológica do fato particular à regra, donde resulta o "nexo de imputabilidade", como veremos mais tarde, ao cuidarmos da "aplicação do Direito".

---

2. Pontes de Miranda emprega o termo "supedâneo fático", para indicar o "fato-tipo" ou "espécie fática", mas nos parece qualificação inadequada, correspondente à compreensão *fisicalista* do Direito daquele ilustre jurisconsulto. Note-se, outrossim, que, geralmente, empregamos a parte pelo todo chamando a regra de *preceito* ou *disposição*, quando este é apenas um de seus elementos.

Voltando, porém, ao estudo da regra jurídica de conduta, verificamos que nela há a previsão de uma "espécie de fato". Daí a afirmação de Benedetto Croce de que a lei é "um ato volitivo que tem por conteúdo uma classe ou série de ações". Deixando de lado a discussão cerebrina sobre a possibilidade de se "querer" uma classe de ações, sob a alegação de que só se pode querer algo de determinado e concreto, é inegável que o legislador, ao enunciar uma regra jurídica de comportamento:

a) prefigura a ocorrência de um fato-tipo, isto é, uma classe ou série de situações de fato (*Se F é...*);

b) liga a essa classe ou espécie de fato uma dada conseqüência, também predeterminada, com as características de *objetividade* e *obrigatoriedade* (*...C deve ser*).

Numa concepção formalista, como a de Kelsen, e mesmo nas posições ulteriores de Hart ou de Bobbio, basta dizer que a norma de conduta tem a estrutura de um juízo hipotético, mas quem não se contenta com os enlaces lógico-formais deve perguntar por que a norma jurídica tem essa estrutura.

O problema é de suma importância, visto como se refere à natureza mesma do Direito que, enquanto ordena os comportamentos sociais, só pode fazê-lo partindo do pressuposto da *liberdade do homem* de cumprir ou descumprir o previsto na regra.

Em toda regra de conduta há sempre a *alternativa* do adimplemento ou da violação do dever que nela se enuncia. Não é dito que o legislador queira a violação; ao contrário ele a condena, tanto assim que lhe impõe uma sanção punitiva, embora sem poder deixar de pressupor a liberdade de opção do destinatário.

Como se vê, a hipoteticidade ou condicionalidade da regra de conduta não tem apenas um aspecto *lógico*, mas apresenta também um caráter *axiológico*, uma vez que nela se expressa a *objetividade de um valor a ser atingido*, e, ao mesmo tempo, se salvaguarda o *valor da liberdade do destinatário*, ainda que para a prática de um ato de violação.

Toda a eticidade do Direito brilha nessa estrutura lógica e axiologicamente binada da norma jurídica, que, a um só tempo, afirma a *objetividade de um dever* e salvaguarda a *subjetividade de um poder*.

Podemos, por conseguinte, dizer que, levando-se em conta a correlação essencial desses dois aspectos, toda a regra jurídica de conduta se desdobra em duas normas que se conjugam e se complementam, a saber:

Se F é, ... C deve ser
Se não-C, ... SP deve ser.

SP, nesse esquema, significa a "sanção punitiva"[3] que sobrevém quando a norma é infringida, a fim de que se preserve o valor de *C*, isto é, da conseqüência objetivada pelo legislador, ou melhor, consagrada pela norma, pois, como veremos, ao estudarmos as formas de interpretação do Direito, a regra não fica vinculada à intenção do legislador.

Kelsen, como já dissemos, só considera jurídica a norma que prevê a sanção punitiva, enquanto que, no nosso entender, a concreta juridicidade só se realiza através da conjunção ou complementaridade das duas normas que, a bem ver, se integram numa só, de natureza ao mesmo tempo lógica e axiológica.

É a razão pela qual, quando o art. 121 do Código Penal determina: "Matar alguém: Pena — reclusão de seis a vinte anos", não se enuncia um simples juízo lógico de natureza hipotética (se alguém matar deverá ser punido com reclusão de seis a vinte anos) porque nesse juízo está implícito o valor da vida, expresso no imperativo "não matar" que se subsume na hipoteticidade da norma jurídica, como seu fundamento moral.

ESTRUTURA TRIVALENTE DA NORMA JURÍDICA

Sendo a regra jurídica o elemento nuclear do Direito, é evidente que ela não pode deixar de ter uma estrutura tridimensional.

---

3. A "sanção punitiva" pode ser de natureza civil ou penal, como, por exemplo "paga uma indenização" ou ser "condenado à reclusão".

Se do ponto de vista lógico-formal, uma norma jurídica de conduta se reduz a uma proposição hipotética, ou melhor, à conjunção de duas proposições hipotéticas, esse aspecto lógico, por mais importante que seja, não exaure o problema do modelo normativo.

Esse problema já foi aflorado numa das aulas anteriores, mas ele exige algumas considerações complementares, pois, temos visto que mesmo autores, que se dizem infensos ao formalismo jurídico, se limitam a apresentar a norma de direito apenas sob a sua veste lógico-formal.

Para simplificar nossa exposição, tomemos o juízo normativo na sua formulação hipotética:

Se F é, C deve ser.

Como se vê, há no modelo normativo a previsão de um fato ou de um *complexo fático* (*F*), que é a base necessária à formulação da hipótese, da qual resultará uma conseqüência (*C*).

Se, por outro lado, se enuncia dada conseqüência, declarando-a obrigatória, é sinal que se pretende atingir um objetivo, realizando-se algo de *valioso*, ou impedindo a ocorrência de *valores negativos*.

Finalmente, essa correlação entre *fato* e *valor* se dá em razão de um enlace deôntico, isto é, em termos *lógicos de dever ser*, com que se instaura a norma.

Desse modo, verifica-se que o momento lógico expresso pela proposição hipotética, ou a *forma da regra jurídica*, é inseparável de sua *base fática* e de seus *objetivos axiológicos*: *fato*, *valor* e *forma lógica* compõem-se, em suma, de maneira complementar, dando-nos, em sua plenitude, a estrutura lógico-fático-axiológica da norma de direito. Isto não impede, é claro, que, por abstração, sejam postos entre parênteses os aspectos *fático* e *valorativo*. Quando se quer, porém, ter um conceito integral da norma é necessário estudar os três fatores em sua correlação dinâmica.

Quando, pois, dizemos que o Direito se atualiza como fato, valor e norma, é preciso tomar estas palavras significando, respectivamente, os momentos de referência *fática*, *axiológica* e *lógica* que marcam o *processus* da experiência jurídica, o terceiro momento representando a composição superadora dos outros dois, nele e por ele absorvidos e integrados.

É essa a teoria que denominamos "normativismo concreto", para cujo estudo esperamos que consultem uma de nossas obras fundamentais, *O Direito como Experiência*.

O certo é que, enquanto que para um adepto do *formalismo jurídico* a norma jurídica se reduz a uma "proposição lógica", para nós, como para os que se alinham numa compreensão concreta do Direito, a norma jurídica, não obstante a sua estrutura lógica, assinala o "momento de integração de uma classe de *fatos* segundo uma ordem de *valores*", e não pode ser compreendida sem referência a esses dois fatores, que ela dialeticamente integra em si e supera.

Há, em suma, em toda norma jurídica um elemento lógico ou proporcional que pode ser estudado de duas maneiras distintas: ou em si mesmo, isto é, em seu significado formal (Lógica Jurídica Analítica, como, por exemplo, a Deôntica Jurídica) ou em sua correlação dialética com os elementos factuais e valorativos (Lógica Jurídica Dialética)[4].

---

4. Sobre essa distinção entre Analítica e Dialética Jurídicas, *vide*, *infra*, págs. 335 e segs.

Capítulo X

DA VALIDADE DA NORMA JURÍDICA

> Sumário: Da validade formal ou vigência. Três requisitos essenciais. Da eficácia ou efetividade. O problema do fundamento.

DA VALIDADE FORMAL OU VIGÊNCIA

Não basta que uma regra jurídica se estruture, pois é indispensável que ela satisfaça a requisitos de validade, para que seja obrigatória. A validade de uma norma de direito pode ser vista sob três aspectos: o da validade formal ou técnico-jurídica (*vigência*), o da validade social (*eficácia ou efetividade*) e o da validade ética (*fundamento*)[1].

O problema é complexo e de grande importância, mesmo porque a todo instante surgem problemas de ordem prática a serem resolvidos pelo advogado e pelo juiz. Diz o art. 1.º da Lei de Introdução ao Código Civil brasileiro que, "salvo disposição contrária, a lei começa a vigorar em todo o país quarenta e cinco dias depois de oficialmente publicada".

---

1. Note-se que, na terminologia brasileira, *vigência* equivale a validade técnico-formal, enquanto que os juristas de fala espanhola empregam aquele termo como sinônimo de *eficácia*. Faço esta observação porque essa diferença essencial de significado tem dado lugar a lamentáveis confusões.

Em outros dispositivos o legislador estabelece as condições da "vigência" da lei. Que é vigência? A que requisitos deve satisfazer a regra jurídica para ser obrigatória?

Em primeiro lugar, a *norma jurídica deve ser estabelecida por um órgão competente*. Assim é que a norma legal (a lei) somente pode ser elaborada pelo Poder Legislativo, com a sanção do Chefe do Poder Executivo. Em se tratando, por exemplo, de lei federal, ela deve ser aprovada pelo Congresso Nacional e sancionada pelo Presidente da República. É claro que a lei estadual é elaborada pela Assembléia Legislativa com sanção do governador.

É na Constituição Federal que se deve buscar a distribuição originária das competências. A Constituição é a lei fundamental que distribui, de maneira originária, a competência dos elementos institucionais do Estado, fixando as atribuições conferidas à União, a qual exprime o Brasil na sua unidade interna; o que toca, de maneira especial, a cada um dos Estados-membros da Federação e, por fim, qual é o círculo de competência que se reserva ao Município.

Mas, ao lado da competência privativa da União, dos Estados e dos Municípios, não haverá um campo de ação concorrente onde os três poderes possam exercer a sua atividade? Essa matéria se resolve no campo do Direito positivo, isto é, tendo em vista a Constituição em vigor. Cada Constituição estabelece círculos diferentes de competência privativa e concorrente entre a União, os Estados e os Municípios. A Constituição de 24 de fevereiro de 1891 obedecia, por exemplo, a certos critérios que não foram acompanhados pelas constituições posteriores. De acordo com o sistema de Direito Constitucional Brasileiro, ora em vigor, temos três círculos originários, cada qual representando uma esfera privativa de ação.

À União cabe o que o legislador constituinte considerou relativo à comunidade brasileira como um todo, de tal maneira que não poderão os Estados legislar sobre essa matéria, nem tampouco os Municípios. Compete à União, por exemplo, legislar sobre Direito Civil, Direito Comercial, Direito Processual e

Financeiro. É atribuição exclusiva do Governo Federal legislar sobre as forças armadas, correios e telégrafos, comércio externo, navegação de cabotagem etc. É privativo da União ainda cobrar impostos de exportação, sobre a renda etc., pois também o "poder de tributar" é objeto de uma discriminação de caráter constitucional.

Ao lado dessa competência de ordem geral, a Carta Magna fixa os "espaços de poder" que tocam, respectivamente, aos Estados, Distrito Federal, Territórios e Municípios. O Município é declarado, pela Carta Magna, uma entidade autônoma, ou seja, capaz de decidir assuntos próprios lançando mão de recursos próprios. A autonomia consiste, tecnicamente, na maior ou menor capacidade que tem uma entidade para resolver, sem interferência de terceiros, problemas que lhe são peculiares. Nessa linha de distribuição de competências, cabe ao Município lançar o imposto territorial urbano, impostos de licença, predial e de indústrias e profissões.

Da mesma forma, discriminam-se as atribuições de cada Estado, bem como os tributos que lhe competem, de maneira privativa, ou em concurso com a União e os Municípios. O Estado, diga-se de passagem, goza de autonomia bem mais ampla do que a dos municípios que o integram, porquanto lhe é conferido o poder de "autoconstituição", ou seja, de elaborar a sua própria Constituição, muito embora dentro dos limites traçados pela Carta Maior.

Na construção do Estado Brasileiro, por conseguinte, o legislador pátrio concebe três círculos distintos de ação que se completam e se integram, formando, no seu todo, a República Federativa do Brasil, segundo os princípios do chamado federalismo cooperativo, ou integrado.

Isto posto, verificamos que a ordem jurídica positiva brasileira pode ser concebida como três círculos secantes, com uma parte comum e três partes distintas. Dentro da esfera de atribuição que lhe é reconhecida pela Constituição, cada pessoa de Direito Público Interno pode declarar o Direito próprio: primeira condição da vigência da lei, é, pois, a de ser declarada pelo poder competente como tal reconhecido por uma norma constitucional "de reconhecimento", para empregarmos a terminologia de Hart.

Consoante já foi dito, a lei tem vigência a partir de 45 dias após a sua publicação, salvo disposição em contrário. Ora, não cabe ao legislador, mas sim à doutrina, esclarecer o que se deve entender por vigência ou validade técnico-jurídica.

Vigência ou validade formal é a executoriedade compulsória de uma regra de direito, por haver preenchido os requisitos essenciais à sua feitura ou elaboração. Quais são esses requisitos?

Já vimos que o primeiro se refere à ordem das competências do poder político, à legitimidade do órgão emanador da regra. É necessário que o órgão que promulgou a regra tenha legitimidade para fazê-lo, por ter sido constituído para tal fim. A legitimidade do órgão tem que ser observada segundo dois pontos de vista diferentes:

1 — legitimidade subjetiva, no que diz respeito ao órgão em si;

2 — legitimidade quanto à matéria sobre que a legislação versa.

Se o Congresso ou a Assembléia não bastam para fazer uma lei, não é menos certo que sem eles não há *lei* propriamente dita. No regime constitucional vigente não é o Congresso só que faz a lei, mas nenhuma lei pode ser feita sem o Congresso. Se o Presidente da República editar sozinho uma lei, ela não terá vigência ou validade formal, por faltar-lhe a legitimidade do órgão de que foi emanada. Se, ao contrário, não se trata de uma lei, mas de mero decreto que regulamenta uma lei federal, então o Presidente da República é competente para editar esse ato normativo, desde que não inove na matéria, dispondo para menos ou para mais do que a lei estabelece (Constituição, art. 84, IV).

Podemos, por conseguinte, afirmar que sem órgão competente e legítimo não existe regra jurídica válida, capaz de abrigar compulsoriamente os cidadãos de um país. Ao lado da competência subjetiva, que se relaciona com o órgão, temos a competência que diz respeito à própria matéria legislada.

Se, para darmos um exemplo, o Governador do Estado, conjuntamente com a Assembléia Legislativa, promulgar uma lei em matéria de Direito Civil, esse diploma legal não importará em qualquer conseqüência jurídica. E por quê? Porque se trata de matéria absolutamente estranha à competência dos poderes estaduais. É necessário, em suma, que a lei seja emanada de um órgão competente e sobre matéria da sua competência.

Exemplificando — A Assembléia Constituinte de São Paulo, que promulgou a Carta paulista de 1947, teve a intenção de favorecer a arte cênica dando aos espetáculos teatrais e circenses isenção de pagamento de impostos e taxas municipais. Esse dispositivo foi por nós argüido de inconstitucional com base na seguinte argumentação: "Declara a Constituição Federal, nossa lei suprema, competir ao Município legislar sobre o imposto de licença e o predial, promovendo a sua arrecadação. Trata-se de um bem econômico que a Constituição destinou, necessariamente, ao Município. Se assim é, a Assembléia Constituinte não pode dispor do que não lhe pertence, privando a Comuna daquilo que a Lei Maior lhe outorgou. O Estado, não pode, pois, fazer barretada com chapéu alheio, dispondo do que lhe não pertence".

O Supremo Tribunal acolheu a representação de inconstitucionalidade, que elaboramos como Secretário da Justiça do Estado, e declarou inconstitucional o artigo da Constituição do Estado de São Paulo que, nas Disposições Constitucionais Transitórias, concedera um favor indevido. Por via de conseqüência, o Senado Federal decretou o mesmo artigo *sem eficácia*, pois, como vão estudar, cabe à chamada Câmara Alta "suspender a execução, no todo ou em parte, de lei declarada inconstitucional por decisão definitiva do Supremo Tribunal Federal" (Constituição, art. 52, X).

TRÊS REQUISITOS ESSENCIAIS

Condição precípua, portanto, para que a lei seja válida é a conjugação de dois requisitos: ser emanada de um órgão competente e ter o órgão competência *ratione materiae*.

Mas bastarão esses dois elementos para que a lei tenha validade? Não. Não basta que o poder seja competente e nem basta que a matéria objeto da lei se contenha na competência do órgão. É necessário um terceiro requisito; que o poder se exerça, também, com obediência às exigências legais: é a *legitimidade do procedimento*, o que, na técnica do Direito norte-americano, se denomina *due process of law*, ou *devido processo legal*, conforme previsto no art. 5.º, inciso LIV, da Constituição.

Esse requisito diz respeito à legitimidade da própria maneira pela qual o órgão executa aquilo que lhe compete, ou a norma jurídica é elaborada. O Direito circunda a ação dos indivíduos e do Estado de devidas cautelas. Não basta ser governo. É preciso praticar os atos de governo segundo os trâmites legais. Se a Assembléia de São Paulo fizer uma lei passando uma esponja sobre elementos essenciais de seu Regimento Interno, teremos o caso de uma lei inválida, apesar de sancionada pelo Poder Executivo e de conter matéria pertinente à competência da Assembléia e do Estado, em que pesem algumas decisões em sentido contrário.

O legislador deve obedecer ao seu Regimento Interno que é, como disse Rui Barbosa, a lei interna da Câmara e que, nos seus efeitos, tem a mesma força da lei comum.

É necessário, portanto, que a lei reúna três requisitos:

a) quanto à legitimidade do órgão;

b) quanto à competência *ratione materiae*;

c) quanto à legitimidade do procedimento.

Quando uma regra de direito obedece, em sua gênese, a esses três requisitos, dizemos que ela tem condições de vigência. Cabe ao interessado suscitar o problema do reconhecimento da validade da lei, e isso freqüentemente acontece. Por exemplo, se sou chamado a Juízo para pagar um imposto, posso alegar a sua inconstitucionalidade. Se estou pagando ao Estado, como é que o Município pretende receber o mesmo tributo? É mais freqüente do que se pensa essa interferência do Estado na órbita da União ou dos Municípios e vice-versa.

A validade pressupõe o exame da competência dos órgãos. Imaginemos um decreto do Governador do Estado que não se contenha dentro das leis vigentes, mas inove na matéria, acrescentando um Direito novo, ou melhor, uma regra jurídica genérica ao Direito já existente. Pode o Governo do Estado isoladamente inovar? Pode o Executivo constituir Direito novo à revelia do Legislativo local? Não. O decreto tem a finalidade de executar a lei, de tal modo que tudo o que ele acrescentar à lei não possui validade. O órgão incumbido de verificar os extravasamentos do Executivo, fulminando de nulidade aquilo que nos decretos constitua "acréscimo ao conteúdo da lei", é o Poder Judiciário. Cabe aos juízes e tribunais a função de decidir o que nos atos executivos ultrapassa os limites da lei, sendo, por conseguinte, desprovido de validade.

Vou dar outro exemplo, este relativo à competência exclusiva do Judiciário para reconhecer ou não a validade de um ato normativo, para aceitá-lo ou não como integrante do sistema jurídico vigente. Na Constituição paulista de 1947 constava dispositivo pelo qual competiria à própria Assembléia declarar sem vigência todo e qualquer acréscimo que os decretos fizessem às leis. Quer dizer que o fiscal da lei seria o próprio Legislativo.

Esse ponto nos pareceu aberrante e violador do princípio do equilíbrio dos poderes. O Legislativo não tem competência constitucional para tal fim. Pode e deve apontar o abuso governamental, lançando mão do remédio jurídico próprio, mas não pode declarar o ato do Executivo nulo ou sem vigência. Essa é competência exclusiva do Judiciário.

Impugnada a Constituição de São Paulo, também nesse ponto, o Supremo Tribunal Federal reconheceu a procedência da representação oferecida pelo Governador do Estado, declarando sem vigência o dispositivo que atribuíra à Assembléia a fiscalização *in concreto* dos atos do Executivo. Foi por desconhecimento dessa matéria que o Legislativo Estadual cometeu gravíssimas confusões[2].

Não será demais lembrar que uma das originalidades, e das mais altas, do Direito brasileiro consiste no instituto da *declara-*

---
2. Note-se que, se o Legislativo ou o Executivo não podem decretar a inconstitucionalidade de uma lei ou de um decreto, podem, todavia, recusar-lhes *eficácia*, cabendo a quem se considere prejudicado ir a Juízo para provar a legitimidade da norma impugnada (cf. Miguel Reale, *Revogação e Anulamento do Ato Administrativo*, págs. 46 e segs.).

ção de inconstitucionalidade dos atos normativos, mediante decisão originária do Supremo Tribunal ou do Tribunal de Justiça Estadual (cf. Constituição de 1988, art. 102, *a*, e Constituição do Estado de São Paulo de 1989, art. 74, VI).

Em nenhum país é tão apurada, como no nosso, a técnica de reconhecimento da validade dos atos normativos perante a Constituição.

DA EFICÁCIA OU EFETIVIDADE

Aqui fazemos uma pergunta: basta a validade técnico-jurídica para que a norma jurídica cumpra a sua finalidade?

Temos o hábito de confundir facilmente o Direito com a lei. O Direito legislado, ou seja, elaborado pelo Congresso e sancionado pelo Poder Executivo, é um Direito de tal natureza que a muitos parece ser-lhe bastante o requisito da vigência.

Ocorre todavia, que os legisladores podem promulgar leis que violentam a consciência coletiva, provocando reações por parte da sociedade. Há leis que entram em choque com a tradição de um povo e que não correspondem aos seus valores primordiais. Isto não obstante, *valem*, isto é, vigem.

Há casos de normas legais, que, por contrariarem as tendências e inclinações dominantes no seio da coletividade, só logram ser cumpridas de maneira compulsória, possuindo, desse modo, validade formal, mas não *eficácia* espontânea no seio da comunidade.

A eficácia se refere, pois, à aplicação ou execução da norma jurídica, ou por outras palavras, é a regra jurídica enquanto momento da conduta humana. A sociedade deve viver o Direito e como tal reconhecê-lo. Reconhecido o Direito, é ele incorporado à maneira de ser e de agir da coletividade. Tal reconhecimento, feito ao nível dos fatos, pode ser o resultado de uma adesão racional deliberada dos obrigados, ou manifestar-se através do que Maurice Hauriou sagazmente denomina "assentimento costumeiro", que não raro resulta de atos de adesão aos modelos normativos em virtude de mera intuição de sua conveniência ou oportunidade. O certo é, porém, que não há norma jurídica sem um *mínimo de eficácia*, de execução ou aplicação no seio do grupo.

O Direito autêntico não é apenas declarado mas reconhecido, é vivido pela sociedade, como algo que se incorpora e se integra na sua maneira de conduzir-se. A regra de direito deve, por conseguinte, ser *formalmente válida e socialmente eficaz*.

Todavia, há, excepcionalmente, regras de direito que, embora não reconhecidas pela sociedade em geral, — e não por este ou aquele infrator isoladamente, — têm eficácia compulsória. É que os tribunais não podem recusar aplicação às normas em vigor, a não ser quando, como veremos, estiver caracterizado e comprovado que a lei invocada caiu em efetivo *desuso*. Mesmo, porém, quando ainda não se caracterizou o desuso, o Judiciário, ao ter de aplicar uma regra em conflito com os valores do ordenamento, atenua, quando não elimina, os seus efeitos aberrantes, dando-lhe interpretação condizente com o espírito do sistema geral, graças à sua correlação construtiva com outras regras vigentes. Deve observar-se que não se sabe qual o maior dano, se o das leis más, suscetíveis de revogação, ou o poder conferido ao juiz para julgar *contra legem*, a pretexto de não se harmonizarem com o que lhe parece ser uma exigência ética ou social.

É preciso notar que estamos nos referindo apenas às normas legais. Há um campo imenso de Direito onde a validade tem outras características: é o campo do Direito costumeiro, que o eminente jurisconsulto alemão Friedrich Carl von Savigny, fundador da Escola Histórica, qualificava de Direito autêntico, por ser, dizia ele, a expressão imediata e espontânea do "espírito do povo" (*Volksgeist*). Uma norma jurídica consuetudinária jamais surge com validade formal, pois a sua vigência formal é uma resultante de uma prática habitual, isto é, da eficácia de um comportamento.

A regra jurídica costumeira é algo de socialmente eficaz, e como tal reconhecida, para depois adquirir validade formal. Veremos mais tarde quais as conseqüências dessas distinções e em que sentido se pode admitir a revogação de uma norma legal pelo *desuso*. É claro que uma regra costumeira, assim como se constitui pelo uso e a convicção de sua juridicidade (*rationabilitas ac longi temporis praescriptio*), perde validade quando, com o decorrer do tempo, é privada de eficácia social.

Do exposto já se conclui quão importante é a distinção entre *vigência* e *eficácia*, referindo-se esta aos efeitos ou conseqüências de uma regra jurídica. Não faltam exemplos de leis que, embora em vigor, não se convertem em comportamentos concretos, permanecendo, por assim dizer, no limbo da normatividade abstrata. Um outro aspecto há de grande relevância, que é este: quando uma lei é revogada, ou perde vigência, nem por isso ficam privados de *eficácia* os atos praticados anteriormente à revogação. Por outro lado, a lei nova, isto é, a vigência de uma nova lei não retroage, não tem *eficácia pretérita*. Uma clara distinção entre vigência e eficácia auxiliará a compreender algumas teses basilares de nossa Ciência, como, por exemplo, a dos "direitos adquiridos", a da "irretroatividade da lei", a distinção entre as chamadas nulidades absolutas e relativas, ou entre nulidade e revogação de um ato administrativo etc.

Validade formal ou *vigência* é, em suma, uma propriedade que diz respeito à competência dos órgãos e aos processos de produção e reconhecimento do Direito *no plano normativo*. A *eficácia*, ao contrário, tem um caráter experimental, porquanto se refere ao cumprimento efetivo do Direito por parte de uma sociedade, ao "reconhecimento" (*Anerkennung*) do Direito pela comunidade, *no plano social*, ou, mais particularizadamente, aos efeitos sociais que uma regra suscita através de seu cumprimento.

Vale a pena lembrar, a esta altura da exposição, o que se passou com um dos maiores juristas contemporâneos, Hans Kelsen, que é o fundador da Teoria pura do Direito.

Kelsen tinha inicialmente uma posição radicalmente normativa, sustentando que o elemento essencial do Direito é a validade formal. Escreveu ele as suas primeiras obras sob a influência do meio austríaco, onde o primado da lei escrita é tradicional. Para subtrair-se à perseguição racial do nazismo, mudou-se para os Estados Unidos e lá entrou em contato com um tipo de Direito que, antes de ser escrito, é de base costumeira e jurisprudencial, vendo-se, assim, obrigado a reconhecer que o Direito, tomado na sua acepção ampla, *pressupõe um mínimo de eficácia*. De certa forma, voltava ao ensinamento do mestre da geração anterior à dele, Rudolf Stammler, que, com base na sua concepção da norma de direito como "norma de cultura", só compreendia a *positividade do Direito, como uma relação necessária entre validade formal e eficácia*, ensinamento que merece ser guardado.

O PROBLEMA DO FUNDAMENTO

Toda regra jurídica, além de eficácia e validade, deve ter um fundamento. O Direito, consoante outra lição de Stammler, deve ser, sempre, "uma tentativa de Direito justo", por visar à realização de valores ou fins essenciais ao homem e à coletividade. O fundamento é o valor ou fim objetivado pela regra de direito. É a razão de ser da norma, ou *ratio juris*. Impossível é conceber-se uma regra jurídica desvinculada da finalidade que legitima sua vigência e eficácia.

Podemos dizer que a regra jurídica deve, normalmente, reunir os três seguintes requisitos de validade:

a) *fundamento* de ordem axiológica;

b) *eficácia social*, em virtude de sua correspondência ao querer coletivo; e

c) *validade formal* ou *vigência*, por ser emanada do poder competente, com obediência aos trâmites legais.

Quanto ao problema do fundamento, reportamo-nos ao que será exposto em nossa aula final sobre a idéia de justiça, bem como às passagens pertinentes ao Direito Natural.

Em resumo, são três os aspectos essenciais da validade do Direito, três os requisitos para que uma regra jurídica seja legitimamente obrigatória: o fundamento, a vigência, e a eficácia, que correspondem, respectivamente, à validade ética, à validade formal ou técnico-jurídica e à validade social.

Fácil é perceber que a apreciação ora feita sobre *vigência, eficácia* e *fundamento* vem comprovar a já assinalada *estrutura tridimensional* do Direito, pois a vigência se refere à *norma*; a eficácia se reporta ao *fato*, e o fundamento expressa sempre a exigência de um *valor*[3].

Como remate desta aula podemos, pois, concluir dizendo que a validade está simultaneamente na vigência, ou obrigatoriedade formal dos preceitos jurídicos; na eficácia, ou efetiva correspondência dos comportamentos sociais ao seu conteúdo, e no fundamento, ou valores capazes de legitimar a experiência jurídica numa sociedade de homens livres.

---

3. *Vide* nossa *Filosofia do Direito*, 19.ª ed., cit., Capítulo XXXVIII, e *Teoria Tridimensional do Direito*, 5.ª ed., sobretudo Capítulo III e Suplemento.

Capítulo XI

CLASSIFICAÇÃO DAS REGRAS JURÍDICAS

> Sumário: Das normas jurídicas quanto ao território. Das regras jurídicas quanto às fontes de Direito. Normas de eqüidade e tipos de justiça. Das normas quanto à sua violação. Das regras jurídicas quanto à imperatividade. Outras espécies de normas.

Nossa aula de hoje é relativa à classificação das regras jurídicas. Esta questão, embora de interesse teórico evidente, apresenta caráter prático dos mais marcantes. Poderíamos classificar as normas ou regras jurídicas segundo vários pontos de vista, mas preferiremos apenas aqueles critérios que dizem mais respeito ao conhecimento concreto da Ciência do Direito.

Os tratadistas variam na apresentação das formas de classificação das regras jurídicas; há mesmo certa ambigüidade e vacilação na terminologia. Infelizmente, não podemos, na Ciência do Direito, atingir aquela precisão terminológica própria do saber matemático ou físico, porquanto certas palavras básicas servem para exprimir conceitos diversos. Isto tem grandes inconvenientes. É o que veremos, especialmente no que se refere à própria denominação dos principais tipos de regras jurídicas.

DAS NORMAS JURÍDICAS QUANTO AO TERRITÓRIO

Começando pelo assunto mais fácil, mais acessível, e de certa forma já desenvolvido nas aulas anteriores, devemos nos referir ao *critério espacial* como o primeiro indicado na classificação das normas de direito.

Já disse que todo sistema jurídico positivo cobre dado espaço social, referindo-se a certo território, sob a proteção de um *poder soberano*.

É desnecessário aqui relembrar noções já recebidas através do estudo de Teoria do Estado, sobre a incidência do poder soberano no âmbito de um território. Todo o território de um Estado acha-se sob a proteção e a garantia de um sistema de Direito. Essa cobertura jurídica, digamos assim, processa-se através de regras jurídicas de gradação diferente.

Antes, porém, de estudar as espécies de regras jurídicas no "espaço social" de cada Estado, cabe observar que a coexistência de "territórios" distintos, cada qual sujeito a uma ordem jurídica soberana, já impõe uma distinção entre *regras jurídicas de Direito Interno e regras jurídicas de Direito Externo.* De maneira geral, podemos dizer que a validade das primeiras se reporta, direta ou indiretamente, ao Estado, que pode ser visto como o centro de polarização da positividade jurídica, ou, por outras palavras, como a ordenação de poder em virtude da qual as normas jurídicas obrigam, tornando-se objetivamente exigível o comportamento que elas prescrevem.

Regras há de Direito Externo que, para terem eficácia no território nacional, dependem da soberania do Estado Brasileiro, podendo elas coincidir ou não com as de nosso ordenamento. Daí surgirem problemas tanto de qualificação ou reconhecimento de normas, como de superamento de conflitos entre normas de ordenamentos distintos, o que é objeto de estudo do Direito Internacional Privado. Há, todavia, normas que independem propriamente do reconhecimento de cada Estado, através de seus órgãos judicantes, impondo-se a todos, em princípio, como Direito das gentes: são as normas de Direito Internacional Público, que disciplinam as relações dos indivíduos e dos Estados no plano da comunidade das Nações.

Esclarecidos esses pontos, vejamos como se distinguem as normas de Direito Interno, segundo o âmbito territorial que lhes é próprio. Desse ponto de vista, podemos distinguir, no caso especial do Direito brasileiro, as regras jurídicas em regras *federais*, *estaduais* e *municipais*, correspondendo cada uma delas àqueles tipos primordiais de pessoa jurídica de Direito Público que o Código Civil discrimina, ou seja, a União, os Estados e os Municípios.

Muito importante é, a propósito dessa matéria, verificar se existe hierarquia entre essas normas, de maneira que a incidência de uma implique, necessariamente, ou não, a exclusão das outras.

Nesse sentido, verificamos, pela Constituição da República, que é atribuição privativa e indelegável da União editar regras jurídicas para reger determinadas relações sociais, como as civis, as mercantis, as trabalhistas etc. Por outro lado, já vimos que a Constituição Federal reserva também aos Estados certo âmbito de ação, no qual é vedada a interferência do Poder federal. Paralelamente, os Municípios possuem esfera própria e privativa, insuscetível de intromissão da União ou dos Estados. Ao lado dessas esferas privativas, existem, como já assinalamos, assuntos sobre os quais pode manifestar-se qualquer dos Poderes conjuntamente. É a chamada esfera de competência concorrente.

Isto posto, verificamos que o problema da hierarquia das leis nem sempre é situado devidamente. Em alguns compêndios costuma-se afirmar, sem maior exame, que as leis federais primam sobre as estaduais e as estaduais sobre as municipais. Assim é, porém, em termos.

Essa exclusão, ou primazia, somente existe em função dos distintos campos de competência. Para dar um exemplo, lembrarei a competência exclusiva que tem o Estado de São Paulo de elaborar a sua própria Constituição. Se porventura a União baixar uma regra jurídica relativa a essa matéria, ela não terá a força de excluir a regra do Direito estadual, pela simples razão que as normas de direito estaduais, assentes em competência privativa de natureza constitucional, não podem ser substituídas por norma federal.

Não há, pois, uma hierarquia absoluta entre leis federais, estaduais e municipais, porquanto esse escalonamento somente prevalece quando houver possibilidade de concorrência entre as diferentes esferas de ação. A rigor, as únicas normas jurídicas que primam no sistema do Direito brasileiro, são as de Direito Constitucional. As *normas constitucionais federais* prevalecem sobre todas as categorias de *normas complementares ou ordinárias* vigentes no País. No Brasil, como sabem, as normas constitucionais são todas *normas legais*, ao contrário da Inglaterra, por exemplo, onde existem regras constitucionais fundadas nos costumes.

Não é demais ponderar, a esta altura da exposição, que as *normas complementares e as ordinárias*, sejam elas federais, estaduais ou municipais, são regras que se subordinam aos dispositivos constitucionais, não tendo *validade* quando em conflito com estes.

É necessário, todavia, salientar que uma norma constitucional estadual não prevalece contra uma lei federal ordinária, se a matéria disciplinada for da competência privativa ou concorrente da União: nesse caso *Direito federal corta Direito local*. Quando, porém, a União ultrapassa os limites de suas atribuições, invadindo esfera de competência do Estado ou do Município, a recíproca é também verdadeira: *Direito local corta Direito federal*.

Que é que devemos entender por normas constitucionais? Esse é um dos problemas mais interessantes e delicados que temos a resolver no plano da Teoria do Estado e do Direito Constitucional. Normas constitucionais não são apenas aquelas que estão expressas no texto da Carta constitucional mesma, mas também aquelas que decorrem desses textos por força lógica intrínseca, como princípios implícitos de estruturação da instituição estatal. Se o Brasil, por exemplo, adota a forma da República Federativa, *ipso facto* consagra todas as normas jurídicas fundamentais inerentes a esse sistema.

Não há necessidade de especificar, num casuísmo inútil, quais sejam todas essas normas básicas ou primordiais que regem a estrutura mesma da experiência jurídico-política do País: o texto constitucional enuncia os princípios e regras que bastam para a organização dos poderes da República, bem como os essenciais à garantia dos indivíduos e dos grupos, ficando implícitas, todavia, outras normas que daqueles resultarem como conseqüência lógica necessária.

DAS REGRAS JURÍDICAS QUANTO ÀS FONTES DE DIREITO

Outro modo de classificar as regras jurídicas é quanto às fontes ou formas de sua produção. Segundo os meios e processos pelos quais o Direito se manifesta, poderemos distinguir quatro tipos de normas jurídicas, como teremos oportunidade de estudar melhor ao tratarmos da questão das fontes de direito. Por ora, lembramos que elas se distinguem, geralmente, em normas legais, consuetudinárias, jurisprudenciais e doutrinárias ou científicas. A esses tipos tradicionais de regras, acrescentamos as *regras negociais*, produtos de *autonomia da vontade*, mas conferindo às chamadas normas doutrinárias uma função distinta[1].

Sendo a norma jurídica a expressão de um dever ser de organização ou de conduta, pode ela resultar de distintos processos, como o legislativo, o jurisdicional, o costumeiro e o negocial, de conformidade com requisitos que serão oportunamente analisados.

É princípio prevalecente em nosso Direito que só podemos conceber a norma consuetudinária que se acorde com a lei ou que a complete, sendo inadmissíveis as *contra legem*. Há, todavia, um fenômeno, a que já aludimos, que é o da possível revogação das normas legais pelo desuso. Muito embora predomine a tese contrária a essa forma de revogação, de acordo com o princípio corrente de que "uma lei só se revoga por outra lei de igual ou maior categoria", é preciso reconhecer que se não pode admitir a eficácia de uma norma legal que, durante largo tempo, não teve qualquer aplicação, tão profundo era o seu divórcio com a experiência social.

O desuso pode dar-se ou porque a norma legal nunca foi ou, a certo momento, deixou de ser aplicada; ou porque veio a prevalecer no seio da comunidade a obediência a uma norma consuetudinária diversa, com olvido da norma legal. Nesta segunda hipótese teríamos, propriamente, o costume jurídico *contra legem*.

Tais casos são bem raros, mas é inegável que há leis obsoletas que deixam o intérprete, o juiz ou o administrador, em gravíssimas

---

1. Por motivo de ordem sistemática, não podíamos deixar de aludir aqui às categorias de regras jurídicas segundo as fontes, mas o seu conceito se tornará claro após a análise do problema das "fontes de direito", à luz da teoria dos modelos jurídicos. Segundo esta concepção, as "normas doutrinárias" são modelos de natureza diversa. Sobre todos esses pontos, *vide* Miguel Reale, *O Direito como Experiência*, cit. e, *supra*, Capítulo IX.

dificuldades. Repentinamente invoca-se um preceito legal de que se perdera a memória, a tal ponto que o legislador se esquecera de revogá-lo. Esse preceito formalmente vige, ou seja, tem vigência, mas a experiência aí está a demonstrar que se trata de um Direito morto, de algo de olvidado no desenrolar dogmático das normas legais. Como comportar-se em face desse problema?

Note-se, preliminarmente, que pode haver um pseudo desuso, tal como ocorre quando o conjunto do sistema legal implica, no seu todo, a revogação do preceito obsoleto. Quando esse conflito se opera, é através do ordenamento jurídico, visto em seu todo sistemático, que se pode chegar à consideração da revogação da norma sem se falar em desuso.

O problema põe-se, desse modo, no plano da técnica interpretativa com uma larga dose de pragmatismo e de utilidade social ditada pela prudência. Esse coeficiente de pragmatismo ou de tecnicismo na interpretação legal, nós não podemos de maneira alguma apagar. É da própria natureza do Direito não ser uma ciência rigorista e axiomática, como se a vida jurídica se desenvolvesse segundo planos inflexíveis.

Positivado que seja, porém, o desuso, mediante prova inconcussa da perda de eficácia do dispositivo legal, seria absurdo pretender a sua imprevista aplicação tão-somente por apego ao princípio da revogabilidade formal da lei por outra lei, o qual constitui uma categoria histórica, variável no espaço e no tempo, e não um princípio lógico de valor geral.

Não são apenas razões éticas e sociais que justificam a não-aplicação da norma legal em manifesto desuso, mas é a estrutura tridimensional mesma da regra jurídica que exige que esta, além da vigência, tenha um *mínimo de eficácia*.

NORMAS DE EQÜIDADE E TIPOS DE JUSTIÇA

Constitui um dos mais belos problemas da Filosofia e da Teoria Geral do Direito o da colocação da eqüidade nos domínios da

Ciência Jurídica, inclusive para saber-se se há efetivamente "normas de eqüidade" como uma categoria autônoma.

A primeira grande mente que dedicou a devida atenção a esse problema foi Aristóteles. Já encontramos considerações imperfeitas nas obras dos pensadores pré-aristotélicos, mas é indiscutivelmente com Aristóteles que o problema adquire expressão precisa, que se tornou clássica.

Para o autor da *Ética a Nicômaco*, a eqüidade é uma forma de justiça, ou melhor, é a justiça mesma em um de seus momentos, no momento decisivo de sua aplicação ao caso concreto. A eqüidade para Aristóteles é a justiça do caso concreto, enquanto adaptada, "ajustada" à particularidade de cada fato ocorrente. Enquanto a justiça em si é medida abstrata, suscetível de aplicação a todas as hipóteses a que se refere, a eqüidade já é a justiça no seu dinâmico ajustamento ao caso[2].

Foi por esse motivo que Aristóteles a comparava à "régua de Lesbos". Esta expressão é de grande precisão. A régua de Lesbos era a régua especial de que se serviam os operários para medir certos blocos de granito, por ser feita de metal flexível que lhe permitia ajustar-se às irregularidades do objeto. A justiça é uma proporção genérica e abstrata, ao passo que a eqüidade é específica e concreta, como a "régua de Lesbos" flexível, que não mede apenas aquilo que é normal, mas, também, as variações e curvaturas inevitáveis de experiência humana.

Essa noção de eqüidade, segundo a idéia aristotélica, implica uma compreensão melhor da idéia de igualdade. A justiça é, em última análise, uma expressão ética do princípio de igualdade. Se há a idéia de liberdade como uma das fundamentais do Direito, existe, também, completando-a, a de igualdade. Ser justo é julgar as coisas segundo o princípio de igualdade. Como conceber a igualdade no plano ético-jurídico?

---

2. Para Aristóteles, a eqüidade é também "o direito do caso concreto", que preenche as lacunas da lei. Cf. pág. 294 e Miguel Reale, *Estudos de Filosofia e Ciência do Direito*, cit., págs. 93 e segs. *Vide* pág. 170, onde analisamos a eqüidade nesse segundo sentido.

Essa matéria também foi estudada com sutileza por Aristóteles, que procurou discriminar os vários tipos de igualdade que se manifestam na vida prática. Em primeiro lugar, temos a *justiça comutativa*, que obedece à igualdade ou proporção própria das trocas nos escambos mercantis: o pressuposto é que as duas partes mutuem entre si objetos de igual valia: *do ut des*. Transfiro um objeto e recebo o preço que ele vale. Há entre comprador e vendedor uma proporção aritmética. O critério da igualdade retributiva ou correspectiva não preside apenas às relações de escambo, mas também à aplicação das penas: quem infringe a lei penal não deve sofrer pena desproporcional à gravidade de seu ato. Modernamente, exigências de ordem social podem impor exceção a essa correspondência essencial entre "infração" e "pena", mas aquele critério de igualdade continua governando, substancialmente, as relações contratuais e penais, porquanto se deve ter sempre em vista a pessoa do infrator ou o objeto da relação obrigacional.

Cumpre, outrossim, examinar outros tipos de relação social que se referem às obrigações dos indivíduos para com o todo. Não existem apenas direitos e deveres dos homens entre si, porquanto também se põem direitos e deveres dos homens para com a coletividade.

Qual a medida de contribuição de cada um ao todo? Há, ainda, o problema inverso, o da exigibilidade do todo ou, por outras palavras, o problema da correspondência entre o todo e as partes, a coletividade e seus membros. São dois aspectos distintos e complementares. De um lado, há que se verificar o que cada um deve ao todo, e, concomitantemente, o que o todo deve a cada um.

Aristóteles viu apenas o segundo dos apontados aspectos da questão, ao situar o problema da *justiça distributiva*, dizendo que ela tem o caráter de proporção geométrica, diversa do que ocorre na justiça comutativa, pois o Estado não dá a todos igualmente, como nas trocas, mas dá *a cada um segundo o seu mérito*. Há, então, um critério de igualdade para cada tipo de justiça? A igualdade se apresenta sob múltiplas facetas, conforme a natureza da situação jurídica, da situação social e da conduta a ser regulada.

O problema do dever de cada um para com o todo é o que diz respeito à chamada *justiça social*, que só começou a ser vislumbrada entre os jurisconsultos romanos, para situar-se, depois, de maneira mais clara na obra de Santo Agostinho e Santo Tomás de Aquino.

Visamos, porém, com este resumo, mais a um incitamento ao estudo do problema da justiça na história, sendo certo que existem várias formas de manifestação do justo, implicando critérios diferentes.

Mas tanto na justiça social, como na distributiva e na comutativa, temos sempre uma proporção abstrata que não se achega ao caso particular que o administrador tenha de resolver ou o juiz deva julgar.

Há certos casos em que a aplicação rigorosa do Direito redundaria em ato profundamente injusto. *Summum jus, summa injuria.* Esta afirmação, para nós, é uma das mais belas e profundas da Jurisprudência romana, porque ela nos põe em evidência a noção fundamental de que o Direito não é apenas sistema lógico-formal, mas, sobretudo, a apreciação estimativa, ou axiológica da conduta.

Diante de certos casos, mister é que a justiça se ajuste à vida. Este ajustar-se à vida, como momento do dinamismo da justiça, é que se chama eqüidade, cujo conceito os romanos inseriram na noção de Direito, dizendo: *jus est ars aequi et boni.* É o princípio da igualdade ajustada à especificidade do caso que legitima as *normas de eqüidade*.

Na sua essência, a eqüidade é a justiça bem aplicada, ou seja, prudentemente aplicada ao caso. A eqüidade, no fundo, é, repetimos, o momento dinâmico da concreção da justiça em suas múltiplas formas. Daí, inspirando-se nessa definição romana do que *jus est ars aequi et boni*, ter um jurista italiano proposto a expressão "equobuono" para mostrar a indissolubilidade dos dois aspectos essenciais à plena compreensão do Direito.

A razão do destaque que demos às normas de eqüidade resulta, também, do nosso Direito positivo, porquanto rezava o art. 114 do Código de Processo Civil de 1939 que, "quando autorizado a decidir por eqüidade, o juiz aplicará a norma que estabeleceria se fosse legislador". Já o Código de 1973 se limita a determinar que o juiz só pode decidir por eqüidade "nos casos previstos em lei" (art. 127).

Há casos, portanto, em que a própria lei positiva confere ao juiz o direito de julgar por eqüidade, o qual, na prática, se impõe mais do que pretende o formalismo legal...

DAS NORMAS QUANTO À SUA VIOLAÇÃO

Podemos distinguir as regras jurídicas segundo os efeitos decorrentes de sua violação. A regra de direito é promulgada para ser cumprida, mas existe sempre a possibilidade de sua violação. Violada a norma jurídica, a sociedade e o Estado tomam posição em face do infrator e com referência ao ato lesivo como tal.

A diferença das conseqüências possíveis dá lugar a um tipo de classificação de normas que, segundo alguns tratadistas, remonta ao Direito Romano. É, por exemplo, o que lemos na *Teoria Geral do Direito* de Korkounov, ou na *Introdução à Ciência do Direito*, de Garcia Maynez, ilustre professor mexicano. Essa afirmação não é de todo exata. Os romanos não cuidaram dessa classificação que, como nos demonstra Cogliolo, é de inspiração romanística, isto é, fruto de uma elaboração doutrinária que nos vem dos expositores medievais do Direito Romano, tendo atingido contornos mais precisos na Ciência Jurídica renascentista.

Segundo esse critério, podemos dividir as normas jurídicas em quatro classes: *plus quam perfectae*, *perfectae*, *minus quam perfectae*, e finalmente, *imperfectae*.

Normas jurídicas *plus quam perfectae* são aquelas cuja violação determina duas conseqüências: 1) a nulidade do ato; 2) a aplicação de uma restrição, ou pena, ao infrator.

Vejamos um exemplo no Código Civil de 2002. Leiam o art. 1.521:

> "Não podem casar:
> ....
> VI — As pessoas casadas".

Eis aí uma regra *plus quam perfecta*. Por quê? Porque, em primeiro lugar, é de se ver a conseqüência prevista no art. 1.548, do mesmo Código Civil, que declara nulo o casamento contraído "por infringência de impedimento".

A primeira conseqüência é a nulidade do ato. A segunda conseqüência é a aplicação de uma pena ao infrator, por crime de bigamia. São normas, portanto, cujo cumprimento está cercado de dupla garantia. Uma, concernente ao ato, e outra relativa às restrições impostas ao infrator.

Normas jurídicas *perfectae* são aquelas que fulminam de nulidade o ato, mas não implicam qualquer outra sanção de ordem pessoal. Se, por exemplo, um menor contrata, assumindo encargos que afetam o seu patrimônio, aplica-se a regra jurídica que torna nulo ou anulável o ato, mas sem se estabelecer penalidade ou sanção relativamente à pessoa do infrator. É muito freqüente acontecer apenas este fato: o Direito contenta-se com o restabelecimento da ordem jurídica, considerando que a volta ao estado anterior já é por si, até certo ponto, uma pena.

Existem, ainda, outras regras, e são as *minus quam perfectae*, que se limitam a aplicar uma pena ou uma conseqüência restritiva e não querida, mas não privam o ato de sua eficácia.

Finalmente, temos as regras jurídicas chamadas *imperfectae*, que não operam nem uma coisa nem outra, e cuja situação no mundo do Direito é de difícil compreensão para aqueles que não concebem a vida jurídica senão como uma expressão de força ou de coação.

Regras jurídicas *imperfectae* são aquelas que, quando válidas, não importam em pena ao infrator, nem em alteração daquilo que já se realizou. Essas regras dizem respeito especialmente às chamadas obrigações naturais. Representam elas, de certa forma, um momento de passagem das regras éticas e costumeiras, *lato sensu*, para o campo do Direito efetivamente garantido.

Das obrigações naturais os senhores vão tomar conhecimento mais tarde nos estudos especiais de Direito Civil. Um tipo, por exemplo, de obrigação natural é o decorrente das dívidas de jogo.

O indivíduo que perde no jogo não é obrigado, juridicamente, a pagar. Paga, querendo. A obrigatoriedade do pagamento é de ordem ético-social. Ninguém poderá, entretanto, chamar à Justiça um parceiro para que efetue o pagamento do perdido no pôquer ou no pife-pafe. Essas obrigações são chamadas naturais e se regem por normas tidas como *imperfectae*. Por que são elas consideradas jurídicas? São jurídicas porque, embora não imperem de maneira direta, fazem-no de maneira mediata, como vamos demonstrar. Ninguém é obrigado a pagar dívida de jogo, porém, uma vez efetuado o pagamento, não pode exigir a devolução.

Estão vendo que são normas jurídicas porque implicam conseqüências indiretas de direito. Elas deixam a iniciativa ao agente, mas, uma vez efetuado o pagamento, este passa a ser justo título da obrigação fundada em jogo. Por isso são chamadas regras jurídicas *imperfectae*.

Eis aí uma forma de classificação da regra jurídica de grande importância prática, e que tem uma vantagem de possuir, pelo menos, certa precisão esquemática.

DAS REGRAS JURÍDICAS QUANTO À IMPERATIVIDADE

Quer se destinem a organizar, por exemplo, um serviço público (*normas de organização*) quer tenham por fim disciplinar a conduta dos indivíduos (*normas de comportamento*) as regras jurídicas se constituem visando a que se faça ou se deixe de fazer alguma coisa. A imperatividade é uma das características essenciais do Direito. Como, entretanto, se manifesta essa imperatividade? Haverá uma gradação na imperatividade das regras jurídicas?

Não cabe aqui examinar, a fundo, a natureza da *imperatividade* do Direito, a qual, a nosso ver, deve deixar de ser interpretada como expressão da "vontade", do "querer" de um Chefe ou do Estado, para ser vista antes como uma expressão axiológica do "querer social", tal como se acha consubstanciado nas valorações que as regras jurídicas consagram. Despida de seu sentido antropomórfico, a imperatividade nos parece essencial ao mundo jurídico, resultando da objetividade inerente aos valores[3].

Existem juristas, e, entre eles, alguns de grande porte, que negam seja a imperatividade um dos elementos característicos do Direito.

Alegam, por exemplo, Hans Kelsen e Duguit, que o Direito não estabelece aquilo que deve ser obedecido ou cumprido, mas apenas traça determinados rumos que poderão ser seguidos, ou não, segundo as tendências, inclinações ou a vontade dos obrigados. A obrigatoriedade jurídica seria de tipo lógico, específico, não implicando, propriamente, um comando dirigido à vontade, de tal sorte que esta fique ligada a certa conduta.

Pensamos, entretanto, que o Direito é sempre *voluntas*. Os romanos já diziam que o Direito é uma *constans ac perpetua voluntas jus suum cuique tribuendi*, o que quer dizer, é uma vontade permanente e constante de dar a cada um o seu direito, vontade essa que não é a dos governantes, mas da coletividade através de um processo axiológico de opções e preferências.

O reconhecimento da imperatividade como uma das características da regra de direito envolve também o reconhecimento de que há vários tipos ou manifestações dessa imperatividade.

Aparentemente existem regras que não traduzem nenhum comando, apresentando, ao contrário, mero aspecto descritivo. É o que acontece, por exemplo, quando examinamos certas diretivas constitucionais que enunciam planos genéricos de ação, ou então se limitam a declarar a forma de organização do Estado. Se, porém, uma norma constitucional declara que o Brasil é uma República Federativa, já tivemos a oportunidade de notar que nela o verbo *ser* traduz, na realidade, o *dever* de conformar-se o nosso ordenamento ao pressuposto de uma norma básica que consagra a nossa estrutura republicana federativa. Pela mesma razão, as normas

---

3. Para a compreensão da imperatividade em termos axiológicos, *v.* nossa *Filosofia do Direito*, cit.

que enunciam princípios, ainda que genéricos, não são menos imperativas porquanto elas formam o "quadro axiológico ou finalístico", dentro do qual o aplicador do Direito deve formular os seus juízos.

A imperatividade do Direito não se manifesta, porém, sempre com a mesma intensidade. Existem graus de imperatividade, o que implica no aparecimento de várias categorias de normas, envolvendo a apreciação das possíveis posições de seus destinatários.

Não há legislador que edite uma lei sem pensar naqueles que a deverão cumprir ou executar. Alguns penalistas, por exemplo, sustentam que as regras de Direito Penal destinam-se ao juiz, e não ao criminoso, ou, então, à sociedade. Dizem eles que o Estado não pune o indivíduo por ter violado o Código Penal, mas por ter infringido uma norma ética de bem viver. As regras de Direito Penal destinar-se-iam apenas aos juízes, como esquemas de aferição daquilo que seria o modo normal de viver em sociedade, sem causar dano a outrem.

Deixando de lado o estudo desse assunto, não podemos, entretanto, esquecer que existem sempre *destinatários* para a regra jurídica que disciplina a conduta. Qual o comportamento do destinatário, ou do sujeito, perante o modelo normativo? Qual a possibilidade da ação livre do obrigado diante daquilo que lhe determina um preceito legal ou consuetudinário? Segundo as várias posições do obrigado perante a norma, teremos, também, vários tipos desta.

O primeiro tipo de regras jurídicas que nos cumpre estudar são as chamadas regras jurídicas *cogentes* ou de *ordem pública*. A expressão de ordem pública tem trazido, infelizmente, várias confusões. O emprego do adjetivo "pública" leva, às vezes, alguns espíritos a confundir essas regras com as de Direito Público, que é aquele que rege as relações sociais em que, de maneira imediata, prevalece o interesse da coletividade[4].

Ordem pública aqui está para traduzir a ascendência ou primado de um interesse que a regra tutela, o que implica a exigência

---

4. Sobre o conceito de *Direito Público*, cf. o Capítulo XXV deste livro.

irrefragável do seu cumprimento, quaisquer que sejam as intenções ou desejos das partes contratantes ou dos indivíduos a que se destinam. O Estado não subsistiria, nem a sociedade poderia lograr seus fins, se não existissem certas regras dotadas de conteúdo estável, cuja obrigatoriedade não fosse insuscetível de alteração pela vontade dos obrigados.

Quando certas regras amparam altos interesses sociais, os chamados interesses de ordem pública, não é lícito as partes contratantes disporem de maneira diversa. Assim, por exemplo, ninguém poderá, salvo casos especiais previstos em lei, efetuar a compra e venda de um imóvel com dispensa de escritura pública. A lei exige, em casos tais, a escritura pública, e, além disso, especifica que a transferência da propriedade somente se efetiva quando levado a registro público o respectivo título, para a devida transcrição. É tão-somente após a transcrição do título que a propriedade se transfere. Quer dizer que, se amanhã Fulano vender a Beltrano uma casa, Beltrano não terá título de domínio enquanto não se verificar a transcrição do negócio jurídico no Registro competente, que seria, por exemplo, a 1.ª ou a 8.ª Circunscrição de Registro de Imóveis da Capital.

Segundo alguns sistemas de Direito, a transcrição não é condição essencial para a transmissibilidade dos bens imóveis. O nosso Teixeira de Freitas, entretanto, foi o grande campeão dessa exigência, opondo-se à venda por mera declaração de vontade em escritura pública. Além de altas razões técnicas, ponderava o Mestre insigne que a extensão do território e a incerteza da propriedade, no Brasil, militavam contra a inovação francesa, e, por isso, aconselhava a manter o espírito tradicional de um registro especial para as vendas e demais operações relativas à transmissão de bens imóveis.

Pois bem, uma regra, a que todos estamos adstritos, chama-se regra de *ordem pública* ou *cogente,* termos, a nosso ver, sinônimos, não passando de filigrana a afirmação de que as normas de ordem pública seriam, propriamente, as normas cogentes em virtude de um interesse superior da sociedade e do Estado. Quem declara que tais regras são de ordem pública? Às vezes, o próprio legislador, como ocorre nas hipóteses previstas pelo Código Civil de 2002, no Capítulo V — *Da invalidade do negócio jurídico*, onde se recusa validade a certos atos jurídicos por não terem obedecido a determinados requisitos.

O art. 166, por exemplo, estatui que é nulo o negócio jurídico quando:

    I — celebrado por pessoa absolutamente incapaz;
    II — for ilícito, impossível ou indeterminável o seu objeto;
    III — o motivo determinante, comum a ambas as partes, for ilícito;
    IV — não revestir a forma prescrita em lei;
    V — for preterida alguma solenidade que a lei considere essencial para a sua validade;
    VI — tiver por objeto fraudar lei imperativa;
    VII— a lei taxativamente o declarar nulo, ou proibir-lhe a prática, sem cominar sanção.

Lembramos o exemplo da venda de imóvel como um negócio jurídico que, sob pena de nulidade, deve se revestir de certas formas, quais sejam, a escritura pública e a transcrição. O mesmo se dá com o casamento, que é um contrato de cujos requisitos formais e solenes ninguém pode prescindir para contrair núpcias válidas.

Seria nulo um matrimônio realizado com preterição de todos os atos que a Lei Civil prudentemente determina. Por igual modo, um testamento, para ser válido, precisa obedecer às exigências previstas no Direito das Sucessões.

Às vezes, dissemo-lo, a obrigatoriedade absoluta de um preceito resulta, desde logo, de maneira incontestável, de seu próprio contexto, máxime quando se cominam penas aos transgressores. Outras vezes, esse reconhecimento é fruto da doutrina ou da jurisprudência.

Regras existem que, até há pouco tempo, não eram consideradas cogentes, de maneira que às partes era lícito dispor livremente, valendo-se do princípio fundamental de que tudo que não seja taxativamente exigido por lei reputa-se deixado ao livre critério dos particulares interessados.

Para ilustrar essa matéria, lembramos o disposto no art. 413 do Código Civil de 2002 sobre o cumprimento parcial de um contrato e a redução proporcional da penalidade avençada. Num contrato de locação de dois anos, por exemplo, no qual esteja prevista uma multa de dois mil reais, é facultado ao juiz reduzir o pagamento dela na proporção do tempo de adimplemento da locação.

Esta regra é de ordem pública, ou meramente dispositiva? Se for de natureza cogente, os contratos de locação não poderão estabelecer que a multa será devida por inteiro, qualquer que seja o tempo transcorrido. Se examinarem certos contratos impressos, ainda poderão encontrar esta cláusula: "a multa será exigível por inteiro, qualquer que seja o tempo de execução contratual".

É que durante largo tempo se entendeu que aquela norma, já constante do Código Civil anterior, não era de ordem pública, mas a jurisprudência aos poucos foi alterando a sua compreensão, sendo hoje pacífica a doutrina oposta. Assim sendo, é considerada sem eficácia a cláusula que priva o magistrado de um poder-dever que a lei lhe confere, pois é ele o destinatário de um dispositivo que tem por finalidade impedir que o mais forte tire proveito ilícito das deficiências econômicas de quem com ele contratou: assim o impõe o princípio do equilíbrio que deve reger as prestações e contraprestações contratuais, segundo o imperativo da Justiça social.

Enquanto imperou o individualismo jurídico, essas verdades não prevaleceram, de tal sorte que o estipulado pelas partes tinha força de lei, como expressão da autonomia da vontade, ainda que a letra fria do contrato possibilitasse odiosos locupletamentos.

Quem declarou que a regra jurídica ora lembrada deve ser havida como de ordem pública? A doutrina e a jurisprudência. É através das pesquisas dos juristas e das decisões judiciais que as regras, nos limites de sua expressão verbal, vão mudando o seu sentido segundo novas exigências fatuais e valorativas, para que possam corresponder às contingências sociais e econômicas.

Quem cumpre, por conseguinte, um contrato pela metade, poderá alegar que deixou de cumprir o restante sem culpa, e pedir ao Juiz que use de sua faculdade de reduzi-la. Não se trata de redução automática, pois dependerá do critério do Juiz, à vista do exame das circunstâncias de cada caso.

Temos, assim, bem clara, a noção do que sejam normas jurídicas de ordem pública, já estando, por contraste, fixada a noção de *norma dispositiva*.

As regras dispositivas formam a grande massa das regras jurídicas. São normas de conduta que deixam aos destinatários o direito de dispor de maneira diversa. Alguns autores dizem, erroneamente, que são normas jurídicas que podem ser revogadas pela vontade das partes. Não se trata de revogação. É evidente que as partes não revogam nenhuma lei pelo fato de terem dispostos de forma diversa. É da própria natureza da regra dispositiva estabelecer uma alternativa de conduta, de tal maneira que os seus destinatários possam, ou disciplinar eles mesmos a relação social, ou, não o fazendo, sujeitar-se ao que a norma determina. Por outras palavras, Fulano e Sicrano tinham o direito de dispor de forma X ou Y: se não o fizerem, deverá ser aplicado o disposto na regra dispositiva que disciplina a espécie.

Duas pessoas, por exemplo, concluem um contrato de mútuo em dinheiro, uma parte emprestando à outra cem mil reais, pelo prazo de dois anos. Nada mais se estabelece. Trata-se, entretanto, de um empréstimo, o que quer dizer, de um contrato bilateral, que implica o dever do pagamento de uma parte à outra, após o prazo convencionado. Como se operará essa devolução? Com juros ou sem juros? As partes silenciaram. Era lícito, entretanto, aos interessados, estabelecer os juros de 5%, ou de 10%. Não o fizeram, não usaram da faculdade de fixação da taxa devida. Serão devidos ou não, os juros? Aqui é que surge o problema da regra dispositiva[5].

---

5. Note-se que, via de regra, empregamos, nestas *Lições*, a palavra "*faculdade*" em sentido genérico, como poder ou possibilidade de fazer ou exigir algo, sem prejuízo do sentido específico desse termo, consoante será estudado ao tratarmos do problema do *direito subjetivo* (cf. pág. 249).

Se a relação for de natureza civil, e for omisso o contrato, não haverá possibilidade de cobrança de juros. Se, ao contrário, a obrigação for de natureza mercantil, será havida como estabelecida a taxa corrente de juros.

Vamos ilustrar o que acabamos de expor com outro exemplo tirado do Código Civil:

> "Art. 1.984 — Na falta de testamenteiro nomeado pelo testador, a execução testamentária compete a um dos cônjuges, e, em falta destes, ao herdeiro nomeado pelo juiz".

É um dispositivo supletivo, porquanto dá ao testador o direito de nomear o testamenteiro, mas declara que se não for usada essa faculdade, deverá ser concedida a execução testamentária a um dos cônjuges, e assim por diante, segundo as hipóteses previstas.

Estão vendo, portanto, a diferença básica, fundamental entre o que é uma regra cogente e uma regra dispositiva. Na primeira, não poderemos, jamais, estabelecer a alternativa da ação, ou seja, a faculdade de fazer ou não fazer. A regra de ordem pública coloca-nos na necessidade irrefragável de fazer ou deixar de fazer. Muito útil seria o estudo desse assunto à luz dos dispositivos legais vigentes, o que é próprio de trabalhos de seminário.

Foi por isso que dissemos, de início, que é preciso entender-se a imperatividade do Direito *cum grano salis*. O Direito não é um conjunto de normas particularizadas para que se execute este ato ou aquele. A imperatividade jurídica é de natureza social, deixando aos indivíduos larga margem de ação livre, prevendo-se cautelosamente o que deverá ser feito quando, por omissão ou negligência, não houverem sido preestabelecidas as conseqüências de um ato.

É essa imperatividade que não podemos negar ao Direito. Não vamos materializar as coisas, no sentido de vermos na vida jurídica seqüências de ordens concretas baixadas pelo legislador pessoalmente a Fulano e Beltrano. A imperatividade jurídica é algo que só se compreende no sistema ordenatório das regras que consubstanciam os valores ou estimativas dominantes no seio da comunidade.

OUTRAS ESPÉCIES DE NORMAS

As regras jurídicas podem ser, ainda, distintas segundo vários outros critérios aos quais vamos fazer breve alusão. Lembremos a distinção segundo a natureza ou conteúdo daquilo que se ordena. Temos, assim, *regras preceptivas, proibitivas* e *permissivas*. As *preceptivas* são as que determinam que se faça alguma coisa, as que estabelecem um *status*, as que reconhecem ou identificam outras normas como pertencentes ao sistema vigente.

Regras *proibitivas*, como as palavras o exprimem, são as que negam a alguém a prática de certos atos; *permissivas* as que facultam fazer ou omitir algo.

Os critérios distintivos já expostos entrelaçam-se com este. Na realidade, as normas jurídicas cogentes podem ser tanto preceptivas como proibitivas.

Os juristas invocam outra categoria de regras, que são as *supletivas*. A bem ver, estas constituem uma espécie de *regras dispositivas*, pois elas se destinam a suprir o vazio deixado pela livre disposição das partes, como no caso contemplado pelo art. 1.984 do Código Civil de 2002, a que, há pouco, nos referimos.

Há, porém, outro significado do termo *regra supletiva*, como se dá quando dizemos que, em havendo lacuna ou omissão da lei, devemos recorrer às *normas supletivas* do costume.

Cabe ainda salientar uma distinção que se deve a Kelsen e que assinala uma fundamental mudança na compreensão do Direito. Na Ciência Jurídica do século XIX e das primeiras décadas do XX, prevalecia a tese de que as regras ou normas jurídicas deveriam ter sempre o característico da *generalidade*, como, por exemplo, as das leis ou dos regulamentos.

Contra essa concepção, de fundo legalista, isto é, que reduzia o Direito à *lei*, entendida sempre como norma escrita de caráter genérico, predomina atualmente a teoria que admite também a existência de normas *particulares* e *individualizadas*, assim como leis desprovidas da nota de generalidade.

Teríamos, assim, a seguinte gradação:

a) *normas genéricas*, as que obrigam, indiscriminadamente, a quantos venham a se situar sob sua incidência, em função dos pressupostos que elas enunciam (a maioria das leis e regulamentos e certas normas costumeiras e jurisprudenciais);

b) *normas particulares*, que vinculam determinadas pessoas, como as que compõem um *negócio jurídico*, um contrato; ou as de uma lei que expressamente contenha disposições só aplicáveis a casos particulares;

c) *normas individualizadas*, as que pontualizam ou certificam, *in concreto*, as disposições anteriores, como se dá numa *sentença judicial*, ou numa *provisão* ou *resolução administrativa*.

Terão ocasião de encontrar, também, as chamadas leis interpretativas ou *normas interpretativas*. As normas interpretativas representam uma categoria de grande alcance, especialmente quando se entra em uma época de fluxo incessante de legislação. Há certos textos legais que provocam tamanha confusão no mundo jurídico que o próprio legislador sente a necessidade de determinar melhor o seu conteúdo[6].

Quando tal fato se verifica, dizemos que há *interpretação autêntica*. Interpretação autêntica é somente aquela que se opera através de outra lei. A lei não fica, entretanto, presa à personalidade do legislador que participou, com seu voto ou com a sua inteligência, na sua elaboração. Uma vez promulgada a lei, ela se desprende das matrizes do legislador para passar a ter vida própria. O fato de Rui Barbosa ter feito parte do Governo Provisório projetando a Constituição de 1891, não lhe dava nenhuma autoridade jurídica para proferir "interpretações autênticas". O valor de sua interpretação decorria apenas de sua cultura jurídica e da procedência ou não de seus juízos.

---

6. *Vide* o que pondero à pág. 175, nota 1.

Quando uma lei é emanada para interpretar outra lei, o que, em última análise, se faz é substituir a primeira pela segunda, tanto assim que a interpretação não retroage: disciplina a matéria tal como nela foi esclarecido, tão-somente a partir de sua vigência.

Em sentido impróprio também consideramos "normas interpretativas" as que são elaboradas pelo trabalho científico dos juristas, isto é, pela *doutrina*, ou então pelos juízes e tribunais, ou seja, pela *jurisprudência*, consagrando a mais adequada forma de entendimento a ser dada a uma questão de direito. Também a Administração pública baixa, não raro, normas destinadas a fixar a interpretação que os órgãos subordinados devem dar a leis e regulamentos. É claro que tais "normas interpretativas" vinculam as autoridades administrativas, se se contiverem no âmbito das regras interpretadas, mas não privam os particulares do poder-dever de adotar interpretações diversas, à luz do texto legal ou regulamentar em vigor.

Capítulo XII

FONTES DO DIREITO (I)*

> Sumário: Fonte do Direito e poder. Direito romanístico e *common law*. O problema das fontes do Direito através da história. Natureza dos costumes primitivos. Do costume ao primado da lei ou do precedente judicial.

FONTE DO DIREITO E PODER

Preliminarmente, é necessário advertir que a antiga distinção entre *fonte formal* e *fonte material* do direito tem sido fonte de grandes equívocos nos domínios da Ciência Jurídica, tornando-se indispensável empregarmos o termo *fonte do direito* para indicar apenas os processos de produção de normas jurídicas.

Tais processos pressupõem sempre uma *estrutura de poder*, desde o poder capaz de assegurar por si mesmo o adimplemento das normas por ele emanadas (como é o caso do poder estatal no processo legislativo) até outras formas subordinadas de poder que estabelecem, de maneira objetiva, relações que permitem seja pretendida a garantia de execução outorgada pelo Estado.

Vejamos o que se tem designado com a expressão *fonte material*, para demonstrarmos a inconveniência desse termo.

Verificando-se, por exemplo, como aparece uma lei, podemos indagar de suas razões últimas, dos motivos lógicos ou morais que

---

* Sobre a questão das fontes, *vide*, de maneira mais detalhada, o que escrevi em *Fontes e modelos do direito*, Saraiva, 1994.

guiaram o legislador em sua tarefa. Estamos, pois, diante de uma pesquisa de natureza filosófica, que diz respeito às condições lógicas e éticas do fenômeno jurídico.

Ao lado dessa questão, que se liga ao próprio problema da justiça, da liberdade, da segurança e da ordem, encontramos outros problemas que já possuem um aspecto sociológico. Indagamos das causas não remotas, mas imediatas da lei. Podemos perguntar, por exemplo, se uma lei é devida a fatores econômicos permanentes ou transitórios, ou se ela é decorrência de exigências demográficas, geográficas, raciais, higiênicas e assim por diante. O problema que gira em torno das causas imediatas ou próximas do fenômeno jurídico pertence ao âmbito da Sociologia e, a rigor, da Sociologia Jurídica.

Como se vê, o que se costuma indicar com a expressão "fonte material" não é outra coisa senão o estudo filosófico ou sociológico dos motivos éticos ou dos fatos econômicos que condicionam o aparecimento e as transformações das regras de direito. Fácil é perceber que se trata do problema do fundamento ético ou do fundamento social das normas jurídicas, situando-se, por conseguinte, fora do campo da Ciência do Direito. Melhor é, por conseguinte, que se dê ao termo *fonte do direito* uma única acepção, circunscrita ao campo do Direito.

Por "fonte do direito" designamos os processos ou meios em virtude dos quais as regras jurídicas se positivam com legítima força obrigatória, isto é, com vigência e eficácia no contexto de uma *estrutura normativa*. O direito resulta de um complexo de fatores que a Filosofia e a Sociologia estudam, mas se manifesta, como ordenação vigente e eficaz, através de certas formas, diríamos mesmo de certas *fôrmas*, ou *estruturas normativas*, que são o *processo legislativo*, os *usos e costumes jurídicos*, a *atividade jurisdicional* e o *ato negocial*.

Já vimos, nas aulas anteriores, que o direito se realiza através de um conjunto sistemático de regras que determinam atos e abstenções, sob pena de se imputarem ao transgressor certas conseqüências ou sanções punitivas.

Para que se possa falar, por conseguinte, de "fonte de direito", isto é, de fonte de regras obrigatórias, dotadas de *vigência* e de *eficácia*, é preciso que haja um *poder* capaz de especificar o conteúdo do devido, para exigir o seu cumprimento, não sendo indispensável que ele mesmo aplique a sanção. É por isso que se diz que o problema das fontes do direito se confunde com o das formas de *produção de regras de direito vigentes e eficazes*, podendo ser elas genéricas ou não.

Por ora, podemos fixar esta noção essencial: toda fonte de direito implica uma *estrutura normativa de poder*, pois a gênese de qualquer regra de direito (nomogênese jurídica) — tal como pensamos ter demonstrado em nossos estudos de Filosofia do Direito — só ocorre em virtude da interferência de um *centro de poder*, o qual, diante de um complexo de *fatos* e *valores*, opta por dada *solução normativa* com características de objetividade.

À luz desse conceito, quatro são as fontes de direito, porque quatro são as formas de *poder*: o *processo legislativo*, expressão do Poder Legislativo; a *jurisdição*, que corresponde ao Poder Judiciário; os *usos e costumes jurídicos*, que exprimem o *poder social*, ou seja, o poder decisório anônimo do povo; e, finalmente, a *fonte negocial*, expressão do *poder negocial* ou da *autonomia da vontade*.

DIREITO ROMANÍSTICO E "COMMON LAW"

Esclarecido assim, o conceito de fonte do direito, — no qual não incluímos *a doutrina*, por motivos que logo mais serão aduzidos, — é indispensável desde logo acrescentar que não há razões de ordem lógica para se proclamar o primado desta ou daquela forma de produção de normas ou modelos jurídicos. A prevalência desta ou daquela outra fonte depende exclusivamente de circunstâncias sociais e históricas, pois não há uniformidade entre os diversos países e nas diferentes épocas quanto às formas de elaboração do direito. Cabe, nesse sentido, distinguir dois tipos de ordenamento jurídico, o da *tradição romanística* (nações latinas e germânicas) e o da tradição anglo-americana (*common law*). A primeira caracteriza-se pelo primado do processo legislativo, com atribuição de valor secundário às demais fontes do direito. A tradição latina ou continental (*civil law*) acentuou-se especialmente após a Revolução Francesa, quando a lei passou a ser considerada a única expressão autêntica da Nação, da vontade geral, tal como verificamos na obra de Jean-Jacques Rousseau, *Du Contrat Social.*

Ao lado dessa tradição, que exagera e exacerba o elemento legislativo, temos a tradição dos povos anglo-saxões, nos quais o Direito se revela muito mais pelos usos e costumes e pela jurisdição do que pelo trabalho abstrato e genérico dos parlamentos. Trata-se, mais propriamente, de um Direito misto, costumeiro e jurisprudencial. Se, na Inglaterra, há necessidade de saber-se o que é lícito em matéria civil ou comercial, não há um Código de Comércio ou Civil que o diga, através de um ato de manifestação legislativa. O Direito é, ao contrário, coordenado e consolidado em precedentes judiciais, isto é, segundo uma série de decisões baseadas em usos e costumes prévios. Já o Direito em vigor nas Nações latinas e latino-americanas, assim como também na restante Europa continental, funda-se, primordialmente, em enunciados normativos elaborados através de órgãos legislativos próprios.

Temos, pois, dois grandes sistemas de Direito no mundo ocidental, correspondentes a duas experiências culturais distintas, resultantes de múltiplos fatores, sobretudo de ordem histórica. O confronto entre um e outro sistema tem sido extremamente fecundo, inclusive por demonstrar que, nessa matéria, o que prevalece, para explicar o primado desta ou daquela fonte de direito, não são razões abstratas de ordem lógica, mas apenas motivos de natureza social e histórica.

Seria absurdo pretender saber qual dos dois sistemas é o mais perfeito, visto como não há Direito ideal senão em função da índole e da experiência histórica de cada povo. Se alardearmos as vantagens da *certeza* legal, podem os adeptos do *common law* invocar a maior fidelidade dos usos e costumes às aspirações imediatas do povo. Na realidade, são expressões culturais diversas que, nos últimos anos, têm sido objeto de influências recíprocas, pois enquanto as normas legais ganham cada vez mais importância no regime do *common law*, por sua vez, os *precedentes* judiciais desempenham papel sempre mais relevante no Direito de tradição romanística[1].

O PROBLEMA DAS FONTES DO DIREITO ATRAVÉS DA HISTÓRIA

Para melhor compreensão da matéria, impõe-se ligeiro estudo retrospectivo das fontes, através do tempo, o que só é possível à luz da *Antropologia cultural* ou *Etnologia* (ciência da cultura material e espiritual dos chamados povos "selvagens" ou "primitivos") e da História.

Não vamos aqui abrir aulas sobre Etnologia Jurídica, mas apenas fazer algumas indagações, a fim de que não se pense que o problema da lei surgiu repentinamente, ou que o problema da jurisdição, da atividade decisória dos juízes, tenha acompanhado o homem desde as suas origens. Não foi assim. O Direito foi, em primeiro lugar, um fato social bem pouco diferençado, confuso com outros elementos de natureza religiosa, mágica, moral ou meramente utilitária. Nas sociedades primitivas, o Direito é um processo de ordem costumeira. Não se pode nem mesmo dizer que haja um processo jurídico costumeiro, porquanto as regras jurídicas se formam anonimamente no todo social, em confusão com outras regras não jurídicas. Os costumes primitivos são como que uma nebulosa da qual se desprenderam, paulatinamente, as regras jurídicas, discriminadas e distintas das regras morais, higiênicas, religiosas e assim por diante.

Esse período do Direito costumeiro, diferençado ou não, é o mais longo da humanidade. Alguns calculam em dezenas e até mesmo em centenas de milhares de anos a fase em que as formas de vida religiosa, jurídica etc., ainda não se distinguiam uma das outras. Mesmo quando a espécie humana começou a ter vaga noção dessas distinções, o Direito foi, durante milênios, pura e simplesmente um amálgama de usos e costumes.

---

1. *Vide*, por exemplo, à pág. 175, o papel das *súmulas* nas decisões judiciais brasileiras.

O homem viveu, preliminarmente, o Direito de forma anônima. Os processos de revelação do Direito primitivo, ou de sua concretização, constituem objeto de uma disciplina que se chama Etnologia Jurídica. Os grandes etnólogos contemporâneos formulam hipóteses sugestivas sobre os fatores de produção das regras do Direito arcaico. Para simplificar a matéria, diremos que são dois os grandes canais, através dos quais o Direito se origina como costume. Um é representado pela força, pelo predomínio de um chefe — força aqui tomada na sua acepção tanto moral como física — porque, às vezes, a supremacia de um indivíduo se impunha na tribo pelo prestígio de sua inteligência, de sua sabedoria, de sua astúcia, mais do que pela potência de seus músculos.

O outro meio de expressão do Direito costumeiro primitivo manifesta-se através de procedimentos religiosos ou mágicos. Há uma ligação muito íntima entre o elemento mágico ou místico e as primeiras manifestações da vida jurídica. O homem primitivo, longe de ser o liberto, o emancipado de laços, como foi pintado pelos idealizadores de um paradisíaco "estado de natureza", supostamente anterior à sociedade organizada, é antes um ser dominado pelo temor, e que precisa defender-se de todos e de tudo. Podemos dizer que, antes de mais nada, ele se defende de si mesmo, pela sua angústia permanente em face da existência, ante a natureza que o envolve e que ele não compreende.

Essa posição do homem primitivo dá uma coloração mágica às primeiras regras jurídico-sociais, que se ocultam na noite dos tempos. Não pensem que o Direito surgiu com os romanos ou que tenha a história curta do Código do rei Hamurabi, que é de dois mil anos antes de Cristo. Os etnólogos nos afirmam que, em épocas remotas, houve cavernas em que trabalhavam dezenas de indivíduos empenhados na fabricação de machados neolíticos, para serem vendidos em mercados distantes. A existência dessas cavernas implica uma discriminação de tarefas já naquela época e, por conseguinte, uma relação entre senhores e escravos, primeira e tosca forma de relação de trabalho, visando à realização de trocas etc.

A Lei das XII Tábuas, que é estudada em Direito Romano, e é um documento fundamental do Direito do Ocidente, também se caracteriza por ser uma consolidação de usos e costumes do povo do Lácio. A lei não se distinguia do costume, a não ser por este elemento extrínseco, de ser escrita: apenas esculpia, para conhecimento de todos, aquilo que o poder anônimo do costume havia revelado. E só com o decorrer do tempo, através de uma longa experiência científica, que a lei passa a ter valor em si e por si, traduzindo a vontade intencional de reger a conduta, ou de estruturar a sociedade de modo impessoal e objetivo.

Ao mesmo tempo que se forma a norma legal ainda presa umbilicalmente ao costume, surge também a jurisdição. Quando aparece um órgão incumbido de declarar, no caso concreto, o que é o Direito, já estamos na adolescência da vida jurídica. O Direito primitivo é um Direito anônimo. Não sabemos quando, nem onde surge o costume. A princípio é um chefe que, por um ato de prepotência ou astúcia, impõe uma regra de conduta. É bem possível que esta tenha ficado, durante alguns anos, ligada à sua pessoa. Aos poucos, porém, o nome cai no olvido e outra iniciativa vem ligar-se àquela, completando-a, modificando-a. Como bem se percebe, o Direito costumeiro é um Direito anônimo por excelência, é um Direito sem paternidade, que vai se consolidando em virtude das forças da imitação, do hábito, ou de "comportamentos exemplares".

Já em estágio mais evoluído da civilização, aparecem os primeiros órgãos, cuja finalidade específica é conhecer o Direito e declará-lo. São os chamados órgãos de jurisdição. *Jurisdicere*, — dizer o que é de direito em cada caso concreto, esta é a obra do juiz, é a obra dos pretores. O Direito Romano é um Direito doutrinário e jurisprudencial por excelência, porquanto é orientado pelo saber dos jurisconsultos combinado com as decisões dos pretores, ambos atuando em função da experiência.

A grandeza de Roma não consistiu em doutrinar o Direito, mas em vivê-lo. Não existe uma teoria jurídica romana, na qual se procure, de maneira clara e intencional, distinguir o jurídico do não-jurídico. Existiu, entretanto, uma experiência jurídica bem clara e bem consciente de sua especificidade. Quando surgia uma demanda, os juízes julgavam segundo a *ratio juris* e não segundo critérios morais. Situando o problema no domínio propriamente jurídico, criaram órgãos destinados especialmente a esse fim. Outros povos já haviam percebido esse problema como, por exemplo, o povo grego, mas é em Roma que a consciência da jurisdição aparece de maneira clara e concreta, por estar vinculada cada vez mais a um sistema objetivo de regras de competência e de conduta. Foi nesse momento que a Ciência do Direito lançou a sua base mais sólida e começou praticamente a existir, exigindo a elaboração de categorias lógicas próprias, através do trabalho criador dos jurisconsultos. Foi só mais tarde, bem mais tarde, depois do Direito Romano clássico, isto é, quando começou a decadência do mundo romano, que a *lei*, ou melhor, o *processo legislativo*, passou a prevalecer sobre o *processo jurisdicional* como fonte reveladora do direito. O chamado *Direito Romano Clássico* não era um Direito legislado, como depois foi o Direito Romano emanado por Justiniano e seus sucessores.

NATUREZA DOS COSTUMES PRIMITIVOS

Na última aula, tivemos oportunidade de mostrar como o costume foi a fonte primordial do direito, ocupando longo período da sua história. Vimos também que a jurisdição, a lei e a doutrina só aparecem em um momento já bastante evoluído da cultura jurídica, como se pode facilmente ver na história do Direito Romano.

Dissemos, outrossim, da função que o Direito costumeiro, também chamado consuetudinário, de envolta com outras regras, exerceu nas sociedade primitivas, através de dois elementos fundamentais: de um lado, a preponderância do mais forte ou do mais astuto e, do outro, a influência do elemento religioso ou mesmo mágico, gerando "comportamentos exemplares", ou "modelos de ação".

Grande parte dos usos e costumes das sociedades primitivas está ligada à religião. Esse estudo pode ser feito em uma obra clássica sobre a matéria, que é *A Cidade Antiga*, de Fustel de Coulanges. Esse grande historiador francês mostrou como as mais importantes regras jurídicas relativas ao patrimônio, à propriedade e ao contrato estavam ligadas a elementos de ordem religiosa, como o culto dos mortos.

A família romana, por exemplo, era primordialmente uma instituição religiosa, a tal ponto que o parentesco não se fazia segundo imperativos de sangue, mas segundo razões do culto. A mulher era admitida a fazer parte da família do marido porquanto passava a cultuar os deuses "lares" de uma outra casa. Deuses "lares" eram aqueles que tutelavam determinada família ou estirpe. Ainda permanece na língua portuguesa a marca da tradição romana dos deuses "lares": a lareira e o lar doméstico. Foi o culto aos mortos o laço primordial de ligação entre os cônjuges, entre pais e filhos e todos seus descendentes. Através do culto aos mortos a civilização foi se aperfeiçoando e se burilando, adquirindo valores morais e espirituais. Também a propriedade colocou-se sob a tutela dos deuses; quando os romanos tomavam posse de uma determinada gleba, eles o faziam segundo um rito mágico. Ao colocarem os limites da área, invocavam os *deuses liminares*, que eram destinados a proteger os territórios conquistados, os terrenos circunscritos. Todo o Direito primitivo está impregnado desse espírito religioso, por um sentimento mágico.

Nos estudos contemporâneos de Antropologia Jurídica, verificamos alguns dados muito interessantes. O contrato, por exemplo, parece um dado imediato da razão humana. À primeira vista, a idéia de que os indivíduos podem se obrigar, mediante um acordo de vontades, parece intuitiva. Na realidade, porém, a humanidade percorreu milênios para chegar à compreensão de que a vontade, em acordo com outra vontade, pode ser geradora de obrigações e de efeitos jurídicos. Ainda no Direito Romano, por largo tempo se afirmou que o simples pacto ou a mera convenção não dava direito à ação. É um dos pontos interessantes a estudar-se, na História do Direito, esse da ação que vai resultando paulatinamente das convenções, sem necessidade de qualquer elemento de ordem material.

O homem primitivo não compreendia uma obrigação abstrata como resultado do mero querer, da simples estipulação de duas ou mais pessoas. A idéia de obrigação estava sempre ligada a alguma coisa de material e de concreto. Assim, por exemplo, não se compreendia o dever de restituição que não resultasse da entrega de algo de material por uma pessoa a outra. A Antropologia Jurídica, estudando tais formas iniciais da vida jurídica, mostra-nos, por exemplo, como a compra e venda aparece num segundo momento, após a doação a título gratuito. Também, surgiu primeiro o empréstimo, para depois aparecer a compra e venda. Nos meios rurais, quando um indivíduo, por um motivo qualquer, precisava de um animal para trabalhar no campo, a primeira idéia era do empréstimo, com a obrigação de devolver. Hoje em dia, o contrato de empréstimo faz-se de maneira abstrata; não é necessário estar presente o animal ou o objeto emprestado para que o contrato valha. Duas pessoas firmam um contrato para restituição de uma coisa emprestada, dentro de certo período, e o valor desse acordo independe da presença de algo material. No instante da convenção entre os homens primitivos, isto não ocorria.

Num livro de Antropologia cultural, intitulado *Les Étapes du Droit*, lembra-nos Henri Decugis que o empréstimo primitivo era acompanhado de fórmulas mágicas, que giravam em torno de idéia de "nó", de laço. Quando alguém queria emprestar, por exemplo, um animal a outro, entregava a ponta do laço ao devedor, tendo esse ato um sentido mágico. Quer dizer que ficava implícito que, no caso de não haver devolução, o devedor ficaria amarrado, preso espiritualmente; a não-devolução seria considerada como ofensa a um poder transcendente; o elemento mágico, que em nosso espírito é motivo de perplexidade, era, ao contrário, o normal na vida e na mentalidade primitivas, sem que isto signifique que aceitemos a existência de uma "mentalidade pré-lógica", ou alógica dos povos primitivos, como pretendeu a Antropologia do século XIX e da primeira metade do seguinte.

DO COSTUME AO PRIMADO DA LEI OU DO PRECEDENTE JUDICIAL

No ciclo do Direito Romano, os costumes, aos poucos, vão cedendo lugar à jurisdição ou ao Direito jurisprudencial. Foi através da atividade dos juízes e dos pretores que os romanos, aos poucos, construíram o *jus civile*, primeiro, privativo dos romanos, e o *jus gentium*, de caráter mais amplo.

Com o crescer da civilização romana, a gente do Lácio entrou em contato com outras terras e outros povos; novos costumes foram comparados, cotejados com aqueles que vigoravam à margem do Tibre. Formou-se, assim, um Direito costumeiro internacional, por assim dizer.

Aos poucos, o Direito peculiar e próprio dos romanos foi se convertendo no Direito comum a romanos e estrangeiros, constituindo que se chamou *jus gentium* ou Direito das gentes. É mais tarde que, por influência da filosofia grega e, especialmente da filosofia estóica, essa idéia de *jus gentium* se alarga ainda mais, numa noção de valor universal que é a de *jus naturale*, Direito Natural.

Feitas tais referências, podemos dizer que, no mundo romano, o Direito jurisprudencial consegue adquirir uma posição permanente, passando o Direito costumeiro para segundo plano.

Jamais, em Roma, a lei, como pura abstração racional, representou papel decisivo no sistema geral do Direito. A doutrina, como o demonstram os estudos dos romanistas contemporâneos, desempenhou, ao contrário, uma função primordial, fornecendo aos pretores as diretivas teórico-práticas essenciais à decisão dos litígios. Com a invasão dos bárbaros, sabem que a civilização romana se desintegrou: novos usos e costumes invadiram o mundo europeu; eram costumes da gente germânica, de povos que ainda não haviam alcançado o grau de evolução histórica atingido pelos latinos.

Verificou-se, então, o amálgama de usos e costumes que ia se processar durante quase um milênio. Um dos capítulos sugestivos da história da cultura é o da formação do Direito medieval, graças ao encontro de elementos germânicos e romanos, à luz das exigências éticas inspiradas pelo Cristianismo. O Direito medieval, exceção feita, depois, do Direito canônico, ou seja, do Direito da Igreja, é ainda um Direito costumeiro e de caráter local. Esse Direito vigorou durante vários séculos, devendo-se notar que é somente no século XI que tem início um trabalho de volta à tradição científica romana. Vai processar-se, então, uma reelaboração perseverante e meticulosa de redescobertos textos do Direito Romano, o que é feito através da obra de alguns analistas do Direito, que se chamaram "glosadores". Perdida a tradição da Ciência Jurídica, os juristas da Idade Média querem reconstruir a obra romana. Os costumes já eram outros. A civilização cristã tinha valores que não podiam ser olvidados. Esses juristas realizam, então, um trabalho lógico de adaptação dos textos romanos às novas situações de seu tempo, levando a cabo uma obra portentosa de exegese e compreensão dos textos antigos, fazendo considerações à margem das obras encontradas, dos fragmentos obtidos; tais considerações chamavam-se "glosas". Às vezes, os comentários aos textos se faziam entre as linhas dos fragmentos, tomando o nome de "glosas interlineares", outras vezes, à margem da página, chamando-se então "glosas marginais".

Através dos glosadores a Ciência Jurídica foi se reconstituindo lentamente até a época do Renascimento e das grandes descobertas, quando já aparecem outras escolas e outros pensadores, desenvolvendo idéias que estavam apenas esboçadas no mundo romano. Surge, então, superando o empirismo analítico dos glosadores, a grande corrente dos "comentaristas" ou dos "cultos", forrados de cultura filosófica e humanista. Foram eles que prepararam o advento de uma *compreensão racionalista* do Direito como expressão da razão humana, meio caminho andado para o primado da lei, vista depois como "razão escrita" pelos jusnaturalistas do século XVIII.

A época moderna assinala-se por um grande impulso do indivíduo no sentido de sua própria afirmação. No mesmo momento em que o homem se aventura pelos mares para descobrir novos continentes, ele também aprimora os seus meios de domínio das forças da natureza. Não se contenta mais com a vida municipal. Ele estende seus olhos para outras regiões. Aos poucos, do amálgama dos povos medievais, vão surgindo as Nações modernas, como a portuguesa, a espanhola ou a francesa, num processo que vai durar muito tempo; a Nação italiana, por exemplo, só adquire independência na segunda metade do século XIX. Com o desenvolvimento da indústria, da técnica, do comércio, com aquilo que se pode chamar de primórdios do capitalismo ou da civilização capitalista, o Direito costumeiro não era mais suficiente. Os reis sentiram necessidade de fazer a coordenação ou ordenação das leis dispersas, bem como das regras costumeiras vigentes, que tinham o grande defeito de ser desconexas ou particularistas. Surgiram, assim, as primeiras consolidações de leis e normas consuetudinárias, que tomaram o nome de *Ordenações*, por serem o resultado de uma ordem do rei. São as "Ordenações" dos reis da Espanha, ou da França, bem como dos grandes monarcas portugueses. Portugal foi um dos primeiros países a procurar pôr ordem e sistema no seu Direito.

A primeira das Ordenações portuguesas foram as *Afonsinas*, publicadas por D. Afonso V (1446); seguidas pelas *Manuelinas*, compiladas no reinado de D. Manuel (1512-1521). Finalmente, quando Portugal passou para o domínio da Espanha, adotamos as Ordenações *Filipinas* (1603) cujos preceitos de Direito Civil, embora profundamente alterados e atualizados, sobretudo graças à Consolidação das Leis Civis elaborada por Teixeira de Freitas, vigoraram, no Brasil, até 1916, quando entrou em vigor o nosso atual Código Civil.

Como estamos verificando, já aparecem, do século XV ao século XVIII, várias Ordenações que constituíram o elemento fundamental da vida jurídica dos povos modernos. O século XVIII, como devem saber, representou um momento fundamental na vida política, especialmente em virtude do trabalho realizado pelos "Enciclopedistas", bem como pelos pensadores ingleses, notadamente no campo da Economia Política e da Ética. Nesse século, com reflexos poderosos em outros países, pensou-se em lançar a base de uma Ciência Jurídica de caráter puramente racional, nos moldes pregados pelos "jusnaturalistas", ou seja, pelos adeptos de um Direito Natural puramente racional, até o extremo de pretenderem que, acima do sistema do Direito positivo, haveria um outro Direito, ideal, expressão mesma da razão humana. Era, como facilmente se percebe, um clima espiritual propício à compreensão da lei como fonte por excelência do Direito. Verifica-se então, de certa forma, um desprezo pelo imediato e concreto, importando numa reação contra o Direito costumeiro, que era eminentemente particularista e local, apegado ao *fatual* e envolvido nas malhas de inveterados privilégios.

Surgem, assim, as grandes teorias, sustentando a possibilidade de atingir-se o Direito através de um trabalho racional, meramente abstrato. Desprezam-se, por via de conseqüências, os usos e costumes jurídicos, como um Direito secundário, compreendendo-se a lei como expressão racional da vontade coletiva.

Essa tendência geral do século XVIII reflete-se especialmente na obra de Rousseau — *Du Contrat Social*, na qual o grande genebrino sustentou que o Direito autêntico é aquele que se consubstancia na lei como expressão da vontade geral. Para Rousseau, o Direito é a lei, porque a lei é a única expressão legítima da vontade geral. Nenhum costume pode prevalecer contra a lei ou a despeito dela, porque só ela encarna os imperativos da razão.

É nessa época e nesse clima histórico que aparecem os primeiros códigos modernos, em várias experiências e tentativas, como o Código prussiano. Mas, o marco fundamental da codificação, que ia dar supremacia à lei sobre todas as demais fontes, é representado pelo Código de Napoleão. O Código Civil francês, de 1804, assinala um momento culminante na evolução jurídica dos tempos modernos, porque representa a supremacia da lei sobre os costumes através de um sistema de disposições congruentemente articuladas.

A Revolução Francesa teve vários reflexos e efeitos que não podemos, aqui, examinar. Dentre as suas conseqüências, devemos, entretanto, destacar uma: — foi na época da Revolução Francesa que se advogou a necessidade de um Direito único para a totalidade da Nação. Anteriormente, havia um Direito que resolvia os problemas locais, assim como havia um Direito de classes, um para a plebe e outro para a nobreza e o clero, com revoltantes desigualdades.

Com a Revolução Francesa, por conseguinte, surge uma realidade histórica de cuja importância muitas vezes nos olvidamos: o *Direito nacional*, um Direito único para cada Nação, Direito este *perante o qual todos são iguais*. O princípio da igualdade perante a lei pressupõe um outro: o da existência de um único Direito para todos que habitam num mesmo território.

Com o advento do Código Civil francês e dos que foram elaborados, tomando-o como modelo, passaram os juristas a ter um Direito certo para todos e suscetível de indagação lógica e segura. A Ciência do Direito encontrou, assim, base para poder atingir notável grau de *sistematização*. Não mais o comentário ocasional, para atender a circunstâncias locais, mas um sistema que distribuía a matéria segundo uma ordenação lógica, permitindo a interpretação, a construção e a compreensão unitária das regras vigentes, segundo princípios de caráter geral.

Constituiu-se, então, na França e também na Alemanha, com reflexos em outros países, uma escola que pretendia construir o Direito baseado no Código Civil. Essa escola se chamou "Escola da Exegese", contra a qual hoje se levantam muitas críticas, mas que, na realidade, lançou as bases da Ciência do Direito contemporâneo, tendo representado a Ciência Jurídica correspondente à sua época.

Muito embora, em nossos dias, não prevaleça mais a redução do Direito à lei, isto é, a normas gerais escritas emanadas por órgãos especialmente constituídos para tal fim, não devemos esquecer os benefícios que a Escola da Exegese trouxe para o Direito, do ponto de vista da clarificação dos conceitos, a disciplina dos institutos jurídicos e sua sistematização lógica.

Ora, no Direito brasileiro, filiado à tradição romanística, também se deu análogo movimento de afirmação da supremacia do processo legislativo, que, com naturais abrandamentos, corresponde à índole de nossa cultura e de nossa gente.

Dir-se-á que o ora exposto não se aplica à Inglaterra ou aos Estado Unidos da América, cuja experiência jurídica ainda se acha vinculada aos usos e costumes e à atividade jurisdicional. Cabe, todavia, ponderar que mesmo nesses países cresce, dia a dia, a influência do processo legislativo, impondo-se, progressivamente, o primado da lei, como forma de disciplina superior das relações sociais.

Por outro lado, se nos povos fiéis ao *common law*, as normas legais não desempenham o mesmo papel que lhes atribuímos, sobretudo no campo do Direito Privado (pois, como sabem, o Direito Constitucional norte-americano baseia-se em uma Constituição rígida, ao contrário do Britânico, que é prevalecentemente costumeiro) é preciso ponderar que, nesse sistema de Direito, nenhum costume obriga, enquanto não consagrado pelos tribunais. Como estes são órgãos do Estado, verifica-se que, quer se trate de *primado da lei* (como no *civil law*) quer do *primado do precedente judicial* (como no *common law*) o que se dá, no Estado Moderno, é a supremacia das normas editadas pelo Estado sobre todas as demais.

Com o predomínio do *processo legislativo*; ou do *processo jurisdicional*, correspondentes às duas áreas culturais básicas do mundo contemporâneo, prevalecem neste *as fontes de direito de natureza estatal* sobre as de caráter puramente social, sem que este fato importe no olvido da grande importância do direito constituído graças às atividades desenvolvidas pela coletividade, de maneira autônoma, nos planos religioso, econômico, esportivo etc. É indispensável, todavia, que haja correspondência cada vez mais adequada e fiel entre os ideais e as exigências de Sociedade Civil e o ordenamento jurídico do Estado.

Nada assegura mais a obediência às leis do que a justiça que nelas seja declarada como fim próprio. Donde a importância fundamental do estudo do "processo legislativo" em confronto com a experiência do direito consuetudinário, ou seja, os usos e costumes jurídicos.

Capítulo XIII

FONTES DO DIREITO (II)

> Sumário: A lei e o costume — distinções básicas. Papel dos costumes nos distintos campos do Direito. Compreensão do termo "lei" como fonte do Direito. Do processo legislativo como fonte legal.

A LEI E O COSTUME — DISTINÇÕES BÁSICAS

A distinção entre a *lei* e o *costume* pode ser feita segundo vários critérios. Quanto à origem, a da lei é sempre certa e predeterminada. Há sempre um momento no tempo, e um órgão do qual emana o Direito legislado. Se se trata de uma lei federal, por exemplo, será o Congresso, através de suas duas Casas, a Câmara dos Deputados e o Senado, o órgão elaborador da lei a ser sancionada pelo Presidente da República, que integra o processo legislativo, pelo poder de iniciativa, pela sanção ou pelo veto.

A origem da lei, portanto, não sofre qualquer dúvida, porquanto o órgão, que tem competência para editá-la, já está anteriormente previsto, com sua linha de atividade claramente marcada no espaço e no tempo.

O Direito costumeiro, ao contrário, não tem origem certa, nem se localiza ou é suscetível de localizar-se de maneira predeterminada. Geralmente não sabemos onde e como surge determinado uso ou hábito social, que, aos poucos, se converte em hábito jurídico, em uso jurídico.

O Direito costumeiro nasce por toda parte, de maneira anônima, ao passo que a lei, desde a sua origem, se reveste de segurança e de certeza.

A segunda característica é quanto à forma de elaboração. A lei não só se origina de um órgão certo como, na sua formação, obedece a trâmites prefixados. Uma lei é o resultado, o ponto culminante de um processo, que, em todos os seus momentos, em todos os seus ritmos, já está previsto em uma lei anterior, quanto mais não seja na Constituição. A Constituição vigente tem, no capítulo relativo ao *Processo Legislativo*, alguns artigos referentes às várias espécies de *normas legais*, e ao modo de sua elaboração.

Acontecerá a mesma coisa com referência aos usos e costumes? É claro que não. Os usos e costumes jurídicos aparecem na sociedade da forma mais imprevista; ninguém poderia predeterminar os processos reveladores dos usos e costumes. Ora é um ato consciente de um homem que, por atender a uma exigência social, passa a ser imitado e repetido, até transformar-se em um ato consciente no todo social; às vezes, é uma simples casualidade, que sugere uma solução no plano da conduta humana.

Há uma subconsciência social — por assim dizer — governando o aparecimento e a elaboração dos usos e costumes, tendo falhado todas as tentativas no sentido de subordinarmos esses processos a esquemas estereotipados.

Costuma-se dizer que a lei se distingue do costume também quanto à extensão ou âmbito de eficácia. Alega-se que, no mais das vezes, a lei é genérica, ou seja, possui um elemento de universalidade, enquanto que a maioria dos costumes são particulares, atendendo a uma categoria de pessoas ou de atos, bem como a situações locais, de um município ou de uma região. Na realidade, assim como há leis desprovidas de generalidade, também há *costumes genéricos*, como os que vigoram no Direito Internacional.

Outro critério distintivo válido diz respeito à forma. Quanto à forma verificamos a existência de muitas confusões que devem ser dissipadas. É com a devida cautela que podemos dizer que a lei é sempre escrita, enquanto que o Direito costumeiro é Direito não escrito. Casos há, com efeito, em que o Direito costumeiro é consolidado e publicado por iniciativa de órgãos administrativos. Para dar um exemplo concreto, lembramos que a Junta Comercial de São Paulo, através de resolução publicada no Diário Oficial do Estado, consolidou os usos e costumes das praças comerciais de São Paulo e Santos, especialmente em matéria de comércio cafeeiro. Temos uma publicação oficial que facilita a indagação dos preceitos dos usos e costumes mercantis que governam grande parte da atividade de nosso Estado. Trata-se, entretanto, de um Direito costumeiro coligido por órgão da Administração e não por órgão a que esteja privativamente afeta a função legislativa.

O problema da forma está ligado intimamente a um outro critério, que o completa e esclarece, que é o problema da vigência em correlação com o da eficácia de uma norma legal ou costumeira.

A norma legal exatamente porque já teve prevista a sua formação através de um órgão predeterminado, se não estiver previsto o prazo de sua vigência, vigorará até o advento de nova lei que a revogue, salvo o caso de manifesto desuso, a que já aludimos. Verificada a prolongada falta de aplicação de uma norma legal, a sua validade formal ou vigência torna-se aparente, esvazia-se por perda de eficácia.

A vigência da lei é, por conseguinte, de natureza tal que ela, normalmente, somente cessa nas condições e no tempo em que nela mesmo se determinar, ou que venha a ser determinado por nova lei.

Quanto ao Direito costumeiro propriamente dito, não é possível a determinação do tempo de sua duração, nem tampouco prever-se a forma pela qual vai operar-se a sua extinção. As regras de Direito costumeiro perdem a sua vigência pelo desuso, pois a sua vigência é mera decorrência da eficácia. Quando o juiz reconhece a habitualidade duradoura de um comportamento, com intencionalidade ou motivação jurídica, confere-lhe validade formal e obrigatoriedade. Na vida da norma legal, a vigência é *prius*; a eficácia é *posterius*. Em se tratando de regra costumeira, dá-se o contrário, pois a vigência deflui da eficácia.

Eis aí alguns critérios básicos para se diferençar a regra legal da regra consuetudinária ou costumeira. Há, no entanto, mais uma distinção a assinalar-se, que é quanto à produção dos respectivos efeitos.

Dissemos que a lei tem sempre uma origem determinada, ligada a um órgão prefixado, enquanto que o costume surge de forma indeterminada e, até certo ponto, imprevisível. Torna-se *costume jurídico*, porém tão-somente quando confluem dois elementos fundamentais: um é a repetição habitual de um comportamento durante certo período de tempo; o outro é a consciência social da obrigatoriedade desse comportamento.

O primeiro desses elementos é dito *objetivo*. Porquanto diz respeito à repetição de um comportamento de maneira habitual; o segundo elemento é chamado *subjetivo*, visto como está ligado à atitude espiritual dos homens, considerando tal conduta como necessária ou conveniente ao interesse social.

É em virtude da existência do "elemento intencional" que os antigos ensinavam não haver norma jurídica consuetudinária sem *opinio juris seu necessitatis*. Não basta a repetição material do ato, porque é essencial que seja marcada pela *convicção da juridicidade* do comportamento. De maneira mais objetiva poderíamos dizer que um costume adquire a qualidade de *costume jurídico* quando passa a se referir *intencionalmente* a valores do Direito, tanto para realizar um valor positivo, considerado de interesse social, como para impedir a ocorrência de um valor negativo, de um desvalor.

Do que acabamos de expor já se vê que o Direito costumeiro tem um sentido de espontaneidade, como que instintivo. O Direito legislado é um Direito racional, em que os elementos da obrigatoriedade são expressos de maneira esquematizada, após uma apreciação racionalmente feita da conduta humana.

Vale a pena referir-nos a um outro aspecto importante pelos seus efeitos práticos. A lei, cercada como está, desde a sua origem, por tantas certezas e garantias, opera, por si mesma, *erga omnes*, é universal quanto à sua aplicação. É de execução imediata e geral, dispensando a prova de sua existência. Ela é, de per si, o seu conteúdo normativo e a força de sua obrigatoriedade, se não houver elemento de ordem formal condicionando a sua executoriedade.

E o Direito costumeiro? O Direito costumeiro é suscetível de prova em contrário. Não são, portanto, iguais os efeitos da lei e do costume. As leis têm efeitos indeclináveis, contra os quais nem as partes, nem o juiz podem oferecer elemento de fato que os conteste, salvo a hipótese extrema de desuso manifesto. O Direito costumeiro, mesmo quando consolidado por escrito, é suscetível de ceder ante uma prova em contrário.

Surgem, aqui, três possíveis posições na apreciação da matéria. Uma determinada corrente sustenta que também o Direito costumeiro deve presumir-se conhecido. Há um brocardo romano que diz: *Jura novit curia*, o que quer dizer que o foro, os juízes e tribunais presumem-se conhecedores do Direito. Esse brocardo é, indiscutivelmente, certo quanto à lei. Se invoco uma lei, não preciso exibir o Diário Oficial que a publicou.

Alguns autores pretendem que o mesmo deva ocorrer quanto aos usos e costumes, de maneira que também eles dispensariam a produção da prova de sua existência.

Uma teoria contraposta declara que o Direito costumeiro deve sempre vir acompanhado de prova, enquanto que, segundo uma solução intermédia, que me parece a melhor, a prova do Direito costumeiro deverá ser feita em havendo contestação da parte ou determinação *ex officio* do juiz; isto quer dizer que, se eu proponho uma ação em juízo, invocando uma regra costumeira, não precisarei fazer prova de sua existência, se não for contestada pela parte contrária ou não for a prova exigida pelo juiz *a quo*, pelo juiz competente.

PAPEL DOS COSTUMES NOS DISTINTOS CAMPOS DO DIREITO

O costume continua desempenhando função relevante na experiência jurídica de nossos dias, não sendo, porém, igual o seu papel em todas as disciplinas. Verificamos uma força maior do Direito costumeiro em certos ramos ou para a solução de determinados problemas, como é o caso do Direito Comercial e do Direito Internacional.

A esse propósito vale a pena lembrar o que se passou com uma das mais altas figuras de juristas de nossa época, Hans Kelsen. O mestre da Teoria pura do Direito fundara antes todo o sistema do Direito das gentes, — concebido, aliás, como ordenamento jurídico supremo, — em critérios puramente racionais, à luz do pressuposto lógico de que "o pactuado deve ser mantido" (*pacta sunt servanda*).

A dolorosa experiência de guerras e revoluções, convertendo os tratados em "trapos de papel", levou Kelsen a retificar seu ponto de vista, apresentando os costumes internacionais como fundamento real do Direito Internacional. É somente no plano filosófico que o antigo professor de Viena, sempre fiel à doutrina de Kant, subordina toda a vigência do Direito a uma norma transcendental, consagradora do respeito ao avençado como condição lógica de possibilidade da experiência jurídica.

Mas retornemos ao plano do Direito positivo, onde as "fontes" são *categorias históricas*, ou seja, realidades sujeitas a variações de lugar e de tempo. Se, hoje em dia, as normas legais primam no sistema do Direito brasileiro, o mesmo não acontece em outras Nações, havendo diferenças e contrastes até mesmo entre países subordinados à mesma tradição jurídica.

Partindo da distinção entre Direito Público e Direito Privado, podemos dizer que no primeiro os costumes desempenham papel mais relevante. Em algumas Nações, o Direito Público é, todo ele, no que tem de essencial, de natureza consuetudinária. A Inglaterra, por exemplo, formou as bases do seu regime parlamentar tão-somente à luz de um comportamento político que foi se consolidando através do tempo e se transformando em uma consciência social muito viva, com maior capacidade de atuação do que as leis propriamente ditas.

Não existem normas constitucionais escritas governando a vida política da Inglaterra, que não possui uma Carta constitucional, na qual estejam discriminados os poderes dos órgãos essenciais do Estado, nem tampouco existem declarações de princípios que desçam a minúcias, como as que constam, em geral, dos textos constitucionais dos países americanos. Não obstante essa falta de forma legal, o povo inglês vive a substância de seu Direito Público, através de uma adesão de todos os dias, revelada no Direito costumeiro.

O "parlamentarismo" ou "governo de gabinete" formou-se, na Inglaterra, tão-somente por força de usos e costumes. Nenhuma lei exige que o Gabinete, ou seja, que o Ministério, na sua totalidade, deva refletir a maioria do Parlamento. Foi através das vicissitudes políticas que se estabeleceu essa correspondência entre a maioria parlamentar e a constituição do Ministério. O "parlamentarismo" britânico é fruto de uma experiência que se consolidou e que, hoje, governa partidos e indivíduos, sem precisar, de maneira alguma, da consagração expressa em textos legais.

Não resta dúvida que há uma grande vantagem nessa compreensão da vida jurídica, porquanto possibilita reformas de substância, mantendo-se sempre as mesmas formas, ao passo que países há onde as mudanças de formas são freqüentes, não se alterando, porém, uma linha sequer na substância dos comportamentos.

No Direito Administrativo anglo-americano também as regras costumeiras têm importância fundamental. Já no plano do chamado Direito Privado, especialmente na parte relativa ao Direito Civil, e ao Direito Comercial, as regras não são puramente costumeiras, mas assumem também um caráter jurisprudencial tornando-se obrigatórias em virtude de reiteradas decisões. Formam-se assim os *precedentes judiciais* que constituem a fonte primordial do *common law.*

Não é demais salientar que os Estados Unidos da América coincidem com a Inglaterra apenas no tocante ao Direito privado, pois, no plano do Direito Constitucional a Nação *yankee*, apartando-se do Direito costumeiro, nos oferece o mais notável exemplo de Constituição rígida, só suscetível de emendas através de múltiplas exigências e cautelas que envolvem todo o sistema federativo. O Brasil filia-se à tradição das constituições rígidas, apesar de nossa estrutura social e econômica não nos ter permitido usufruir de igual estabilidade política.

Essas referências à experiência jurídica inglesa e norte-americana bastam para demonstrar que, em matéria de fontes, não podem prevalecer esquemas abstratos, ou puramente lógicos. Não se pode falar em primado da lei ou do costume, a não ser em função de distintos ciclos históricos, havendo variações notáveis dentro de um mesmo País, com relação a esta ou aquela outra parte do Direito.

O mesmo acontece no Brasil, onde a promulgação do Código Civil de 1916, dada a euforia natural que acompanha a edição dos novos sistemas legislativos, teve o efeito de, num primeiro tempo, expelir o costume dos domínios do Direito Civil, como se o Código não tivesse lacunas e pudesse conter soluções para as mais imprevistas situações da vida social, tal como o reconhece o Código Civil de 2002.

Bem cedo, porém, a doutrina e a jurisprudência reconheceram o valor dos usos e costumes em matéria civil, mesmo antes de tal verdade ser reconhecida expressamente pelo legislador, promulgando, em 1942, a Lei de Introdução ainda em vigor, cujo art. 4.º determina que "quando a lei for omissa, o juiz decidirá o caso de acordo com a analogia, os *costumes* e os princípios gerais de direito".

COMPREENSÃO DO TERMO "LEI" COMO FONTE DO DIREITO

São mais freqüentes do que se pensa os equívocos que rondam a palavra "lei". Já tivemos ocasião de salientar que, em sua acepção genérica, lei é toda relação necessária, de ordem causal ou funcional, estabelecida entre dois ou mais fatos, segundo a natureza que lhes é própria. É nesse sentido amplo que nos referimos tanto às leis éticas como às leis sociais, ou às físico-matemáticas.

As leis éticas, todavia, quando implicam diretivas de comportamento, pautando objetivamente as formas de conduta, consoante também já foi exposto, se denominam propriamente *normas*, abrangendo as normas *morais*, as *jurídicas* e as de *trato social*, também chamadas de *costume social*.

Pois bem, dentre as espécies de normas ou regras se destaca a *norma legal*, que, por natural variação semântica, se denomina, pura e simplesmente, "lei".

Quando, por conseguinte, nos domínios do Direito, se emprega o termo *lei* o que se quer significar é uma regra ou um conjunto ordenado de regras. Para que, porém, se possa empregar, com rigor, o termo *lei* não basta que haja norma ou um sistema de normas *escritas*, pois escritas são também normas dos regulamentos, decretos, resoluções, portarias, avisos etc.

Lei, no sentido técnico desta palavra, só existe quando a norma escrita é *constitutiva de direito*, ou, esclarecendo melhor, quando ela introduz algo de novo com caráter obrigatório no sistema jurídico em vigor, disciplinando comportamentos individuais ou atividades públicas. O nosso ordenamento jurídico se subordina, com efeito, a uma gradação decrescente e prioritária de expressões de competência, a partir da *lei constitucional*, a qual fixa a estrutura e os feixes de competência de todo o sistema normativo. Nesse quadro, somente a lei, em seu sentido próprio, é capaz de *inovar no Direito já existente*, isto é, de conferir, de maneira originária, pelo simples fato de sua publicação e vigência, *direitos e deveres* a que todos devemos respeito.

A essa luz, não são leis os regulamentos ou decretos, porque estes não podem ultrapassar os limites postos pela norma legal que especificam ou a cuja execução se destinam. Tudo o que nas normas regulamentares ou executivas esteja em conflito com o disposto na lei não tem validade, e é suscetível de impugnação por quem se sinta lesado. A *ilegalidade* de um regulamento importa, em última análise, num problema de inconstitucionalidade, pois é a Constituição que distribui as esferas e a extensão do *poder de legislar*, conferindo a cada categoria de ato normativo a força obrigatória que lhe é própria.

Pois bem, esse poder de legislar, dando nascimento a novas situações jurídicas objetivamente válidas, com legitimidade quanto à sua *vigência* e *eficácia,* manifesta-se através de uma série de atos que compõem a *nomogênese legal*, ou o *processo legislativo*.

DO PROCESSO LEGISLATIVO COMO FONTE LEGAL

Processo legislativo é a expressão consagrada na Secção VIII do Título IV, Capítulo I, arts. 59 e segs., da atual Constituição, a qual manteve a terminologia e também a discriminação já constante do art. 46 da "Emenda Constitucional" n.º 1, de 1969, mas com oportuna exclusão dos *decretos-leis* que permitiram tantos abusos por parte do Chefe do Executivo durante o regime militar e mesmo na chamada Nova República.

Várias críticas têm sido feitas à discriminação constante do citado art. 59, mas resultam, geralmente, de má colocação do assunto. Segundo reza esse dispositivo constitucional, o *processo legislativo* compreende a elaboração de:

    I — emendas à Constituição;
   II — leis complementares;
  III — leis ordinárias;
  IV — leis delegadas;
   V — medidas provisórias;
  VI — decretos legislativos; e
 VII— resoluções.

Tudo está em saber dar a esses termos o significado que lhes é próprio no contexto do processo legislativo. Não podemos, evidentemente, alongar-nos sobre tal assunto, que é de Teoria do Estado, e, mais especificamente, de Teoria do Direito Constitucional, mas não será demais advertir que, a partir da Constituição de 1967, podemos afirmar que *fonte legal*, no sentido próprio dessa expressão, não é apenas a *lei*, entendida nos moldes superados de uma dicotomia (Constituição + lei ordinária), mas *todos os atos normativos abrangidos pelo processo normativo* referido no art. 59 da Carta Maior.

Dissemos que é próprio da norma legal "inovar" no Direito vigente, quer alterando, quer aditando novos preceitos obrigatórios. É o que se dá com os atos normativos que acabamos de discriminar.

Nenhuma dúvida pode haver quanto à inovação de fundo que, no plano normativo, resulta de uma *emenda constitucional*, de uma *lei complementar* à Constituição (que é uma lei pertinente à estrutura do Estado ou de seus serviços, leis, portanto, de organização básica, que exigem maioria absoluta para sua aprovação ou revogação) ou de uma *lei ordinária*, que é a grande categoria das normas legais, nascidas do pronunciamento do Congresso, com a sanção do Chefe do Executivo.

Ora, na técnica legislativa contemporânea, nem sempre cabe ao Congresso uma participação plena ou concreta na elaboração da norma legal. Esta pode surgir de um ato de *delegação* ou de atribuição legislativa, sendo incumbido o Executivo de editar a "lei delegada", sujeita à posterior contrasteação do Congresso, para verificação de sua correspondência à autorização dada, conforme é disciplinado pelo art. 68 da Carta Magna.

Resta ponderar que o citado art. 59 também enumera os "decretos legislativos" e as "resoluções", tendo esta referência suscitado críticas a nosso ver incabíveis, por falta do devido esclarecimento. Situado que seja o assunto no âmbito do processo legislativo, não são, evidentemente, quaisquer "decretos legislativos" ou "resoluções" que possuem a dignidade de fonte legal, mas tão-somente aqueles atos que, por força da Constituição, integram o sistema de normas, dando nascimento a um dispositivo de caráter cogente. Lembramos, por exemplo, os decretos legislativos mediante os quais o Congresso Nacional aprova os tratados; ou as resoluções do Senado Federal que autorizam operações externas de natureza financeira (v. Constituição, arts. 49, I, e 52, V).

É inadmissível que, ao se tratar da teoria das fontes legais, ainda se continue a reproduzir antigos ensinamentos, sem se tomar ciência das profundas inovações contidas no atual sistema constitucional pátrio: a rigor, *a fonte legal é o processo legislativo*, tal como acaba de ser discriminado, na totalidade das categorias normativas que o compõem.

Ainda no que se refere ao problema da fonte legal cabe um esclarecimento. Não raro invocam-se os regulamentos, decretos etc. como espécies de fonte legal, mas é preciso ter bem presente que eles somente podem ser considerados fontes legais subordinadas ou complementares.

Num sistema constitucional onde o Executivo dispõe de instrumento de ação normativa como as leis delegadas, há mais razão ainda para que os regulamentos e decretos sejam rigorosamente concebidos como atos normativos de vigência e eficácia subordinadas aos ditames das normas oriundas do "processo legislativo".

Já lembramos que os decretos-leis foram suprimidos da Carta Magna em vigor, mas, como pode ocorrer a necessidade de atender a casos de relevância e urgência, o Presidente da República poderá adotar "medidas provisórias, com força de lei". Tais atos normativos de exceção deveriam, porém, estar sujeitos a rigorosas cautelas, como determina o art. 62 da Constituição e seu parágrafo único. De qualquer forma, essas "medidas provisórias" integram também o processo legislativo.

Devemos reconhecer que, infelizmente, após a promulgação da Carta Magna de 1988, tanto os Presidentes da República como o Congresso Nacional não revelaram nenhuma cautela no emprego de "medidas provisórias", das quais têm usado e abusado, com conseqüências mais nocivas do que as produzidas pelos decretos-leis no período do regime tecnocrático-militar sob o império da Constituição de 1969.

Se lembro tal fato é para salientar que de nada valem os textos constitucionais quando não há consciência constitucional, pois o que importa na lei não é a sua letra, mas o seu espírito.

Capítulo XIV

FONTES DO DIREITO (III)

Sumário: A jurisprudência. Técnicas de unificação da jurisprudência. A doutrina e os modelos jurídicos dogmáticos. A fonte negocial.

A JURISPRUDÊNCIA

De certa forma, o que se refere à jurisprudência, já foi objeto de nossas indagações, ao tratarmos da maneira como se elabora o Direito anglo-americano.

Pela palavra "jurisprudência" (*stricto sensu*) devemos entender a forma de revelação do direito que se processa através do exercício da jurisdição, em virtude de uma sucessão harmônica de decisões dos tribunais.

Os juízes são chamados a aplicar o Direito aos casos concretos, a dirimir conflitos que surgem entre indivíduos e grupos; para aplicar o Direito, o juiz deve, evidentemente, realizar um trabalho prévio de interpretação das normas jurídicas, que nem sempre são suscetíveis de uma única apreensão intelectual. Enquanto que as leis físico-matemáticas têm um rigor e uma estrutura que não dão lugar a interpretações conflitantes, as leis jurídicas, ao contrário, são momentos de vida que se integram na experiência humana e que, a todo instante, exigem um esforço de superamento de entendimentos contrastantes, para que possam ser aplicadas em consonância com as exigências da sociedade em determinado momento e lugar.

É a razão pela qual o Direito jurisprudencial não se forma através de uma ou três sentenças, mas exige uma série de julgados que guardem, entre si, uma linha essencial de continuidade e coerência. Para que se possa falar em jurisprudência de um Tribunal, é necessário certo número de decisões que coincidam quanto à substância das questões objeto de seu pronunciamento.

A contrário do que pode parecer à primeira vista, as divergências que surgem entre sentenças relativas às mesmas questões de fato e de direito, longe de revelarem a fragilidade da jurisprudência, demonstram que o ato de julgar não se reduz a uma atitude passiva diante dos textos legais, mas implica notável margem de poder criador. Como veremos, as divergências mais graves, que ocorrem no exercício da jurisdição, encontram nela mesma processos capazes de atenuá-las, quando não de eliminá-las, sem ficar comprometida a força criadora que se deve reconhecer aos magistrados em sua tarefa de interpretar as normas, coordená-las, ou preencher-lhes as lacunas. Se é um mal o juiz que anda à cata de inovações, seduzido pelas "últimas verdades", não é mal menor o julgador que se converte em autômato a serviço de um fichário de arestos dos tribunais superiores.

A jurisprudência, muitas vezes, inova em matéria jurídica, estabelecendo normas que não se contêm estritamente na lei, mas resultam de uma construção obtida graças à conexão de dispositivos, até então considerados separadamente, ou, ao contrário, mediante a separação de preceitos por largo tempo unidos entre si. Nessas oportunidades, o juiz compõe, para o caso concreto, uma norma que vem completar o sistema objetivo do Direito.

Mais acentuada é ainda a produção normativa da jurisprudência nos casos em que ao juiz cabe decidir por eqüidade, aplicando a norma que estabeleceria se fosse legislador, tal como se lia no tão decantado art. 114 do revogado Código de Processo Civil de 1939. A nosso ver, o juiz constitui norma para o caso concreto toda vez que houver lacuna na lei, assim como nos casos em que lhe couber julgar por eqüidade.

Criando ou não Direito novo, com base nas normas vigentes, o certo é que a jurisdição é uma das forças determinantes da experiência jurídica, tendo razão Tullio Ascarelli quando afirma que, se os *precedentes jurisprudenciais* não exercem, nos países de tradição romanística, o papel por eles desempenhado na experiência do *common law*, nem por isso é secundária a sua importância. Pode mesmo dizer-se que o seu alcance aumenta dia a dia, como decorrência da pletora legislativa e pela necessidade de ajustar as normas legais cada vez mais genéricas ou tipológicas, como *modelos normativos abertos* (*standards*) às peculiaridades das relações sociais.

Indagação: "Mas, esse trabalho jurisprudencial, esse Direito revelado pelos tribunais e pelos juízes altera substancialmente a lei?". Depende do ponto de vista. Em tese, os tribunais são chamados a aplicar a lei e a revelar o Direito sempre através da lei. Há oportunidades, entretanto, em que o trabalho jurisprudencial vai tão longe que, de certa forma, a lei adquire sentido bem diverso do originariamente querido.

É inegável que, se o Judiciário considera de ordem pública uma norma legal antes tida na conta de regra dispositiva, ou vice-versa, verifica-se uma alteração substancial na dimensão típica do preceito, o qual adquire ou perde força cogente. Se uma regra é, no fundo, a sua interpretação, isto é, aquilo que se diz ser o seu significado, não há como negar à Jurisprudência a categoria de *fonte do Direito*, visto como ao juiz é dado armar de obrigatoriedade aquilo que declara ser "de direito" no caso concreto. O magistrado, em suma, interpreta a norma legal situado numa "estrutura de poder", que lhe confere competência para converter em sentença, que é uma *norma particular*, o seu entendimento da lei.

Numa compreensão concreta da experiência jurídica, como é a da teoria tridimensional do Direito, não tem sentido continuar a apresentar a Jurisprudência ou o costume como *fontes acessórias ou secundárias*.

O que interessa não é o signo verbal da norma, mas sim a sua significação, o seu "conteúdo significativo", o qual varia em função de mudanças operadas no plano dos valores e dos fatos. Muito mais vezes do que se pensa uma norma legal sofre variações de sentido, o que com expressão técnica se denomina "variações semânticas". As regras jurídicas, sobretudo as que prevêem, de maneira genérica, as classes possíveis de ações e as respectivas conseqüências e sanções, possuem uma certa *elasticidade semântica*, comportando sua progressiva ou dinâmica aplicação a fatos sociais nem sequer suspeitados pelo legislador.

Pois bem, não raro sob a inspiração da doutrina, a que logo nos referiremos, o juiz, sem precisar lançar mão de artifícios, atualiza o *sentido possível* da lei, ajustando-a às circunstâncias e contingências do momento. Desse modo, o que antes obrigava significando X, sofre uma variação, pela consagração de um sentido Y ou Z.

Essa função reveladora do Direito, exercida pela jurisprudência, mesmo quando existem leis aplicáveis ao caso *sub judice*, torna-se ainda mais evidente no caso de *lacuna* no sistema legislativo, e, mais ainda, quando o juiz é autorizado a decidir por eqüidade. Nessas hipóteses, inexistindo dispositivo legal, o juiz edita para o caso concreto uma norma como se fosse legislador. É o que dizia o Código de Processo Civil de 1939, reproduzindo, com ênfase, preceito já consagrado anteriormente no Código Civil suíço. Na lacuna das leis, e havendo autorização para julgamento de eqüidade, pode o juiz brasileiro acrescentar um preceito aos já existentes. Essa norma valerá, entretanto, apenas para aquele caso que está sendo julgado. Muito embora os demais juízes venham a decidir de igual forma, quando surgirem hipóteses correspondentes, a norma será sempre de *tipo jurisdicional*.

A diferença entre a obrigatoriedade do Direito criado pela jurisdição consiste em que ela se circunscreve à órbita de ação ou de competência do juiz, não obrigando os demais juízes. Convém determo-nos um pouco mais sobre a função normal do Judiciário como aplicador das leis vigentes. As leis aparentemente valem até e enquanto não forem revogadas. Graficamente um texto legal pode permanecer o mesmo, por longo tempo, mas que dizer de seu significado?

Do ponto de vista gramatical o texto de um artigo do Código Civil é hoje o que era ao ser instituído com sua redação final. Mas, se as palavras permanecem as mesmas e se graficamente não há alteração na lei, verifica-se, no entanto, uma mudança no conteúdo. Nem sempre a lei diz a mesma coisa. Uma vez publicada, ela se destaca da pessoa do legislador, para se integrar no processo social como um de seus elementos fundamentais. A lei vai variando de sentido em função de múltiplos fatores, pois uma circunstância de ordem técnica imprevista pode alterar completamente a significação e o conteúdo de um texto legal, o mesmo ocorrendo quando se altera a tábua dos valores de aferição da realidade social.

Podemos dizer, com o civilista italiano Ludovico Barassi, que a lei se destaca da pessoa do legislador como uma criança se liberta do ventre materno a fim de ter vida própria, mudando sob a influência do meio ambiente. Há até casos em que ela passa a satisfazer a finalidades que não haviam sido previstas, nem imaginadas pelos que tiveram a iniciativa de sua elaboração.

Há leis, por exemplo, que em dado período são recebidas como expressão da autonomia da vontade, ou da garantia da livre disposição de bens por parte dos indivíduos. Alterando-se, entretanto, a concepção da vida social, com um crescendo de *socialização do Direito*, aquelas mesmas palavras dos textos legais passam a ser interpretadas em sentido novo. Os exegetas encontram no texto algo de inédito, até então não percebido. Esse trabalho de mutação do conteúdo legal obedece a *fatores* de ordem técnica, econômica, demográfica, geográfica etc. bem como sofre a pressão de *motivos axiológicos*, o que confirma a nossa tese de que toda norma é uma integração dinâmica de fatos e valores.

A jurisprudência é dessas realidades jurídicas que, de certa maneira, surpreendem o homem do povo. O vulgo não compreende nem pode admitir que os tribunais, num dia julguem de uma forma e, pouco depois ou até mesmo num só dia, cheguem a conclusões diversas, em virtude das opiniões divergentes dos magistrados que os compõem.

Certa vez, tivemos a oportunidade de assistir ao julgamento de uma ação perante uma das Câmaras Cíveis de nosso Tribunal, acompanhando um cliente que tinha exatamente duas questões com os mesmos dados, embora sem a mesma identidade de partes. O julgamento se processara no interregno de sete ou oito dias e uma tese jurídica foi consagrada numa Câmara, enquanto que a oposta lograva triunfar em outra. Bem podem imaginar a revolta e, ao mesmo tempo, a perplexidade desse cliente ao verificar que, diante da mesma situação de fato, de provas de igual alcance e de textos legais absolutamente idênticos, havia sido possível atingir conseqüências opostas.

Isto, entretanto, não deve surpreender ao jurista. É da própria natureza da jurisprudência a possibilidade desses contrastes, que dão lugar a formas técnicas cada vez mais aperfeiçoadas de sua unificação.

TÉCNICAS DE UNIFICAÇÃO DA JURISPRUDÊNCIA

A função de julgar não se reduz a esquemas ou cálculos matemáticos, nem tampouco se desenvolve como um processo de Lógica formal, de maneira tal que, postos o fato e a lei, se chegue invariavelmente à mesma conclusão. A sentença é antes de mais nada um processo de estimativa do fato para situar, em função dele, os textos legais aplicáveis à hipótese em apreço. Nesse trabalho variam as perspectivas dos juízes. Diante dos mesmos fatos e com base nos mesmos textos legais, pode o trabalho de coordenação normativa ser diferente. Pode um magistrado citar um texto legal em conexão com outros preceitos e chegar a conclusões diferentes das aceitas por outro juiz, inspirado em critérios diversos.

Surgindo tal divergência na interpretação da lei, quais os remédios para inibir esse conflito, inegavelmente prejudicial ao entendimento do Direito e às relações sociais, que exigem soluções iguais para casos iguais?

Pode-se dizer que, não obstante a diversidade de julgamentos, estes tendem a obedecer a determinados critérios ou modelos que vão paulatinamente se impondo no decorrer da experiência judicial.

O Código de Processo Civil de 1939, cuja vigência cessou a 31 de dezembro de 1973, para dar lugar à nova Lei processual (Lei n.º 5.869, de 11 de janeiro de 1973) previa dois remédios, cujo emprego tinha como resultado prático a uniformização da jurisprudência: o *recurso de revista* e o *prejulgado*. Aquele era cabível toda vez que divergissem, em suas decisões finais, duas ou mais Câmaras, turmas ou grupos de Câmaras, entre si, quanto ao modo de interpretar o Direito em tese, ou, ainda, quando fosse contrariado outro julgado das Câmaras civis reunidas. Em virtude da interposição de *recurso de revista*, pronunciava-se o Tribunal sobre a "tese de direito" controvertida e, se acolhida a impugnação do recorrente, procedia-se a novo julgamento quanto ao mérito da causa.

Pois bem, o novo Código de Processo Civil suprimiu o recurso de revista, prevendo duas hipóteses de julgamento prévio ou prejulgado:

a) ou o próprio juiz, componente de uma turma ou de uma Câmara, verificando a divergência de interpretação a que acima nos referimos, solicita o pronunciamento prévio do Tribunal, para que este firme seu entendimento sobre a tese controvertida;

b) ou as próprias partes requerem que haja esse julgamento preliminar, solicitando-o no ato em que recorrem para o Tribunal, ou em petição avulsa (art. 476).

A bem ver, o que fez foi a simplificação do procedimento, preferindo-se resolver desde logo as divergências de ordem hermenêutica, isto é, relativas à interpretação do Direito, para, depois, ser julgada a causa no seu mérito, ou seja, no que ela concretamente representa como pretensão ou razão de pedir em função da lei.

Acrescenta o novo Código de Processo Civil, consagrando e estendendo a todos os tribunais do País o que já era norma vigente no Supremo Tribunal Federal, que o julgamento, tomado pelo voto da maioria absoluta dos membros que integram o tribunal, será objeto de súmula e constituirá precedente na uniformização da jurisprudência.

Desse modo, mediante julgamentos prévios, tomados de ofício ou a requerimento das partes, os tribunais locais vão reduzindo ou atenuando as hipóteses de contrastes inevitáveis no plano interpretativo.

As decisões de São Paulo, entretanto, como as dos demais Estados da Federação, não são finais de maneira absoluta. Em muitos casos é possível o pronunciamento da mais alta Corte de Justiça do País, que é o Supremo Tribunal Federal, se a questão é constitucional ou então do Superior Tribunal de Justiça, se a matéria é infraconstitucional.

O Supremo Tribunal Federal, como terão ocasião de estudar mais tarde, pronuncia-se, em caráter ordinário e extraordinário, sobre as decisões dos tribunais locais. Quando, porém, uma decisão do Supremo Tribunal passa em julgado, não comportando qualquer espécie de recurso, atingimos o ápice da atividade jurisprudencial.

Há uma diferença de grau entre as jurisprudências. A jurisprudência dos dois tribunais supra-referidos tem mais força, porquanto, aos poucos, os juízes vão se ajustando aos julgados dos órgãos superiores. Não há, porém, obrigatoriedade de fazê-lo. Pode um juiz de São Paulo, convicto de uma tese, nela se basear para proferir uma decisão, embora contra o seu entendimento se tenham manifestado diversos julgados do Tribunal de Justiça do Estado, ou dos tribunais federais citados.

O juiz é autônomo na interpretação e aplicação da lei, não sendo obrigado a respeitar, em suas sentenças, o que os tribunais inferiores ou superiores hajam consagrado como sendo de direito. Nem tampouco os advogados devem exercer a sua profissão com os olhos postos exclusivamente no que os tribunais decidem. Há advogados, cuja sabedoria consiste em fazer fichas de decisões dos tribunais, para seguirem, *pari passu* e passivamente, tudo aquilo que no foro se dite ou se declare como sendo Direito. Muitas vezes, entretanto, a grandeza de um advogado consiste exatamente em descobrir uma falha na jurisprudência tradicional, abrindo caminhos novos na interpretação e aplicação do Direito. O verdadeiro advogado é aquele que, convencido do valor jurídico de uma tese, leva-a a debate perante o pretório e a sustenta contra a torrente das sentenças e dos acórdãos, procurando fazer prevalecer o seu ponto de vista, pela clareza do raciocínio e a dedicação à causa que aceitou. É nesse momento que se revela advogado por excelência, que se transforma em jurisconsulto.

Estão vendo como a tarefa de jurisprudência é árdua e complexa, oferecendo graduações que visam a atingir soluções unitárias, graças às quais o Direito se aprimora, mas, às vezes, também sofre a crise de exegeses irregulares, deturpadas, que só o tempo logra corrigir. Através de diferentes formas de prejulgados abre-se uma clareira à uniformização da jurisprudência. Os recursos ordinários e extraordinários ao Supremo Tribunal, por exemplo, vão estabelecendo a possível uniformização das decisões judiciais, tendo partido de nossa mais alta Corte de Justiça a iniciativa de coordenar ou sistematizar a sua jurisprudência mediante *enunciados normativos* que resumem as teses consagradas em reiteradas decisões. São as "*súmulas*" do Supremo Tribunal e do Superior Tribunal de Justiça, que periodicamente vêm sendo atualizadas, constituindo, não um simples repertório de ementas e acórdãos, mas sim um sistema de normas jurisprudenciais a que as Cortes, em princípio, subordinam os seus arestos.

Dizemos "em princípio", pois as "súmulas" são sempre suscetíveis de revisão pelos próprios tribunais, e não têm força obrigatória sobre os demais juízes e tribunais, os quais conservam íntegro o poder-dever de julgar segundo as suas convicções.

Podemos dizer que as súmulas são como que uma sistematização de prejulgados, ou, numa imagem talvez expressiva, "o horizonte da jurisprudência", que se afasta ou se alarga à medida que se aprimoram as contribuições da Ciência Jurídica, os valores da doutrina, sem falar, é claro, nas mudanças resultantes de novas elaborações do processo legislativo[1].

A DOUTRINA E OS MODELOS JURÍDICOS DOGMÁTICOS

A doutrina era chamada, pelo grande Savigny, de "Direito científico" ou "Direito dos juristas".

---

1. É por essa razão que consideramos feliz a reforma da Carta Magna, feita em 1988, destinando a ação direta de inconstitucionalidade apenas para decidir sobre a *validade*, e não mais também sobre a *interpretação* de lei ou ato normativo federal ou estadual, como o permitia a Carta anterior (Emenda Constitucional n.º 1, de 1969, art. 119, I, *l*). Em princípio, a chamada "interpretação autêntica" só deve ser feita por *lei*.

Muitos autores há que excluem a doutrina como fonte do Direito, alegando que, por maior que seja a dignidade de um mestre e por mais alto que seja o prestígio intelectual de um jurisconsulto, os seus ensinamentos jamais terão força bastante para revelar a norma jurídica positiva que deva ser cumprida pelos juízes ou pelas partes.

Alega-se que há sempre possibilidade de se contrapor um argumento doutrinário aos sustentados por grandes jurisconsultos, tanto assim que muitas idéias de juristas da altitude de Clóvis Beviláqua ou de Carvalho de Mendonça não prevalecem na atual jurisprudência.

Não há dúvida que assim é, mas não é por essa razão que recusamos à doutrina a qualidade de fonte do direito. Não o é, pelo simples fato de que ela não se desenvolve numa "*estrutura de poder*", que é um requisito essencial ao conceito de fonte.

Tempos houve, sem dúvida, em que os jurisconsultos foram armados de *jus respondendi*, com força vinculatória, e houve mesmo um "Tribunal dos mortos", expressão com que se indicava a lista dos grandes jurisconsultos romanos, cujos ensinamentos deviam, obrigatoriamente, ser seguidos na hipótese de divergência na interpretação dos textos ou fragmentos do Direito Romano.

O fato de não ser fonte de direito não priva, todavia, a doutrina de seu papel relevantíssimo no desenrolar da experiência jurídica. Na realidade, a sua função é de outra natureza, como se depreende do confronto entre o que é produzido pelas fontes e o que é revelado pela doutrina.

As fontes de direito produzem *modelos jurídicos prescritivos*, ou, mais simplesmente, *modelos jurídicos*, isto é, *estruturas normativas* que, com caráter obrigatório, disciplinam as distintas modalidades de relações sociais. Como pensamos ter demonstrado em nosso livro *O Direito como Experiência*, enquanto que as fontes revelam *modelos jurídicos* que vinculam os comportamentos, a doutrina produz *modelos dogmáticos*, isto é, *esquemas teóricos*, cuja finalidade é determinar: *a*) como as fontes podem produzir modelos jurídicos válidos; *b*) que é que estes modelos significam; e *c*) como eles se correlacionam entre si para compor figuras, institutos e sistemas, ou seja, modelos de mais amplo repertório.

A bem ver, os modelos doutrinários ou dogmáticos[2] envolvem as fontes de direito desde a emanação das normas, isto é, desde o momento da produção dos modelos jurídicos prescritivos, até o momento de interpretação e aplicação desses modelos, os quais representam o "conteúdo significativo" produzido ou revelado pelas fontes.

Concluído o processo legislativo, ou, por outras palavras, superada a fase nomogenética, que significam os modelos produzidos? Ninguém elabora leis sem um mínimo de conhecimento jurídico ou, pelo menos, sem um mínimo de implícito bom senso jurídico. Nem tudo na Política se enquadra no Direito, assim como também nem toda Administração é jurídica. Mas, nada na Política e na Administração pode deixar de se reportar a formas jurídicas.

O Estado tem um complexo de atividades políticas, econômicas, culturais, sociais, técnicas etc. O conteúdo da administração do Estado não é evidentemente jurídico, a não ser em casos determinados. Jurídico é o conteúdo da atividade do Estado, quando ele se manifesta através, por exemplo, do Poder Judiciário, na emanação de uma sentença. Não é jurídica, entretanto, a atividade do Estado quando se preocupa com a assistência médica ou cuida dos transportes. Porém, mesmo quando não há sinal de juridicidade no conteúdo do ato, a maneira de atuação do Estado sempre implica certa qualificação jurídica. O chamado "Estado de Direito" não é o que torna jurídicas todas as atividades do Estado, mas sim aquele no qual todas as ações do Estado se fundam em normas jurídicas que as legitimam.

Sendo assim, a lei, que é a fonte mais geral do Direito, não pode atingir a sua plenitude de significado sem ter, como antecedente lógico e necessário, o *trabalho científico* dos juristas e muito menos atualizar-se sem a participação da doutrina. Os modelos

---

2. Sobre o sentido do qualificativo "dogmático", *vide* página seguinte e o Capítulo XXIV, págs. 323 e segs. Note-se que, quando empregamos a expressão "modelos dogmáticos", é óbvio que nos referimos aos "modelos dogmáticos do Direito", para distingui-los dos "modelos jurídicos" que são sempre prescritivos. Sobre essa distinção, *vide* pág. 184.

doutrinários são também denominados *modelos dogmáticos*, por motivos que serão melhor esclarecidos na aula destinada ao conceito de *Dogmática Jurídica*. Por ora, bastará dizer que o Direito é considerado uma ciência *dogmática*, não por se basear em verdades indiscutíveis, mas sim porque a doutrina jurídica se desenvolve a partir das normas vigentes, isto é, do Direito positivo: etimologicamente "dogma" significa aquilo que é posto ou estabelecido por quem tenha autoridade para fazê-lo.

Como veremos, a Dogmática Jurídica corresponde ao momento culminante da Ciência do Direito, aquele em que esta exerce, como um desdobramento natural da *significação* dos *modelos jurídicos*, a sua fundamental e decisiva função *preceptiva*.

Não se pode falar em Direito, no sentido pleno desta palavra, sem se abranger o seu momento essencial de normatividade, pois os fatos sociais só são jurídicos inseridos em um contexto normativo. Daí o irremediável equívoco dos que pretendem reduzir o Direito à conduta, de qualquer modo que possa esta ser considerada.

Sem norma, sem o sentido normativo dos fatos, focados axiologicamente, não há Direito. Donde ser a Ciência do Direito uma ciência normativa, embora ela não estabeleça normas, por ser-lhe próprio apenas determinar em que consiste o significado das disposições produzidas pelas fontes do Direito.

A doutrina, a bem ver, banha as matrizes do Direito, indagando do papel histórico e da função atual de cada uma delas, das relações de dependência existentes entre as diversas fontes do direito, em cada País e em cada ciclo histórico, e, indo além, esclarece-nos sobre o significado das normas ou modelos que das fontes derivam. É a razão pela qual distinguimos entre *modelos jurídicos*, que emanam das fontes, e *modelos científicos* ou *dogmáticos* que a doutrina elabora para compreender, em toda a sua extensão, o significado dos modelos jurídicos.

A doutrina, por conseguinte, não é fonte do Direito, mas nem por isso deixa de ser uma das molas propulsoras, e a mais racional das forças diretoras, do ordenamento jurídico.

A FONTE NEGOCIAL

Esclarecido que a doutrina não é propriamente uma fonte do Direito, cumpre salientar a importância do *poder negocial* como força geradora de normas jurídicas.

Os que ministram noções básicas de Direito nem sempre dão o devido relevo a essa fonte de Direito, mesmo após terem admitido que a experiência jurídica não é disciplinada somente por normas legais ou leis, de caráter genérico, mas também por normas particulares e individualizadas[3].

Entre as normas particulares, assim chamadas por só ligarem os participantes da relação jurídica, estão as normas negociais e, dentre estas, por sua fundamental importância, as *normas contratuais*, comumente denominadas *cláusulas contratuais*.

Essa espécie de normas resulta do fato de que, qualquer que seja o ordenamento jurídico vigente, será sempre necessário reconhecer, pela natureza mesma das coisas, que o homem é um ser capaz de direitos e obrigações e, notadamente, com o poder de estipular negócios para a realização de fins lícitos, graças a acordo de vontades. Mesmo nos países socialistas, que restringem a livre disponibilidade pessoal dos bens econômicos, transferindo para o Estado iniciativas antes conferidas aos indivíduos, mesmo nas Nações, em suma, onde se operou "a socialização dos bens de produção", é reconhecida uma esfera de ação privada, na qual se respeita o poder de disposição de cada ser humano.

Reconhece-se, em última análise, como uma conquista impostergável da civilização o que, técnica e tradicionalmente, se denomina *autonomia da vontade*, isto é, o poder que tem cada homem de ser, de agir e de omitir-se nos limites das leis em vigor, tendo por fim alcançar algo de seu interesse e que, situado no âmbito da relação jurídica, se denomina *bem jurídico*. Pode este ser, quanto ao conteúdo, de natureza econômica, estética, religiosa, de comodidade social, de recreação etc., pois o Direito é sincrônico com todas as formas de vida social.

---

3. *Vide* o exposto às págs. 136 e 137 sobre as espécies de regras jurídicas quanto ao âmbito de sua incidência.

Pouco importa o fato de que o *poder negocial*, que é uma das explicações ou exteriorizações fundamentais da autonomia da vontade, seja um poder sujeito aos limites da lei, pois um raciocínio desse tipo obrigar-nos-ia a concluir pela tese extremada segundo a qual tão-somente a lei constitucional seria fonte de Direito...

O fato é que, por assim terem livremente convencionado, homens e grupos dão nascimento a formas ou modelos jurídicos de ação, que os vinculam à prática dos direitos e deveres avençados. Essas avenças geralmente se ajustam a modelos legais previstos nos Códigos ou em leis aditivas, mas nada impede que as partes constituam estruturas negociais atípicas, isto é, não correspondentes aos tipos normativos elaborados pelo legislador. Muito freqüente é, outrossim, a combinação de dois ou mais modelos normativos, bem como modificações nos esquemas consagrados nas leis, a fim de melhor atender às múltiplas e imprevistas exigências da vida contemporânea, tanto no plano interno, como no internacional.

Ao contrário do que se supõe, recentes estatísticas têm demonstrado que, quanto mais se alargam as esferas da intervenção do Estado, mais cresce a dos negócios jurídicos privados, muitas vezes como conseqüência daquela.

O que caracteriza a *fonte negocial* é a convergência dos seguintes elementos:

a) manifestação de vontade de pessoas legitimadas a fazê-lo;

b) forma de querer que não contrarie a exigida em lei;

c) objeto lícito;

d) quando não paridade, pelo menos uma devida proporção entre os partícipes da relação jurídica.

A ilegitimidade de uma relação negocial, que é, repetimos, uma das formas essenciais de relação jurídica, pode resultar, por conseguinte, de vício quanto ao *poder de negociar* (falta de legitimidade subjetiva dos agentes); quanto à *forma* a que se pretende subordinar o avençado; quanto à *ilicitude do escopo* visado; quanto ao *desequilíbrio do negócio* a tal ponto que ponha uma parte à mercê da outra (negócio leonino).

Não é demais lembrar, — mesmo porque é finalidade de nosso estudo ir fixando o sentido dos termos técnicos empregados pelos juristas, — que se dizem *potestativos* os negócios e contratos que não são expressões do poder negocial, mas de *abuso do poder negocial*.

O *abuso de poder*, tanto como o *desvio de poder*, é causa de ineficácia ou anulabilidade das relações jurídicas, tanto privadas como públicas. No primeiro caso, o detentor do poder exerce-o além do necessário e razoável à satisfação de seu direito ou à realização da função pública, causando dano a terceiros; no segundo caso, o poder é desviado de sua finalidade específica, para servir de instrumento a fins diversos daqueles que constituíram a razão de ser do poder reconhecido ou outorgado.

Em tais casos, não há que indagar se houve culpa ou dolo por parte do agente: o poder que ultrapassa os limites que lhe consente a lei, ou que se desvia de seu escopo legítimo, torna, só por isso, anulável o ato ou o negócio jurídico.

O princípio de "legitimidade do poder", que é pressuposto de todas as fontes de direito, estende-se a todos os domínios da experiência jurídica.

Capítulo XV

EXPERIÊNCIA JURÍDICA E DIREITO OBJETIVO

> Sumário: Estruturas sociais e modelos jurídicos. O Direito Objetivo e o Estado. O ordenamento jurídico e seus elementos constitutivos. Validade do ordenamento jurídico.

ESTRUTURAS SOCIAIS E MODELOS JURÍDICOS

A análise das diferentes fontes de direito permite-nos completar o estudo da experiência jurídica, a qual é constituída pelas fontes apontadas e suas naturais projeções, dentre as quais sobressaem os *modelos jurídicos*.

Que é que significam as fontes de direito? Elas se desenvolvem em normas e "situações normadas", por serem *estruturas objetivas*, que ou disciplinam classes de comportamentos possíveis, ou instituem entidades e ordens de competência; e, concomitantemente, determinam ou possibilitam *situações subjetivas* constituídas sob a garantia daquelas estruturas. Quando estudarmos os direitos subjetivos cuidaremos das situações subjetivas. Concentremos, por ora, nossa atenção nas *estruturas objetivas* que compõem o *Direito Objetivo*.

Das fontes de direito resulta toda uma *trama ordenada de relações sociais* que, em virtude das matrizes de que se originam, são dotadas de garantia específica, ou sanções. Opera-se, desse modo, através da história, o processo de "modelagem jurídica" da realidade social, em virtude de sempre diversas e renovadas "qualificações valorativas" dos fatos. Repetimos que onde há norma há sempre sanção, isto é, uma forma de garantia acrescentada à regra para assegurar o seu adimplemento, podendo haver, consoante já foi explicado, sanções *penais* e *premiais*. O que não há são modelos jurídicos desprovidos de sanção. É a razão pela qual entendemos que os modelos de Direito, elaborados pela doutrina, não são "modelos jurídicos", no sentido técnico deste termo.

Pois bem, à medida que as fontes de direito desenvolvem e ordenam os fatos, vão surgindo distintos *modelos normativos*, correspondentes às diversas *estruturas sociais e históricas*. No fundo, a história do Direito é sobretudo a história de seus modelos, de seus institutos, instituições e sistemas de normas.

O termo "modelo jurídico" foi por nós proposto, em nosso livro *O Direito como Experiência*, como complemento necessário à teoria das fontes de direito. O conceito de modelo, em todas as espécies de ciências, não obstante as suas naturais variações, está sempre ligado à idéia de planificação lógica e à representação simbólica e antecipada dos resultados a serem alcançados por meio de uma seqüência ordenada de medidas ou prescrições. Cada modelo expressa, pois, uma ordenação lógica de meios segundo fins, ou uma ordem lógica e unitária de relações. Assim acontece, por exemplo, com o "modelo arquitetônico", ou projeto, que antecipa e condiciona a construção de um edifício. Coisa análoga ocorre com os modelos mecânicos ou os matemáticos.

Conforme já foi lembrado à pág. 176, há duas espécies de modelos do Direito: uns são de caráter puramente teórico (*modelos dogmáticos*); outros, os *modelos jurídicos* (*estrito senso*), além de resultarem também de uma elaboração doutrinária, muito embora pressuponham uma elaboração doutrinária, constituem a principal modalidade do conteúdo das *fontes de direito.*

O que distingue, em suma, os *modelos doutrinários*, ou *dogmáticos*, dos *modelos jurídicos*, *prescritivos*, é que aqueles não são obrigatórios, enquanto que nestes existe a previsão ou a prefiguração de uma "ordem de competências", ou, então, de uma "ordem de conduta", estando sempre predeterminadas as conseqüências que advêm de seu adimplemento, ou de sua violação.

Observo, desde logo, que um modelo jurídico pode ser expresso por uma única regra de direito, ou por um conjunto de regras interligadas, conforme a amplitude da matéria: em ambos os casos, porém, há sempre uma *unidade de fins* a serem atingidos, em virtude da *decisão* tomada pelo emanador do modelo através da respectiva fonte.

É preciso notar, outrossim, que, quando empregamos a expressão *modelo jurídico*, não pensamos em nenhum protótipo ideal, em algo que se ponha como alvo superior a ser atingido. Os modelos jurídicos correspondem antes às modelagens práticas da experiência, e a formas do viver concreto dos homens, podendo ser vistos como *estruturas normativas de fatos segundo valores, instauradas pelas fontes de direito em virtude de um ato concomitante de escolha e prescrição.*

A Ciência do Direito adquiriu feição mais precisa e madura com os jurisconsultos romanos, exatamente porque eles foram os primeiros a descobrir que há comportamentos humanos que obedecem a certas condições de fato (*pressupostos fáticos*) assim como a certas finalidades ou *exigências axiológicas*, razão pela qual são dotados de certa regularidade ou constância. Verificaram, em suma, que, dadas certas circunstâncias, é possível prever-se certo *tipo de comportamento*, e, mais ainda, que a vida social, apesar de sua contínua mudança, apresenta relações estáveis e regulares, permitindo uma representação antecipada do que vai ocorrer. Se não houvesse na sociedade tendências ou inclinações mais ou menos estáveis, condicionando modos de ser e de agir com relativa "regularidade" ou "normalidade", não teria sido possível sequer a formação do Direito. Podemos dizer que o Direito surgiu como ciência quando os jurisconsultos romanos, com sabedoria empírica, quase intuitiva, vislumbraram na sociedade "tipos de conduta" e criaram, como visão antecipada dos comportamentos prováveis, os estupendos "modelos jurídicos" do Direito Romano.

Pois bem, sendo as relações sociais dotadas de certa estrutura ou consistência, tal fato não só possibilita o seu estudo objetivo como permite que toda uma série de atos da mesma natureza seja considerada lícita ou ilícita. Não nos referimos apenas às estruturas sociais básicas, como a família ou a propriedade, mas às diversas *formas de comportamento* que, através da história, embora variando de época para época, apresentam inegável estabilidade, sendo consideradas necessárias ou úteis à convivência humana nos quadros, por exemplo, das sociedades grega, romana, inglesa ou brasileira.

Foi observando essas "constantes sociais", repetimos, que os jurisconsultos romanos inferiram a conseqüência fundamental de ser possível discriminar e classificar, como lícitos e ilícitos, facultativos ou obrigatórios etc. os comportamentos dos homens enquanto membros do grupo social. Quando os juristas romanos, valendo-se dos estudos de Lógica dos filósofos gregos, previram e disciplinaram a conduta possível dos homens, subordinando-a a classes, gêneros, espécies e tipos de comportamento, nasceu propriamente a Ciência do Direito.

Hoje em dia, quando as ciências, desde a Matemática e a Cibernética até a Física e a Sociologia, falam tanto em "modelo", como instrumento do conhecimento científico, não é demais lembrar a precedência cronológica da Ciência do Direito, a primeira a empregar "tipificações sociais", isto é, *modelos de comportamentos obrigatórios.*

Como se vê, os modelos jurídicos, longe de serem concebidos de maneira abstrata, ou cerebrinamente, são antes "estruturas normativas" talhadas na concretitude da experiência humana. São formas típicas modeladas em contato permanente com a vida humana, mudando ou desaparecendo em função dos *fatos* e *valores* que nela operam.

É essa a lição imperecível do Direito Romano, cujas soluções *normativas* vieram sendo buriladas à luz dos fatos e das necessidades variáveis, "ipsis factibus dictantibus ac necessitate exigente", ou, na linguagem da teoria tridimensional, em função de *fatos* e *valores* se estabeleciam as *normas.*

É claro que as regras jurídicas desse modo elaboradas, por representarem o produto de uma adequação racional e volitiva a reais exigências fático-axiológicas, não surgem de maneira desordenada, por acaso, mas obedecem a certa lógica interna, atendendo e desenvolvendo, em suas naturais conseqüências, as linhas dominantes imanentes aos próprios fatos sociais.

Não é dito, porém, que, antes da elaboração das normas, já haja na sociedade uma prefiguração delas, de tal modo que ao legislador caiba apenas a tarefa de descobri-las como algo preexistente, como realidades ocultas que seja apenas necessário revelar ou desvelar.

Não. As normas jurídicas não são cópias de algo dado de antemão no processo social. O que existe são "condicionantes naturais" e "tendências constantes" que balizam e orientam o trabalho criador e constitutivo do legislador, primeiro, e do intérprete ou exegeta, depois. É só graças ao poder sintético e ordenador do espírito que os fatos se subordinam a exigências eletivas de valor e se compõem na unidade integrante das normas de direito, às quais é inerente certa *temporalidade*, que, no dizer de L. Bagolini, não é a do "tempo do relógio".

Daí dizer-se, com velha e sempre atual linguagem, que o Direito obedece, em sua origem e em sua aplicação, à *natureza das coisas*. Não há que confundir, porém, a teoria da natureza das coisas com a do Direito Natural, como temos visto ocorrer freqüentemente.

Mesmo sem se aceitar a idéia de Direito Natural, é possível reconhecer-se que as normas jurídicas não podem ser elaboradas com desprezo de dados naturais que se impõem à consciência ética ou científica de todos. Fácil é perceber que está na "natureza das coisas" que as crianças não possam casar ou firmar contratos válidos; que os surdos-mudos, sem capacidade de comunicação, sejam impedidos de testar; que a disciplina dos títulos de crédito vise a garantir a circulação e a certeza formal das relações mercantis; que as normas sobre imóveis tenham estrutura diversa das relativas a bens móveis; que o menor de tantos anos não seja imputável etc.

Poderíamos multiplicar os exemplos para demonstrar que as *estruturas normativas, que constituem o Direito Objetivo, não são meras formas lógicas* vazias, mas *formas de uma experiência concreta*, cujas linhas dominantes ou essenciais foram abstraídas da realidade social para operar como instrumento de disciplina social, isto é, como "modelos jurídicos".

Não raro, na feitura desses modelos, o legislador antecipa-se aos fatos sociais; precipita processos ainda em evolução, norteando desse modo os acontecimentos. A lei, como dizia Montesquieu, exerce uma *função pedagógica*, educativa, que não teria se o Direito fosse mera reprodução ou cópia de realidades subjacentes em si plenas e conclusas. Os "modelos jurídicos" não são equiparáveis a "modelos reduzidos", como aqueles que se estruturam mecanicamente para representar certos fatos naturais e submetê-los a provas de laboratório. A modelagem do Direito não pode deixar de contar, felizmente, com as alternativas de decidir e de agir de maneira positiva ou negativa, como é próprio do homem, que é um ente dotado de liberdade.

Conforme expomos mais longamente em nosso livro *O Direito como Experiência*, a ordem do Direito reflete, em primeiro lugar, a *ordem natural inerente a todas as formas de pensamento*, mesmo no "pensamento selvagem", não cultivado ou impolido, do pensamento anterior à consciência científica, tal como foi focalizado por Merleau Ponty, seguido por Lévi-Strauss em seus estudos de Antropologia.

Sem ser necessário aderir aos esquemas descritivos do "estruturalismo", podemos concluir dizendo que na sociedade se constituem formas de vida, modos de comportamento, que têm força de "estruturas sociais obrigatórias": são as *fontes de direito* e seus *modelos jurídicos*, o *Direito Objetivo*, em suma, que surge obedecendo à *natureza das coisas*, às linhas evolutivas imanentes *ao fato*, mas potenciadas e tornadas efetivas pelo poder de síntese ordenadora que singulariza o espírito humano.

O DIREITO OBJETIVO E O ESTADO

Quando surgem as estruturas normativas ou modelos jurídicos, eles se põem ou se *positivam* como uma realidade *objetiva*.

Devemos corrigir o erro de pensar que "reais" somente sejam as coisas (*res*) materiais e tangíveis. Como a Filosofia no-lo demonstra, ao elaborar "a teoria dos objetos", é tão real uma "circunferência" (objeto de nosso cálculo) como o "estelionato", que é um instituto do Direito Penal.

Só há ciência onde há "objetivação", ou seja, realidades independentes da pessoa do observador, e irredutíveis à sua subjetividade. Daí poder-se dizer que "objetivo" e "positivo" são termos que se implicam.

Notem que, quando nos referimos às regras e modelos jurídicos, dissemos que os mesmos se *positivam* e se *objetivam*. São, por outras palavras, *Direito positivo objetivo*: vigem e têm eficácia, em certo tempo, como realidades culturais, postas e garantidas pela sociedade e pelo Estado.

Sem precisar invadir a seara da Teoria do Estado, dizemos que o Estado é a organização do poder, ou, por outras palavras, que *é a sociedade ou a Nação organizada numa unidade de poder*, com a distribuição originária e congruente das esferas de competência segundo campos distintos de autoridade.

Ora, o Direito, que vigora e tem eficácia em um território, como, por exemplo, no território brasileiro, é declarado ou reconhecido pelo Estado, através de suas próprias fontes, ou resulta das demais fontes, sem conflito com as fontes estatais.

Desse modo, *soberania* e *positividade do Direito* são dois conceitos que se exigem reciprocamente: *soberano* diz-se do poder que, em última instância, põe ou reconhece o Direito *positivo*; Direito *positivo* é, por excelência, aquele que tem, para garanti-lo, o poder soberano do Estado.

Desfazendo equívocos, ligados a superadas concepções de soberania, dizemos que esta não é senão o *poder originário de declarar, em última instância, a positividade do Direito*, como expomos em nosso livro *Teoria do Direito e do Estado*.

Essas considerações, aparentemente marginais, vão permitir-nos compreender que o Direito Objetivo, como conjunto de normas e modelos jurídicos, — exatamente porque se destina a ter

189

vigência e eficácia na universalidade de um território, — constitui, no seu todo, um sistema global que, através de um termo italiano já integrado em nossa língua, se denomina *ordenamento jurídico*.

Há um "ordenamento jurídico" em cada País, formado pelas diversas fontes de direito, sob a proteção do Estado, mas como *sistema aberto e polivalente*, subordinados ao qual formam-se "ordenamentos menores", com menor grau de positividade, como já tivemos oportunidade de lembrar, em aulas anteriores.

Lembrem-se que já nos pronunciamos favoravelmente à teoria da pluralidade dos ordenamentos jurídicos, mas reconhecendo uma gradação de positividade, cujo ápice é representado pelo ordenamento jurídico do Estado.

O ORDENAMENTO JURÍDICO E SEUS ELEMENTOS CONSTITUTIVOS

O que cumpre desde logo desfazer é o equívoco da redução do ordenamento jurídico a um sistema de leis, e até mesmo a um sistema de normas de direito entendidas como simples "proposições lógicas".

Mais certo será dizer que o ordenamento é o sistema de normas jurídicas *in acto*, compreendendo as fontes de direito e todos os seus conteúdos e projeções: é, pois, o sistema das normas em sua concreta realização, abrangendo tanto as regras explícitas como as elaboradas para suprir as lacunas do sistema, bem como as que cobrem os claros deixados ao poder discricionário dos indivíduos (*normas negociais*).

Nesse complexo unitário, correspondente à trama das relações sociais dotadas de garantia específica, ou seja, de *coercibilidade*, discriminam-se vários elementos constitutivos que se articulam uns aos outros graças à estrutura binada ou conjuntiva da regra de direito, conforme já foi anteriormente assinalado[1].

---

1. *Vide* o exposto às págs. 93 e segs. sobre a estrutura da norma jurídica.

Tais elementos correspondem a diversos aspectos da experiência jurídica, a qual, conforme a sua maior ou menor complexidade, se expressa mediante *categorias, figuras, institutos, instituições, sistemas* (Sistema do Direito Civil ou de Direito Constitucional, por exemplo) até o "ordenamento" como sistema geral.

Esse é, por assim dizer, o instrumental lógico e lingüístico básico da Ciência do Direito, que exige conceitos ou "categorias" fundamentais, tais como "competência", "tipicidade", "culpabilidade" etc. A esses conceitos gerais subordinam-se gradativamente outros, cujo conhecimento vamos adquirindo dia a dia, à medida que progredimos no conhecimento jurídico, sem jamais podermos considerar finda a nossa tarefa cognoscitiva. Como já ponderamos anteriormente a ciência é, até certo ponto, a sua linguagem.

Já dissemos que as normas jurídicas se ordenam logicamente. Essa ordenação tem múltiplos centros de referência, em função dos campos de relações sociais que elas disciplinam, havendo uma ou mais idéias básicas que as integram em unidade. Desse modo, as normas da mesma natureza, em virtude de uma comunhão de fins, articulam-se em modelos que se denominam *institutos*, como, por exemplo, os institutos do *penhor*, da *hipoteca*, da *letra de câmbio*, da *falência*, da *apropriação indébita*. Os institutos representam, por conseguinte, estruturas normativas complexas, mas homogêneas, formadas pela subordinação de uma pluralidade de normas ou modelos jurídicos menores a determinadas exigências comuns de ordem ou a certos princípios superiores, relativos a uma dada esfera da experiência jurídica.

Quando um instituto jurídico corresponde, de maneira mais acentuada, a uma estrutura social que não oferece apenas uma configuração jurídica, mas se põe também como realidade distinta, de natureza ética, biológica, econômica etc., tal como ocorre com a *família*, a *propriedade*, os *sindicatos* etc., costuma-se empregar a palavra *instituição*. A não ser por esse prisma de maior *objetivação social*, envolvendo uma "infra-estrutura" associativa, não vemos como distinguir um instituto de uma instituição.

Não raro uma instituição se constitui como pessoa jurídica. Exemplos dessas *instituições personalizadas* existem tanto na área do Direito Privado como na do Direito Público, desde o Estado, que é a instituição máxima, até as entidades autárquicas, as sociedades empresárias, as associações culturais ou de assistência.

Já o termo *figura* indica as várias modalidades que pode assumir um *instituto* (a posse, por exemplo, pode ser de boa ou de má fé etc.) mas também é empregado para designar conjuntos de normas ligados a uma categoria fundamental, ou as várias modalidades dos atos jurídicos.

Como já se pode inferir, normas, figuras, institutos e instituições se ordenam em *sistemas,* obedecendo a exigências lógicas, ditadas pela correlação dos fatos e das razões de sua disciplina, segundo espécies, gêneros e classes.

De todos os sistemas de normas o que, em nosso Direito, se põe como fundamental é o *sistema das leis* ou das *normas legais*; porém, por mais minuciosa e previdente que possa ser a obra legislativa, haverá sempre lacunas na lei.

Mas se o sistema legal pode ter casos omissos, o ordenamento jurídico não pode deixar de conter soluções para todas as questões que surgirem na vida de relação. É o *princípio da plenitude da ordem jurídica positiva*, mais um dos postulados da razão prática jurídica, a que vamos logo mais nos referir.

Donde se conclui que o "ordenamento jurídico", que é o sistema das normas em sua plena atualização, não pode ter lacunas e deve ser considerado, em seu todo, vigente e eficaz.

VALIDADE DO ORDENAMENTO JURÍDICO

Há várias teorias sobre o ordenamento jurídico, quer quanto à compreensão de sua *estrutura*, quer quanto às razões da *validade* de seus elementos componentes, tomada aqui a palavra validade em sentido genérico e não como sinônimo de "validade formal", ou vigência.

Já dissemos que deve ser considerada definitivamente superada a antiga doutrina que reduzia o Direito "ao sistema das leis". Essa doutrina, que predominou por muito tempo, subsiste apenas por força de inércia. Devido sobretudo a Kelsen, ela foi alargada no sentido de se conceber a realidade jurídica como um sistema de normas, desde as legais até às judiciais e negociais.

Os adeptos dessa segunda teoria partem da verificação que todo "sistema de normas", como as palavras mesmas estão dizendo, obedece a uma ordem lógica e coerente, como se pode ver analisando qualquer dos códigos vigentes, todos eles distribuídos em *Livros* que se subdividem em *Títulos*, discriminados, por sua vez, em *Capítulos* e *Seções*. O elemento básico dessas unidades maiores são os *Artigos*, graças aos quais se "articulam" os sistemas. Os artigos podem coincidir com uma única norma jurídica, ou abranger duas ou mais, desdobrando-se, às vezes, em *incisos*, *itens* ou *alíneas*. Podem os artigos conter também um elemento de especificação normativa, chamado *parágrafo*, cujo sentido depende do sentido do *caput* do artigo a que pertence.

Ora, essa distribuição lógica das normas significa, segundo a teoria que estamos expondo, que elas se ordenam, subordinando-se umas às outras, *gradativamente*, obedecendo à estrutura de uma pirâmide: na base estão inúmeras regras ou normas particulares, seguindo-se, em ordem de subordinação crescente, as jurisprudenciais, as legais de Direito Privado e as de Direito Público, até se atingir, no âmbito deste, o plano normativo supremo que é o *Constitucional*, plano originário das competências, do qual se originam todas as expressões normativas que dele recebem a sua validade.

A validade de todo o ordenamento depende, segundo Kelsen, do disposto na "primeira Constituição", devendo-se, porém, notar que o adjetivo "primeira" não indica uma precedência cronológica, mas sim uma prioridade lógica. Assim, a Constituição de 1988 seria, segundo os kelsenianos, a "norma primeira" na ordem da vigência, subordinando-se-lhe toda a legislação anterior, desde, por exemplo, o nosso Código Comercial de 1850 até à mais recente das leis.

Saliente-se que, de conformidade com a teoria kelseniana, não cabe ao jurista, enquanto jurista, indagar das causas sociais ou políticas que dão origem a determinado ordenamento jurídico. Este obriga, do ponto de vista jurídico, pelo simples fato de ter *vigência* e possuir o mínimo de *eficácia* bastante para assegurar a sua aplicação. Como se vê, a validade jurídica é apreciada de um ponto de vista puramente formal, de tal modo que as regras jurídicas se ordenariam hierárquica e logicamente, como degraus escalonados, a começar pelas normas de menor incidência, como as *particulares* e as *individualizadas*, até alcançar as *genéricas*, dentre as quais emergem as disposições constitucionais[2].

Chegados, porém, ao ápice da pirâmide, pergunta-se: "que é que dá validade à norma suprema posta pelo legislador constituinte originário?" Para Kelsen e seus adeptos toda a pirâmide normativa só é válida se se admitir uma norma que não é a expressão de qualquer ato legislativo, aqui e agora, como ato *positivo* e *histórico*, mas que representa apenas uma exigência lógica, isto é, o *pressuposto lógico* segundo o qual "deve ser obedecido o estabelecido pelo *constituinte originário*" (abstração feita, repetimos, de tratar-se de uma Assembléia Constituinte de origem democrática, ou de um Poder revolucionário ou de fato) sob pena de não poder subsistir o sistema das regras jurídicas, privando-o também de eficácia ou efetividade (validade social).

Segundo Kelsen, que é um adepto da Filosofia de Kant, essa norma fundamental seria uma *norma transcendental*. Kant denomina "transcendental" toda condição lógica que torna possível a experiência. Dessarte, do ponto de vista estritamente lógico, é a norma fundamental que torna possível a experiência do Direito como um conjunto gradativo de regras entre si logicamente subordinadas e coerentes.

Pois bem, ao lado dessa concepção lógico-normativa do ordenamento jurídico, põe-se uma terceira teoria que nos parece mais condizente com a vida do Direito: é a teoria *institucional* ou, como preferimos dizer *histórico-cultural* ou *tridimensional* do ordenamento jurídico.

Segundo essa teoria, o ordenamento jurídico é, sem dúvida, *normativo*, mas não é apenas um conjunto gradativo de normas e

---

2. Sobre essas três categorias de normas, cf. pág. 137. Quanto aos conceitos de *vigência e eficácia*, vide págs. 105 a 109 e 112 a 115.

muito menos um sistema de proposições lógicas. As normas representam o momento culminante de um processo que é, essencialmente, inseparável dos *fatos* que estão em sua origem (neste sentido é certo dizer que *ex facto oritur jus*)[3] e dos *valores* ou *fins* que constituem a sua razão de ser.

Ora, o estudo da experiência jurídica demonstra-nos que as regras não se subordinam umas às outras de *maneira linear*, mesmo porque nem todas as normas jurídicas são da mesma natureza. Há as que prescrevem formas de conduta e há as que distribuem competências ou, pura e simplesmente, esclarecem o que outras regras significam.

Assim sendo, não há que falar em escalonamento contínuo, e unilinear, mas sim em gradação de *faixas normativas* distintas correspondentes a distintos aspectos da realidade social.

Essas faixas de gradação normativa colocam-se umas em correlação com outras, mas nem sempre de forma escalonada ou hierárquica, de sorte que a imagem de uma pirâmide, que aponta para um vértice, não corresponde à natureza histórico-cultural do ordenamento.

Longe de se distribuir segundo um escalonamento unilinear e gradativo de normas, o ordenamento jurídico, enquanto expressão de uma experiência social e histórica, é constituído por múltiplos *complexos normativos* entre si correlacionados. Tais complexos normativos acham-se em contínua transformação, havendo um que se põe como círculo envolvente dos demais: é o "complexo normativo constitucional". Este condiciona a vigência e a eficácia das demais normas, mas delas é inseparável, assim como a atmosfera condiciona a vida terrestre, sendo ela mesma parte integrante do planeta.

Não resta dúvida, pois, que mesmo não se aceitando a experiência jurídica como um sistema gradativo de normas, preciso é reconhecer que todos os modelos jurídicos só podem *valer*, isto é, ter *vigência* e *eficácia* no âmbito de validade traçado ou consentido pelas *normas constitucionais que distribuem originariamente as esferas de competência*.

---

3. Do fato se origina o direito.

Ressurge, desse modo, o problema de *validade total* do ordenamento jurídico, mas não mais em termos de mera subsunção ou subordinação lógico-formal de umas regras às outras.

O que, a nosso ver, confere validade ao ordenamento, exigindo que seus preceitos sejam obedecidos, é uma *razão de ordem prática* que resulta da consideração histórico-social da experiência jurídica, legitimando-se pelo absurdo da tese contrária: se se admitisse a geral desobediência às regras de direito, estas deixariam de ser regras jurídicas. Diz-se que uma verdade se põe como um *postulado* quando ela se impõe pela força imperiosa de suas conseqüências e, notadamente ante o absurdo a que levaria a tese oposta. Daí dizermos que o fundamento da validade do ordenamento jurídico é um *postulado da razão prática jurídica*, que se põe, não como um *fato*, como querem os neo-empiristas, como Herbert Hart ou Alf Ross, mas *em razão do sentido do fato*, ou, por outras palavras, em virtude de ser o Direito, no seu todo e em cada um de seus elementos, uma *experiência fático-axiológico-normativa*.

Pois bem, o *postulado da razão prática jurídica*, a que nos referimos, poderia ser assim enunciado: *o ordenamento jurídico vale, no seu todo, como uma exigência da razão, em função da experiência histórica.*

Na realidade, não basta a visão *sincrônica*, ou lógico-formal, do ordenamento, com olvido de sua não menos essencial compreensão *diacrônica*, ou histórica, por tratar-se de uma experiência social de natureza dialética: a ordenação lógico-formal corresponde a momento abstratamente destacado de um processo em si mesmo uno e concreto. A unidade que Kelsen nos aponta, no plano lógico-formal das normas, não é senão reflexo no sentido unitário ou englobante da experiência jurídica, enquanto objetivação e positivação histórica de valores sociais, reflexo do querer da comunidade.

É a razão pela qual não subordinamos a validade desta ou daquela norma jurídica particular ou genérica a uma suposta norma fundamental, cuja admissão equivale a um círculo vicioso: a norma fundamental, com efeito, é suposta para dar validade lógica ao sistema, e o sistema é concebido de forma unitária e gradativa para ter a norma fundamental como seu pressuposto...

A vigência e a eficácia do ordenamento jurídico não são, pois, decorrência de uma *norma fundamental*, como expõe Kelsen, nem é *mero fato*, como pretendem os positivistas, mas são antes qualidades imanentes ao sentido da experiência jurídica, como experiência axiológica. O Direito é, em verdade, uma das expressões basilares do espírito humano em seu incessante processo de objetivação ordenadora e racional do mundo em que vivemos, representando "sistemas de respostas sucessivas" aos problemas que se põem através da história.

Não há como contestar a validade de uma experiência que já é, de per si, uma experiência incessante e renovada de valores, impondo-se o ordenamento jurídico vigente a todos os membros da comunidade por ser o quadro axiológico necessário à convivência social, inclusive em razão de seu sempre possível aperfeiçoamento.

Em conclusão, sem pretensão de atingir uma definição rigorosa, podemos dizer que o *ordenamento jurídico pode ser visto como um macromodelo, cujo âmbito de validade é traçado em razão do modelo constitucional, ao qual devem imperativamente se adequar todos os modelos jurídicos.*

Capítulo XVI

DOS FATOS E ATOS JURÍDICOS

Sumário: Fato e fato jurídico. Dos atos e negócios jurídicos. Atos nulos, anuláveis e inexistentes. Atos jurídicos e negócios jurídicos. Questão de fato e questão de direito.

FATO E FATO JURÍDICO

Nas aulas anteriores vimos como as regras jurídicas se estruturam, e, também, como se distribuem em várias categorias e tipos. Essas regras não são evidentemente, elaboradas pela sociedade ou pelos órgãos do Estado para valer, pura e simplesmente, como formas lógicas ou especulativas. Na realidade, elas não são externas em relação à convivência humana, mas são antes momentos da *experiência social*, que, por esse motivo, é reconhecida, especificamente, como *experiência jurídica*.

Tão grande é essa correlação entre os fatos e o Direito que alguns juristas, sobretudo da Escola neo-empirista, são levados a estabelecer uma falsa sinonímia entre *fato* e *fato jurídico*. É questão que deve ser preliminarmente esclarecida.

Costuma-se dizer que o Direito, segundo uma velha lição que vem dos romanos, nasce do fato: *ex facto oritur jus*.

É preciso entender, entretanto, qual o sentido exato desse brocardo que é invocado, muitas vezes, fora de propósito. Quem pensa que o Direito provém do fato, assim como uma lei física resulta de uma experiência realizada em laboratório, engana-se redondamente.

Como tantas vezes já salientamos, não há símile possível entre as leis físico-matemáticas, que procuram retratar de maneira neutra e objetiva a realidade, e as leis jurídicas, que marcam sempre uma posição espiritual, uma atitude crítica e valorativa do homem perante os fatos. Não raro, essa tomada de posição perante os fatos, tais como os lesivos a pessoas e bens, culmina na instauração de regras tendentes a impedir que os mesmos se repitam, ou que fiquem impunes os seus autores: longe de se conformarem aos fatos, como ocorre com as leis físicas, as regras jurídicas se contrapõem aos fatos, quando assim o exige o bem comum. Uma das características, aliás, do Direito atual é o seu sentido dinâmico e operacional, interferindo positivamente no processo social.

Devemos entender, pois, que o Direito se origina do fato, porque, sem que haja um acontecimento ou evento, não há base para que se estabeleça um vínculo de significação jurídica. Isto, porém, não implica a redução do Direito ao *fato*, tampouco em pensar que o fato seja mero *fato bruto*, pois os fatos, dos quais se origina o Direito, são fatos humanos ou fatos naturais objeto de valorações humanas.

Quando falamos, todavia, em *fato jurídico*, não nos referimos ao fato como algo anterior ou exterior ao Direito, e de que o Direito se origine, mas sim a *um fato juridicamente qualificado*, um evento ao qual as normas jurídicas já atribuíram determinadas conseqüências, configurando-o e tipificando-o objetivamente. Nada mais errôneo, por conseguinte, do que confundir *fato* com *fato jurídico*.

Entendemos por fato jurídico todo e qualquer fato, de ordem física ou social, inserido em uma estrutura normativa. Por dois modos essa correlação se opera. Em verdade, o elemento *fático* existe tanto quando se formula a hipótese normativa ("Se F é", isto é, se um fato ocorrer que corresponda à hipótese "F") como quando, na mesma norma, se prevê a conseqüência que deverá ou poderá sobrevir por ter ou não ocorrido F: "deverá ser C ou D".

O *fato*, em suma, figura, primeiro, como *espécie de fato prevista na norma* (*Fattispecie*, *Tatbestand*) e, depois, como *efeito* juridicamente qualificado, em virtude da correspondência do fato concreto ao fato-tipo genericamente modelado na regra de direito: desse modo, o *fato* está no início e no fim do processo normativo, como *fato-tipo*, previsto na regra, e como *fato concreto*, no momento de sua aplicação.

O *fato,* por conseguinte, pode ser visto como *elemento de mediação* entre os dois elementos que compõem a regra de direito: entre a previsão que há nesta de um *fato-tipo*, e o *efeito* que ela atribui à ocorrência ou não do fato genericamente previsto.

O fato, numa estrutura normativa, dá origem ao *fato jurídico*, mas também pode pôr termo a ele, como acontece por exemplo, com a morte, que extingue a relação jurídica penal. Como há fatos que apenas modificam a relação jurídica, distinguem-se eles em *constitutivos*, *extintivos e modificativos*.

Outra distinção fundamental é a que se faz entre o fato em sentido estrito, como acontecimento natural não volitivo, e ato, como fato resultante da volição humana (*comportamento*).

Vê-se, pois, que o *fato* é dimensão essencial do Direito, mas, tal como a teoria tridimensional o reconhece, só uma de suas dimensões. Poder-se-á dizer que o Direito nasce do fato e ao fato se destina, obedecendo sempre a certas medidas de valor consubstanciadas na norma. É por isso que Jhering, já no século passado, antecipando-se à compreensão culturalista do Direito, afirmava ser essencial a este a *realizabilidade segundo fins*; e os fins, ponderamos mais uma vez, pressupõem instâncias irredutíveis aos fatos, as instâncias dos valores e das normas. Quando não se admite essa distinção e se declara que os fins não passam de *fatos naturais* (psicológicos, econômicos, sociais etc.), todo o Direito fica reduzido a *mero fato*, tal como se dá nas teorias empiristas de Alf Ross, Karl Olivecrona ou Pontes de Miranda, confundindo-se, equivocamente, *fato* com *fato jurídico*.

Focalizando, porém, a questão sob o prisma particular que estamos considerando, podemos dizer que *fato jurídico é todo e qualquer fato que, na vida social, venha a corresponder ao modelo de comportamento ou de organização configurado por uma ou mais normas de direito*. O fato jurídico, em suma, repete, no plano dos comportamentos efetivos, aquilo que genericamente está enunciado no modelo normativo.

O *fato*, que pode *constituir*, *extinguir* ou *modificar* um *fato jurídico*, em primeiro lugar, pode ser um acontecimento natural que, em virtude de certas circunstâncias, acarreta conseqüências de direito, por assim estar previsto na norma. O fato natural produz, às vezes, conseqüências de direito na sua expressão espontânea, sem qualquer interferência humana, como é o caso do simples decurso do tempo extinguindo direitos, se assim foi estabelecido pelo legislador: sobrevém, desse modo, um fato jurídico.

Uma tempestade também pode trazer conseqüências de direito; uma inundação pode transportar porções de terra de uma para a outra margem de um rio, alterando relações de propriedade. A queda ocasional de um objeto, que produza ferimentos em um transeunte, é outro exemplo claro de um fato natural que recebe qualificação jurídica. A agressão, a investida de um animal contra uma pessoa, ocasionando-lhe dano, poderá, também, operar conseqüências de direito, determinando a responsabilidade civil do dono para com a vítima.

Outro exemplo significativo é dado pelo nascimento ou pela morte. O nascimento de uma criança é um fato biológico que implica, de per si, situações jurídicas caracterizadas. Segundo o Código Civil todo ser humano é capaz de direitos e obrigações, bastando o fato biológico da gestação para que imediatamente se tenha um fato jurídico, o qual se aperfeiçoa com o nascimento. Sobrevindo este, a lei, desde logo, reconhece a existência de uma pessoa, atribuindo-lhe direitos e deveres, ainda que não os possa exercer pessoalmente. Antes do nascimento, já esse fato tem a sua ressonância no mundo jurídico através das leis, protetoras do nascituro. A morte é outro fato natural, cuja ocorrência importa incontinenti em conseqüências de direito, dando origem a fatos jurídicos.

Donde se conclui, de acordo com o princípio fundamental, referido no início desta aula, que não se pode falar em *fato jurídico* senão na medida e enquanto esteja inserido numa estrutura normativa. Pelas mesmas razões, só são *fatos*, do ponto de vista jurídico, o evento ou o comportamento que sejam *fatos jurídicos possíveis*. É o motivo pelo qual não há, em Direito, *fato bruto*, pois o fato já deve conter algumas das notas valorativas que permitam a sua correspondência ao fato-tipo previsto na regra de direito. Em última análise, o fato-tipo é um módulo de valoração do fato possível na vida concreta, o que exclui que entre fato e fato jurídico possa existir um nexo de causalidade. O que se poderá dizer é que entre eles existe um liame de "causalidade motivacional", para empregarmos feliz expressão de Husserl, pondo em realce a natureza axiológica ou valorativa de todo fato social ou histórico.

DOS ATOS E NEGÓCIOS JURÍDICOS

Outras vezes, o fato não é mero acontecimento natural, mas, ao contrário, algo que se prende à deliberação volitiva do homem, à qual a norma jurídica confere conseqüências de direito, tais como as de constituir, modificar ou extinguir uma "relação jurídica", ou mais amplamente, uma "situação jurídica".

A teoria dos fatos e atos jurídicos é comum, quanto aos princípios gerais, a todos os domínios do Direito, sendo compreensível que a sua disciplina seja feita no Código Civil, por ser a sede do Direito comum, sem prejuízo, é claro, da existência de requisitos peculiares aos diversos setores de sua aplicação.

O legislador pátrio, com muito acerto, não só a exemplo do Código Civil alemão de 1900, mas também por força de tradição que remonta ao nosso genial Teixeira de Freitas, não enquadrou os dispositivos sobre fatos e atos jurídicos em qualquer das partes especiais do Código, mas sim no Livro III da Parte Geral.

Se os senhores examinarem os arts. 104 e seguintes do Código Civil, verificarão que, ao contrário do que fazia o Código Civil anterior, de 1916, o atual — que foi instituído pela Lei n. 10.406, de 10 de janeiro de 2002 — não trata, preferencialmente, dos atos jurídicos, mas sim de uma espécie deles, os chamados *negócios jurídicos*, que são atos jurídicos resultantes da *declaração de vontade* de duas ou mais pessoas para realização de determinado fim social. Exemplos de negócios jurídicos são os contratos que a todo instante são concluídos, nas mais diversas modalidades[1].

Depois de serem enunciados os requisitos necessários para a validade dos negócios jurídicos, o legislador prevê também as hipóteses de sua invalidade, a qual tem como conseqüência a sua anulabilidade.

Como se vê, a vida jurídica se desenvolve numa rede crescente de relações entre as pessoas naturais e jurídicas, segundo uma razão lógica de coerência e um imperativo de moralidade, tal como estatui o art. 113 do Código Civil de 2002 nestes termos:

> "Os negócios jurídicos devem ser interpretados conforme a boa-fé e os usos do lugar de sua celebração".

É só depois de disciplinar os negócios jurídicos que o legislador estende as suas disposições "aos atos jurídicos lícitos que não sejam negócios jurídicos". Consoante se pode observar, o legislador tanto pode fixar as normas partindo do gênero para a espécie como vice-versa, desde que o faça sempre sem contradição.

De uma forma ou de outra, é graças às regras de direito emanadas do legislador competente que ficamos sabendo como e quando os atos jurídicos são lícitos ou não.

Nesse sentido, da maior importância são os seguintes artigos do Código Civil:

> "Art. 186. Aquele que, por ação ou omissão voluntária, negligência ou imprudência, violar direito e causar dano a outrem, ainda que exclusivamente moral, comete ato ilícito.
>
> Art. 187. Também comete ato ilícito o titular de um direito que, ao exercê-lo, excede manifestamente os limites impostos pelo seu fim econômico ou social, pela boa-fé ou pelos bons costumes".

---

1. Sobre o conceito de *negócio jurídico*, veja págs. 208 e segs. e 223 a 226.

Esses preceitos têm a virtude de demonstrar que o Direito deve estar sempre em consonância com os princípios éticos do bem comum, bases de uma sociedade justa.

No Código, como em tudo que é produção histórica, existem pontos culminantes que representam marcos decisivos para a caracterização do sistema. Os citados arts. 186 e 187 representam pontos básicos em que se assenta a Teoria Geral do Direito Civil brasileiro, coincidente, aliás, em linhas genéricas, com a de outros países em que não predomina uma concepção individualista do Direito.

Todo ato do homem que causa dano a outrem obriga-o a repará-lo. Quando deverá operar-se a reparação? A teor do art. 186, essa reparação somente se verifica em havendo ação, ou omissão, *voluntária*, isto é, no caso de *atos comissivos* e *omissivos* culposos ou dolosos.

Não bastam, pois, nos termos de nossa Lei civil, a ação e a omissão pura e simples, porquanto o legislador as qualifica rigorosamente, dizendo que devem ser ação ou omissão *voluntária*, por negligência ou imprudência. Isto significa que o legislador somente consagra a responsabilidade do causador do dano, quando se verifica culpa ou dolo por parte do agente. É a *teoria da culpa subjetiva* como base da responsabilidade civil.

Uma das características do Direito hodierno é-nos dada pela reação contra esse subjetivismo em matéria de responsabilidade. Nem podia o Direito brasileiro fugir às exigências do tempo. Uma empresa, por exemplo, que contrata trabalho de operários para exercer funções perigosas junto a máquinas, não pode, de maneira alguma, eximir-se da responsabilidade de indenizar os danos resultantes de acidentes a pretexto de *culpa* do trabalhador. Em matéria de acidente do trabalho já prevalece, no Direito brasileiro, a teoria da *culpa objetiva* ou do simples *risco*, a qual, analisado o problema em suas raízes, traduz um princípio ou um sentido de socialização do direito ou de humanismo jurídico.

O acidente do trabalho é uma ocorrência inerente ao trabalho mesmo. A distração, a negligência, a imprudência, não devem repercutir como culpa do trabalho, porque são momentos, por assim dizer, "conaturais" à estrutura da produção mecânica. Entendendo assim, não se cogita mais de saber se o trabalhador teve culpa ao esmagar o braço numa engrenagem. Constata-se, tão-somente, a ocorrência do fato, fixando-se a responsabilidade patronal sem indagação de culpa por parte da vítima. É uma exceção já aberta no Direito brasileiro, há muitos anos, através da teoria do risco ou da culpa objetiva.

Além do Direito do Trabalho, a teoria do risco já se impõe em muitos outros campos do Direito, inclusive no Civil, compondo-se toda vez que o dano causado *resultar da natureza* da atividade desenvolvida, independentemente da intencionalidade dos partícipes da relação, como agora dispõe o parágrafo único do art. 927 do Código Civil de 2002.

Pois bem, se vemos que do ato ilícito resultam conseqüências de direito, — quer se admita a teoria subjetiva ou objetiva da reparação do dano causado, — parece-nos inadmissível considerar-se jurídico apenas o ato lícito. Talvez essa sinonímia tenha resultado de outra implícita e não menos insustentável, entre "jurídico" e "justo".

Donde se deve concluir que os *atos lícitos* e os *atos ilícitos* são espécies de *atos jurídicos*, ficando, assim, superada a falsa sinonímia entre *jurídico* e *lícito*, caracterizadora, segundo Kelsen, de uma fase pré-científica, o que, infelizmente, parece ser ignorado por alguns pseudomentores da civilística nacional...

ATOS NULOS, ANULÁVEIS E INEXISTENTES

Não seria possível, num curso de cunho propedêutico, estender-nos sobre os característicos dos atos jurídicos, alguns dos quais comuns a todos os atos, outros peculiares a este ou àquele ramo do Direito, pois há atos jurídicos de Direito Público e de Direito Privado. Exemplo do primeiro é o *ato administrativo*, mediante o qual o Estado desenvolve as suas funções administrativas, isto é, as destinadas à execução de seus serviços, para satisfação do interesse público, determinando, direta ou indiretamente, a formação, modificação ou extinção de relações ou situações jurídicas. À medida que forem progredindo em seus estudos, irão conhecendo, de maneira menos formal e abstrata, as diversas categorias de atos jurídicos.

Isto, não obstante, não será demais uma breve alusão à teoria da validade dos atos jurídicos, inclusive por tratar-se de assunto comum a todos os campos do Direito, no que se refere a determinados princípios gerais.

De grande relevo é a distinção entre *atos nulos, anuláveis* e *inexistentes*. Os primeiros são atos que carecem de validade formal ou vigência, por padecerem de um vício insanável que os compromete irremediavelmente, dada a preterição ou a violação de exigências que a lei declara essenciais.

Anuláveis, ao contrário, são aqueles atos que se constituem com desobediência a certos requisitos legais que não atingem a substância do ato, mas sim a sua eficácia, tornando-os inaptos a produzir os efeitos que normalmente lhes deveriam corresponder. Daí dizer-se, com terminologia a ser empregada com o devido critério, que os atos nulos estão eivados de *nulidade absoluta*, enquanto que os anuláveis padecem de *nulidade relativa*. O certo é que os segundos podem ser sanados ou ratificados, através de processos que variam segundo a natureza da matéria disciplinada. É a propósito deste assunto que a teoria geral da nulidade dos atos jurídicos está passando por uma revisão crítica, à luz da qual, — em virtude do predomínio do interesse público, — nem sempre se aplicam no plano do Direito Administrativo os critérios tradicionalmente seguidos no campo do Direito Privado.

Vejam agora como se conceituam os *atos jurídicos inexistentes*, cuja existência é contestada, a nosso ver, sem razão por diversos autores que, pura e simplesmente, os equiparam aos atos nulos, ou os repelem como elementos estranhos ao Direito.

Mas como há necessidade de repelir eventuais pretensões fundadas em situações resultantes de atos juridicamente embrionários, não se pode confundir a *inexistência*, — que é um vício antes natural ou fático, devido à falta de elementos constitutivos, — com a *nulidade*, que resulta da não-correspondência dos elementos existentes com as exigências prefiguradas em lei. O ato inexistente, na realidade, carece de algum elemento constitutivo, permanecendo juridicamente embrionário, ainda em formação, devendo ser declarada a sua *não-significação jurídica*, se alguém o invocar como base de uma pretensão. Os atos nulos ou anuláveis, ao contrário, já reúnem todos os elementos constitutivos, mas de maneira aparente ou inidônea a produzir efeitos válidos, em virtude de vícios inerentes a um ou mais de seus elementos constitutivos.

Assim, se alguém pretender desquitar-se, invocando casamento concluído apenas perante a autoridade religiosa, segundo o Direito canônico, e ainda não devidamente registrado de conformidade com a nossa lei civil, não se pode declarar o autor carecedor da ação, por ser nulo o seu casamento, mas sim por ser *inexistente* em face da lei brasileira. Se, ao contrário, se realizar, com todas as formalidade legais, o casamento, por exemplo, de duas pessoas casadas, o ato será *nulo*, e não *inexistente*[2].

Recorrendo, com as devidas cautelas, a uma imagem de tipo físico, diríamos que os atos nulos já entraram nos domínios do Direito e dele devem ser expulsos, pelos vícios de que padecem. Acontece que alguns deles (os anuláveis ou relativamente nulos) podem ser recuperados e restituídos à saúde jurídica, enquanto que outros, os eivados de nulidade absoluta, sofrem de mal irremediável.

Já os atos inexistentes não chegam a ingressar no mundo jurídico, mas lhe batem às portas com pretensão de entrar. Mister é que sejam repelidos: é essa intencionalidade de ingresso, não obstante a carência de elementos formadores, que lhes dá uma *qualificação jurídica reflexa ou negativa*, para que sejam cerceados os efeitos pretendidos.

ATOS JURÍDICOS E NEGÓCIOS JURÍDICOS

Na grande classe dos atos jurídicos deve ser, desde logo, destacada, por sua fundamental importância, a categoria dos *negócios jurídicos*, que constituem um dos fulcros do Direito Privado.

Negócio jurídico é aquela espécie de ato jurídico que, além de se originar de um ato de vontade, implica a *declaração expressa*

---

2. Sobre a distinção entre atos nulos, anuláveis e inexistentes, v. Miguel Reale, *Revogação e Anulação do Ato Administrativo*, cit., págs. 61 e segs.

da vontade, instauradora de uma relação entre dois ou mais sujeitos tendo em vista um objetivo protegido pelo ordenamento jurídico.

Tais atos, que culminam numa relação intersubjetiva, não se confundem com os atos jurídicos em sentido estrito, nos quais não há acordo de vontades, como, por exemplo, se dá nos chamados atos materiais, como os da ocupação ou posse de um terreno, a edificação de uma casa no terreno apossado etc.

Um contrato de compra e venda, ao contrário, tem a forma específica de um negócio jurídico, mas este assunto só pode ser bem compreendido após o estudo das "relações jurídicas", objeto de nossas próximas aulas.

Pensamos que a doutrina tradicional que distingue os *fatos jurídicos* (*lato sensu*) *em fatos, atos e negócios jurídicos* é substancialmente certa, mas no negócio jurídico o elemento "relacional", potencial ou atual, é tão relevante que seu conceito será por nós firmado em seguida ao de relação jurídica[3].

QUESTÃO DE FATO E QUESTÃO DE DIREITO

Pode parecer que, tendo sido demonstrada a inexistência de fatos juridicamente puros, visto não ser possível determinar juridicamente um fato sem se recorrer às normas de direito que o qualifiquem, pode parecer que, assim sendo, não há possibilidade de se distinguir entre *questão de fato* e *questão de direito*.

A essa conclusão negativa chega o ilustre mestre Recaséns Siches, mas pensamos que não lhe assiste razão. Trata-se, aliás, de matéria da mais alta relevância, pois, se não houvesse distinção entre *questão de direito* (*direito em tese*) e *questão de fato*, ruiria toda a construção relativa ao sistema vigente no Brasil para uniformização da jurisprudência, admitindo, por exemplo, julgamento prévio do Tribunal pleno de 2.ª instância, quando suas Câmaras divergem sobre direito em tese. Da mesma índole é o *recurso extraordi-*

---

3. *Vide* págs. 215 e segs.

nário que a Constituição assegura também em hipóteses que não envolvem matéria de fato.

Tudo está em situar o assunto em dois momentos distintos. Para que haja "questão de fato" não é essencial que não se considerem problemas de direito, pois vimos que isto seria inviável. Questão de fato é atinente ao fato na sua existência (sobre se o fato *F* efetivamente se deu) e se o mesmo apresenta, à luz da prova produzida pelas partes, a configuração C, isto é, com tais ou quais elementos constitutivos. O reconhecimento de que o fato, que interessa ao Direito, não se explica segundo nexos causais não altera os dados do problema.

No fundo "questão de fato" equivale à "questão atinente à prova do fato que se deu", nada havendo de estranhável que, para a sua determinação, o juiz efetue juízo de valor, em função das normas aplicáveis à espécie, pois o que ele qualifica é uma situação de fato irreversível. Em verdade, a questão de fato versa sobre o que já foi feito ou já ocorreu, e que, como tal, se acha circunscrito, definitivamente, no espaço e no tempo. É a razão pela qual o fato não pode ter senão o "significado" correspondente aos *elementos que ficaram delimitados em sua estrutura espácio-temporal, com a sua objetiva e intocável "configuração histórica"*. A finalidade da prova é reconstituir o fato, assim entendido, mas, muito embora sobre os "elementos fatuais" ou subjacentes não haja divergência, pode haver enfoques jurídicos diversos.

A "questão de direito", ou "direito em tese", surge, propriamente, quando juízes diferentes, para resolver a mesma questão de fato, invocam normas jurídicas sobre cujo significado e alcance dão entendimentos diversos: a divergência não se desenvolve, pois, no plano fático ou da prova, mas no plano da "compreensão normativa", envolvendo pressupostos doutrinários e princípios. Daí falar-se em "direito em tese".

Devemos notar que às vezes a determinação jurídica do fato, para saber se estamos perante o fato F^1, ou então perante o fato F^2, pode suscitar questões de direito que condicionam, previamente, a determinação probatória.

Quer seja *prévia*, quer seja *posterior*, em relação à certificação probatória, parece-nos que é sempre possível distinguir a questão de direito, a qual pode ser posta com abstração do fato, cuja estrutura não se discute; ou então para saber, em tese, quais os requisitos que deve reunir um fato para ter ou não a qualificação pretendida pelas partes.

É claro que muitas vezes não é fácil, podendo mesmo ser extremamente difícil, extremar uma questão da outra. Em casos excepcionais, quando as questões de fato e de direito se acham estreita e essencialmente vinculadas, a tal ponto de uma exigir a outra, é sinal que existe algo a ser esclarecido em tese, sendo aconselhável o julgamento prévio do Tribunal, ou a admissão do recurso especial ou extraordinário, maioria que extrapola dos limites das presentes lições.

Capítulo XVII

DA RELAÇÃO JURÍDICA

Sumário: Noção de relação jurídica. Elementos da relação jurídica. Espécies de relações jurídicas — O negócio jurídico.

NOÇÃO DE RELAÇÃO JURÍDICA

Os fatos e, mais especificamente, os atos humanos podem se apresentar como *relações jurídicas*, que não são quaisquer relações sociais, mas tão-somente aquelas que reúnem diversos requisitos previstos na lei e em outras normas jurídicas.

Um dos elementos essenciais da experiência jurídica é representado pela *relação jurídica*, cujo conceito é fundamental na Ciência do Direito, tendo sido estabelecido, de maneira mais clara, por F. C. Savigny, no decorrer do século XIX. Alguns juristas sustentam mesmo que a Ciência do Direito se apresentou não apenas como ciência autônoma, mas como ciência que já atingira a maturidade, no instante em que Savigny situou de maneira precisa o conceito de relação jurídica. Jhering chegou a dizer que a relação jurídica está para a Ciência do Direito como o alfabeto está para a palavra.

Muito embora o conceito de "relação jurídica" não desempenhe, hoje em dia, o mesmo papel que lhe foi conferido, até bem pouco tempo, dado o reconhecimento de outras categorias jurídicas não menos relevantes, não deixa ela de ser um tema básico da Teoria Geral do Direito.

Todas as ciências implicam relações. O químico, o físico, o astrônomo estudam, indiscutivelmente, relações entre fatos antecedentes, conseqüentes ou, então, concomitantes. Era, pois, preciso delimitar o campo das relações que pertencem propriamente ao domínio da Ciência do Direito. Esse campo, uma vez delimitado, importa, *ipso facto*, na delimitação de um objeto próprio, que permite a caracterização da Jurisprudência[1] como uma ciência inconfundível com qualquer outra, mesmo com aquelas que mais lhe são afins.

Que devemos entender pela expressão "relação jurídica"? Em primeiro lugar, trata-se de uma espécie de relação social. Os homens, visando à obtenção de fins diversos e múltiplos, entram em contato uns com os outros. Há uma infinidade de laços prendendo os homens entre si, mas nem todos são de natureza jurídica. A rigor, ninguém se relaciona na sociedade visando a fins estritamente jurídicos. São fins morais, religiosos, econômicos, estéticos, artísticos, utilitários, que determinam a conduta humana.

O Direito é mais um instrumento de vida do que finalidade de vida. Quando os romanos ensinavam que a Justiça é *"fundamentum regni"*, estavam, por certo, vendo um aspecto efetivo do problema, ou seja, o Direito como condição de vida visando à realização de fins não-jurídicos. Talvez a grandeza da Justiça consista exatamente no fato de ser fundamento para o desenvolvimento das demais virtudes.

Ora, se o homem, na sociedade, não objetiva a fins estritamente jurídicos, mas, ao contrário, fins múltiplos, devemos reconhecer que nem todas as relações são jurídicas, embora possam, às vezes, reunir duas ou mais pessoas através de vínculos estáveis e objetivos.

Quais das relações sociais devem ser tidas como jurídicas? Podemos dizer que há dois enfoques principais a considerar. De acordo com a teoria tradicional, baseada numa concepção individualista do Direito, as relações jurídicas seriam relações sociais postas por si mesmas, apenas *reconhecidas* pelo Estado, com a finalidade de protegê-las.

---

1. Como dissemos inicialmente, emprego a palavra *Jurisprudência* (com J maiúsculo) como sinônimo de Ciência do Direito.

Prevalece, hoje em dia, uma concepção operacional do Direito, não se atribuindo mais ao Estado a mera função de reconhecer e amparar algo já estabelecido pelo livre jogo dos interesses individuais. Ao contrário, o Estado, baseado, é claro, nos dados do processo social, *instaura modelos jurídicos* que condicionam e orientam o constituir-se das relações jurídicas. Não raro estas se constituem porque o ordenamento jurídico as configura, como se dá, por exemplo, no caso das *relações fiscais*, pois é evidente que só há relações entre Fisco e contribuintes porque as leis as instauram. Elas não estão imanentes às relações sociais... Esta observação serve, aliás, para demonstrar o redondo equívoco dos que reduzem o Direito à conduta, como pretende Cossio.

Quer, porém, se entenda que as relações jurídicas são *reconhecidas* pelo Estado, ou que surjam *também* em virtude de ato constitutivo do Estado, o certo é que não há que falar em relação jurídica se não houver um fato correspondente a normas de direito, de conformidade com o seguinte princípio básico: "Os fatos e relações sociais só têm significado jurídico inseridos numa estrutura normativa".

A regra jurídica pode ser vista, mas só por abstração, como uma cobertura protetora da conduta humana e dos processos de sua estruturação e garantia. Poderíamos dizer, apenas para facilitar a exposição, que as normas jurídicas projetam-se como feixes luminosos sobre a experiência social: e só enquanto as relações sociais passam sob a ação desse facho normativo, é que elas adquirem o significado de "relações jurídicas"[2].

Vimos que toda a regra enuncia algo que deve ser realizado de maneira garantida, implicando exigibilidades intersubjetivas, que, quando não são sinalagmáticas (correlatas ou correspectivas, como

---

2. Desnecessário é salientar, à vista do que foi exposto, que as normas jurídicas, que atribuem juridicidade a esta ou àquela relação, só o fazem por terem sido previamente "modeladas" em função da experiência social. Poder-se-ia dizer que a *norma jurídica nasce do fato social e ao fato social se destina*. No fundo, é o sentido das palavras de Feuerbach, referindo-se à construção normativa: "em certo ponto, devo sair do positivo para tornar a entrar no positivo".

nos contratos) devem obedecer a uma *proporção objetiva*. Trata-se de um modelo que se aplicará, ou não, a certas manifestações sociais, a determinados tipos de conduta humana. Quando uma relação de homem para homem se subsume ao modelo normativo instaurado pelo legislador, essa realidade concreta é reconhecida como sendo relação jurídica.

Dois requisitos são, portanto, necessários para que haja uma relação jurídica. Em primeiro lugar, uma relação intersubjetiva, ou seja, um vínculo entre duas ou mais pessoas. Em segundo lugar, que esse vínculo corresponda a uma hipótese normativa, de tal maneira que derivem conseqüências obrigatórias no plano da experiência. O trabalho do jurista ou do juiz consiste propriamente em qualificar juridicamente as relações sociais de conformidade com o modelo normativo que lhes é próprio.

Quando o advogado redige uma petição inicial, ele, geralmente, faz, em primeiro lugar, uma exposição dos fatos; em seguida, invoca as normas que julga aplicáveis à experiência social configurada, e, em terceiro lugar, pede aquilo que pretende seja a conseqüência derivada da adequação do fato à norma.

Pode ocorrer um fato que envolve a relação de duas ou mais pessoas, sem que, todavia, chegue a se caracterizar como fato jurídico, por inexistir norma adequada, explícita ou implícita. Vou dar um exemplo típico extraído do Direito Penal, onde a adequação entre o evento e a regra deve obedecer a requisitos rigorosos. No campo do Direito Civil e outros ramos do Direito, muitas vezes a qualificação jurídica das relações se opera por analogia. No Direito Penal, entretanto, isso não é possível. Ou existe a norma própria, específica para o caso, ou não se deverá considerar como relação jurídica penal a que está sendo apreciada.

Vejamos o exemplo que nos oferece Carlos Cossio. Em Buenos Aires, um soldado precisava chegar, à hora certa, a seu quartel, e, não encontrando condução disponível, num ato de desespero, por pensar na punição que ia sofrer, apossou-se de um automóvel abandonado, seguindo a toda velocidade para a caserna. Lá chegando, já havia sido dado o alarma, e foi preso.

Eis aí um fato, uma porção de experiência humana, na qual estão diretamente envolvidas duas pessoas: o soldado que se apossou do carro, e o dono do veículo, cada qual a reclamar o seu direito e a expor suas intenções. Como caracterizar essa porção da realidade humana em face das normas penais? No Código Penal argentino, tal como ocorre no Brasil, no regime do Código de 1940, não existe a figura delituosa do furto de uso. Defendeu-se o militar alegando que não tivera intenção de apoderar-se da coisa para torná-la sua, porquanto o seu desejo era apenas de usá-la a fim de realizar um objetivo, tal como o seu procedimento todo confirmava; de maneira que ele, se furtara alguma coisa, furtara o uso, não havendo norma penal prévia que pudesse atingi-lo. Poderia haver uma relação jurídica civil ou uma relação jurídica disciplinar, do ponto de vista dos Regulamentos do Exército, mas não uma infração penal típica. Poderia o proprietário cobrar indenização pelo uso indébito do seu veículo, mas jamais pretender a cominação de uma pena restritiva da liberdade, com fundamento no Código Penal. E assim foi resolvido.

Para que haja, portanto, relação jurídica penal, é necessário que, de maneira precisa e típica, coincidam os atos praticados com a hipótese prevista numa regra jurídica tipicamente adequada. É por isso que continuam sempre válidos dois brocardos jurídicos penais correlatos: *nullum crimen sine lege, nulla poena sine lege*. Acrescenta-se com razão: *nenhum crime sem tipicidade*.

Muito embora nas demais esferas do Direito não se exija igual rigorismo quanto à adequação entre a "tipicidade do fato" e a "tipicidade da norma", o certo é que não há relação jurídica sem norma, implícita ou explícita, que como tal a qualifique.

ELEMENTOS DA RELAÇÃO JURÍDICA

Em toda relação jurídica destacam-se quatro elementos fundamentais:

a) um *sujeito ativo*, que é o titular ou o beneficiário principal da relação;

b) um *sujeito passivo*, assim considerado por ser o devedor da prestação principal;

c) o *vínculo de atributividade* capaz de ligar uma pessoa a outra, muitas vezes de maneira recíproca ou complementar, mas sempre de forma objetiva;

d) finalmente, um *objeto*, que é a razão de ser do vínculo constituído.

Chamamos de *sujeito ativo* o credor da prestação principal expressa na relação. Por exemplo, no caso de um contrato de mútuo, sujeito ativo é quem empresta certa quantia em dinheiro e tem o direito de ser pago dentro de certo tempo e em determinadas condições.

Já o *sujeito passivo* é a pessoa física ou jurídica que se obriga a realizar a prestação, como seria o devedor ou o mutuário no contrato acima referido.

Tivemos o cuidado de afirmar que o sujeito ativo é o titular da prestação principal. Não usamos o adjetivo principal sem motivo. Uma relação jurídica é sempre um vínculo entre duas ou mais pessoas, e toda pessoa que se insere em uma relação jurídica tem sempre direitos e deveres, e não apenas direitos, ou não apenas deveres.

O sujeito ativo é aquele em função do qual existe a obrigação ou a prestação principal, mas isto não elide que ele também tenha deveres, correlatos ou não.

O sujeito passivo é passivo no sentido de dever a prestação principal, mas isso não exclui que ele também tenha direito de exigir algo em sentido complementar. Um exemplo esclarecerá bem esta matéria.

Se Pedro é devedor de cinco mil reais em virtude de uma letra de câmbio, é obrigado a pagar o débito no vencimento. Sob esse prisma, ele é o sujeito passivo. Sucedendo, entretanto, que o credor queira antecipar o pagamento previsto no título, assistirá então ao devedor o direito de pagar apenas na data do vencimento, e não antes. Terá ainda o devedor o direito de pagar em São Paulo, se este for o lugar do pagamento e, não, em Amsterdam ou em Buenos Aires. Imaginem os senhores que alguém se disponha a pagar um débito de cem mil reais e o credor responda: "quero que o senhor me pague em dólares, em Nova York"...

É claro que o devedor é sujeito passivo segundo a linha da prestação principal, o que não lhe tira, entretanto, a possibilidade de atuar ativamente nos elementos complementares da mesma prestação.

O *vínculo de atributividade* é, por assim dizer, a concreção da norma jurídica no âmbito do relacionamento estabelecido entre duas pessoas. É o vínculo que confere a cada um dos participantes da relação *o poder de pretender ou exigir algo* determinado ou determinável. Quando alguém tem uma *pretensão* amparada por norma jurídica, diz-se que tem *título* para o *status* ou o ato pretendido, ou, por outras palavras, que está *legitimado* para exigir o seu direito ou praticar o ato.

Não se esqueçam dessas duas noções correlatas de *título* e *legitimação*, pois se trata de matéria fundamental. Ninguém pode dizer-se, por exemplo, proprietário de um terreno se a sua *pretensão* não estiver amparada por um *vínculo* normativo que lhe *atribua* efetivamente o domínio: é esse vínculo que lhe confere o *título* de proprietário e *legitima* os atos praticados nessa qualidade.

Ora, o *vínculo de atributividade*, que gera os *títulos* legitimadores da posição dos *sujeitos* numa relação jurídica, pode ter várias origens. No exemplo dado de um contrato de mútuo, o *vínculo de atributividade* é representado pelo *contrato*, em virtude do qual duas vontades se ligam para a consecução de um empréstimo. Desde que o negócio jurídico tenha sido estipulado segundo forma prevista ou não defesa em lei, o acordo de vontade entre o mutuante e o mutuário gera um *vínculo atributivo* de pretensões legítimas, fixando o âmbito das exigibilidades entre as pessoas que integram a relação. Tão íntima é, aliás, a correlação entre "vínculo de atributividade" e "título" que, não raro essas expressões se empregam como sinônimas. Por um fenômeno comum de translação de significado, ocorre mesmo que passou a ser chamado "título" também o documento comprobatório do direito atribuído a uma pessoa. Quanto mais progredirem em seus estudos, mais se enriquecerão com os matizes da língua jurídica, pois, já o dissemos, há uma correlação essencial entre a ciência e a sua linguagem, o seu repertório de sinais e o respectivo significado.

Quanto ao *objeto* de uma relação jurídica, é ele o elemento em razão do qual a relação se constitui, e sobre o qual recai tanto a exigência do credor como a obrigação do devedor, podendo ser uma coisa (uma casa, por exemplo) ou uma *prestação* (como a de pagar X no dia Y) ou então a própria *pessoa*, como nos direitos pessoais.

Há autores, como Legaz y Lacambra e Recaséns Siches, que contestam possa uma pessoa ser *objeto* de direito. Tudo está em considerar a palavra "objeto" apenas no seu sentido lógico, ou seja, como a razão em virtude da qual o vínculo se estabelece. Assim, a lei civil atribui ao pai uma soma de poderes e deveres quanto à pessoa do filho menor, que é a razão do instituto do pátrio poder.

O que não se pode admitir é que a relação jurídica se estabeleça entre uma pessoa e uma coisa: *só pessoas podem ser sujeitos de uma relação jurídica, e sem duas ou mais pessoas ela não se constitui.* É o que afirma, com acerto, a chamada "teoria dos dois sujeitos", que melhor se denominaria "teoria intersubjetiva da relação jurídica".

Note-se que, nos direitos obrigacionais, o objeto da relação é sempre uma *prestação* (um ato a que se obriga o sujeito passivo) e não a coisa porventura necessária à execução do avençado. Assim, no exemplo do mútuo, o objeto é o *empréstimo e o respectivo pagamento*, e não a moeda. Clóvis Beviláqua diz que é a moeda, mas, a nosso ver, esta é apenas o "objeto mediato" do mútuo. Somente nos direitos reais, a relação tem como objeto imediato uma coisa (*res*).

Há autores que lembram ainda a norma ou a sanção como elementos da relação jurídica, mas ambos são antes pressupostos de qualquer forma de experiência jurídica. Pelas mesmas razões não tem sentido dizer que o *fato* é um elemento da relação jurídica.

Pois bem, nem sempre os elementos constitutivos de uma relação jurídica se apresentam tão claramente identificáveis, como no exemplo que demos. Relações jurídicas há que aparentemente não têm sujeito ativo, assim como outras existem cujo sujeito passivo também parece inexistir. Pense-se, por exemplo, no direito de propriedade. Pedro possui um imóvel e dele usa, conforme é disciplinado nas leis civis e lhe assegura a Constituição. No direito de propriedade, entretanto, parece inexistir o sujeito passivo. A relação jurídica parece estabelecida entre o proprietário e a coisa de maneira direta e imediata, não se percebendo claramente a existência de outro sujeito.

Esse problema tem preocupado a muitos mestres empenhados na caracterização rigorosa do direito de propriedade ou do direito real. Bem analisada a questão, entretanto, esse tipo de relação tem o sujeito passivo subentendido ou em potência. Sujeito passivo, nas relações de direito real, é a comunidade toda. O direito real é direito *erga omnes*, ou seja, oponível a todos. Se o proprietário exerce o direito de propriedade sobre um imóvel, ele está garantido no seu exercício contra a indébita interferência de todos os demais membros da comunidade.

Uma das características do direito de propriedade é o uso ou o exercício de um direito sobre uma coisa, com exclusão de todos os demais. *É, ao mesmo tempo, um ter e um excluir.* É, portanto, a comunidade mesma o sujeito passivo dessa relação. Como dissemos aparentemente não existe sujeito passivo, mas há um sujeito passivo virtual que poderá a qualquer momento surgir, como no caso de invasão do prédio por quem dele queira se apossar.

Quando qualquer membro da comunidade se destaca para invadir a propriedade, assiste ao titular do domínio, ou da posse, o direito de repeli-lo incontinenti a fim de salvaguardar a sua situação jurídica. Nesse momento, o direito de propriedade apresenta palpáveis os dois sujeitos, que já existem, no entanto, na virtualidade da situação da comunidade perante o titular.

Em outros casos, diz-se que não há o sujeito ativo, como, por exemplo, aconteceria com as fundações, que são patrimônios individualizados, postos à disposição de uma finalidade social, sem implicar propriamente a constituição de um sujeito.

No Direito brasileiro, todavia, como alhures, as fundações são entidades autônomas que, como tais, atuam na sociedade, assumem obrigações, compram, vendem e comparecem a Juízo, como se fossem pessoas físicas, de carne e osso: são pois sujeitos de direito, *pessoas jurídicas*, cuja natureza mais tarde analisaremos.

Quanto ao vínculo de atributividade, é evidente que ele não poderá deixar de existir, nem há jurista algum que haja levantado a hipótese de uma relação jurídica sem um laço que ligue duas ou mais pessoas, embora seja errôneo dizer-se que em toda relação haja prestação e contraprestação recíprocas. Se assim fosse, toda relação jurídica seria de tipo *contratual*.

E, finalmente, temos o problema do *objeto*. Em que consiste o objeto de uma relação jurídica?

Objeto de uma relação jurídica pode ser uma *pessoa*, uma *prestação*, ou uma *coisa*. No pátrio poder, como já salientamos, fácil é perceber que a relação jurídica se opera entre a pessoa do pai e a dos filhos. E uma pessoa mesma que se põe como objeto da relação. Nos contratos e no direito obrigacional, em geral, o objeto propriamente dito é a *prestação*, muito embora essa prestação se concretize através de algo de material. Temos, finalmente, como objeto uma coisa, o que acontece especialmente no campo dos direitos reais.

Daí dizermos que o objeto é aquilo sobre que incide o vínculo de atributividade. Daí também a distinção que se pode fazer do Direito, segundo o seu objeto — pessoa, coisa e prestação — em *Direito pessoal*, *Direito real* e *Direito obrigacional*.

Teixeira de Freitas sustentava que só existem duas classes de Direito: ou o Direito é das pessoas, obrigacionais inclusive, ou é das coisas. Entendemos, no entanto, que a divisão tricotômica obedece a critério mais rigoroso, não sendo possível reduzir os direitos pessoais, — como por exemplo, os direitos ao próprio nome e imagem e todos os que versam sobre relações pessoais de família, — à categoria das relações obrigacionais.

Além disso, enquanto os direitos pessoais são *absolutos*, no sentido de serem oponíveis *erga omnes*, — no que se assemelham aos direitos reais, — os direitos obrigacionais são *relativos*, oponíveis apenas aos que participam da relação.

ESPÉCIES DE RELAÇÕES JURÍDICAS — O NEGÓCIO JURÍDICO

Há tantos tipos de relações jurídicas quantas possam ser as variações dos fatos sociais e de sua disciplina normativa.

Que é que nos diz se uma relação jurídica é civil, ou penal, ou, então, comercial? Às vezes, basta a mera referência à norma para, através de sua adequação ao fato, identificar-se a natureza da relação. Outras vezes, entretanto, o estudo exige observações mais complexas. Nem sempre a forma da relação decide de sua natureza. É possível que, no plano das atividades civis, duas ou mais pessoas constituam, por exemplo, uma sociedade desportiva, dando-lhe, entretanto, uma forma de sociedade por quotas de responsabilidade limitada, que é tipicamente da lei mercantil.

Não há nada que impeça a transposição para o plano da vida civil dos tipos clássicos de sociedade comercial. A forma comercial não dará, entretanto, o caráter de comercialidade às relações, se o seu conteúdo e a sua natureza social forem do tipo civil, salvo no caso das sociedades anônimas, que são sempre comerciais, pois a forma no Direito, às vezes, *dat esse rei*, dá ser à coisa.

Nem sempre basta, portanto, a forma para caracterizar as relações, porquanto será sempre necessário o exame do fato social, em si, nas suas notas próprias e peculiares. Em resumo, a caracterização de uma relação dependerá tanto de norma aplicável *à espécie*, ou seja, à espécie do caso em exame, como da natureza do fato social em si e do fim que se tem em vista com a prática do ato.

Com relação ao *objeto* podemos distinguir as relações jurídicas em *pessoais*, *obrigacionais* e *reais*, as quais se subdividem em múltiplas categorias, cujo estudo se confunde com a Ciência do Direito, assumindo as mais diversas configurações correspondentes a situações em permanente transformação.

Convém, todavia, lembrar a distinção fundamental entre *relações de Direito Público e relações de Direito Privado*, muito embora o critério por nós adotado para distingui-las (maior ou menor interesse imediato pelo bem social ou particular que as determina) esteja também sujeito a freqüentes mutações históricas. Em nenhuma época da história houve, como na presente, tanta migração de relações intersubjetivas do Direito Privado para o Público, como sinal alarmante da burocratização estatal da vida humana, o que é grave, pois as relações de Direito Público se caracterizam por enlaces de *subordinação* ou *sujeição*, enquanto que as privadas se distinguem pela *coordenação* das vontades num plano de *paridade*.

Felizmente, têm-se desenvolvido, paralelamente, as formas de relações obrigacionais de tipo negocial, mais sucintamente denominadas *negócios jurídicos*, nos quais a relação resulta diretamente da vontade manifestada ou exteriorizada na forma da lei, sendo inseparável da vontade declarada.

Desde que haja manifestação de vontade, por parte de quem tenha legitimação para fazê-lo, constitui-se o negócio jurídico, cujo conteúdo só indiretamente resulta da lei. Daí existir em todo negócio jurídico, tal como o salienta Angelo Falzea, uma correspondência e até mesmo uma variação concomitante entre o conteúdo específico do ato e a qualidade específica do efeito. Onde não há essa correspondência, pode haver ato jurídico lícito, mas não haverá ato negocial. É preciso, com efeito, discriminar, no negócio jurídico, dois elementos que nem sempre são claramente distintos, a saber:

a) uma declaração de vontade que instaura uma situação jurídica capaz de produzir efeitos externos ao seu autor;

b) a subordinação dos efeitos dessa situação às cláusulas e condições constantes da declaração por ele feita.

Donde poder-se dizer que negócio jurídico é o ato jurídico pelo qual uma ou mais pessoas, em virtude de declaração de vontade, instauram uma relação jurídica, cujos efeitos, quanto a elas e às demais, se subordina à vontade declarada, nos limites consentidos pela lei. Como se vê, todo negócio jurídico culmina numa relação jurídica, ou abre possibilidade para instituí-la.

Por outro lado, todo negócio jurídico deve ter em mira atingir um resultado prático, que já pode estar configurado num modelo legal (*negócio jurídico típico*) ou, então, representar algo de novo, não previsto pela legislação, mas compatível com ela (*negócios jurídicos atípicos*). Não é necessário, por outro lado, que a vontade exteriorizada coincida, ponto por ponto, com o fim prefigurado no negócio, bastando que entre os efeitos práticos visados e a decisão volitiva haja um nexo de razoável adequação.

Enquanto, pois, certos atos produzem efeitos *independentemente da vontade de quem age*, nos negócios jurídicos, ao contrário, os efeitos são, intencionalmente, *queridos pelo agente*. Em virtude da declaração ou manifestação da vontade, — o que pressupõe, por conseguinte, o reconhecimento da *autonomia da vontade* pelo ordenamento jurídico do País, — podemos constituir, modificar ou extinguir determinados tipos de relações jurídicas, disciplinando os nossos interesses, nos limites e em função do interesse social. São os negócios jurídicos que exigem, consoante resultado já exposto, sujeito capaz legitimado para o ato, manifestação expressa da vontade, objeto lícito (o que equivale a dizer *causa lícita*, em razão do fim visado) e forma prescrita ou não vedada em lei, resultando da reunião desses elementos a atribuição de algo a alguém. Além desses requisitos gerais há outros que variam segundo a natureza de cada modelo negocial (*naturalia negotii*).

Não seria possível, nestas aulas de caráter introdutório, proceder a uma análise das várias espécies de negócios jurídicos. Vamos limitar-nos, pois, a algumas distinções básicas.

Em primeiro lugar, cabe distinguir os negócios jurídicos em *unilaterais* ou *bilaterais*, estes também chamados *sinalagmáticos*. Como as palavras mesmas estão dizendo, aqueles pressupõem apenas *uma declaração de vontade*, como nos casos de doação, testamento ou renúncia; os segundos nascem do encontro ou correspondência de duas ou mais vontades exteriorizadas, como ocorre nos contratos.

Há negócios jurídicos *solenes*, quando a lei exige para a sua validade o adimplemento de formas determinadas, sendo a forma da substância mesma do ato. Outras vezes se exige forma especial, como, por exemplo, a celebração do negócio *por escrito*, mas com a possibilidade de poder-se prová-lo por outros modos de direito. A exigência da forma pode ser, desse modo, *ad substantiam*, ou *ad probationem*. Mas pode haver negócios jurídicos desprovidos de qualquer formalidade, como se dá quando compro um jornal, ou concluo uma locação sem contrato.

Negócios há que se dizem *mortis causa*, por só produzirem efeitos após a morte do agente, e *inter vivos*, todos os demais. Outros são a *título gratuito* ou a *título oneroso*, de conformidade com a existência ou não de contrapartida: a doação é exemplo dos primeiros; a compra e a venda, dos segundos.

Nessa relação, que visa apenas mostrar como o Direito se esmera na determinação dos *valores conceituais*, tipificando e modelando as formas de conduta humana, lembramos uma última distinção, entre *negócios causais* e *negócios abstratos*. Nos primeiros a individuação da *causa* determinante da vontade é essencial ao negócio, sendo necessário que ela possa ser individualizada, ou por outras palavras, que possa ser determinado o fim prático em virtude do qual o negócio se conclui. Há negócios, porém, que, por sua natureza, como na hipótese de uma letra de câmbio, o elemento causal fica em plano secundário, prevalecendo a relação constante do título, sem se indagar de sua origem: são os *negócios abstratos*, que surgem das necessidades do crédito e da dinâmica de circulação das riquezas.

É mais um exemplo do que já temos dito e repetido: os tipos ou modelos jurídicos não são construções cerebrinas, mas resultam de exigências práticas, como configurações ou estruturas normativas da experiência jurídica em sua concretude. A forma jurídica, por conseguinte, não se acrescenta à realidade social, como algo de concebido artificialmente para ajustar-se-lhe externamente, mas brota antes da íntima estrutura dos fatos postos à prova pelos homens empenhados na consecução de seus valores existenciais.

Capítulo XVIII

SUJEITO DE DIREITO E PERSONALIDADE JURÍDICA

> Sumário: Personalidade e capacidade. Das pessoas jurídicas. Pessoas jurídicas de Direito Público Interno. Pessoas jurídicas de Direito Privado.

PERSONALIDADE E CAPACIDADE

O ordenamento jurídico destina-se a reger as relações sociais entre indivíduos e grupos. As pessoas, às quais as regras jurídicas se destinam, chamam-se *sujeitos de direitos*, que podem ser tanto uma pessoa natural ou física quanto uma *pessoa jurídica*, que é um ente coletivo.

Na exposição feita no primeiro semestre, tivemos ocasião de mostrar que o Direito é uma ordenação bilateral atributiva das relações sociais na medida do bem comum. Isto quer dizer que, em toda relação jurídica, duas ou mais pessoas ficam ligadas entre si por um laço que lhes atribui, de maneira proporcional ou objetiva, poderes para agir e deveres a cumprir.

O titular, ou seja, aquele a quem cabe o *dever a cumprir* ou o *poder de exigir*, ou ambos, é que se denomina sujeito de direito. Refletindo esta ordem de noções é que o Código Civil de 2002 logo no art. 1.º estabelece cristalinamente o seguinte:

> "Toda pessoa é capaz de direitos e deveres na ordem civil".

O art. 2.º, completando essa matéria de tão grande relevo para a civilização e para a cultura jurídica, dispõe que:

> "A personalidade civil da pessoa começa do nascimento com vida; mas a lei põe a salvo, desde a concepção, os direitos do nascituro".

Esses dois preceitos formam como que o pórtico da legislação civil dos povos modernos. Representam eles o resultado de uma longa e trabalhosa evolução histórica. Dizer que todos os homens, via de regra, sem distinção de nacionalidade, são titulares de direitos e obrigações na ordem civil é afirmar uma conquista da civilização.

Nem sempre foi assim, evidentemente. Não precisamos remontar aos povos primitivos, às sociedades ainda em formação, quando nem mesmo se podia vislumbrar a idéia de pessoa ou de personalidade. Se nos limitarmos ao mundo clássico, podemos verificar que nem todos os homens foram tidos como pessoas, ou titulares de direitos. Havia escravos e homens livres. A idéia mesmo de liberdade civil, que nos parece conatural ao homem, pelo simples fato de ser homem, tinha um valor secundário resultante de uma situação política. O grego ou o romano não eram livres por serem homens, mas sim, por serem cidadãos de Atenas ou de Roma. O *status libertatis* era uma decorrência do *status civitatis*. O ateniense e o romano deviam, em primeiro lugar, satisfazer a certos requisitos de pertinência à sua cidade politicamente organizada, ou seja, à *polis* ou a *civitas romana*. O elemento fundamental, que dava a um indivíduo a sua qualidade de pessoa, era o elemento "grupalista", ou seja, o elemento político. Somente aquele que tinha poderes para deliberar numa assembléia, votando e resolvendo em nome da *polis*, é que podia exercer direitos na ordem privada. Enquanto que para o homem moderno o que há de fundamental é a liberdade civil, tanto ou mais que a própria liberdade política, no mundo antigo dava-se uma inversão, porquanto a liberdade, no plano dos direitos civis comuns, só era possível a quem possuísse preliminarmente a condição de cidadania. Na escala dos valores modernos podemos dizer que a cidadania, se não vem depois pelo menos está ao nível da liberdade civil, enquanto que na antiguidade clássica a cidadania primava sobre a liberdade privada. *Privado*, em grego, era *idiotes*, aquele que, no famoso discurso de Péricles, só cuidava de si, em detrimento do bem comum. Significativa é a derivação da palavra "idiota", o privado de senso...

O estudo do *status libertatis* constitui um dos capítulos mais belos do Direito clássico, notadamente em virtude dos esclarecimentos que fornece à teoria do Direito Constitucional. Já sabem os senhores, por certo, a esta altura dos estudos de Direito Romano, que a família romana era uma entidade complexa, ético-política e não apenas uma instituição ético-biológica, como é em nossos dias. A família romana era uma entidade política na qual o *pater familias* exercia um feixe de poderes ou de funções. Dentro dessa unidade política de natureza familiar nem todos possuíam igual liberdade no plano civil. Apenas o *pater familias* podia livremente adquirir bens e deles dispor, isto é, constituir o seu patrimônio e desenvolvê-lo. O *filius familias* não tinha essa independência jurídica, impedido, nos primórdios do Direito Romano e durante longa fase do seu desenvolvimento, de possuir algo de próprio. Foi aos poucos que se atribuiu ao *filius familias* o direito de ter certos bens, a começar do pecúlio castrense que lhe advinha do fato de ter prestado serviço militar.

Este exemplo nos mostra que foi através de longa evolução histórica que os homens vieram se emancipando dos grupos a que pertenciam. É um processo que nós poderemos chamar de *integração social*, graças ao qual se operam, concomitantemente, dois fenômenos complementares: a atribuição progressiva de *poderes autônomos e iguais* aos indivíduos como tais; e a constituição de uma estrutura jurídica superior capaz de *garantir* essa autonomia.

A sociedade é, primitivamente, amorfa, no sentido de que apresenta poucas diferenças internas, mas, aos poucos, a divisão do trabalho vai se operando, até que, com o crescer da civilização, a cada homem como que corresponde uma certa tarefa, ou situação. A esse trabalho de discriminação progressiva das vocações e das atividades corresponde um outro fenômeno de natureza centrípeta, que se traduz na constituição de um *sistema de garantias* que representa a essência da vida pública e jurídica.

Quanto mais os indivíduos adquirem autonomia na sua capacidade de agir, segundo tendências próprias e peculiares, tanto mais se estabelecem ligações comuns de natureza objetiva ou transpessoal tendentes a garantir a livre coexistência das iniciativas privadas.

Quando se atinge certo grau de evolução é que se proclama, como na Revolução Francesa, que todos os homens nascem livres e iguais, afirmando-se de forma solene, e com projeção universal, aquilo que já fora proclamado por ocasião da independência norte-americana, com a Declaração de Filadélfia, que o homem vale como sujeito de direitos e deveres tão-somente pelo fato de ser homem. Ainda assim, apesar de tudo, existem certas restrições, não somente no plano da ordem civil, mas também no que se refere ao Direito Político.

Se todos são iguais no concernente aos direitos fundamentais da ordem civil, o mesmo não acontece no tocante à cidadania. Sabem os senhores que nem todos podem ser eleitores, votar e ser votados. Ainda se reserva ao brasileiro nato ou naturalizado o direito do voto, limitando a atual Constituição o exercício de certos cargos públicos, como o de Presidente da República, tão-somente aos nascidos no Brasil. Em confronto, todavia, com a maioria dos povos, nossa posição é das mais avançadas quanto ao reconhecimento dos direitos civis e políticos aos estrangeiros.

Vêem os senhores, portanto, como é importante na história da cultura e do Direito, o referido art. 2.º, que, na sua singeleza, declara algo que parece tão evidente, ou seja, que todo o homem é capaz de direitos e obrigações na ordem civil.

Todo homem, mas tão-somente o homem, é capaz de direitos e obrigações. Não pode ser sujeito de direitos uma coisa, nem tampouco um animal irracional. Já houve tempo em que se atribuíram direitos aos animais, mesmo sem se falar no episódio ridículo de Calígula garantindo situações excepcionais a seu cavalo, ou, ainda, sem fazer referência ao tirano renascentista que obrigava todos os seus concidadãos a saudar com reverência o seu chapéu...

Na Idade Média era freqüente o caso de se processar um animal, ou de se apurar a responsabilidade das coisas, o que pareceria absurdo ou aberrante a qualquer homem do povo, em nossos dias. Os processos das feiticeiras muitas vezes envolviam as vassouras, às quais se atribuíam qualidades ou aptidões que somente poderiam ser purificadas através de um julgamento especial. Tais fatos estranhos representam momentos da evolução jurídica, sendo hoje unânime o consenso de que tão-somente o homem é sujeito de direitos. Mas se assim é, como se explicam os dispositivos legais que protegem os animais irracionais e as plantas?

Há uma Sociedade Protetora dos Animais e, toda a vez que um indivíduo esteja mostrando a perversidade de seus instintos, causando sofrimentos a um animal, poderá ser processado. Com isso não se estaria reconhecendo, de certa forma, o direito do animal à própria vida ou integridade? Não. Na realidade, quando se protege um animal, não se lhe reconhece um direito, mas apenas se respeitam os valores de afetividade, de "bons sentimentos" que é um apanágio dos homens civilizados. A proteção dispendida aos animais visa, desse modo, à salvaguarda de certos princípios de ordem moral sem os quais os homens se reduziriam aos próprios irracionais. O mesmo ocorre quando as normas legais, inclusive de caráter constitucional, mandam que se respeitem as plantas, os monumentos ou as paisagens.

Estabelecida, assim, a significação ética e histórica do que seja sujeito de direito, devemos acrescentar que todo sujeito de direito é também uma pessoa. Também a palavra "pessoa" guarda o segredo de seu significado. *Persona* era a máscara usada pelos artistas no teatro romano — do qual, por sinal, não participavam as mulheres — a fim de configurar e caracterizar os tipos ou "personagens" e, ao mesmo tempo, dar maior ressonância à voz. O símile é feliz, pois a "pessoa" é a dimensão ou veste social do homem, aquilo que o distingue e o "presenta" e projeta na sociedade, para que ele possa ser, de maneira autônoma, o que corresponde às virtualidades de seu ser individual. Pessoa é, por outras palavras, a dimensão atributiva do ser humano, ou seja, a qualificação do indivíduo como ser social enquanto se afirma e se correlaciona no seio da convivência através de laços éticos-jurídicos, tendo o Código Civil de 2002 todo um Capítulo dedicado aos *direitos da personalidade* (arts. 11 a 21).

A idéia de pessoa é fundamental tanto no domínio da Ética como no campo estrito do Direito. A criatura humana é pessoa porque vale de per si, como centro de reconhecimento e convergência de valores sociais. A personalidade do homem situa-o como ser autônomo, conferindo-lhe dimensão de natureza moral. No plano jurídico a personalidade é isto: a *capacidade genérica de ser sujeito de direitos*, o que é expressão de sua autonomia moral.

Em sentido amplo, poderíamos estabelecer uma sinonímia entre "personalidade" e "capacidade". A personalidade é a capacidade *in abstracto* de ser sujeito de direitos ou obrigações, ou seja, de exercer determinadas atividades e de cumprir determinados deveres decorrentes da convivência em sociedade.

O conceito de capacidade, em sentido estrito e próprio, não se confunde, porém, com o de personalidade. A palavra "capacidade" por si mesma está dizendo que ela indica uma extensão do exercício da personalidade, como que a *medida da personalidade em concreto*.

Personalidade todos os homens têm, desde o nascimento. Para se reconhecer a personalidade não é mister indagar do sexo, da idade ou do discernimento mental. Recém-nascidos ou dementes, todos são pessoas, todos possuem personalidade. Nem todos, porém, dispõem de igual *capacidade jurídica*, isto é, têm igual possibilidade de exercer certos atos e por eles serem responsáveis. A capacidade pressupõe certas condições de fato que possibilitam o exercício de direitos. Assim, por exemplo, a criança não é capaz, e o demente também carece de capacidade.

Costuma-se distinguir entre capacidade de fato e capacidade de direito, referindo-se a primeira às condições materiais do exercício, enquanto que a segunda é concernente à aptidão legal para a prática dos atos. Nem sempre o ser humano está em condições de exercer o que lhe cabe como pessoa. A personalidade sempre é protegida, mas, às vezes, a proteção é feita por outrem. A criança é uma pessoa que o Direito cerca de todo um complexo de garantias, que, pela natureza das coisas, não é confiado a ela mesma, mas a seus pais ou representantes: é um caso típico em que a capacidade de direito não é senão reflexo de uma incapacidade natural ou de fato.

DAS PESSOAS JURÍDICAS

Todo ser humano, como vimos, é capaz de direitos e obrigações na ordem civil. Mas, não é apenas o homem, na sua estrutura física, o único sujeito, em sentido jurídico. Não podemos realizar os nossos objetivos mantendo-nos isolados, sem laços permanentes com outros homens. Surgem, assim, grupos que o Direito dimensiona e situa, conferindo-lhes também personalidade. Dessarte, aparece o que tecnicamente chamamos *pessoa jurídica* e que em outros sistemas de Direito se denomina *pessoa moral*.

A pessoa jurídica não é algo de físico e de tangível como é o homem, pessoa natural. É preciso que se explique por que e como o Direito reconhece personalidade com efeitos amplos a certas entidades, cuja "realidade" é, desse modo, admitida. Como se explica a existência da pessoa jurídica? Qual a natureza destas organizações que o Direito trata como "pessoas"?

O Código Civil, no Título II do Livro I, que é relativo às pessoas jurídicas, cuida dessas entidades, dedicando-lhes os arts. 40 e seguintes, concernentes à sua formação, às suas espécies e aos requisitos de sua atividade.

Antes de apreciarmos esses dispositivos, sob o aspecto da Teoria Geral de Direito, devemos responder a esta pergunta: como se pode explicar doutrinariamente o ser de uma pessoa jurídica? De acordo com a nossa legislação, ela tem uma existência que não se confunde com a de seus membros componentes. Se assim é, cabe indagar como pode ela existir de per si, sendo-lhe extensiva, no que couber, a proteção dos direitos da personalidade.

O problema tem provocado grandes debates, promovendo a formação de correntes ou teorias que seria impossível explicar num curso de Introdução ao Estudo do Direito. Vamos, por isso, nos limitar a algumas concepções fundamentais.

Em primeiro lugar, temos a teoria que se filia à tradição romanística, com Savigny à frente, vendo na pessoa jurídica uma simples *fictio juris*, ou seja, uma simples ficção do Direito. Os jurisconsultos romanos, práticos e pragmáticos por excelência, foram mestres no emprego da *fictio juris*: quando queriam atingir um resultado, e deparavam com embaraços de qualquer ordem, contornavam-nos, colocando o problema *como se* ele fosse deveras compatível com a aplicação de uma norma jurídica já existente, ou, então, construíam ficticiamente uma regra adequada ao caso. A *fictio juris*, que continua sendo um dos instrumentos da Lógica jurídica concreta, não é expressão de arbítrio, mas sim algo que se impõe na *praxis*, à vista de certas circunstâncias.

Pois bem, preferiu Savigny ver no conceito de pessoa jurídica mais um exemplo de *fictio juris*, existente apenas como artifício técnico imposto pelas necessidades da vida em comum. Não existe como entidade dotada de existência própria, mas como elemento técnico, uma conceituação ficta, mediante a qual os juristas podem coordenar normas jurídicas distintas, para disciplinar a responsabilidade resultante do ato associativo.

Por mais engenhosa que seja, é inegável que a compreensão da pessoa jurídica como simples ficção não corresponde à prática do Direito. Antes que o Código Civil brasileiro houvesse estabelecido que a pessoa jurídica não se confunde com a pessoa de seus membros, a jurisprudência pátria passou por grandes dificuldades para explicar certos fatos. Se uma sociedade anônima vem a falir, a falência não atinge a pessoa dos acionistas. Se uma sociedade civil de intuitos recreativos falha em seus objetivos e se vê a braços com imensas dívidas, por estas não respondem os seus associados. Como, então, justificar tais fatos com base em mera ficção?

Se atualmente tais conceitos se põem de maneira clara, antigamente, por força da teoria de ficção, surgiam dúvidas que a todo instante deixavam em embaraço os nossos juízes e tribunais. Foi por esse motivo que, contra a teoria da ficção, se constituiu uma outra sustentada especialmente pelo jurista alemão Gierke, que é a teoria organicista ou teoria real. Segundo a teoria organicista, quando os homens se reúnem para realizar qualquer objetivo, de natureza política, comercial, civil, estética ou religiosa, forma-se *efetivamente* uma entidade nova. Constitui-se um grupo que possui existência inconfundível com a de seus membros, tendo sido, mesmo, observado, por adeptos dessa teoria, que também nas combinações químicas o corpo composto apresenta qualidades que nem sempre são as dos elementos que o formam. O hidrogênio e o oxigênio são dois gases que, combinados, dão origem a um líquido que é a água. O todo nem sempre mantém as mesmas qualidades dos membros componentes, pondo-se como realidade distinta.

Essa teoria atende a certos aspectos do problema, mas exagera quando dá às pessoas jurídicas uma existência substancial, ou seja, quando atribui às pessoas jurídicas uma existência real efetiva, vamos dizer assim, de natureza ontológica.

Entre esses dois pólos extremos, o da *mera ficção* e o da pessoa jurídica como *organismo real* situam-se outras doutrinas. Entre elas merece especial menção a chamada teoria institucional. A doutrina institucionalista constituiu-se especialmente no século XIX por obra de um grande jurista francês, Maurice Hauriou, mestre de Direito Constitucional e de Direito Administrativo.

O *institucionalismo* de Hauriou estendeu-se a vários países, afirmando-se não só na França, onde ainda é marcante a sua influência em todos os quadrantes do Direito, mas também na Itália, graças às contribuições originais e altamente valiosas de Santi Romano.

Os adeptos do institucionalismo sustentam que as pessoas jurídicas são instituições. Que é que se entende pela palavra instituição? Devemos partir da idéia de que existem dois tipos de unidades, de acordo com uma velha tradição tomista: uma unidade física e uma unidade de fim ou de ordem, *unitas ordinis*.

Unidade física é aquela em que o todo é homogêneo, de maneira que as partes não apresentam entre si diferenças fundamentais ou relevantes. A unidade de fim, ao contrário, estabelece-se mediante a complementação de partes diferençadas. Exemplo de unidade física é o oferecido por um bloco de ferro ou granito. Exemplo de unidade de fim ou de ordem é-nos dado pelo corpo humano ou por um relógio.

A unidade existe porque partes múltiplas e diferentes se compõem, correlacionando-se a fim de ser atingido um objetivo comum. Ora, dizem os institucionalistas, também nas sociedades diversos homens se reúnem tentando alcançar um fim determinado, e é esse fim ou *idéia diretora* que confere unidade à entidade que surge. A pessoa jurídica é uma existência, mas uma existência teleológica, ou seja, finalística. Uma sociedade comercial existe porque nela se reúnem duas ou mais pessoas dirigidas pela idéia de fundar uma empresa. O elemento nuclear da instituição é a idéia que congrega e inspira aqueles que se dedicam à mesma tarefa, conjugando esforços diversos visando a um fim determinado.

A teoria, que vê na pessoa jurídica uma unidade de fins, e que, por conseguinte, não reduz a pessoa jurídica a algo existencial, no plano biológico, mas existencial no plano teleológico, é, a nosso ver, a que melhor atende à natureza do problema que estamos examinando. O erro dos que apresentam a pessoa jurídica como ficção consiste em pensar que real seja tão-somente aquilo que é tangível. É, em última análise, pensar que a realidade é sinônimo de coisa que se vê, que se toca, que se sente. A realidade, entretanto, é muito mais complexa. Quando tiverem ocasião de, no quarto ano, estudar Filosofia do Direito, tomarão contato com a teoria das realidades, ou dos objetos, e verão que é tão real um círculo ou um triângulo, a respeito dos quais fazemos cálculos e desenvolvemos demonstrações, como esta mesa que oferece resistência tátil aos meus sentidos. Assim, ao lado dos *objetos* (no sentido lógico deste termo) de natureza material, ou coisas, temos *objetos naturais psíquicos*, como uma emoção que dura no tempo, ou *objetos ideais* como um retângulo. É da composição desses objetos fundamentais que resultam os *objetos culturais*, que tanto podem ser uma norma jurídica quanto uma associação civil. De certa forma, os institucionalistas, sem se basearem, como nós o fazemos, na *teoria dos objetos*, desenvolvida sobretudo a partir dos estudos de Frank Brentano e Edmund Husserl, já reconheceram a natureza específica das pessoas jurídicas. Situado numa teoria geral das realidades, o problema das pessoas jurídicas adquire contornos mais precisos[1].

---

1. Cf., para maiores esclarecimentos, nossa *Filosofia do Direito*, cit., 19. ed., Capítulos XII e XVII.

Não podemos concluir esta parte de nossa exposição sem uma breve referência à posição de Hans Kelsen e dos adeptos da Teoria pura do Direito, que tamanha influência tem exercido no pensamento jurídico contemporâneo.

Kelsen é um adversário sistemático daqueles que querem reduzir a Ciência Jurídica a um capítulo da Sociologia, da Economia, da História ou da Geografia. Para ele, a Ciência Jurídica é ciência autônoma, que deve operar com métodos próprios e com absoluta fidelidade a seus prismas de observação. Partindo desta colocação metodológica, Hans Kelsen sustenta que a Ciência do Direito é uma pura ciência de normas e proposições normativas. O Direito não é senão um conjunto de regras jurídicas organizadas de maneira escalonada, desde a regra suprema da "primeira Constituição", até as regras jurídicas subordinadas que se exprimem nas sentenças ou decisões judiciais, ou então, nas cláusulas de um contrato.

As regras jurídicas dispõem-se, desse modo, escalonadamente, sendo umas subordinantes e outras subordinadas, inseridas todas num sistema que haure a sua validade do pressuposto lógico fundamental do respeito *devido* à norma constitucional originária.

Afirmando que o Direito é tão-somente um conjunto de normas, Hans Kelsen chega a uma conclusão, que parece paradoxal, de que não há distinção logicamente possível entre Direito e Estado. Do ponto de vista estritamente normativo, o Estado é o Direito e o Direito é o Estado.

Para o jurista, o Estado não é a pessoa do Presidente ou do Governador, tampouco é a sociedade enquanto se estrutura numa unidade de poder, mediante um sistema objetivo de normas. O Estado, para o jurista, sempre segundo Kelsen, é apenas o próprio sistema de regras jurídicas, enquanto referido a um sujeito único, tomado como centro comum de imputação da totalidade das normas. O Estado é, em suma, a personificação da totalidade do sistema de regras, que tem força coercitiva nos limites de um território. Estado Brasileiro é o conjunto unitário das regras de direito que vigem no território nacional.

A teoria de Kelsen, muito embora dela discordemos, dada a sua compreensão unilateral da experiência jurídica, teve o grande mérito, não só de reivindicar pureza de métodos na indagação da Ciência Jurídica, como, também, de contribuir para a análise crítica e rigorosa de problemas que pareciam pacificamente resolvidos.

A respeito do assunto aqui versado, Hans Kelsen afirma que as pessoas jurídicas, ditas privadas — pois ele praticamente não distingue entre Direito Público e Direito Privado..., — não representam senão sistemas parciais de regras segundo distintos prismas de imputabilidade normativa.

Isto quer dizer, em palavras mais pobres, que assim como o Estado é a pessoa jurídica geral, à qual se refere logicamente a totalidade do sistema normativo, as pessoas jurídicas menores são "conjuntos normativos" referidos a sujeitos particulares. Trata-se, pois, de entidades normativas, como "centro de imputação" de distintos conjuntos de normas.

Pensamos, todavia, que esse modo de ver, que só considera o aspecto lógico-normativo da questão, põe fora do Direito dois outros aspectos não menos essenciais: o *fato* de certos homens se congregarem para a realização de um *valor* ou fim que os inspira e determina. Sem essa base fático-axiológica como seria possível recortar, no sistema universal das normas jurídicas, aquele conjunto considerado referido (imputável) a estes ou àqueles outros indivíduos?

Notem os senhores como a teoria tridimensional, superando o normativismo kelseniano, também no tocante à natureza das pessoas jurídicas, ao mesmo tempo que reconhece serem estas "realidades normativas", não as secciona, mas antes as vincula, necessariamente, aos *fatos* e *valores* que são a razão de ser ou o conteúdo daquelas realidades.

PESSOAS JURÍDICAS DE DIREITO PÚBLICO INTERNO

O art. 41 do Código Civil de 2002 estabelece:

> "São pessoas jurídicas de direito público interno:
> I — a União;

II — os Estados, o Distrito Federal e os Territórios;

III — os Municípios;

IV — as autarquias;

V — as demais entidades de caráter público criadas por lei.

Parágrafo único. Salvo disposição em contrário, as pessoas jurídicas de direito público, a que se tenha dado estrutura de direito privado, regem-se, no que couber, quanto ao seu funcionamento, pelas normas deste Código".

Quando o Estado Brasileiro é examinado, internamente, ele se diversifica ou se discrimina em três entidades fundamentais, que são a União, os Estados membros da Federação e os Municípios.

Aqui já começa a haver um problema que nem sempre é bem posto. Geralmente se pratica o erro de pensar que o Estado Brasileiro é a União, quando a União é efetivamente um dos aspectos internos do Estado Brasileiro. Para quem focaliza o Brasil, digamos assim, considerando-o de fora, como um todo, não existem Municípios, nem Estados, nem União: existe apenas e tão-somente a pessoa jurídica unitária do Estado Brasileiro. O problema da Federação é de ordem interna, de estrutura *interna corporis.*

Em que dispositivos legais encontramos as linhas demarcatórias das pessoas jurídicas fundamentais a que se refere o Código Civil? Evidentemente que na Constituição Federal, no Título III (arts. 18 e segs.) relativo à "Organização do Estado".

Em 1988, o legislador constituinte manteve a forma federativa e deu a cada um dos elementos formadores do Estado Brasileiro uma esfera privativa de ação e uma outra complementar onde as competências são concorrentes.

Embora já tenhamos tratado desse assunto, não é demais lembrar que cabe à União representar o Brasil no Exterior, ou seja, falar em nome da totalidade do Estado Brasileiro. O Estado de São Paulo não tem personalidade jurídica externa de maneira tal que possa fazer-se representar em qualquer país estrangeiro. O Estado de São Paulo é Estado tão-somente do ponto de vista do poder de constituir-se livremente na órbita de sua competência. Não é uma entidade soberana, mas sim autônoma.

Podemos, então, fazer, desde logo, duas distinções fundamentais. As pessoas jurídicas podem ser, em primeiro lugar, de Direito Externo e de Direito Interno e, em segundo lugar, soberanas ou autônomas.

Pessoa Jurídica soberana é aquela que possui, de maneira eminente e originária, o poder de declaração ou de legitimação do Direito positivo. Hans Kelsen declara que pessoa jurídica soberana é aquela que de maneira imediata e direta recebe a sua competência da ordem jurídica internacional, sustentando, assim, a tese do primado do Direito Internacional sobre o Direito Interno. Mas prossigamos, pois este assunto do primado do Direito Internacional nos afastaria muito do tema que estamos desenvolvendo.

Vimos que o Código Civil de 2002 alargou o elenco das pessoas jurídicas de Direito Público Interno, fazendo referência aos Territórios, que se compõem de Municípios, às autarquias e demais entidades de caráter público criadas por lei.

Foi uma providência acertada, em consonância com o amplo conceito que se tem hoje do Estado. Não há, atualmente, quem recuse a qualidade de pessoas de Direito Público às *entidades autárquicas*, por exemplo. Nem poderia ser de outra forma numa civilização marcada pela interferência crescente do Estado em todos os planos da vida social, o que exige a personalização de certos serviços públicos, como instrumento de descentralização e eficiência.

Estamos bem longe da concepção do Estado *gendarme*, incumbido apenas de velar pela ordem interna e a segurança externa do País, tendo por missão essencial a distribuição da justiça. Essa concepção formal do *Estado de Direito* cede, cada vez mais, o lugar a uma nova imagem do Estado de Direito, entendido concretamente como *Estado da Justiça Social*, que, além das altas funções de elaborar e aplicar leis, deve necessariamente desenvolver o bem-estar social, a ciência, as artes, a cultura. Ora, esse crescimento contínuo da atividade do Estado exige novas técnicas na execução dos serviços. O serviço público é sempre tardo porque amarrado aos entraves das formalidades burocráticas. Não é possível obter-se, na Administração pública, o mesmo *élan* construtivo que caracteriza as entidades privadas. O homem, quando empolgado por interesse próprio, multiplica-se, sentindo, de maneira concreta e premente, uma identificação entre o fim e a atividade. Já no plano do Estado tudo obedece a ritmo muito mais lento, com perda de responsabilidade em virtude da concentração exagerada da responsabilidade mesma.

Diante desses defeitos técnicos, surgiu a necessidade de se desafogar o serviço público do excesso de centralização. A idéia que prevaleceu foi exatamente no sentido de desmembrar certas porções de serviço público para lhes dar uma personalidade jurídica própria, a fim de que pudessem funcionar como serviços públicos autônomos. Daí a idéia da autarquia e, de maneira geral, das *entidades paraestatais*, que tamanha importância assumem nos sistemas jurídicos não socialistas.

Talvez os senhores não saibam que a Universidade de São Paulo é uma autarquia. É um serviço público do Estado, mas organizado como se fosse um ente particular, com a descentralização e a autonomia indispensáveis a uma entidade dessa natureza. Quando membro do antigo Conselho Administrativo do Estado, em 1943, tivemos a oportunidade de propor fosse dada à USP uma feição autárquica diretamente vinculada ao Governador do Estado. Antes relacionava-se com o Secretário de Educação, sem a necessária autorização.

A USP não tem suas despesas discriminadas no orçamento geral do Estado, porquanto recebe uma dotação maciça única, que é, depois, aplicada por seus órgãos de administração, estando previstas em lei, assim como nos demais casos, a sua forma de controle e fiscalização, inclusive pela contrasteação anualmente exercida pelo Tribunal de Contas do Estado.

Depois, igual estrutura jurídica foi atribuída às duas outras universidades estaduais, a UNICAMP e a UNESP.

A Faculdade de Direito de São Paulo possui uma figura jurídica especial, que talvez os senhores não conheçam. Ela é uma espécie de autarquia dentro da autarquia universitária. A Faculdade de Direito é uma fundação de Direito Público, constituída desde o tempo do Império, a primeira dessa natureza a aparecer no ordenamento brasileiro.

Pois bem, ao lado das autarquias e fundações de Direito Público, outros modelos ou tipos de entidades públicas já apareceram, tais como as *sociedades de economia mista*, que se caracterizam por serem serviços públicos organizados sob forma de sociedades anônimas, o que leva alguns juristas, erroneamente, a considerá-las de Direito Privado. A nosso ver, as empresas públicas, muito embora se sujeitem ao regime jurídico próprio das empresas privadas (Const., art. 173, § 1.º), nem por isso perdem sua personalidade de Direito Público.

Como se vê, nossa época assiste a uma verdadeira *migração de modelos jurídicos*, da esfera do Direito Privado para a do Direito Público, dando, assim, lugar ao aparecimento de um ramo do Direito Administrativo que se denomina *Direito Autárquico*.

PESSOAS JURÍDICAS DE DIREITO PRIVADO

Um dos pontos criticáveis do Código Civil de 1916 era o capítulo relativo às Pessoas Jurídicas de Direito Privado, empregando-se como sinônimas as palavras *sociedade* e *associação*, gerando grande confusão.

No Código de 2002, ao contrário, conforme enumera o seu art. 44, são três as modalidades de pessoas jurídicas de Direito Privado, a saber: as associações, as sociedades e as fundações, cada uma delas com seu objeto próprio.

Constituem-se as associações pela união de pessoas que se organizem para fim não econômico, não havendo entre os associados direitos e obrigações recíprocas (art. 53).

Já as sociedades, como dispõe o art. 981, são constituídas por pessoas que tenham em vista realizar fins econômicos, obrigando-se a contribuir com bens ou serviços para alcançar os resultados a serem partilhados entre si.

Uma das inovações da nova Lei Civil de 2002 consta na disciplina autônoma da vida societária, destinando-lhe uma de suas partes especiais, à qual foi dada o nome de Direito de Empresa. Essa denominação se justifica porque nela se trata mais amplamente da "sociedade empresária" que pode ser comercial, industrial ou de prestação de serviços, sendo organizadas segundo um dos tipos previstos no Código.

Conforme os senhores terão oportunidade de saber, em seus estudos de Direito Civil e de Direito Comercial, o Código Civil de 2002 veio dar tratamento unificado às obrigações abrangidas por esses dois ramos do Direito Privado, o qual trata das relações resultantes principalmente do acordo de vontade entre particulares.

Não é mais possível continuar-se a empregar a antiga denominação de "sociedades mercantis", pois a empresa é uma estrutura que atende a outros ramos não menos relevantes de atividade econômica, como é o industrial.

Por outro lado, há certas sociedades de fins econômicos que não são empresas, como as constituídas para exercer atividades de ensino, a advocacia, a medicina etc. Não basta o simples "escopo de lucro", para transformar um ente em sociedade de tipo empresarial, que pressupõe *estrutura e organização específicas*.

A esta altura da exposição surge por sinal uma pergunta. Se todas as associações e sociedades possuem uma forma e um conteúdo, isto é, uma estrutura e, ao mesmo tempo, um conjunto de finalidades a serem atingidas, que é que decide da natureza civil ou comercial (*lato sensu*) de uma pessoa jurídica?

Em regra, é o conteúdo, ou o tipo de atividade que dá qualificação jurídica a uma entidade e, não, a sua forma. Assim, por exemplo, se uma associação se organizar sob forma de sociedade por quotas de responsabilidade limitada, que é tipicamente empresarial, será civil se visar, por exemplo, à satisfação de finalidades recreativas ou culturais. As associações caracterizam-se, de modo geral, pelo exercício de atividades de natureza cultural, comum a todos os membros da convivência, ou de atividades que exigem qualificação específica nas quais o *elemento pessoal* é dominante. Na realidade, porém, variam, de País para País, e no decurso do tempo, dentro de um mesmo ordenamento, os critérios adotados pelo legislador para considerar civil este ou aquele tipo de entidade. Às vezes, é a tradição que mantém no quadro das pessoas jurídicas civis entes que a rigor já reúnem todos os característicos de uma estrutura empresária.

Nem sempre, porém, é o conteúdo que qualifica a entidade. Casos há em que a lei liga, de modo cogente, o problema da forma ao da caracterização jurídica, como se dá no caso das *sociedades anônimas*, as quais são sempre de natureza comercial, qualquer que seja o seu objeto.

Concentrando, agora, a nossa atenção nos modelos das sociedades empresárias, podemos verificar que algumas guardam ainda o *caráter pessoal* próprio das associações civis. Os seus sócios acham-se vinculados por laços jurídicos que pressupõem uma atividade direta, uma *participação pessoal*, como instrumento essencial dos fins objetivados. É o que se dá, por exemplo, nas "sociedades de nome coletivo", nas quais os sócios são solidariamente responsáveis pela vida da empresa. A distinção entre a pessoa jurídica e a pessoa do sócio existe, mas é muito tênue, uma vez que a responsabilidade subsidiária do sócio envolve todos os seus bens particulares disponíveis. As desse tipo são as denominadas *sociedade de pessoas*, ou *corporativas.*

A *sociedade de responsabilidade limitada*, como as palavras mesmas estão dizendo, já assinala um grau a mais no processo de "despersonalização pessoal" da sociedade, pois os sócios só respondem pelos resultados negativos da sociedade até o limite das quotas que subscreveram. Já temos, assim, um passo a mais no sentido das *sociedades de capital*, cujo modelo mais evoluído é representado pelas *sociedades anônimas.*

As sociedades anônimas, quando não sejam meras organizações familiares, são *formas de organização do capital*, ou *estruturas de investimentos*, sobretudo quando as ações forem transferíveis de uma pessoa a outra sem maiores formalidades, conforme disciplina a lei própria.

Voltando ao art. 44, verificamos que ele contém uma referência expressa às fundações. A existência das fundações implica uma outra distinção entre pessoas jurídicas de caráter pessoal e pessoas jurídicas de caráter real.

Pessoas jurídicas de caráter pessoal, também chamadas corporações, são aquelas em que o elemento pessoal dos sócios é o prevalecente. Nelas pode-se dizer que o que importa é a pessoa dos sócios, em razão dos quais a entidade surge.

Há casos, porém, em que o direito considera certas entidades que não existem, propriamente, em razão desta ou daquela pessoa, mas de maneira objetiva, segundo a destinação de um patrimônio para realizar certos fins. É o que acontece com referência às chamadas fundações que o Código Civil de 2002 disciplina nos arts. 62 a 69.

O art. 62 estabelece:

> "Para criar uma fundação, o seu instituidor fará, por escritura pública ou testamento, dotação especial de bens livres, especificando o fim a que se destina, e declarando, se quiser, a maneira de administrá-la.
>
> Parágrafo único. A fundação somente poderá constituir-se para fins religiosos, morais, culturais ou de assistência".

O disposto neste parágrafo à primeira vista parece restritivo se não dermos sentido amplo às palavras "culturais ou de assistência".

No Capítulo III do presente livro já tivera oportunidade de esclarecer que a palavra *cultura* tem um significado estrito, para indicar o aperfeiçoamento do intelecto e da sensibilidade, e um significado lato, como o cabedal de conhecimentos e atividades que o ser humano vem acumulando ao longo da história. É nesse amplo sentido que deve ser interpretado o adjetivo "cultural" empregado no art. 62 supratranscrito.

Por outro lado, as fundações podem atender a todas as modalidades de assistência, desde as destinadas à saúde até o desenvolvimento de fins científicos ou práticos. Como se vê, é extenso o campo de atuação das fundações, que se caracterizam pela subordinação expressa de certo patrimônio à consecução de determinado fim.

A fundação é um dos tipos mais aperfeiçoados da técnica jurídica, e nós a devemos ao gênio criador dos romanos, que já haviam compreendido a importância da *universitas bonorum*. Não se trata aqui de uma congregação de pessoas, mas de uma universalidade de bens, que se situa e se individualiza tão-somente em virtude dos fins a que está a serviço.

As fundações podem ser consideradas também sob o prisma genérico que discrimina o Direito em público e privado. Há fundações de Direito Público, assim como há fundações de Direito Privado, apesar da resistência que, às vezes, até por motivos menos nobres, vem sendo oposta a esse entendimento.

Completando este assunto, que será objeto de várias aulas de Direito Civil e de Direito Comercial, desejamos que os senhores saibam quando é que surge uma sociedade, ou melhor, uma pessoa jurídica. Enquanto que a pessoa natural começa com o nascimento com vida, dependendo, portanto, de mero fato natural, já as associações e sociedades dependem, para a sua existência plena no mundo do Direito, de certas formalidades que se chamam formalidades de registro.

No Código Civil de 2002 já encontramos alguns preceitos que merecem a nossa atenção relativamente ao assunto. O art. 45 chega a ser até pedagógico no sentido de que dá uma noção, mais do que uma determinação ou preceito. Reza esse artigo:

> "Começa a existência legal das pessoas jurídicas de direito privado com a inscrição do ato constitutivo no respectivo registro, precedida, quando necessário, de autorização ou aprovação do Poder Executivo, averbando-se no registro todas as alterações por que passar o ato constitutivo".

As pessoas jurídicas, como entidades histórico-culturais que são, desde o seu nascimento até a sua extinção, vivem no Direito e em função dos fins que este protege.

É a razão pela qual, se a técnica jurídica as considera "entes jurídicos" distintos das pessoas naturais que as compõem, a doutrina mais recente vai abrindo exceções a esse princípio, a fim de que os sócios de má fé não aufiram proveitos ilícitos à sombra da personalidade social.

Vai prevalecendo cada vez mais o entendimento de que a *personalidade*, conferida às sociedades, não pode ser convertida em cobertura para enriquecimento ilícito, desviando as pessoas jurídicas de seus objetivos sociais. Reprimindo os "desvios da personalidade", evitar-se-á que os maliciosos dela usem em benefício próprio, fazendo crescer seu patrimônio pessoal. Nesse sentido tanto o Código do Consumidor como o Código Civil de 2002 já cominam sanções aos sócios infratores.

Como se vê, as pessoas jurídicas, como todas as estruturas que a experiência do Direito vai modelando através da história, têm por pressuposto a boa fé e por fim a satisfação de reais interesses privados e coletivos.

Capítulo XIX

SITUAÇÕES SUBJETIVAS E DIREITO SUBJETIVO

> Sumário: Direito e vontade. Direito e interesse. A solução eclética e a de Del Vecchio. Direito subjetivo como norma e como fato. Nossa compreensão do direito subjetivo. Outras situações subjetivas.

DIREITO E VONTADE

Em várias oportunidades tivemos ocasião de dizer que o Direito positivo é um sistema orgânico de preceitos ou disposições que se destinam aos membros de uma convivência visando à realização de suas finalidades comuns fundamentais. Existindo um complexo de normas destinadas aos que compõem a sociedade, existe, evidentemente, um problema que se consubstancia nesta pergunta: como se situam os sujeitos em face do sistema das normas jurídicas? ou, por outras palavras, que é que cabe aos membros da comunidade perante as regras de direito e em razão delas?

As regras jurídicas têm, como seus destinatários, sempre as pessoas que compõem a sociedade. Resta, agora, esclarecer em que consiste essa possibilidade que têm as pessoas físicas e jurídicas de ser, de pretender, ou de agir com referência ao sistema de regras jurídicas em um determinado País. É este o problema do *direito subjetivo*, ou, mais amplamente, das *situações subjetivas*.

Costuma-se ligar o conceito de direito subjetivo a uma antiga distinção, de origem latina, entre *facultas agendi* e *norma agendi*, no sentido de que a regra jurídica delimita objetivamente o campo social dentro do qual é *facultado* ao sujeito da relação pretender ou fazer aquilo que a norma lhe atribui[1].

Podemos tomar essa asserção como um ponto de partida em nossos estudos, pois a Teoria Geral do Direito hodierna, como veremos, distingue direito subjetivo de faculdade, havendo mesmo quem considere as duas noções de maneira independente, o que nos parece excessivo.

O mérito do antigo ensinamento em termos de *facultas agendi* e *norma agendi*, apesar de suas reconhecidas deficiências, consiste em apresentar o direito objetivo e o subjetivo de maneira complementar, um impensável sem o outro. A palavra faculdade não é, porém, sinônimo de direito subjetivo, mas designa as *modalidades de seu exercício*, como se dá, por exemplo, quando dizemos que o titular do direito subjetivo de propriedade *tem faculdade* de dispor de seu bem, de alugá-lo, doá-lo, legá-lo etc. *Faculdade, em sentido estrito, é, pois, uma forma de exercício do direito subjetivo.*

Um autor moderno, W. Burckhardt, declara que o direito subjetivo está para o objetivo como a área interna de um cone está para a sua face externa protetora. É impossível conceber-se, efetivamente, o direito subjetivo desligado do objetivo.

Mas, estas são apenas explicações preliminares que suscitam várias perguntas. Qual a natureza do direito subjetivo, se é que se pode falar em direito subjetivo?

Muitas teorias surgiram, mas nós vamos examinar apenas as direções fundamentais, as que mais influíram no pensamento jurídico contemporâneo.

---

1. Note-se, uma vez por todas, que a palavra *faculdade* tem, como o termo *pretensão*, um significado técnico e próprio no Direito, de natureza lógica, nada tendo a ver com o sentido que possam ter, por exemplo, na antiga Psicologia racional que ainda falava em "faculdade da alma", ou com o sentido da palavra *pretensão* no uso comum ou em Psicologia. Não concordamos, note-se, com alguns teóricos modernos que praticamente confundem "faculdade" com o poder genérico que tem cada pessoa de exercer ou não um direito subjetivo, confundindo, desse modo, a faculdade com a geral capacidade dos sujeitos de direito.

A primeira doutrina é de autoria de Windscheid, jurista que se notabilizou no século XX pelos seus profundos conhecimentos de Direito Romano, e pela sua extraordinária capacidade de transpor os princípios romanísticos para a Ciência Jurídica contemporânea. Ele pertence à grande escola germânica dos "pandectistas", assim denominados por terem se inspirado, em seus estudos de Direito Privado, no Direito Romano, ou, mais precisamente, naquilo que se chamou o "Direito Romano Atual".

Não se esqueça que a Alemanha só a partir de 1900 tem um Código Civil próprio, tendo sido antes governada por um complexo de regras constituído com base no Direito Romano modificado e completado por leis e costumes regionais ou locais. Esse Direito Romano, em vigor na Alemanha ainda no século XIX, era chamado "Direito Romano Atual", que é, aliás, o nome da obra fundamental de Savigny — *Sistema de Direito Romano Atual.*

Inspirando-se na noção de *facultas agendi*, sustentava Windscheid que o direito subjetivo é sempre uma expressão da vontade, entendido esse termo, a princípio, de maneira empírica, como uma faculdade psicológica. O homem sabe, quer e age. Enquanto o homem quer e age, ele se situa variavelmente no âmbito de regras de direito. O direito subjetivo, portanto, é a *vontade juridicamente protegida.*

Essa compreensão do direito subjetivo em termos de vontade constitui, por assim dizer, uma percepção imediata do problema, ligando-se, no fundo, a uma velha crença, à de que o homem, logo ao nascer, já é senhor ou titular de "direitos naturais", inerentes à sua personalidade, independentemente do fato de serem estes reconhecidos ou não pelo Estado.

O homem tem, em suma, um *poder de querer* que, entre outras, assume a forma de poder de querer segundo regras de direito, para a realização de fins próprios numa convivência ordenada.

Temos, desse modo, uma compreensão do direito subjetivo vinculada à pessoa humana, como ente racional e volitivo, o que corresponde a uma superada visão antropomórfica do Direito. Não há dúvida que o homem deve ser a medida e o fim, por excelência, do Direito, mas isto não significa que possa ou deva ser entendido como a explicitação ou exteriorização de um *homo juridicus*, cuja forma de querer representaria o direito subjetivo.

A teoria do direito subjetivo em termos de "vontade juridicamente protegida" esbarra com dificuldades intransponíveis, tais como foram apontadas desde Jhering a Kelsen, que formularam objeções incontestáveis.

Observa-se, por exemplo, que muitas vezes o direito subjetivo existe e continua existindo a despeito da vontade do titular ou contra essa mesma vontade. Imagine-se que o credor de uma importância não se disponha a cobrá-la. O Direito positivo lhe dá a ação para efetivar o seu direito. O credor, entretanto, por um motivo qualquer, de amizade, ou por mero espírito altruístico, não exerce o seu direito, tampouco se preocupa com ele. Há, portanto, uma carência de vontade, mas isto não implica na extinção do direito subjetivo. Para todos os efeitos, o credor continua sendo o titular de um direito subjetivo.

Outras vezes, o direito subjetivo existe contra a vontade do agente. Um exemplo típico os senhores terão no domínio do Direito do Trabalho. O direito às férias é um direito subjetivo inerente ao trabalho, de tal maneira que existe para o operário, até mesmo quando ele concorda em abrir mão delas. Eis aí um caso em que o direito subjetivo existe ou subsiste a despeito da vontade ou contra a vontade de seu titular.

Lembra-se, outrossim, que aos incapazes e mesmo aos nascituros correspondem direitos, sem que, evidentemente, possam ser considerados "expressão de sua vontade", tanto assim que são exercidos por seus representantes, quando não por órgãos do Estado.

Há hipóteses mais interessantes ainda. Pode vir a constituir-se um direito subjetivo perfeito sem que o titular dele tenha conhecimento. Pelo Código Civil opera-se a transferência dos bens para os herdeiros no instante mesmo em que se verifica o falecimento da pessoa, cuja sucessão se abre.

Que acontecerá se morrer o pai de alguém que esteja em viagem em lugar desconhecido? A morte produz incontinenti a transferência de um patrimônio para quem ignora a ocorrência do fato. No mesmo instante em que se verifica o falecimento surge um feixe de direitos subjetivos de que é titular o herdeiro necessário. Eis aí mais uma demonstração de que o direito subjetivo não se vincula à vontade no seu sentido psicológico.

Poderíamos lembrar outros exemplos, mas esses são já bastante para demonstrar que a teoria de Windscheid não podia subsistir. O próprio Windscheid reconheceu a procedência dessas críticas quando deu à sua doutrina uma segunda feição, esclarecendo que ele não entendia a palavra "vontade" no seu sentido estritamente psíquico, mas só em sentido lógico, como vontade normativa, isto é, como *poder jurídico de querer*.

Estão vendo que, com isso, Windscheid já fugia à sua teoria clássica para se perder em um complexo de indagações que ele jamais chegou a situar com a devida clareza. Para ele, o direito subjetivo passou a ser a concretização da vontade abstrata que se contém na norma jurídica.

DIREITO E INTERESSE

Depois da doutrina de Windscheid aparece a de Jhering. Este grande jurisconsulto sustentava que a essência do direito subjetivo não é a vontade, mas, sim, o interesse. Tomava Jhering a palavra "interesse" no sentido mais lato possível, indicando tanto o interesse para as cousas concretas e materiais, como para as de natureza ideal ou intelectual, como seria, por exemplo, o interesse por uma obra de arte.

Segundo Jhering, em toda a relação jurídica existe uma forma protetora, uma casca de revestimento e um núcleo protegido. A capa, que reveste o núcleo, é representada pela norma jurídica, ou melhor, pela proteção à ação, o que quer dizer, por aqueles remédios jurídicos que o Estado confere a todos para a defesa do que lhes é próprio. O núcleo é representado por algo que interessa ao indivíduo. O direito subjetivo, segundo Jhering, é esse *interesse enquanto protegido.* Daí a definição sucinta dada por Jhering: "direito subjetivo é o interesse juridicamente protegido".

Como estão vendo, a teoria de Jhering contrapõe-se à de Windscheid como uma teoria objetiva a uma teoria subjetiva. Enquanto que para aquele pandectista o direito subjetivo é um fenômeno da vontade, para Jhering o direito subjetivo é algo de objetivo porque é o interesse que, por seu caráter social, o Direito protege.

Também contra a teoria de Jhering foram formuladas críticas procedentes. Em primeiro lugar, lembrou-se que a palavra "interesse" é de acepção tão ampla, tão genérica que nos deixa em plena indeterminação. Nada há mais vago do que aquilo que interessa. Em segundo lugar, nem tudo que interessa, embora juridicamente protegido, envolve o aparecimento do direito subjetivo.

Interessa, sem dúvida, a paisagem, como uma expressão de beleza, tanto assim que até mesmo as Constituições protegem certos panoramas, estabelecendo regras de polícia para preservá-los. Eis um interesse protegido, um interesse estético. Onde está, porém, o direito subjetivo? Há mil manifestações de interesse que o Estado ampara e garante, sem que com isto se atribua a quem quer que seja um direito subjetivo, ou uma pretensão.

Por outro lado, há casos em que não há, por parte do titular de um direito, nenhum interesse em ver seu interesse protegido, o que nos levaria ao paradoxo de um direito subjetivo como expressão do "desinteresse"...

As objeções formuladas à teoria de Jhering culminaram com a obra de um jurista muito sutil, também da Alemanha, Thon. Este autor, entre outras ponderações que fez sobre a matéria, lembrou que o direito subjetivo é mais a proteção do interesse do que o interesse protegido, mais as grades que circundam e guardam o jardim, do que o jardim cercado pelas grades.

A SOLUÇÃO ECLÉTICA E A DE DEL VECCHIO

Eis aí, pois, claramente contrapostas, duas teorias: uma, a da vontade, e outra, a do interesse. O século XIX dividiu-se entre essas duas grandes correntes, até que surgiu, como sói acontecer, uma terceira escola tendente à conciliação desses dois grupos. É a chamada teoria eclética, cujo grande mestre foi Georg Jellinek, cujo nome ouvirão muitas vezes em seus estudos de Teoria do Estado.

Jellinek achou que havia um antagonismo aparente entre a teoria da vontade e a do interesse, porque, na realidade, uma abrange a outra. Nem o interesse só, tampouco apenas a vontade, nos dão o critério para o entendimento do que seja direito subjetivo. O conceito de direito subjetivo implica a conjugação desses dois elementos, motivo pelo qual ele dizia: direito subjetivo é o interesse protegido que dá a alguém a possibilidade de agir. *É, portanto, o interesse protegido enquanto atribui a alguém um poder de querer.*

A teoria eclética indiscutivelmente é engenhosa e estava fadada a alcançar grande sucesso, como tudo aquilo que aparece apaziguando contrastes e conflitos. Ainda hoje em dia é a teoria mais vulgarizada, aquela que mais se encontra elogiada e aceita nos compêndios gerais de Direito, inclusive por seu cunho pragmático, tão do gosto dos juristas práticos.

Essa teoria, entretanto, não vence as objeções formuladas contra cada uma de suas partes. O ecletismo é sempre uma soma de problemas, sem solução para as dificuldades que continuam nas raízes das respostas, pretensamente superadas. As mesmas objeções feitas, isoladamente, à teoria da vontade e à do interesse, continuam, como é claro, a prevalecer contra a teoria eclética de Jellinek, que, diga-se de passagem, Pontes de Miranda atribui, por equívoco, à falta de imaginação de Del Vecchio e outros jusfilósofos italianos...

Na realidade, Giorgio Del Vecchio inclina-se para a segunda formulação da teoria de Windscheid, com certa variante.

Diz ele: o erro da doutrina de Windscheid é situar o problema segundo uma vontade atual ou efetiva, quando a questão deve ser posta em termos de vontade possível ou potencial. O direito subjetivo não é o querer, mas a *possibilidade de querer*. Não é a vontade, mas a potencialidade da vontade. Dessa forma, fazendo uma distinção entre vontade *in acto*, e vontade *in potentia*, Del Vecchio declara que ficam elididas as objeções clássicas formuladas à teoria windscheidiana.

Dizia-se, por exemplo, que existe direito subjetivo a despeito da vontade. Está certo, objeta ele, se tomarmos a vontade em seu sentido efetivo e atual, mas o direito subjetivo será sempre em qualquer circunstância uma possibilidade de querer. Se o filho, que perde o pai, se torna titular de um direito subjetivo, sem o saber, tem um direito subjetivo como possibilidade de querer.

Assim, o problema é transposto do plano psicológico para o plano lógico. Não se trata mais da vontade psíquica, concreta, empírica, de um sujeito em um determinado momento, *mas tão-somente de uma possibilidade lógica de querer no âmbito normativo*.

DIREITO SUBJETIVO COMO NORMA E COMO FATO

A bem ver, a posição de Del Vecchio já assinala uma ponte de passagem para a compreensão do direito subjetivo em termos estritamente formais, tal como se desenvolve no normativismo jurídico de Kelsen.

Segundo esse mestre da Teoria pura do Direito, o direito subjetivo não é senão uma expressão do *dever jurídico*, ou, por outras palavras, um reflexo daquilo que é devido por alguém em virtude de uma regra de direito.

Direito objetivo e direito subjetivo, no pensamento kelseniano, são apenas posições distintas do Direito, que é um único sistema lógico-gradativo de normas.

Se se analisa a estrutura de uma regra de direito verifica-se que esta enuncia um *dever* (Se A é B *deve ser*). Ora, conclui ele, o direito subjetivo não é senão a norma mesma enquanto atribui a alguém o poder jurídico correspondente ao dever que nela se contém. Pode, assim, ser visto como "a norma enquanto referida a um sujeito".

A essa luz, o direito subjetivo não é mais que a subjetivação do direito objetivo, ou, nas palavras do próprio Kelsen, "o poder jurídico outorgado para o adimplemento de um dever jurídico".

Com esse sentido evanescente de direito subjetivo, este fica reduzido à mera atribuição de um dever ao destinatário da norma, o que equivale, praticamente, a esvaziar o conceito de seu conteúdo essencial. Tem razão Alf Ross quando adverte que toda forma de monismo, quanto mais lógica, mais se afasta da realidade...

No fundo, a atitude formalista leva ao mesmo resultado a que chegam os empiristas quando contestam, pura e simplesmente, a existência de qualquer direito subjetivo, declarando que, em face dos enunciados normativos, o que existem são *situações de fato de natureza subjetiva*, como é sustentado por Léon Duguit, um dos mestres do Direito Público francês, na primeira metade do século XX.

A Teoria Geral do Direito hodierna, partindo dessas e de outras críticas às antigas teses que já examinamos, reelaborou os estudos sobre o direito subjetivo, fixando alguns pontos essenciais. Um deles se refere exatamente ao conceito de *situação subjetiva*, que, a princípio, passou a ser sinônimo de direito subjetivo para, mais acertadamente, ser vista, depois, como o gênero no qual o direito subjetivo representa uma espécie.

Para tanto, porém, a noção de *situação jurídica* foi revista, deixando de ser compreendida como uma simples situação de fato amparada por lei.

NOSSA COMPREENSÃO DO DIREITO SUBJETIVO

As doutrinas negativistas, bem como o largo debate travado sobre o assunto, tiveram o mérito de levar a doutrina a uma revisão crítica do problema, superando a compreensão do direito subjetivo como algo de ligado ao ser da pessoa natural ou jurídica. Esta atitude subentendia, em última análise, a tese jusnaturalista de um direito natural subjetivo, independentemente do ordenamento jurídico positivo.

O direito subjetivo não pode ser concebido, como bem acentua Kelsen, sem correspondência com o direito objetivo, com o qual forma uma díade inseparável, mas como a norma é, consoante expusemos, uma integração de fatos segundo valores, ela se destina a alguém para que algo se realize.

As duas teses acima contrapostas, a que converte o direito subjetivo em um modo de ser da norma jurídica (Kelsen) e a que o reduz a uma situação fatual juridicamente garantida (Duguit) já apontam para uma solução superadora dessa antítese, desde que se reconheça que esses dois pontos de vista correspondem, na realidade, a dois momentos complementares de um único processo: um acha-se *configurado abstratamente* no plano normativo, como "possibilidade de ser pretendido algo em tais ou quais circunstâncias"; e o outro corresponde à realização dessa possibilidade como *pretensão* efetiva da pessoa que se situar, concretamente, nas circunstâncias genericamente previstas na *regula juris*.

Não há dúvida que é impossível conceber-se o direito subjetivo antes ou independentemente da regra jurídica, mas isto não significa que aquele se reduz a esta, devendo ambos ser vistos como elementos concomitantes e complementares. De conformidade com a teoria tridimensional, toda regra de direito é uma estrutura que consubstancia o sentido essencial de uma relação entre fatos e valores. Quando se trata de uma regra de conduta, e não de organização, temos, pois, uma *prefiguração ou modelo de uma classe de comportamentos possíveis*.

Assim sendo, a possibilidade de pretender ou fazer algo, — tal como se acha enunciada na regra de direito, — não tem alcance meramente descritivo ou puramente formal, mas representa, ao contrário, uma visão antecipada dos comportamentos efetivos, aos quais é conferida uma garantia. Isso corresponde, aliás, a um dos princípios já enunciados como sendo da essência do Direito: a sua realizabilidade garantida.

Direito, não destinado a converter-se em momento de vida, é mera aparência de Direito. Norma de direito que enuncia uma *possibilidade de fazer ou de pretender algo*, sem que jamais surja o momento de sua concretização na vida dos indivíduos e dos grupos como *ação ou pretensão concretas*, é uma contradição em termos. É próprio do Direito prever comportamentos prováveis, configurando, por antecipação, nos modelos jurídicos instaurados, aquilo que normalmente deverá ocorrer.

Em virtude do princípio de realizabilidade, só podemos dizer que uma regra de direito prevê, *in abstracto*, uma pretensão ou uma atividade, se, em algum momento da vida social, puder ocorrer alguma *ação ou pretensão efetivas* que representem a atualização da mesma regra *in concreto*.

Isto assente, quer parecer-nos que haverá *situação jurídica subjetiva* toda vez que o modo de ser, de pretender ou de agir de uma pessoa corresponder ao tipo de atividade ou pretensão abstratamente configurado numa ou mais regras de direito. Daí dizermos, numa síntese, que engloba os dois momentos acima distintos, que *situação subjetiva é a possibilidade de ser, pretender ou fazer algo, de maneira garantida, nos limites atributivos das regras de direito*.

Notem bem que estamos nos referindo, genericamente, à *situação subjetiva*, que, como veremos logo mais, abrange várias categorias, destacando-se, sobretudo, as seguintes: o *direito subjetivo*; o *interesse legítimo* e o *poder*.

Infelizmente, apesar das grandes transformações por que passou a Teoria Geral do Direito, graças sobretudo a mestres alemães e italianos, ainda se persiste, entre nós, em reduzir todas as situações subjetivas ao direito subjetivo, sem se reconhecer que este não pode ser mais confundido com as outras categorias a que acima nos referimos.

Direito subjetivo, no sentido específico e próprio deste termo, só existe quando a *situação subjetiva implica a possibilidade de uma pretensão, unida à exigibilidade de uma prestação ou de um ato de outrem*. O núcleo do conceito de direito subjetivo é a *pretensão (Anspruch)*, a qual pressupõe que sejam *correspectivos* aquilo que é *pretendido* por um sujeito e aquilo que é *devido* pelo outro (tal como se dá nos contratos) ou que pelo menos entre a *pretensão* do titular do direito subjetivo e o *comportamento exigido* de outrem haja certa *proporcionalidade* compatível com a regra de direito aplicável à espécie.

Desse modo, a *pretensão* é o elemento conectivo entre o modelo normativo e a experiência concreta, mesmo porque a norma, exatamente por ser um modelo destinado à realidade social, não difere desta a não ser por um grau de abstração, na medida em que ela foi instaurada à vista da realidade mesma, como *expressão objetiva do que nela deve ser declarado obrigatório*.

Em suma, a *possibilidade de ser pretendido algo*, tal como se acha expresso na norma, não difere, senão como momento, da *possibilidade de alguém pretender e exigir garantidamente aquilo que a norma lhe atribui*: o direito subjetivo vive da complementaridade desses dois momentos e com eles se confunde, consubstanciando uma proporcionalidade entre *pretensão* e *garantia*.

Parece-nos essencial essa compreensão do direito subjetivo em seu duplo momento, o *normativo*, ou da *previsibilidade tipológica da pretensão*, e o da *realizabilidade da pretensão, em concreto, através da garantia específica*. Este segundo momento pontualiza ou verticaliza, por assim dizer, a norma no sentido de um sujeito, que converte a *pretensão abstrata*, enunciada genericamente na regra de direito, numa *sua pretensão concreta*. Sem a idéia de *pertinência* não há, pois, que falar em direito subjetivo.

Daí podermos dizer, numa noção destinada a reunir os elementos essenciais do problema, que *direito subjetivo é a possibilidade de exigir-se, de maneira garantida, aquilo que as normas de direito atribuem a alguém como próprio*.

OUTRAS SITUAÇÕES SUBJETIVAS

Muito embora o assunto, por sua complexidade, ultrapasse os limites destas aulas preliminares, cabe desfazer o equívoco de pensar que o direito subjetivo cubra todas as hipóteses de "situações subjetivas" que o Direito considera.

Há casos em que não chega a haver "direito subjetivo", mas simples "interesse legítimo", ao qual se liga uma pretensão fundada naquele interesse. É assim que o art. 3.º do Código de Processo Civil declara que, para propor ou contestar ação (e a ação é, como veremos, um direito público subjetivo) é necessário "ter interesse e legitimidade". Pode o juiz, a final, concluir pela inexistência do direito subjetivo pretendido pelo autor, mas não pode desde logo repelir a ação, se do complexo das razões de fato e de direito expostas na petição inicial resultar a existência de um "interesse legítimo", como tal entendido uma pretensão razoável cuja procedência ou não só pode resultar do desenvolvimento do processo.

Em tais casos, o "legítimo interesse" é equiparado a um direito subjetivo, em caráter provisório, dependente da decisão final da demanda, mas para o fim especial de assegurar ao sujeito que o invoca, com razoabilidade de motivos, a possibilidade de pretender a prestação jurisdicional do Estado.

Outro exemplo de "situação subjetiva" é a *faculdade*, no sentido estrito desta palavra, representando uma das formas de explicitação do direito subjetivo: quem tem o direito subjetivo de propriedade tem a faculdade de usar do bem, vendê-lo, alugá-lo, legá-lo. O direito de testar, a nosso juízo, é uma faculdade inerente ao direito subjetivo de propriedade — uma projeção natural deste.

Outras vezes, não existe propriamente um direito subjetivo, mas um *poder* de fazer algo, como expressão de uma *competência* ou *atribuição* conferidas a uma pessoa, pública ou privada, sem que exista propriamente uma *pretensão* e obrigação correlatas, nem o exercício de uma faculdade, no sentido estrito que acabamos de dar a esta palavra.

O pátrio poder não é um direito subjetivo sobre os filhos menores. Estes sujeitam-se ao *poder* paterno ou materno nos limites e de conformidade com um quadro de direitos e deveres estabelecido no Código Civil; não no interesse dos pais, mas sim em benefício da prole e da sociedade. Só se pode falar em *sujeição* dos filhos aos pais enquanto estes se subordinam ao quadro normativo, em razão do qual o pátrio poder é atribuído. Por outro lado, ao *poder* dos pais não corresponde uma *prestação* por parte dos filhos, nem aqueles possuem, em relação a estes, uma pretensão exigível. Essas estruturas jurídicas, nas quais não há uma relação do tipo *pretensão-obrigação*, mas sim uma outra do tipo *poder-sujeição*, têm a denominação imprópria de "direitos potestativos", que são duas palavras inconciliáveis. Trata-se, em suma, de situações de *poder*, caracterizadas pela eminência reconhecida a uma das partes ou pessoas partícipes da relação jurídica.

São também formas de poder as exercidas pelos órgãos do Estado ou de uma sociedade civil ou comercial. Um diretor de Repartição pública ou de sociedade anônima não exerce um direito subjetivo, a que corresponda uma prestação, mas exerce uma *competência* ou *atribuição* segundo uma estrutura objetiva: ao *poder* corresponde uma forma, maior ou menor, de *sujeição*.

É o motivo pelo qual, em se tratando de direitos subjetivos, não se pode admitir que o devedor da prestação fique *sujeito* ao querer do credor. Quando os direitos subjetivos perdem o equilíbrio e a proporção entre a pretensão e a prestação, eles se tornam *potestativos* e, nesse caso, são ilícitos. Absurdo é, pois, continuar-se a colocar o direito de propriedade entre os "direitos potestativos", mesmo porque estes não são disponíveis, e aquele sim.

Em conclusão, o poder, sob o prisma jurídico, é, como adverte Santi Romano, mais um *poder-dever* pois, se há sujeição à autoridade paterna ou administrativa, ela se dá para que a autoridade possa cumprir o seu dever, nos quadros normativos vigentes. O *direito subjetivo* é, em suma, pertinente ao sujeito, ligando-se a este como uma pretensão sua; o *poder* resulta da função normativa atribuída a seu titular, sem lhe ser conferida qualquer pretensão para ser exercida em seu benefício. Daí resulta, ainda, que o titular de um direito subjetivo pode usar ou não de seu direito, enquanto que o titular do poder não pode deixar de praticar as funções de sua competência, pois elas não são disponíveis.

Eis aí como as "situações subjetivas" se desdobram em várias categorias fundamentais, entre as quais as de direito subjetivo e poder ocupam posição relevante.

A Teoria Geral do Direito considera outras formas de situação subjetiva, esclarecendo que esta, em certos casos, não corresponde a direitos ou a poderes, tampouco a deveres, mas sim a um *ônus*. O conceito de ônus só recentemente foi determinado pela Ciência Jurídica, estendendo-se do Direito Processual, onde é antiga a noção de "ônus da prova", para todos os campos de Direito. Em linhas gerais *ônus* significa uma obrigação, que não é *devida* a alguém (sendo, portanto, incoercível) mas é necessária para a validade do ato pretendido pelo sujeito. Certas situações subjetivas só se constituem, com efeito, quando a pessoa satisfaz determinadas exigências legais, resultando-lhe, o cumprimento do encargo, uma vantagem ou garantia. Assim, se não registro um documento particular, não posso pretender que ele valha contra terceiros: para ter a garantia dessa validade, é necessário que me sujeite ao *ônus* do registro. O registro torna-me beneficiário de uma situação jurídica.

Capítulo XX

MODALIDADES DE DIREITO SUBJETIVO

> Sumário: Espécies de direitos subjetivos privados. Direitos públicos subjetivos — Perspectivas históricas. Os direitos subjetivos públicos na Constituição brasileira. Fundamento dos direitos públicos subjetivos.

ESPÉCIES DE DIREITOS SUBJETIVOS PRIVADOS

Em linhas gerais, o direito subjetivo representa a possibilidade de exigir-se, como próprios, uma prestação, ou um ato, de maneira garantida, nos limites atributivos das regras de direito.

Partindo dessa consideração, é fácil ver que os sistemas de Direito positivo destinam-se aos elementos que compõem a sociedade, garantindo-lhes uma situação. Essa situação pode ser simples, ou então, complexa. Daí uma primeira discriminação a ser feita, entre direito subjetivo simples e direito subjetivo complexo.

Dois exemplos bastarão para esclarecer a natureza desses dois tipos apresentados. Vejamos, em primeiro lugar, o que ocorre com o direito de um credor em virtude de contrato que obrigue Fulano ou Beltrano a efetuar o pagamento, em dinheiro, de certa importância, ou à devolução de uma coisa. Nesse caso, temos um direito subjetivo simples, porquanto a prestação é específica, ou melhor, é especificada com clareza e determinação.

Em outros casos, porém, o direito subjetivo representa um feixe de possibilidades. Pensem, por exemplo, no que ocorre com o proprietário de um prédio. O titular do domínio sobre uma casa não tem apenas o direito abstrato de dela poder dispor a seu talante. O direito de propriedade resolve-se em uma série de possibilidades de ação. O titular pode usar da casa como sua, vendê-la, hipotecá-la, arrendá-la etc.

Eis aí uma série de possibilidades de ação, que são todas expressões de um direito único, a que chamamos direito de propriedade, que importa num conjunto de *faculdades*, tomada esta palavra em sentido estrito.

Por outro lado, quando um conjunto de direitos subjetivos converge para determinada pessoa, dando-lhe como que uma dimensão jurídica, uma situação que emana do Direito, nós dizemos que se verifica a criação de um *status juridicus*.

Pelos estudos do Direito Civil, os senhores terão, por exemplo, conhecimento de que seja o estado da mulher casada. O que significa essa expressão? Quer dizer que a mulher, ao casar, passa a ser centro de um conjunto de direitos subjetivos, que são inerentes à sua situação de esposa.

Caso análogo ocorre quando o indivíduo adquire ações de uma sociedade anônima. Pelo fato de se tornar acionista, a pessoa passa a dispor de uma série de possibilidades de pretensões, decorrentes daquela qualidade. O portador de um título de sociedade anônima pode comparecer a uma assembléia, votar e ser votado, discutir as matérias constantes da ordem do dia, impugnar balanços, discutir relatórios, requerer que se promovam verificações nas contas. Todas essas múltiplas facetas estão caracterizando o que se chama um estado de sócio ou um estado de acionista.

Vê-se, portanto, como o *status* de acionista implica sempre a existência de um feixe ou um conjunto orgânico de direitos subjetivos, os quais, por sua vez, quanto ao seu exercício, podem se desdobrar em várias *faculdades*.

Ao lado dos direitos subjetivos *simples* e *complexos* e do *status juridicus*, que assinalam um crescendo de pretensões, há outras distinções fundamentais, como, por exemplo, a que se faz, quanto ao objeto, entre *direitos pessoais*, *obrigacionais* e *reais*, a que já fizemos referência.

Sob outro prisma, quanto às relações intersubjetivas, os teóricos gerais do Direito lembram a distinção entre direitos *absolutos* e *relativos*; os primeiros são oponíveis, indiscriminadamente, a todos os membros da sociedade, isto é, têm eficácia *erga omnes*; os segundos se referem a uma ou mais pessoas *determinadas*. Exemplos de direitos absolutos são os *direitos pessoais* e os *direitos reais*; exemplos de direitos relativos são os *obrigacionais*.

Alguns autores incluem entre os direitos subjetivos absolutos também os direitos potestativos, mas, a nosso ver, estes não constituem propriamente direitos subjetivos, mas *poderes*. Direitos subjetivos e direitos potestativos são categorias que se excluem, como já dissemos na aula anterior.

Não é demais lembrar que entre os direitos absolutos se incluem também os *direitos autorais*, pois a exclusividade do autor nas produções literárias ou científicas deve por todos ser respeitada, constituindo, como diz Roguin, "uma espécie de monopólio de Direito Privado". Eles são uma projeção dos direitos pessoais.

DIREITOS PÚBLICOS SUBJETIVOS — PERSPECTIVAS HISTÓRICAS

Até época bem recente, nem sequer passava pela cabeça dos tratadistas esta idéia, hoje fundamental, da existência de direitos públicos subjetivos. É esse um dos assuntos magnos da Teoria do Estado. O eminente Vittorio Emmanuele Orlando apontava-o como sendo "il formidabile argomento", por envolver toda uma série de questões de ordem jurídica entre as relações do Estado com o Direito, e mais ainda, entre o indivíduo e as forças políticas, pondo em xeque o problema essencial da liberdade.

Já dissemos que só recentemente surgiu e se determinou o conceito de direito público subjetivo. Trata-se de uma conquista da época moderna, que atinge a sua força teórica e doutrinária tão-somente na segunda metade do século XIX. O reconhecimento de direitos públicos subjetivos começa a ser feito quando se constituem as primeiras formas de governo representativo. Conhecem os senhores, pelos estudos de História, aquele episódio fundamental na vida política que foi a "Magna Cartha Libertatum", que é um pacto feudal, mediante o qual os chefes de maior prestígio fizeram valer perante o Rei da Inglaterra determinadas prerrogativas, que passaram a constituir limites à ação do Poder público. Entre essas prerrogativas figurava uma concernente à legislação tributária, de maneira tal que nenhum imposto pudesse ser lançado sem a prévia audiência dos contribuintes. Eis aí um caso típico de direito público subjetivo, ainda não declarado como tal, mas que reúne todos os seus requisitos.

Posteriormente, tivemos na História um período de absolutismo quando o monarca proclamava o seu poder soberano. Não há prova de que Luís XIV tenha dito que o Estado era ele, mas jamais teria contestado semelhante afirmação. Ela se encontra mesmo na obra de Bossuet, que foi o intérprete do direito divino dos reis, ao proclamar: "Tout l'État est en lui", o que correspondia à afirmação paralela atribuída ao próprio Luís XIV: "L'État c'est moi". Ora, se o Estado é o príncipe, não há que falar em direitos públicos subjetivos. O indivíduo teria para si apenas o que o Estado lhe destinasse.

A teoria do direito público subjetivo é, pois, uma teoria fundamental, porquanto implica a afirmação de que o indivíduo possui uma esfera de ação inviolável, em cujo âmbito o Poder público não pode penetrar. Não foi, pois, por mera coincidência que, no processo liberal do século XVIII e no individualismo que prevaleceu na Revolução Francesa, essas idéias tenham começado a adquirir contornos mais nítidos. É que, no fundo, todos os direitos públicos subjetivos pressupõem o *direito fundamental de liberdade*, entendida em sua dupla valência, como poder autônomo de ser e agir na esfera privada (*liberdade civil*) e na esfera pública (*liberdade política*).

As primeiras Declarações de Direitos, que aparecem, no século XVIII, nos Estados Unidos e na França, são diplomas solenes em que se proclamam os direitos públicos subjetivos. A Declaração dos Direitos do Homem e do Cidadão, de 1789, na França, representa um marco fundamental na experiência jurídica e política, assim como, em nossos dias, tivemos, logo após a 2.ª Grande

Guerra, a Declaração Universal dos Direitos da Organização das Nações Unidas (ONU), de 1948.

Entre uma e outra transcorreu o período de um século e meio, mas foi o bastante para que se operasse uma profunda alteração. A primeira Declaração era de cunho essencialmente *político*, cuidava mais dos direitos públicos do homem enquanto *cidadão*, ao passo que a segunda não só os amplia, como acrescenta aos *direitos políticos* os *direitos sociais* dos indivíduos, e, mais ainda, os *direitos dos povos*, como por exemplo, o de *autodeterminação*.

OS DIREITOS SUBJETIVOS PÚBLICOS NA CONSTITUIÇÃO BRASILEIRA

Onde, no Brasil, encontramos primordialmente declarados os direitos públicos subjetivos?

Matéria tão relevante não podia ser disciplinada através de leis ordinárias, mas figura no texto constitucional, como uma de suas partes básicas. O mesmo ocorre, aliás, na quase-totalidade das constituições contemporâneas, muito embora varie de umas para outras a extensão dos direitos declarados e suas formas e processos de garantia.

Quem, no Brasil, quiser saber quais são os nossos direitos públicos subjetivos fundamentais não tem outra coisa a fazer senão identificá-los no Título II da Constituição, sobretudo nos Capítulos I, II e IV. Nenhuma Carta Constitucional consagra, mais do que a nossa, tão extenso e minucioso elenco de direitos e deveres individuais e coletivos, assim como de direitos sociais e políticos, enunciando as respectivas salvaguardas. Pode-se mesmo dizer que há certo exagero em conferir dignidade constitucional a vários direitos mais próprios da legislação ordinária.

Não é preciso, aqui, enumerar as múltiplas formas de direito público subjetivo, porquanto qualquer brasileiro deve ter o cuidado de conhecer o art. 5.º e seguintes da Constituição, que se referem à sua própria personalidade política e à sua atividade individual e social enquanto membro da comunidade nacional.

Tais Declarações de Direitos durante muito tempo tiveram apenas um sentido jurídico-político, limitando-se a estabelecer garantias de ação aos indivíduos contra o Estado ou no Estado. No decorrer do século XX, porém, em continuação a um processo histórico iniciado nas épocas anteriores, as Declarações de Direito passaram a ter um caráter mais social e econômico.

Hoje em dia não se reconhece apenas o direito de livre pensamento ou direito de reunião, como já acontecia na Constituição de 1891 ou na Constituição do Império, porque se reconhece o direito ao trabalho, ou o direito à subsistência, que são esteios da chamada socialização do Direito. Especial destaque é dado aos chamados *direitos fundamentais da pessoa humana*, tais como os relativos à tutela da intimidade e dos meios indispensáveis à realização dos valores da liberdade e de uma existência condigna.

O legislador constituinte de 1988 não se contentou, porém, com a extensa lista de direitos consagrados na Secção supralembrada, porquanto, na linha seguida pelas Constituições anteriores, dedicou títulos especiais para disciplina da ordem econômica e financeira e da ordem social, assegurando novos direitos públicos subjetivos no plano da atividade empresarial, da saúde, da previdência e assistência sociais, da educação, da cultura etc.

O direito ao trabalho e o dever do trabalho, por exemplo, são expressões da compreensão do Estado de Direito como Estado da Justiça social e da cultura, ao contrário do que ocorria com a Constituição de 1891, de feitio liberal clássico, adstrita à disciplina dos direitos políticos.

Os direitos subjetivos públicos poderiam, por conseguinte, ser discriminados em duas grandes categorias: direitos subjetivos públicos de natureza política e direitos subjetivos públicos de caráter social.

Todavia, ao lado dessas duas categorias fundamentais, uma terceira deve ser acrescida, a dos *direitos públicos subjetivos de natureza estritamente jurídica.*

É também no texto constitucional que se encontra a *sedes materiae*, muito embora possa ou deva ser completada por leis complementares e especiais. Discriminar tais direitos seria antecipar os estudos de Direito Constitucional, mas, nesta nossa visão de conjunto do mundo jurídico, cabe dizer algo sobre assunto de tamanha relevância.

Note-se que não pretendemos apresentar exemplos de direitos fundamentais *juridicamente puros*, pois todos eles apresentam uma dose razoável de qualificação política ou social. A discriminação das três apontadas categorias atende às notas prevalecentes ou dominantes de cada figura estudada.

Esclarecido esse ponto, podemos apresentar os seguintes exemplos de direitos fundamentais de ordem jurídica:

a) o relativo à preservação ou inviolabilidade das situações jurídicas já adquiridas;

b) o da liberdade de ir e vir, amparada por "*habeas corpus*";

c) o da defesa de direitos líquidos e certos contra abusos de autoridade, através do *mandado de segurança*;

d) *o direito de ação*, isto é, de exigir, quando cabível, a prestação jurisdicional do Estado;

e) o de promover *ação popular* para declarar a nulidade de atos lesivos à Fazenda Pública;

f) *o direito à informação administrativa* sobre questões de interesse próprio, com tutela do *habeas data.*

FUNDAMENTO DOS DIREITOS PÚBLICOS SUBJETIVOS

Ventilar o problema dos direitos públicos subjetivos é discutir a questão do valor do homem no Estado ou perante o Estado. O assunto empolgou grandes mestres do pensamento moderno. Em primeiro lugar, cabe uma referência à doutrina segundo a qual o indivíduo é anterior ao Estado, sendo já portador de direitos públicos subjetivos como algo de inerente à sua própria existência. São os jusnaturalistas, sobretudo do século XVIII, que sustentam que os indivíduos possuem direitos naturais públicos subjetivos em virtude do "contrato social" por eles concluído para sua própria garantia.

Se o Estado é precedido de um "estado de natureza", no qual cada homem era livre, não pode o Poder Público constituir-se com esquecimento, e muito menos com repúdio desses direitos, que são inerentes à natureza mesma do homem.

Dentro dessa maneira de pensar, elaborou-se a Declaração dos Direitos de 1789, onde se proclama, à luz do Direito Natural racionalista, que os homens nascem e devem permanecer livres e iguais.

Embora tenha desempenhado grande papel na história do Estado Moderno, essa doutrina está de há muito superada, tanto como a idéia, que está em sua base, da existência de direitos naturais anteriores à organização política. Muitos autores sustentam que não há direitos individuais enquanto o indivíduo não se alia a outros ou não se compõe com outros em forma estatal, mesmo que incipiente. O indivíduo não tem direitos senão quando o Estado surge, — declaram os partidários da doutrina que se contrapõe ao jusnaturalismo.

Feita a afirmação de que o indivíduo só tem direitos no Estado, porque o Direito implica sempre a existência de um poder político, surge uma questão básica: se o indivíduo e os grupos têm direitos tão-somente no Estado, e se o Estado é a expressão da maior força, como explicar a existência de direitos subjetivos?

Uma das teorias destinadas a explicar esta matéria, e que teve larga aceitação, não lhe faltando adeptos hoje em dia, é a chamada teoria da *autolimitação da soberania.*

Já tivemos ocasião de dizer que, segundo a nossa maneira de conceber o problema, a soberania é juridicamente o poder originário de decidir em última instância sobre a positividade do direito.

Mesmo concebendo a soberania da maneira estrita, como o fazemos, não há dúvida de que ela é sempre um poder que fala por último, ou seja, um poder inapelável, motivo pelo qual é também definida como sendo "a competência da competência", segundo a afirmação concisa de Laband.

Ora, se a soberania é o poder de decidir em última instância, caberá sempre ao Estado delimitar aquilo que pertence privativamente ao indivíduo? Como explicar, dentro da teoria estatal, essas ilhas em que o indivíduo situa a sua personalidade política e a sua capacidade econômica ou jurídica? A Constituição declara direitos e garantias, mas vários deles podem ser suspensos por motivo de segurança nacional ou de guerra. Outros também sofrerão eclipses em caso de intervenção federal nos Estados. Como explicarmos então, o valor próprio, autônomo, dos direitos fundamentais?

Os jusnaturalistas, — isto é, os adeptos do Direito Natural, como uma entidade de razão, ou um protótipo ideal, como prevaleceu no século XVIII, — os jusnaturalistas, idealizando a matéria, ligam tais direitos à própria pessoa humana, e então declaram que há *direitos naturais subjetivos*, que o Estado deve respeitar porque o Estado surge para respeitá-los. Essa explicação, entretanto, não satisfaz, porque, em verdade, basta um exame perfunctório da história política para se verificar que estamos diante de uma conquista histórica da cultura, cada vez mais renovada em seus valores.

O primeiro autor que tratou deste assunto com grande profundidade foi Rudolf von Jhering em sua obra clássica *O Fim no Direito*. Nesse livro, que o grande romanista deixou incompleto, e no qual desejava sintetizar toda a sua concepção do Direito, ele sustenta que a soberania, para poder atuar, precisa ir discriminando esferas de ação entre os indivíduos e os grupos. É o Estado que se limita a si mesmo.

Essa teoria de Jhering foi desenvolvida por aquele que devemos reputar o consolidador da Teoria do Estado, Georg Jellinek. Nos seus dois grandes livros, *Sistema dos Direitos Públicos Subjetivos* e *Doutrina Geral do Estado*, Jellinek defende a teoria da autolimitação da soberania dizendo, em suma, que os direitos públicos subjetivos existem na medida em que o Estado não pode deixar de traçar limites a si próprio, enquanto Estado de Direito.

A teoria da autolimitação provocou várias criticas. Em primeiro lugar, uma tão antiga como a cogitação sobre essa matéria, e que consiste na pergunta: "quis custodiet custodes"? (quem guardará os guardiães?)

O Estado autolimita-se para declarar e reconhecer direitos. Mas, então, os indivíduos ficam à mercê do Estado!? Haverá direitos subjetivos maiores ou menores, conforme o arbítrio daqueles que, no momento, encarnam e representam a pessoa jurídica do Estado.

A Constituição da República Federativa do Brasil enuncia os direitos subjetivos públicos, na ordem política e na ordem social e jurídica, com certa largueza, mas não poderia ter feito declaração diversa? Não poderia ter estabelecido princípios completamente diferentes daqueles que hoje constituem o nosso Direito Público fundamental? Quem teria poderes para impedir o arbítrio do Poder Constituinte?

Jhering, com a sua costumeira penetração, não desconhecia esse problema. Respondeu ele, entretanto, que aí a questão já não é mais jurídica, mas sim política. A seu ver, a garantia única e exclusiva da existência de direitos públicos subjetivos está na consciência popular, na educação cívica do povo, na força da opinião pública. Por mais arbitrária que seja uma Assembléia Constituinte e por mais dotado de força que seja um órgão de Estado, eles pautarão a sua concepção em torno dos direitos públicos subjetivos conforme a resistência do meio cultural e do meio social em que atuem. O problema da autolimitação do poder do Estado é um problema da história política. Para o jurista, o que existe, segundo o prisma específico do Direito, é o Estado se autolimitando.

Em nosso livro *Teoria do Direito e do Estado*, apreciamos diversas doutrinas e chegamos à conclusão de que a teoria da autolimitação aprecia apenas o aspecto *jurídico* do problema. Talvez haja equívoco em falar-se em autolimitação. A expressão autolimitação é infeliz porque dá a idéia de que é o Estado que traça a si próprio os seus limites, quando, na realidade, temos diante de nós um processo de natureza histórico-cultural, que implica uma discriminação progressiva de atividades, para os indivíduos ou para a *sociedade civil*, de um lado, para o Poder Público, do outro.

A nosso ver, houve engano ao se apreciar separadamente o problema do indivíduo perante o Estado, quando o Estado não é senão expressão do processo histórico de integração da vida política e jurídica.

Para nós, os direitos públicos subjetivos são momentos desse processo de organização da vida social, de tal sorte que não apenas existem direitos e deveres para os indivíduos, como também, concomitante e paralelamente, direitos e deveres para o Estado: é algo que resulta da natureza mesma da evolução histórica. É tão essencial ao Estado, no mundo contemporâneo, o reconhecimento de esferas primordiais de ação aos indivíduos e grupos, que, embora os direitos públicos subjetivos possam sofrer redução, grande número deles sempre subsiste, até mesmo nos Estados totalitários. A estrutura mesma da sociedade atual impõe esse reconhecimento, que tende progressivamente a alargar-se, como uma exigência da razão histórica, isto é, como fruto da própria experiência histórica.

Não podemos, porém, — e nesse ponto tinha razão Jhering — pretender uma pura teoria jurídica para explicar um fenômeno complexo que é de natureza política, sociológica, econômica etc. O que devemos reconhecer é que a sociedade, quanto mais progride, quanto mais se desenvolve, mais precisa de centros diretores, e, ao mesmo tempo e paralelamente, de autodescentralização, de autodiscriminação na maneira de ser e de agir, a que correspondem situações subjetivas para os indivíduos e os grupos. O problema dos direitos públicos subjetivos é um problema histórico-cultural, porquanto representa um momento de ordenação jurídica, atendendo a uma exigência social que se processa independentemente do arbítrio e da vontade daqueles que, transitoriamente, enfeixem em suas mãos o poder político.

Estão vendo, portanto, que o problema não poderá, jamais, ser explicado com teorias puramente jurídicas. Todas as teorias que pretenderam examinar o assunto, como se a matéria fosse de Direito Constitucional, estão fadadas a insucesso. Este é um assunto de Teoria do Estado, a qual não pôde deixar de examinar o problema sob três prismas ou três aspectos distintos: o *sociológico*, o *jurídico* e o *político*.

É só sob esse tríplice aspecto que poderemos apreciar a matéria que diz respeito ao que há de mais essencial ao homem, que é a sua posição jurídico-politica no seio da comunidade e do Estado, como expressão de sua liberdade.

Certo é, todavia, que o reconhecimento de direitos públicos subjetivos, armados de garantias eficazes, constitui uma das características basilares do Estado de Direito, tendo eles como fundamento último o valor intangível da pessoa humana, o que demonstra que, como em todo problema relativo ao *fundamento* de um instituto jurídico, não podemos deixar de elevar-nos até o plano da *Filosofia*.

Situada a questão dos *direitos públicos subjetivos* no plano histórico-cultural, como acabamos de fazer, podemos dizer que eles se impõem ao reconhecimento e ao respeito do Estado sobretudo quando correspondem ao que temos denominado *invariantes axiológicas*, isto é, a valores universalmente proclamados e exigidos pela opinião pública como absolutamente essenciais ao destino do homem na face da Terra. Passa-se mesmo a falar em um *Direito planetário* consagrador de valores transnacionais e transestatais que conferem novo fundamento aos direitos públicos subjetivos no plano do Direito Interno e do Direito Internacional.

A partir da invariante axiológica primordial representada pela *pessoa humana* configura-se todo um sistema de valores fundantes, como o *ecológico* e o de uma *forma de vida* compatível com a dignidade humana em termos de habitação, alimentação, educação e segurança etc., em função dos quais se impõem imperativamente deveres ao Estado, com a correspondente constelação de direitos subjetivos públicos. Somente assim se realiza o Estado Democrático de Direito proclamado logo no artigo primeiro da Constituição Federal.

Capítulo XXI

DA HERMENÊUTICA OU INTERPRETAÇÃO DO DIREITO

Sumário: A interpretação gramatical e a sistemática. A interpretação histórica e a evolutiva. A Escola da livre pesquisa do Direito e o Direito livre. Posição de Gény e Zitelmann. Compreensão atual do problema hermenêutico.

A INTERPRETAÇÃO GRAMATICAL E A SISTEMÁTICA

Já dissemos que a Revolução Francesa atinge um ponto culminante com a publicação do Código Civil de Napoleão. É um monumento da ordenação da vida civil, projetado com grande engenho e não menor arte. Portalis, um de seus grandes elaboradores, prudentemente reconhecera a existência de insuficiências e lacunas no Código, mas assim não pensaram os seus primeiros intérpretes, os quais pretenderam que não havia parcela da vida social que não tivesse sido devida e adequadamente regulada, razão pela qual haviam sido revogadas todas as ordenações, usos e costumes até então vigentes.

Compreende-se essa atitude. A Revolução Francesa vinha declarar a igualdade de todos perante a lei e, ao mesmo tempo esfacelava os núcleos nos quais ainda subsistiam sistemas jurídicos particularistas com pretensão de "soberania" perante o Estado. Os privilégios e as prerrogativas da nobreza e do clero desapareceram para que o Direito se revelasse apenas através da vontade geral. "Todos os direitos são fixados pela lei", como expressão da vontade geral, proclamou Jean Jacques-Rousseau, fundando criadoramente o pensar político de seu tempo.

Surgia, assim, o Código Civil, como expressão da vontade comum, não admitindo qualquer concorrência por parte dos usos e costumes e, também, por parte de elaborações legislativas particulares.

A lei exsurgiu a plano tão alto que passou a ser como que a única fonte de direito. O problema da Ciência do Direito resolveu-se, de certa maneira, no problema da interpretação melhor da lei.

Havia duas verdades paralelas: o Direito positivo é a lei; e, uma outra: a Ciência do Direito depende da interpretação da lei segundo processos lógicos adequados.

Foi por esse motivo que a interpretação da lei passou a ser objeto de estudos sistemáticos de notável finura, correspondentes a uma atitude analítica perante os textos segundo certos princípios e diretrizes que, durante várias décadas, constituíram o embasamento da *Escola da Exegese.*

Sob o nome de "Escola da Exegese" entende-se aquele grande movimento que, no transcurso do século XIX, sustentou que na lei positiva, e de maneira especial no Código Civil, já se encontra a possibilidade de uma solução para todos os eventuais casos ou ocorrências da vida social. Tudo está em saber interpretar o Direito. Dizia, por exemplo, Demolombe que a lei era tudo, de tal modo que a função do jurista não consistia senão em extrair e desenvolver o sentido pleno dos textos, para apreender-lhes o significado, ordenar as conclusões parciais e, afinal, atingir as grandes sistematizações.

Grandes mestres que obedeceram a essa tendência achavam que os usos e costumes não poderiam valer, a não ser quando a lei lhes fizesse expressa referência. O dever do jurista era ater-se ao texto, sem procurar soluções estranhas a ele. Lançaram-se, assim, as bases do que se costuma denominar *Jurisprudência conceitual*, por dar mais atenção aos preceitos jurídicos, esculpidos na lei, do que às estruturas sociais, aos campos de interesse aos quais aqueles conceitos se destinam.

Era natural que, nesse quadro espiritual, a interpretação fosse vista, de início, apenas sob dois prismas dominantes: *um prisma literal ou gramatical*, de um lado, *e um prisma lógico-sistemático*, do outro.

O primeiro dever do intérprete é analisar o dispositivo legal para captar o seu pleno valor expressional. A lei é uma declaração da vontade do legislador e, portanto, deve ser reproduzida com exatidão e fidelidade. Para isto, muitas vezes é necessário indagar do exato sentido de um vocábulo ou do valor das proposições do ponto de vista sintático.

A lei é uma realidade morfológica e sintática que deve ser, por conseguinte, estudada do ponto de vista gramatical. É da gramática — tomada esta palavra no seu sentido mais amplo — o primeiro caminho que o intérprete deve percorrer para dar-nos o sentido rigoroso de uma norma legal. Toda lei tem um significado e um alcance que não são dados pelo arbítrio imaginoso do intérprete, mas são, ao contrário, revelados pelo exame imparcial do texto.

Após essa perquirição filológica, impõe-se um trabalho lógico, pois nenhum dispositivo está separado dos demais. Cada artigo de lei situa-se num capítulo ou num título e seu valor depende de sua colocação sistemática. É preciso, pois, interpretar as leis segundo seus valores lingüísticos, mas sempre situando-as no conjunto do sistema. Esse trabalho de compreensão de um preceito, em sua correlação com todos os que com ele se articulam logicamente, denomina-se *interpretação lógico-sistemática*.

Levados pelo apego ao texto, alguns mestres da Escola da Exegese sustentavam ser necessário distinguir a interpretação lógica da interpretação sistemática. A primeira cuidaria, apenas, do valor lógico das frases, abstração feita da posição distribuída a cada grupo de normas no conjunto geral do ordenamento jurídico. A interpretação sistemática viria num segundo momento, ou melhor, num terceiro momento, para elucidar dúvidas possivelmente ainda existentes, após a exegese gramatical e lógica.

Com o decorrer do tempo, porém, foi se verificando a impossibilidade de separar essas duas ordens de pesquisas, a lógica e a sistemática. Interpretar logicamente um texto de Direito é situá-lo ao mesmo tempo no sistema geral do ordenamento jurídico. A nosso ver, não se compreende, com efeito, qualquer separação a interpretação lógica e a sistemática. São antes aspectos de um mesmo trabalho de ordem lógica, visto como as regras de direito devem ser entendidas organicamente, estando umas na dependência das outras, exigindo-se reciprocamente através de um nexo que a *ratio juris* explica e determina.

É somente graças à interpretação lógica e gramatical que, segundo, a Escola Exegese, o jurista cumpria o seu dever primordial de aplicador da lei, *de conformidade com a intenção original do legislador.* Este é o lema caracterizador da Escola.

Determinar a intenção do legislador passou a ser um imperativo de ordem jurídica e política, visto como, em virtude de rígido e desmedido apego ao *princípio constitucional da divisão dos poderes*, — que foi uma das vigas mestras do constitucionalismo liberal,— chegava-se ao extremo de afirmar: "se o intérprete substituir a intenção do legislador pela sua, o Judiciário estará invadindo a esfera de competência do Legislativo..."

É claro que, logo após a elaboração e a promulgação do Código, uma concepção rígida como essa podia prevalecer sem maiores contrastes, dada a correspondência que, durante algumas décadas, existiu entre as estruturas sociais e o conteúdo das normas. Em linhas gerais, enquanto não houve mudanças sensíveis nas relações sociais, a suposta intenção do legislador coincidia com a intenção do juiz, isto é, com o que este considerava ser justo no ato de aplicar a regra em função de seus estritos valores gramaticais e lógicos.

Deve-se lembrar que, nesse contexto de interpretação gramatical e lógica, permaneceram velhos ensinamentos de Hermenêutica Jurídica, representados por antigos brocardos, que ainda hoje têm curso no foro, tal como o que pondera que deve ser entendida extensivamente a norma benéfica, mas estritamente a que impõe penas ou restringe direitos, o que, de certo modo, atenuava os males de uma atitude puramente formalista.

A distinção entre *interpretação extensiva* e *interpretação estrita*, esta de maior alcance no campo do Direito Penal e na aplicação das regras de caráter excepcional (no impropriamente chamado "Direito Excepcional"), serviu, na realidade, de instrumento técnico que permitia a adequação das normas às relações sociais, em função da tábua de valores dominantes. Entendendo-se de estrita interpretação, coarctava-se a incidência de uma lei superada pelos fatos; interpretando-se extensivamente uma outra, preenchia-se uma falha da legislação. Isto ocorria sobretudo quando não havia possibilidade de recorrer à *analogia*, que será objeto de uma de nossas próximas aulas.

Era inevitável, porém, que novas formas de compreensão do direito passassem a ser exigidas, com o decorrer do tempo, dada a mudança operada nos usos e costumes, e sob o influxo da ciência e da técnica. Essa passagem para novas formas de interpretação do Direito não se verificou, porém, *ex abrupto*, mas obedeceu a uma elaboração gradual, como é próprio da experiência jurídica.

A INTERPRETAÇÃO HISTÓRICA E A EVOLUTIVA

É preciso lembrar que, quando foi promulgado o Código de Napoleão, a França ainda era um país agrícola por excelência, e a Inglaterra apenas ensaiava os primeiros passos na mecanização indispensável ao capitalismo industrial.

Foi no decorrer do século XIX que se operou a revolução técnica, especialmente através dos grandes inventos no plano da Física e da Química e das aplicações de natureza prática, notadamente através da utilização da força a vapor e, depois, da eletricidade. Com essa mudança no sistema de produção e as transformações conseqüentes em vários outros países, a vida social alterou-se profundamente.

Verificou-se, então, compreensível desajuste entre a lei, codificada no início do século XIX, e a vida com novas facetas e novas tendências. As pretensões de "plenitude legal" da Escola de Exegese pareceram pretensiosas. A todo instante apareciam problemas de que os legisladores do Código Civil não haviam cogitado. Por mais que os intérpretes forcejassem em extrair dos textos uma solução para a vida, a vida sempre deixava um resto. Foi preciso, então, excogitar outras formas de adequação da lei à existência concreta.

Foi especialmente sob a inspiração da Escola Histórica de Savigny que surgiu outro caminho, a chamada *interpretação histórica*. Sustentaram vários mestres que a lei é algo que representa uma realidade cultural, — ou, para evitarmos a palavra cultura, que ainda não era empregada nesse sentido, — era uma realidade histórica que se situava, por conseguinte, na progressão do tempo. Uma lei nasce obedecendo a certos ditames, a determinadas aspirações da sociedade, interpretadas pelos que a elaboram, mas o seu significado não é imutável.

Feita a lei, ela não fica, com efeito, adstrita às suas fontes originárias, mas deve acompanhar as vicissitudes sociais. É indispensável estudar as fontes inspiradoras da emanação da lei para ver quais as intenções do legislador, mas também a fim de ajustá-la às situações supervenientes.

Não basta, pois, querer descobrir a intenção do legislador através dos trabalhos preparatórios da legislação, que é mera história externa do texto, pois é necessário verificar qual teria sido a intenção do legislador, e a sua conclusão, se no seu tempo houvesse os fenômenos que se encontram hoje diante de nossos olhos. Que teria resolvido o legislador se, no seu tempo, já existissem tais e quais fatos que hoje constituem uma realidade indeclinável de nossa vida social?

Uma *compreensão progressiva* da lei surgiu, em primeiro lugar, entre os pandectistas alemães. Chamaram-se "pandectistas" os juristas germânicos que construíram, na segunda metade do século XIX, uma poderosa Técnica ou Dogmática Jurídica[1], tendo como base o "Direito Romano Atual", vigente na Alemanha, pois, já o dissemos, foi só a partir de 1900 que essa Nação passou a ter o seu Código Civil. A qualificação de "pandectistas" resulta do fato de, nessa obra de prodigioso lavor analítico e sistemático, terem os juristas alemães remontado, criadoramente, aos ensinamentos do *Digesto*, ou *Pandectas*, que, como devem saber, é a coleção de textos de Direito Romano organizada pelo Imperador Justiniano.

---

1. Sobre o conceito de "Dogmática Jurídica", *vide* o Capítulo XXIV.

A "Escola dos Pandectistas", na Alemanha, corresponde, até certo ponto, à "Escola da Exegese", na França, no que se refere ao primado da norma legal e às técnicas de sua interpretação. Em virtude, porém, da inexistência de um Código Civil, os juristas alemães mostraram-se, por assim dizer, menos "legalistas", dando mais atenção aos usos e costumes e aceitando uma interpretação mais elástica do texto legal.

Foi o pandectista Windscheid que colocou o problema da interpretação em termos de *intenção possível do legislador*, não no seu tempo, mais sim, na época em que se situa o intérprete.

Assim sendo, mesmo quando os estudos históricos comprovam que o legislador pretendeu alcançar X, é lícito ao juiz, em virtude de fatos supervenientes, admitir um objetivo Y, se o texto da lei comportar essas duas interpretações: é a segunda que deve prevalecer, pois, dirá outro pandectista, pode a lei ser mais sábia do que o legislador.

Pois bem, essa maneira de situar o processo hermenêutico teve na França um ilustre representante na pessoa de Gabriel Saleilles, que deu claros contornos à teoria da *interpretação histórico-evolutiva*. Segundo essa doutrina, uma norma legal, uma vez emanada, desprende-se da pessoa do legislador, como a criança se livra do ventre materno. Passa a ter vida própria, recebendo e mutuando influências do meio ambiente, o que importa na transformação de seu significado. Pretende Saleilles ir além do Código Civil, mas através de sua exegese evolutiva, graças ao poder que tem o juiz de combinar, de maneira autônoma, diversos textos legais e integrá-los para atender a novos fatos emergentes.

Que ocorre, porém, quando o texto legal é de tal ordem que não comporta esse contínuo trabalho de adaptação das palavras a novas realidades e novas exigências?

A elasticidade do texto tem um limite, além do qual começa o artifício da interpretação, conferindo aos termos uma significação que, a rigor, não lhes corresponde.

Veremos como se procurou superar esse ponto crítico. O que, por ora, desejamos observar é que, com a teoria histórico-evolutiva, tanto como com a lógico-sistemática, o intérprete sempre se situava no âmbito da lei, não se admitindo *interpretação criadora*, à margem da lei ou a despeito dela.

A ESCOLA DA LIVRE PESQUISA DO DIREITO E O DIREITO LIVRE. POSIÇÃO DE GÉNY E ZITELMANN

Visando a superar as deficiências da interpretação histórico-evolutiva, novas teorias hermenêuticas foram elaboradas, a partir das últimas décadas do século XIX. Na França, surgiu um movimento que não tem nada de revolucionário, porquanto o grande François Gény não é um inovador, no sentido de revolucionar, mas, ao contrário, um construtor equilibrado, que vai, aos poucos, abrindo o caminho que lhe parece deva ser trilhado. Deve-se a Gény o movimento chamado da *libre recherche*, ou seja, da livre pesquisa do Direito. O interessante na obra de François Gény é que ele quer conciliar certas posições clássicas da Escola da Exegese com as necessidades do mundo contemporâneo. Assim, por exemplo, não concorda ele, de maneira alguma, com a tese de Windscheid e outros, no sentido de se descobrir uma intenção possível do legislador, se estivesse vivendo no mundo contemporâneo. Diz ele que o intérprete da lei deve manter-se fiel à sua intenção primeira. Segundo Gény, a lei só tem uma intenção, que é aquela que ditou o seu aparecimento. Não se deve deformar a lei, mas, ao contrário, reproduzir a intenção do legislador no momento de sua decisão. Uma vez verificado, porém, que a lei, na sua pureza originária, não corresponde mais aos fatos supervenientes, devemos ter a franqueza de reconhecer que existem lacunas na obra legislativa e procurar, por outros meios, supri-las.

Estão vendo, portanto, que, num primeiro momento, Gény se apega à pureza da Escola da Exegese mas, em seguida, liberta-se do apego à lei, para restituir ao juiz certa independência em face do texto. Quando a lei, interpretada em toda a sua pureza originária, não permite uma solução, o juiz deve buscar nos costumes e na analogia os meios de resolver o caso concreto. Vê-se, por aí, que Gény já discordava do clássico ensinamento de Aubry, autor, conjuntamente com Rau, do mais límpido *Tratado de Direito Civil* francês do século XIX: "Toda lei, proclamava Aubry, tanto no seu espírito como na sua letra, com uma aplicação ampla de seus princípios e um desenvolvimento completo de suas conseqüências, porém *nada mais que a lei*, tal tem sido a divisa dos professores do Código de Napoleão".

A revalorização do costume como fonte complementar do Direito Civil é devida, em grande parte, aos escritos de Gény. Mas, ele não se limita a enaltecer o valor dos costumes, porquanto, muitas vezes, faltam ao intérprete também os recursos do Direito costumeiro. Quando a lei silencia e não existe processo consuetudinário, como deve agir o juiz? Sabem todos que o juiz não pode deixar de sentenciar. A nossa lei é precisa quando veda ao juiz a escusa de dar sentença, invocando lacuna ou obscuridade na lei. Se, porém, a lei deve ser interpretada no seu sentido originário e os fatos e acontecimentos da vida são novos, qual o caminho que deve seguir o juiz? É nesse ponto que Gény declara que o magistrado deve entregar-se a um trabalho científico, isto é, *à livre pesquisa do Direito*, com base na observação dos fatos sociais.

Não se trata, como estão vendo, de procurar uma regra jurídica já escrita que possa, por analogia, ser invocada, mas, ao contrário, de descobrir, através da investigação científica dos fatos sociais, a regra jurídica apropriada. Cada fenômeno social — diz Gény — já traz em si mesmo, no seu próprio desenvolvimento, a razão de ser de sua norma. O social, no seu bojo, contém em esboço a solução jurídica que lhe é própria. A regra de direito não é algo de arbitrário, imposto pelo legislador, mas, ao contrário, algo que obedece a uma *ratio juris,* o que quer dizer à *razão natural das cousas*. A *natureza das cousas* implica a apreciação de vários elementos, demográficos, econômicos, históricos, morais, religiosos etc. O jurista, quando a lacuna é evidente, transforma-se, dessa forma, em um *pesquisador do Direito*, para determinar a norma própria concernente ao caso concreto, de conformidade com a ordem geral dos fatos.

Segundo Gény, o Direito é formado de dois elementos fundamentais — que ele denomina o "dado" e o "construído". O "dado" é aquilo que não é criado pelo legislador, mas é elaborado pela própria existência humana, no seu fluxo natural. Cada obra legislativa está condicionada por uma série de fatores que se impõe ao legislador e ao intérprete. São condições econômicas, mesológicas, históricas, culturais, demográficas, raciais que orientam, em certo sentido, o trabalho científico daqueles que elaboram um texto ou o interpretam. Valendo-se dos dados oferecidos pela natureza e pela experiência social, é que o jurista constrói o seu arcabouço de regras ou normas.

Há no Direito, portanto, uma base prévia de dados ou pressupostos (*le donné*) e uma parte de construção lógica e artística, subordinando os fatos a uma ordem de fins (*le construit*). Entre os pressupostos que condicionam a construção normativa, dirá depois Gény, na sua obra *Ciência e Técnica no Direito Privado Positivo*, estão também os valores do "irredutível Direito Natural".

A teoria de Gény traça, porém, claros limites à indagação científica do fato social, porquanto — diz ele — ao realizar sua pesquisa, deve o jurista ter sempre presente que as leis existentes são balizas ao seu trabalho. A fórmula de Gény é esta: *Além do Código Civil, mas através do Código Civil*. Segundo esse professor, que é uma das glórias da Jurisprudência francesa contemporânea, o trabalho de pesquisa, na realidade, só inova na medida em que integra ou completa o sistema existente, mas sem lhe alterar o significado fundamental.

Cada ordenamento jurídico tem a sua lógica interna. Não é possível, portanto, chegar-se a uma conclusão científica de natureza coletivista, para enxertá-la num sistema que obedeça a princípios individualistas. Na sua obra de construção sistemática, o jurista deve obedecer à índole do sistema positivo em vigor, visto como ele não tem a plena liberdade de indagação, própria do sociólogo, mas sim a liberdade de pesquisa destinada a editar normas compatíveis com o ordenamento jurídico, acordes com este, no fundo e na forma.

A contribuição de Gény alcançou imensa repercussão em vários países, mesmo porque ela coincidia com um processo paralelo no mundo cultural alemão, especialmente através de uma indagação muito profunda a respeito da existência, ou não, de lacunas no Direito positivo.

Já no decorrer do século XIX, alguns juristas haviam, na Alemanha, se oposto ao rigorismo da tese segundo a qual o juiz devia se subordinar mecanicamente aos ditames da lei, no ato de interpretá-la. Vários autores haviam já falado da necessidade de verificar-se o elemento teleológico ou finalístico, para interpretar o Direito com certa autonomia e objetividade.

Mas, deixando de lado esses antecedentes, devemos lembrar que um momento fundamental na história da interpretação do Direito, na Alemanha, segundo as novas tendências, foi a obra de Zitelmann, intitulada *As Lacunas no Direito*. Esse trabalho de extraordinária penetração científica firmou uma tese expressamente consagrada no Direito positivo brasileiro, de que não existe plenitude na legislação positiva, visto como, por mais que o legislador se esforce para sua perfeição, há sempre um resto sem lei que o discipline.

Na obra de Zitelmann, ficou provada a existência de lacunas na legislação, mas também ficou reconhecido que o Direito, entendido como ordenamento, jamais pode ter lacunas. Como conciliar, pois, essas duas afirmações que são dois aforismos do Direito, em nossos dias?

Nosso legislador já tomou conhecimento, em 1942, desse problema, quando mandou recorrer ao costume, à analogia e aos princípios gerais do Direito, havendo lacunas na lei, e ao proclamar, logo a seguir, que o juiz não pode deixar de sentenciar mesmo em face de lacunas ou obscuridade no texto legal. Quer dizer: o Direito não se confunde mais com a lei, não se confunde com os textos escritos, como se verificava na Escola de Exegese. A lei é apenas instrumento de revelação do Direito, o mais técnico, o mais alto, mas apenas um instrumento de trabalho e assim mesmo imperfeito, porquanto não prevê tudo aquilo que a existência oferece no seu desenvolvimento histórico. A lei tem lacunas, tem claros, mas o Direito interpretado como ordenamento da vida, este não pode ter lacunas, porque deverá ser encontrada, sempre, uma solução para cada conflito de interesses. O trabalho de Zitelmann já aconselhava a procurar-se, fora da lei, meios e modos técnicos para se preencherem as lacunas verificadas. Ele o fazia, entretanto, com aquela mesma cautela e equilíbrio que distinguem a obra de Gény.

Pode-se dizer que, apesar de algumas manifestações iniciais que pecavam por excesso, também a obra de Eugen Ehrlich se manteve numa linha de relativo equilíbrio, ao instaurar ele uma corrente hermenêutica que, sob a denominação de "Livre Indagação do Direito" (*Freies Recht*) ia lograr imensa ressonância.

O pensamento de Ehrlich desenvolveu-se no sentido de uma *compreensão sociológica* do Direito, tendo profunda repercussão a sua tese de que é *facultado ao juiz estabelecer livremente uma solução própria* (com base em estudos sociológicos, é claro) toda vez que dos textos legais não seja possível inferir-se uma solução que efetivamente corresponda ao fato em apreço, de maneira adequada e justa. A exigência de um *Direito justo*, postulada pelo grande renovador da Filosofia do Direito contemporâneo, Rudolf Stammler, abria, assim, caminho à atividade criadora do intérprete, liberto do artifício de recorrer sempre à interpretação extensiva ou à analogia, mesmo quando incompatível a norma com o fato. Essa tese logrou ter consagração no famoso art. 1.º do Código Civil suíço e, até certo ponto, no art. 114 de nosso Código de Processo Civil de 1939.

Uma orientação, porém, bem mais ousada, foi a de Hermann Kantorowicz, que, em 1906, publicou uma obra polêmica intitulada *A Luta pela Ciência do Direito*, sob o expressivo pseudônimo de Gneus Flavius, o escriba e depois tribuno romano, a quem Pomponius atribui o feito de ter subtraído as leis das *actiones*, ou formulário judicial, até então do conhecimento exclusivo dos pontífices, para torná-las conhecidas do povo.

Para Kantorowicz, haja ou não lei que reja o caso, cabe ao juiz julgar segundo os ditames da ciência e de sua consciência, devendo ser devidamente preparado, por conseguinte, para tão delicada missão. O que deve prevalecer, para eles, é o *direito justo*, quer na falta de previsão legal (*praeter legem*) quer contra a própria lei (*contra legem*).

Se assim fosse, apesar de todas as cautelas com que Kantorowicz cerca, técnica e eticamente, a escolha dos magistrados e a sua atuação, a que se reduziria a segurança do Direito? Pode-se admitir a tese de um julgamento ao arrepio, a despeito da lei?

Para nós o Direito não pode prescindir de sua estrutura formal, tampouco de sua função normativa ou teleológica, de maneira que a conduta humana, objeto de uma regra jurídica, já se acha qualificada de antemão por esta, tal como o exigem a certeza e a segurança.

Segundo os adeptos do Direito Livre, o juiz é como que legislador num pequenino domínio, o *domínio do caso concreto*. Assim como o legislador traça a norma genérica, que deverá abranger todos os casos futuros, concernentes à matéria, caberia ao juiz legislar, não apenas por eqüidade, mas, toda vez que lhe parecer, por motivos de ordem científica, inexistente a lei apropriada ao caso específico: estamos, pois, no pleno domínio do arbítrio do intérprete.

O Direito Livre, que ainda se debate e se discute, foi, como disse o jurista italiano Max Ascoli, "uma ventania romântica que assolou os domínios da Jurisprudência". O que se queria era antepor o valor do caso concreto à previsão racional da generalidade dos casos. Não se poderá dizer que o assunto já esteja superado: uns sustentam ainda hoje que a lei é lei e deve ser interpretada na sua força lógica, ao passo que outros pretendem transformar a lei em meras balizas na marcha da liberdade do intérprete, como reclama, exageradamente, o chamado Direito Alternativo.

COMPREENSÃO ATUAL DO PROBLEMA HERMENÊUTICO

Interpretar uma lei importa, previamente, em compreendê-la na plenitude de seus fins sociais, a fim de poder-se, desse modo, determinar o sentido de cada um de seus dispositivos. Somente assim ela é aplicável a todos os casos que correspondam àqueles objetivos.

Como se vê, o primeiro cuidado do hermeneuta contemporâneo consiste em saber qual a finalidade social da lei, no seu todo, pois é o fim que possibilita penetrar na *estrutura de suas significações particulares*. O que se quer atingir é uma correlação coerente entre "o todo da lei" e as "partes" representadas por seus artigos e preceitos, à luz dos objetivos visados.

A teoria da interpretação, que prevaleceu até poucos anos atrás, procedia como a antiga Psicologia, que explicava as idéias como "uma associação de imagens": começava pela análise de cada preceito para, paulatinamente, reuni-los e obter o sentido global da lei. Cumpre, ao contrário, reconhecer que o processo interpretativo não obedece a essa ascensão mecânica das partes ao todo, mas representa antes uma forma de captação do valor das partes inserido na estrutura da lei, por sua vez inseparável da estrutura do sistema e do ordenamento. É o que se poderia denominar *Hermenêutica estrutural*.

Já o nosso genial Teixeira de Freitas, inspirado nos ensinamentos de Savigny, nos ensinara, em meados do século XIX, que basta a mudança de localização de um dispositivo, no corpo do sistema legal, para alterar-lhe a significação. Esse ensinamento, antes de alcance mais lógico-formal, passou, com tempo, a adquirir importância decisiva, porque ligado à *substância da lei, que é o seu significado, em razão de seus fins*.

A compreensão finalística da lei, ou seja, a *interpretação teleológica* veio se afirmando, desde as contribuições fundamentais de Rudolf von Jhering, sobretudo em sua obra *O Fim no Direito*. Atualmente, porém, após os estudos de teoria do valor e da cultura, dispomos de conhecimento bem mais seguro sobre a estrutura das regras de direito, sobre o papel que o *valor* nela representa: o *fim*, que Jhering reduzia a uma forma de interesse, é visto antes como *o sentido do valor reconhecido racionalmente enquanto motivo determinante da ação*.

Fim da lei é sempre um valor, cuja preservação ou atualização o legislador teve em vista garantir, armando-o de sanções, assim como também pode ser fim da lei impedir que ocorra um desvalor. Ora, os valores não se explicam segundo nexos de causalidade, mas só podem ser objeto de um *processo compreensivo* que se realiza através do confronto das partes com o todo e vice-versa, iluminando-se e esclarecendo-se reciprocamente, como é próprio do estudo de qualquer estrutura social.

Nada mais errôneo do que, tão logo promulgada uma lei, pinçarmos um de seus artigos para aplicá-lo isoladamente, sem nos darmos conta de *seu papel ou função no contexto do diploma legislativo*. Seria tão precipitado e ingênuo como dissertarmos sobre uma lei, sem estudo de seus preceitos, baseando-nos apenas em sua ementa...

Estas considerações iniciais visam pôr em realce os seguintes pontos essenciais da que denominamos *hermenêutica estrutural*:

 a) toda interpretação jurídica é de natureza teleológica (finalística) fundada na *consistência axiológica* (*valorativa*) do Direito;

 b) toda interpretação jurídica dá-se numa *estrutura de significações*, e não de forma isolada;

 c) cada preceito significa algo situado no todo do ordenamento jurídico[2].

Pois bem, dessa *compreensão estrutural* do problema resulta, em primeiro lugar, que o trabalho do intérprete, longe de reduzir-se a uma passiva adaptação a um texto, *representa um trabalho construtivo de natureza axiológica*, não só por se ter de captar o significado do preceito, correlacionando-o com outros da lei, mas também porque se deve ter presentes os da mesma espécie existentes em outras leis: a sistemática jurídica, além de ser lógico-formal, como se sustentava antes, é também *axiológica* ou *valorativa*.

Não pode absolutamente ser contestado o caráter *criador* da Hermenêutica Jurídica nesse árduo e paciente trabalho de cotejo de enunciados lógicos e axiológicos para atingir a real significação da lei, tanto mais que esse cotejo não se opera no vazio, mas só é possível mediante contínuas aferições no plano dos fatos, em função dos quais as valorações se enunciam.

Mais do que qualquer outro autor, Emílio Betti soube dar realce ao papel da interpretação jurídica, distinguindo-a cuidadosamente de outras formas de interpretação, como a histórica, a literária

---

2. Para maiores esclarecimentos, *vide* nosso estudo intitulado "Para uma hermenêutica jurídica estrutural", em nosso livro *Estudos de Filosofia e Ciência do Direito*, cit.

ou a musical. O intérprete do Direito, consoante demonstrações convincentes daquele mestre, não fica preso ao texto, como o historiador aos fatos passados, e tem mesmo mais liberdade do que o pianista diante da partitura. Se o executor de Beethoven pode dar-lhe uma interpretação própria, através dos valores de sua subjetividade, a música não pode deixar de ser a de Beethoven. No Direito, ao contrário, o intérprete pode avançar mais, dando à lei uma significação imprevista, completamente diversa da esperada ou querida pelo legislador, em virtude de sua correlação com outros dispositivos, ou então pela sua compreensão à luz de novas valorações emergentes no processo histórico.

Não é apenas a natureza criadora do processo hermenêutico-jurídico que se salienta, em nossa época, mas também o seu *caráter unitário*.

Contesta-se, em primeiro lugar, que se deva partir, progressivamente, da análise gramatical do texto até atingir sua compreensão sistemática, lógica e axiológica. Entende-se, com razão, que essas pesquisas, desde o início, se imbricam e se exigem reciprocamente, mesmo porque, desde Saussure, não se tem mais uma compreensão analítica ou associativa da linguagem, a qual também só pode ser entendida de maneira estrutural, em correlação com as estruturas e mutações sociais.

Admitido, porém, esse caráter unitário ou estrutural da interpretação jurídica, não nos parece que assista razão a Betti quando exclui se possa falar em interpretação gramatical ou em interpretação lógica, condenando também a distinção entre a interpretação extensiva e a estrita: a seu ver, a interpretação só pode ser uma e concreta. Talvez haja aqui mais questão terminológica. Se se afirma que a interpretação gramatical, a lógica e a sistemática não podem, cada um de per si, dizer-nos o que o Direito significa, estamos de pleno acordo, mas não cremos que a necessidade de unidade nos impeça de apreciar, por exemplo, um texto à luz de seus valores gramaticais: o essencial é que se tenha presente a correlação daquelas interpretações particulares como *simples momentos* do processo global interpretativo, em si uno e concreto.

Por outro lado, não nos parece destituída de sentido a distinção entre a interpretação extensiva e a estrita, sob a alegação de que o hermeneuta só pode extrair o significado que a lei tem, sem restringi-lo ou alargá-lo. Na realidade porém, o que se chama *interpretação extensiva* é exatamente o resultado do trabalho criador do intérprete, ao acrescer algo de novo àquilo que, a rigor, a lei deveria normalmente enunciar, à vista das novas circunstâncias, quando a elasticidade do texto normativo comportar o acréscimo. Desse modo, graças a um trabalho de extensão, revela-se algo de implícito na significação do preceito, sem quebra de sua estrutura.

Pela interpretação restritiva, dá-se o contrário, porque o intérprete, limitando a incidência da norma, impede que a mesma produza efeitos danosos.

Se bem analisarmos, porém, tal assunto, veremos que, no fundo, as chamadas interpretações extensiva e estrita se referem mais à aplicação do direito do que à sua interpretação.

São ambas formas prudentes de correção de deficiências e excessos das normas legais, sem que para tanto se adote a tese extremada da interpretação *contra legem,* a não ser quando o acúmulo dos fatos e exigências sociais se colocar em aberto e permanente contraste com um texto estiolado e esquecido. A Ciência do Direito contemporânea não se deixou seduzir pelo canto de sereia do Direito Livre, continuando, em linhas gerais, a preferir as imperfeições de um Direito predeterminado ao risco de um Direito determinável, em cada caso, pelo juiz. Prevaleceu, em suma, o valor da certeza, que é irmã gêmea da segurança, muito embora não se exclua, de maneira absoluta, se possa recusar aplicação a uma lei caída em evidente desuso, como a seu tempo assinalamos.

Mas, se a Hermenêutica Jurídica atual não consagra as teses extremadas do Direito Livre, desenvolve, de maneira mais orgânica, a compreensão histórico-evolutiva, entendendo a norma jurídica, como temos ensinado ultimamente, em termos de:

a) um *modelo operacional* de uma classe ou tipo de organização ou de comportamentos possíveis;

b) que deve ser interpretado no conjunto do ordenamento jurídico;

c) implicando a apreciação dos fatos e valores que, originariamente, o constituíram;

d) assim como em função dos fatos e valores supervenientes.

É dessa dupla visão, *retrospectiva* e *prospectiva* da norma, que deve resultar o seu significado concreto, reconhecendo-se ao intérprete um papel positivo e criador no processo hermenêutico, o que se torna ainda mais relevante no caso de se constatar a existência de *lacunas* no sistema legal, o que põe o problema da *integração normativa*, objeto de nosso estudo no capítulo seguinte.

Capítulo XXII

INTEGRAÇÃO E APLICAÇÃO DO DIREITO

Sumário: Distinções preliminares. Analogia e interpretação extensiva. A eqüidade. Natureza lógica da aplicação do Direito.

DISTINÇÕES PRELIMINARES

Interpretação, integração e *aplicação* são três termos técnicos que correspondem a três conceitos distintos, que às vezes se confundem, em virtude de sua íntima correlação. O Direito, como vimos em várias aulas, é sempre uma prescrição ou imperativo, e não uma simples indicação que possa ou não ser atendida, a critério exclusivo dos interessados. O Direito existe para ser obedecido, ou seja, para ser aplicado. Todos nós, na nossa vida comum, aplicamos o Direito. Não se realiza contrato algum sem que uma forma de juridicidade se aplique nas relações humanas.

O termo "aplicação do direito" reserva-se, entretanto, à forma de aplicação feita por força da competência de que se acha investido um órgão, ou autoridade. O juiz aplica o Direito porquanto age, não como homem comum, mas como membro do Poder Judiciário. O mesmo acontece com o administrador. A aplicação do Direito é a imposição de uma diretriz como decorrência de competência legal.

Mas, para aplicar o Direito, o órgão do Estado precisa, antes, interpretá-lo. A aplicação é um modo de exercício que está condicionado por uma prévia escolha, de natureza axiológica, entre várias interpretações possíveis. Antes da aplicação não pode deixar de haver interpretação, mesmo quando a norma legal é clara, pois a clareza só pode ser reconhecida graças ao ato interpretativo. Ademais, é óbvio que só aplica bem o Direito quem o interpreta bem.

Por outro lado, se reconhecemos que a lei tem lacunas, é necessário preencher tais vazios, a fim de que se possa dar sempre uma resposta jurídica, favorável ou contrária, a quem se encontre ao desamparo da lei expressa. Esse processo de preenchimento das lacunas chama-se *integração do direito*, e a ele já fizemos alusão quando lembramos o dispositivo da Lei de Introdução ao Código Civil, segundo o qual, em sendo a lei omissa, deve-se recorrer à analogia, aos costumes e aos princípios gerais de direito.

ANALOGIA E INTERPRETAÇÃO EXTENSIVA

Já tratamos, anteriormente, dos costumes, sendo indispensável uma clara noção da *analogia,* que exerce um papel já realçado pelos mestres da Escola da Exegese, mas que cresce dia a dia de importância prática.

A analogia atende ao princípio de que o Direito é um sistema de fins. Pelo processo analógico, estendemos a um caso não previsto aquilo que o legislador previu para outro semelhante, em igualdade de razões. Se o sistema do Direito é um todo que obedece a certas finalidades fundamentais, é de se pressupor que, havendo identidade de razão jurídica, haja identidade de disposição nos casos análogos, segundo um antigo e sempre novo ensinamento: *ubi eadem ratio, ibi eadem juris dispositio* (*onde há a mesma razão deve haver a mesma disposição de direito*).

Quando recorremos, portanto, à analogia, estendendo a um caso semelhante a resposta dada a um caso particular previsto, estamos, na realidade, obedecendo à ordem lógica substancial ou à razão intrínseca do sistema.

Se um caso reúne, por exemplo, os elementos a, b, c, d, e surge um outro com esses elementos e mais o elemento f, é de se supor que, sendo idêntica a razão de direito, idêntica teria sido a norma jurídica na hipótese da previsibilidade do legislador, desde que o acréscimo de *f* não represente uma *nota diferenciadora essencial*. É preciso, com efeito, ter muita cautela ao aplicar-se a analogia, pois duas espécies jurídicas podem coincidir na maioria das notas caracterizadoras, mas se diferençarem em razão de uma que pode alterar completamente a sua configuração jurídica. Essa *nota diferenciadora*, como a teoria tridimensional o demonstra, pode resultar tanto de uma particularidade *fática* quanto de uma específica compreensão *valorativa*: em ambos os casos o emprego da analogia não teria razão de ser. Já os romanos advertiam, com sabedoria: *minima differentia facti maximas inducit consequentias juris*. É disso que não se apercebem os advogados inexperientes, aplicando afoitamente, a um caso dotado de qualidades peculiares, a solução normativa válida para hipóteses aparentemente análogas, esquecendo que uma pequena diferença de fato pode implicar grandes diferenças de direito.

Note-se que a analogia não se reduz a mero processo lógico-formal, inserindo-se, ao contrário, no processo axiológico ou teleológico do sistema normativo, em virtude de algo mais profundo, ligado à estrutura da experiência jurídica, e não apenas como conseqüência formal de semelhanças entre um caso particular e outro.

Por outro lado, não se deve confundir a *analogia* com a *interpretação extensiva*, apesar de, como já assinalamos, esta representar, até certo ponto, uma forma de integração. A doutrina tem vacilado na exposição dos critérios distintivos entre uma e outra. Parece-nos que assiste razão àqueles que não apontam entre elas uma diferença qualitativa, mas de grau, ou de momento no processo de integração sistemática.

Observe-se, de passagem, que, segundo uma distinção proposta por Carnelutti, há uma integração do ordenamento que se realiza graças aos seus próprios meios (*auto-integração*) e uma outra que se vale de recursos hauridos fora dele (*hetero-integração*). Esta segunda hipótese ocorreria, por exemplo, quando o juiz preenche uma lacuna da lei brasileira aplicando uma norma extraída de um sistema jurídico estrangeiro. Trata-se, como se vê, de uma distinção de caráter formal e de alcance relativo.

Voltando à raiz de nosso tema, podemos dizer que o pressuposto do processo analógico é a existência reconhecida de uma lacuna na lei. Na interpretação extensiva, ao contrário, parte-se da admissão de que a norma existe, sendo suscetível de ser aplicada ao caso, desde que estendido o seu entendimento além do que usualmente se faz. É a razão pela qual se diz que entre uma e outra há um grau a mais na amplitude do processo integrativo.

Quando se vai além, afirmando-se a existência de uma lacuna, mas negando-se a existência de uma norma particular aplicável por analogia, o caminho que se abre já é mais complexo: é o dos *princípios gerais de direito*, cujo estudo será objeto de nossa próxima aula.

A esse respeito, faz-se uma distinção entre *analogia legis* e *analogia juris*. A primeira é a analogia propriamente dita; a segunda, por mais que alguns tenham procurado demonstrar o contrário, outra coisa não é senão o procedimento pelo qual se supre a deficiência legal mediante o recurso aos princípios gerais de direito.

Fácil é compreender que, entre esses momentos de integração sistemática, nem sempre é possível estabelecer cortes rígidos, aliás incompatíveis com a dialeticidade da experiência jurídica. Não há dúvida, porém, que, no cumprimento de sua nobre obrigação de não deixar postulação de direito sem resposta, segundo o princípio da "plenitude do ordenamento jurídico" não faltam ao juiz meios técnicos adequados.

Ainda no tocante à analogia cumpre advertir que ela não tem emprego em todos os domínios do Direito, sendo inadmissível, em princípio, quando se tratar de regras de caráter penal, ou se as normas forem restritivas de direitos ou abrirem exceções.

A EQÜIDADE

Finalmente, temos de fazer referência a um quarto elemento de integração, que é a *eqüidade*. Também em aulas anteriores já cuidamos do problema da eqüidade, mostrando que se podem superar as lacunas do direito graças a *normas de eqüidade*, e que, mediante *juízos de eqüidade*, se amenizam as conclusões esquemáticas da regra genérica, tendo em vista a necessidade de ajustá-la às particularidades que cercam certas hipóteses da vida social.

Os romanos advertiam, com razão, que muitas vezes a estrita aplicação do Direito traz conseqüências danosas à justiça: *summum jus, summa injuria*. Não raro, pratica injustiça o magistrado que, com insensibilidade formalística, segue rigorosamente o mandamento do texto legal.

Há casos em que é necessário abrandar o texto, operando-se tal abrandamento através da eqüidade, que é, portanto, a justiça amoldada à especificidade de uma situação real.

O nosso Direito Positivo possibilitava ao juiz, quando autorizado a decidir por eqüidade, a aplicar no caso a regra que estabeleceria se fosse legislador, consoante o já lembrado art. 114, do Código de Processo Civil de 1939, infelizmente substituído pelo rigorista art. 127 da atual Lei Processual.

Em conclusão, valendo-se das técnicas apuradas da interpretação extensiva e da analogia, e dos recursos mais sutis que são os princípios gerais e a eqüidade, o operador do Direito, quando forrado de conhecimentos adequados e animado de consciência ética, surge como um dos mentores da convivência social, pois, temos dito e repetido, o Direito não é mero reflexo das relações sociais.

O Direito, como experiência, deve ser pleno, e muitos são os processos através dos quais o juiz ou o administrador realizam a integração da lei para atingir a plenitude da vida.

NATUREZA LÓGICA DA APLICAÇÃO DO DIREITO

O problema da aplicação do Direito anda, geralmente, confundido com o de sua eficácia. A chamada "aplicação da lei no tempo e no espaço" refere-se, a bem ver, à eficácia do Direito segundo o âmbito ou extensão de sua incidência, ou então em função dos momentos temporais ligados à sua vigência.

Até onde tem eficácia a lei brasileira? Só no território nacional? Evidentemente não, pois já salientamos que vivemos num mundo marcado por uma rede cada vez mais complexa de relações pessoais e materiais de natureza internacional. Desse intercâmbio de homens e coisas resulta a necessidade de ser reconhecida a eficácia, e a conseqüente aplicação, pelo juiz brasileiro, de preceitos do Direito alienígena, assim como as nossas regras jurídicas repercutem nos demais ordenamentos.

Nestas lições preliminares, não nos cabe discorrer sobre tais questões de Teoria Geral do Direito e, mais especificadamente, de Teoria Geral de Direito Civil ou de Direito Internacional Privado, focalizando as leis em função do espaço e do tempo. É assunto que vai merecer a sua atenção sob múltiplos aspectos, envolvendo problemas fundamentais, como, por exemplo, o da irretroatividade das leis e a tutela dos direitos adquiridos, que a tradição jurídica brasileira alçou à categoria máxima de princípio constitucional.

De qualquer modo, estão vendo como os problemas da *eficácia* do Direito, e sua *aplicação*, embora distintos, intimamente se correlacionam. De certo modo, o que em sentido técnico e próprio se denomina "aplicação" é uma "forma de eficácia", o que os senhores compreenderão melhor com o seguinte exemplo. Um juiz brasileiro, chamado a decidir sobre a situação patrimonial de um casal de italianos, residentes no Brasil, mas casados na Itália, reconhece a *eficácia* da lei pessoal dos cônjuges e *aplica-a* no Brasil: nesse caso, *concretiza-se a eficácia da norma italiana, para que produza efeitos no território nacional*. Aplicar equivale, pois, a assegurar eficácia a uma regra.

Ora, o problema que nos parece necessário analisar, nesta aula, ainda que de maneira singela, é o do significado geral dos modos de aplicação do Direito, em função do princípio de sua realizabilidade ou efetividade.

O Direito é "aplicado", no sentido vulgar desta palavra, por todos os indivíduos e grupos, ao se valerem das disposições legais para concluir relações jurídicas, constituir sociedades etc. A "aplicação" reveste-se, todavia, de sentido técnico especial quando a execução da lei é feita, por dever de ofício, por uma autoridade judicial ou administrativa.

A aplicação do Direito envolve a adequação de uma norma jurídica a um ou mais fatos particulares, o que põe o delicado problema de saber como se opera o confronto entre uma regra "abstrata" e um fato "concreto", para concluir pela adequação deste àquela (donde a sua *licitude*) ou pela inadequação (donde a *ilicitude*).

Esta questão representa o cerne da atividade jurisdicional, pois é função primordial do magistrado dizer qual é o Direito *in concreto*, quando alguém propõe uma ação postulando o reconhecimento de um interesse legítimo.

Pois bem, durante muito tempo, uma compreensão formalista do Direito julgou possível reduzir a aplicação da lei à estrutura de um silogismo, no qual a norma legal seria a premissa maior; a enunciação do fato, a premissa menor; e a decisão da sentença, a conclusão. À luz desses ensinamentos, não faltam processualistas imbuídos da convicção de que a sentença se desenvolve como um silogismo.

Na realidade, porém, as coisas são bem mais complexas, implicando uma série de atos de caráter lógico e axiológico, a começar pela determinação prévia da norma aplicável à espécie, dentre às várias normas possíveis, o que desde logo exige uma referência preliminar ao elemento fático.

É com esse ponto de apoio inicial no fato ocorrente, ainda que provisoriamente aceito como tal, que é possível ao juiz proceder à escolha da norma de direito possivelmente aplicável ao caso descrito na ação, o que tudo exige também apoio em princípios gerais, sem os quais seria impossível ao magistrado eleger a norma adequada à espécie.

É inegável que o problema da configuração do fato *sub judice*, para saber-se, por exemplo, se se trata de um crime de difamação, de injúria ou de calúnia, já implica, por sua vez, uma referência às regras que unificam cada um desses delitos.

Como se vê, a norma não fica *antes*, nem o fato vem *depois* no raciocínio do juiz, pois este não raro vai da norma ao fato e vice-versa, cotejando-os e aferindo-os repetidas vezes até formar a sua convicção jurídica, raiz de sua decisão.

As doutrinas jurídicas mais atuais, como a teoria tridimensional, a da "concreção jurídica", de Karl Engisch, Josef Esser, Karl Larenz e outros; o experiencialismo de Wendel Holmes ou Roscoe Pound;

o neo-realismo norte-americano; a "teoria egológica" de Carlos Cossio; o rácio-vitalismo de Recaséns Siches; a teoria da argumentação de Perelman; ou a compreensão integral do Direito de Luigi Bagolini ou de Tullio Ascarelli, demonstram, à saciedade, que a aplicação do Direito não se reduz a uma questão de lógica formal. É antes uma questão complexa, na qual fatores lógicos, axiológicos e fáticos se correlacionam, segundo exigências de uma unidade dialética, desenvolvida ao nível da experiência, à luz dos fatos e de sua prova[1].

Donde podermos concluir que o ato de subordinação ou subsunção do fato à norma não é um ato reflexo e passivo, mas antes um ato de participação criadora do juiz, com a sua sensibilidade e tato, sua intuição e prudência, operando a norma como substrato condicionador de suas indagações teóricas e técnicas.

Ora, essas considerações aplicam-se, em linhas gerais, às outras formas de aplicação do Direito, como ocorre quando um administrador tem de dar execução à lei para realizar os fins da administração. Também a "atualização da lei" através de resoluções e atos administrativos não é redutível a uma simples subordinação da autoridade à diretriz legal. Esta é também por ele valorada, posta em cotejo com os fatos, dependendo de razões de conveniência e oportunidade, da necessária adequação entre os fins da norma e os meios e instrumentos indispensáveis à sua consecução.

Não é uma frase convencional a de Holmes quando nos adverte que o Direito tem sido e há de ser cada vez mais experiência, o que começa a ser reconhecido também pelo legislador, conforme se depreende do art. 335 do novo Código de Processo Civil, segundo o qual, no caso de inexistirem normas jurídicas particulares, o juiz aplicará "as regras de experiência comum subministradas pela observação do que ordinariamente acontece".

Isto não quer dizer, porém, que nos caiba optar, ou pela Lógica, ou pela experiência. Não tem sentido essa alternativa, porquanto seria inútil e nociva, no mundo jurídico, qualquer concepção lógica divorciada da experiência social e histórica.

---

1. Para maiores indicações, *vide* nossa *O Direito como Experiência*, cit.

Capítulo XXIII

OS PRINCÍPIOS GERAIS DE DIREITO

Sumário: Noção de princípio geral de direito. Princípios do Direito pátrio. O Direito Comparado. O Direito Natural. Função e graduação dos princípios gerais de direito. O problema dos conflitos de princípios. O valor dos brocardos jurídicos.

NOÇÃO DE PRINCÍPIO GERAL DE DIREITO

Nosso estudo deve começar pela observação fundamental de que toda forma de conhecimento filosófico ou científico implica a existência de *princípios,* isto é, de certos enunciados lógicos admitidos como condição ou base de validade das demais asserções que compõem dado campo do saber.

É claro que estamos cuidando da palavra "princípio" apenas em seu significado *lógico*, sem nos referirmos à acepção ética desse termo, tal como se dá quando demonstramos respeito pelos "homens de princípios", fiéis, na vida prática, às suas convicções de ordem moral.

Restringindo-nos ao aspecto lógico da questão, podemos dizer que os princípios são "verdades fundantes" de um sistema de conhecimento, como tais admitidas, por serem evidentes ou por terem sido comprovadas, mas também por motivos de ordem prática de caráter operacional, isto é, como pressupostos exigidos pelas necessidades da pesquisa e da *praxis*.

Ora, os princípios podem ser discriminados em três grandes categorias, a saber:

a) *princípios omnivalentes,* quando são válidos para todas as formas de saber, como é o caso dos *princípios de identidade* e de *razão suficiente;*

 b) *princípios plurivalentes*, quando aplicáveis a vários campos de conhecimento, como se dá com o *princípio de causalidade,* essencial às ciências naturais, mas não extensivo a todos os campos do conhecimento;

 c) *princípios monovalentes,* que só valem no âmbito de determinada ciência, como é o caso dos *princípios gerais de direito.*

Em nosso Direito Positivo encontramos um preceito que coincide com o vigente na maioria dos países de tradição romanística. Refiro-me ao art. 4.º da Lei de Introdução ao Código Civil, por força do qual, quando a norma jurídica for omissa, o juiz decidirá o caso de acordo com a analogia, os costumes e os princípios gerais de direito. Idêntico dispositivo se encontra no art. 8.º da Consolidação das Leis do Trabalho, sendo, na realidade, essa remissão aos princípios gerais de direito cada vez mais freqüente no Direito contemporâneo.

O legislador, por conseguinte, é o primeiro a reconhecer que o sistema das leis não é suscetível de cobrir todo o campo da experiência humana, restando sempre grande número de situações imprevistas, algo que era impossível ser vislumbrado sequer pelo legislador no momento da feitura da lei. Para essas lacunas há a possibilidade do recurso aos princípios gerais do direito, mas é necessário advertir que a estes não cabe apenas essa tarefa de preencher ou suprir as lacunas da legislação.

Na realidade, a função integradora dos princípios gerais é bem mais ampla, tendo razão Simonius quando afirma que o Direito vigente está impregnado de princípios até as suas últimas ramificações.

A nosso ver, princípios gerais de direito são enunciações normativas de valor genérico, que condicionam e orientam a compreensão do ordenamento jurídico, quer para a sua aplicação e integração, quer para a elaboração de novas normas. Cobrem, desse modo, tanto o campo da pesquisa pura do Direito quanto o de sua atualização prática.

Alguns deles se revestem de tamanha importância que o legislador lhes confere força de lei, com a estrutura de *modelos jurídicos,* inclusive no plano constitucional, consoante dispõe a nossa Constituição sobre os princípios de *isonomia* (igualdade de todos perante a lei), de irretroatividade da lei para proteção dos direitos adquiridos etc.

A maioria dos princípios gerais de direito, porém, não constam de textos legais, mas representam contextos doutrinários ou, de conformidade com terminologia assente no Capítulo XIV, são *modelos doutrinários ou dogmáticos* fundamentais.

Como se vê, e é salientado por Josef Esser, enquanto são princípios, eles são eficazes independentemente do texto legal. Este, quando os consagra, dá-lhes força cogente, mas não lhes altera a substância, constituindo um *jus* prévio e exterior à *lex.*

Nem todos os princípios gerais têm a mesma amplitude, pois há os que se aplicam apenas neste ou naquele ramo do Direito, sendo objeto de estudo da Teoria Geral do Direito Civil, do Direito Constitucional, do Direito Financeiro etc.

Fácil é perceber que, sendo elementos condicionadores ou fundantes da experiência jurídica, podem ter as mais diversas origens, consubstanciando exigências de ordem ética, sociológica, política, ou de caráter técnico.

Bastará dar alguns exemplos para se verificar a complexidade e a variedade desses conceitos ou pensamentos gerais que informam a Jurisprudência. Eles se abrem num leque de preceitos fundamentais, desde a intangibilidade dos valores da pessoa humana, vista como fulcro de todo o ordenamento jurídico, até os relativos à autonomia da vontade e à liberdade de contratar; à *boa fé* como pressuposto da conduta jurídica; à proibição de locupletamentos ilícitos; ao equilíbrio dos contratos, com a condenação de todas as formas de onerosidade excessiva para um dos contratantes; à preservação da autonomia da instituição familiar; à função social da propriedade; à economia das formas e dos atos de procedimento; à subordinação da atividade administrativa aos *ditames legais*; à proteção da rápida circulação das riquezas e à crescente formalização de crédito; à exigência de justa causa nos negócios jurídicos; aos pressupostos da responsabilidade civil ou penal etc. etc.

São suficientes tais exemplos para verificar-se que os princípios gerais de Direito não são preceitos de ordem moral ou econômica, mas sim esquemas que se inserem na experiência jurídica, convertendo-se, desse modo, em elementos componentes do Direito. A inserção dos princípios gerais no ordenamento até o ponto de adquirirem força coercitiva, pode operar-se através das fontes de Direito, a começar pelo processo legislativo, mas, mais freqüentemente, através da atividade jurisdicional e a formação dos precedentes judiciais, bem como através dos usos e costumes e da prática dos atos negociais.

Vê-se, por conseguinte, que eles se desenvolvem no plano do Direito Positivo, embora se fundem, de maneira mediata, em razões éticas ou de Direito Natural, desde que este seja concebido em função da experiência jurídica, como logo mais veremos, e não como uma duplicata inútil do Direito Positivo.

Qual a origem e o fundamento dos "princípios gerais de direito?" A matéria é bastante controvertida, sendo múltiplas as doutrinas. Vamos, porém, limitar-nos ao estudo de três correntes ou tendências principais.

PRINCÍPIOS DO DIREITO PÁTRIO

Segundo alguns autores, justifica-se a aplicação dos princípios gerais pelo simples fato de estarem implícitos na legislação positiva, da qual são extraídos através de um processo de indução e abstração.

Desse modo, somente seriam válidos quando determinados em função do sistema de normas vigente em cada nação, constituindo, por assim dizer, as razões estruturais do ordenamento positivo, o qual se basearia em pressupostos ideológicos ou doutrinários próprios.

É através da análise de cada sistema que o jurista deveria elevar-se, *indutivamente*, até os princípios gerais, concebidos, desse modo, como exigências lógicas comuns ao conjunto das regras em vigor num determinado país.

Reduzido é o número dos adeptos dessa teoria de cunho nacional, quando não nacionalista, pois é difícil não perceber a natural convergência, ou a semelhança substancial dos princípios gerais que governam o ordenamento brasileiro ou espanhol com os de outros povos integrados no mesmo ciclo de cultura, apesar de existirem, não há dúvida, princípios peculiares a este ou àquele outro sistema.

Parece-nos que, se é inadmissível reduzir os princípios gerais ao sistema do Direito pátrio, seria absurdo não reconhecer que há princípios estruturais inseparáveis de dado ordenamento. Como ignorar, por exemplo, as diferenças existentes, no plano dos princípios, entre o Direito chinês e o das Nações democráticas do Ocidente? Por outro lado, não obstante inegáveis correspondências, há diversidade de princípios entre, por exemplo, o Direito brasileiro e o *common law*.

Uma coisa é, porém, reconhecer que existem princípios gerais que são fruto da formação histórica de uma nação, e outra estender esse tipo de solução a todos os princípios. No mesmo equívoco incorrem os que os subordinam, indistintamente, ao Direito Comparado ou ao Direito Natural, confundindo dois problemas, o da consistência e o da fundamentação dos princípios gerais de direito.

Não há dúvida, porém, que é insustentável a doutrina aferrada ao sistema de Direito nacional, num mundo cada vez mais dominado pela simultaneidade das informações e o jogo das influências recíprocas, à globalização, sob o impacto unificador, quando não uniformizador, das ciências e da tecnologia.

O DIREITO COMPARADO

Uma segunda teoria não se contém dentro de limites tão acanhados, sustentando que a própria natureza dos princípios gerais impede a colocação nacionalista do problema, pois, independente de lugar e de tempo, o homem, situado numa mesma estrutura social, age ou rege da mesma forma, dando lugar a soluções normativas equivalentes.

Os princípios gerais seriam antes comuns ao Direito Positivo brasileiro, ao alemão, ou inglês, apesar de naturais variantes em sua aplicação. Os adeptos dessa segunda posição acham mesmo que os princípios gerais do direito adquirem maior consistência e objetividade quando confirmados pelo estudo comparativo da legislação de diversos povos. À luz dessa premissa, se houver lacuna no Código Civil ou em nossos Códigos de Processo, deve o intérprete apoiar-se na solução dada por outras legislações que tenham conosco maior afinidade cultural e moral, pois, em última análise, os princípios gerais de direito seriam os do Direito Comparado.

O Direito Comparado constitui, sem dúvida, uma das mais altas manifestações da cultura universal. Se analisarmos o panorama da experiência jurídica, sobretudo desde o século XIX, fácil é verificar a impossibilidade de "muralhas chinesas" em torno dos sistemas jurídicos vigentes.

Mesmo entre nações separadas por fortes divergências ideológicas, a universalidade da ciência, de um lado, e, de outro, o processo sócio-econômico condicionado pela aplicação das mesmas estruturas tecnológicas, tudo conduz a um intercâmbio de soluções jurídicas. Não há dúvida, todavia, que as distinções ideológico-políticas importam, como já salientamos, em princípios gerais diversos, o que mostra a complexidade do assunto ora examinado.

Por outro lado, há campos do Direito, como o Civil, mais vinculados à tradição nacional, enquanto que outros se revelam mais uniformes, assentes em princípios reconhecidamente comuns.

O Direito Comercial, por exemplo, é um Direito vanguardeiro, de um universalismo jurídico conatural às formas e ao objeto de sua normatividade, acentuando-se cada vez mais seu sentido internacional. Verifica-se tal fato especialmente no campo do Direito cambiário, onde se uniformizam os modelos jurídicos que disciplinam as letras de câmbio e os títulos de crédito em geral.

A mesma coisa está acontecendo no plano do Direito Penal, pois a luta universal contra o crime reforça a tendência à uniformização dos institutos fundamentais. Cresce de importância, então, o estudo comparativo das diferentes legislações, quer para orientação do Direito que deverá vir, *de lege ferenda,* quer para a interpretação do já vigente, *de lege lata.*

O Direito Comparado é um dos campos de pesquisa de maior importância na ciência de nossos dias. Procura ele atingir as constantes jurídicas dos diferentes sistemas de Direito Positivo, a fim de esclarecer o Direito vigente e oferecer indicações úteis e fecundas ao Direito que está em elaboração. Em todos os países hoje existem institutos científicos destinados a estudos de Direito Comparado. Há mesmo casos em que se constituem comissões internacionais para a redação e a coordenação de preceitos jurídicos relativos à mesma matéria, como se verifica no plano do Direito das Obrigações, em geral, e das atividades negociais, em particular.

Em virtude dessa interpenetração de sistemas jurídicos positivos é que sustentam muitos juristas que os princípios gerais do direito devem ser havidos como aqueles revelados pelo Direito Comparado.

Não será demais advertir, a fim de prevenir equívocos, que o Direito Comparado não pode se reduzir ao mero confronto de códigos e leis de diversos povos, sem se levar em conta as estruturas sociais e políticas de cada um deles.

Somos levados a graves erros quando nos limitamos a um simples cotejo formal de textos legais, fazendo abstração de seus elementos condicionantes, inclusive das razões ideológicas que dão significado diverso às mesmas expressões verbais. Um artigo, inserido no sistema de nosso Direito de Família, por exemplo, não tem sentido igual ao que se lê no Direito de Família chinês, pois cada preceito de lei, além do significado que as palavras expressam, tem o valor que lhe confere a totalidade do ordenamento jurídico.

É a razão pela qual afirma-se cada vez mais entre os comparatistas a orientação no sentido de não se contentarem com os signos expressionais das leis, referindo-se sempre às estruturas sociais e históricas que as condicionam. Podemos dizer que prevalece, dia a dia, em uníssono com a compreensão histórico-cultural da experiência jurídica, uma visão mais concreta do Direito Comparado, cada vez menos confundido com a Legislação Comparada.

Parece-nos, todavia, que o simples fato de verificar-se uma semelhança substancial entre institutos ou modelos jurídicos formados em experiências jurídicas separadas umas das outras, no espaço e no tempo, exige uma sondagem nas "causas motivacionais" desse fenômeno que o Direito Comparado nos revela.

O DIREITO NATURAL

Há, com efeito, uma terceira corrente que não compreende os princípios gerais de direito tão-somente em função das normas positivas, historicamente reveladas no Brasil e nas demais nações, entendendo que eles se legitimam como pressupostos de natureza lógica ou axiológica, isto é, como princípios de Direito Natural. Há, porém, diversas maneiras de conceber-se o Direito Natural. No tocante ao assunto que estamos analisando, cumpre distinguir entre os autores como Giorgio Del Vecchio, que reduzem todos os princípios gerais de direito a princípios de Direito Natural, e os que põem o problema em outros termos entendendo que a vinculação ao Direito Natural não exclui que haja princípios gerais de direito no plano positivo.

A idéia de um Direito Natural, distinto do Direito Positivo, é muito antiga. Nós a encontramos nas manifestações mais remotas da civilização ocidental a respeito do problema da lei e da justiça, o mesmo ocorrendo na cultura do Oriente. Todavia, é entre os pensadores gregos que a aceitação de um Direito Natural, como expressão de exigências éticas e racionais, superiores às do Direito positivo ou histórico, passa a ser objeto de estudos especiais, até se converter em verdadeira "teoria". Pode-se dizer que as linhas fundamentais dessa compreensão do Direito Natural ainda perduram em nossa época, assistindo razão a Husserl quando nos lembra que, no tocante às idéias universais, somos todos "funcionários" da cultura grega.

A idéia de Direito Natural brilha de maneira extraordinária no pensamento de Sócrates para passar pelo cadinho do pensamento platônico e adquirir plenitude sistemática no pensamento de Aristóteles, ordenando-se segundo estruturas lógicas ajustadas ao real. Seu conceito de *lei natural*, como *expressão da natureza das coisas,* não se esfuma em fórmulas vazias, mas tem a força de uma forma lógica adequada às constantes da vida prática. Sendo expressão da natureza humana, o Direito Natural é igual para todos os homens, não sendo um para os civilizados atenienses e outro para os bárbaros.

É essa mesma correlação entre a idéia e os fatos que governa a doutrina dos filósofos estóicos, até o ponto de não fazerem qualquer distinção entre *lei natural* e *lei racional.* Seguir a natureza é o primeiro dever do homem, pois equivale a viver segundo a razão. A doutrina estóica tem, para nós juristas, uma significação especial, por ter exercido imensa influência sobre os juristas romanos, por intermédio especialmente de Panêcio e Posidônio, que propagaram o estoicismo no mundo romano, no século I a.C. Os princípios de Zenão e Crisipo, sobre o dever que tem todo ser humano de viver de conformidade com a natureza e a razão, princípios esses que correspondiam à índole e às tendências do povo romano, passaram a informar a sua Jurisprudência. Panteístas que eram, os estóicos não faziam diferença entre as leis naturais e as que regem a conduta humana, compreendendo-se que o jurisconsulto Ulpiano tenha concebido o *jus naturale* como sendo aquele que a natureza ensinou a todos os animais (*quod natura omnia animalia docuit*).

No que se refere ao Direito Natural em Roma mister é lembrar a obra de Cícero, que faz a apologia da *lei natural,* que não precisa ser promulgada pelo legislador para ter validade. É ela que, ao contrário, confere legitimidade ética aos preceitos da lei positiva, como *ratio summa insita in natura; non scripta, sed nata lex; vera lex, recta ratio, naturae congruens...*

A idéia de Direito Natural representa uma das constantes do pensamento do Ocidente. Alteram-se os sistemas, mudam-se as doutrinas e os regimes políticos, e nem bem se proclama que ele está morto, definitivamente morto, ressurge das cinzas com renovada vitalidade. Pode-se contestar-lhe a existência como um Direito distinto do Direito Positivo, mas o que se não pode negar é o papel que a sua idéia, ainda que ilusória, tem exercido e continua exercendo no desenvolvimento da experiência jurídica, atuando ora como força revolucionária, ora como fator de declarado conservantismo, tal a paradoxal plurivalência de seu significado.

Quer sirva ao pessimismo de Hobbes para legitimar a doutrina da monarquia absoluta, ou a Rousseau para conceber uma democracia radical, fundada na doutrina otimista da bondade natural dos homens; ou, então, para inspirar solenes Declarações de Direito dos indivíduos e dos povos, o certo é que o Direito Natural espelha as esperanças e as exigências da espécie humana, jamais conformada com as asperezas da lei positiva, no processo dramático da história.

Pois bem, há duas maneiras fundamentais de conceber-se o Direito Natural: a *transcendente* e a *transcendental*. Segundo os adeptos da primeira, — que, atualmente, se filiam sobretudo à Filosofia tomista, — haveria, acima do Direito Positivo e independente dele, um conjunto de *imperativos éticos,* expressão não apenas da *razão humana* (como sustentaram os jusnaturalistas do século XVIII, cuja concepção era a de um Direito Natural como pura exigência da razão) mas também da *razão divina*. O Direito Natural, acorde com a doutrina de Santo Tomás de Aquino, repete, no plano da experiência social, a mesma exigência de *ordem racional* que Deus estabelece no universo, o qual não é um *caos,* mas um *cosmos.* À luz dessa concepção, a lei positiva, estabelecido pela autoridade humana competente, deve se subordinar à *lei natural*, que independe do legislador terreno e se impõe a ele como um conjunto de imperativos éticos indecliníveis, dos quais se inferem outros ajustáveis às múltiplas circunstâncias sociais. Desse modo, haveria duas ordens de leis, uma dotada de validade em si e por si (a do Direito Natural) e outra de validade subordinada e contingente (a do Direito Positivo).

É numa linha diversa que se desenvolve a teoria *transcendental* do Direito Natural, a qual se distingue da anterior por só admiti-lo em função da experiência histórica. Essa concepção é, em geral, aceita por juristas que partem de Kant, para quem todas formas de experiência são condicionadas por certas *formas* e *conceitos* (categorias) que tornam a mesma experiência possível. Essa é a posição, por exemplo, de jusfilósofos como Stammler e Del Vecchio, cujos ensinamentos tiveram grande voga na primeira metade do século XX.

Rudolf Stammler marca uma transição entre a mentalidade estritamente positivista do Direito, dominante em fins do século XIX e começo do XX, e uma compreensão mais ética da problemática jurídica, tal como a que se busca na crise de nosso tempo. É dele a conhecida teoria de um *Direito Natural de conteúdo variável,* ou seja, cujo conteúdo varia no decorrer da história, sem prejuízo de uma *forma constante,* que seria representada, como já o enunciara Kant, pela coordenação harmônica das liberdades iguais segundo uma lei universal de liberdade. Nossa posição é, todavia, diversa, tendo um *caráter conjetural* em função da experiência histórica do Direito[1].

Pensamos que a experiência jurídica pressupõe determinadas *constantes valorativas* ou *axiológicas* — como, por exemplo, a do valor originário da pessoa humana —, sem as quais a história do Direito não teria sentido. Como se vê, se aceitamos a concepção transcendental do Direito Natural, não colocamos o problema em meros termos *lógico-formais,* mas antes em termos axiológicos, nem estabelecemos uma sinonímia entre princípios gerais de direito e princípios de Direito Natural. A experiência histórica demonstra que há determinados *valores* que, uma vez trazidos à consciência histórica, se revelam ser *constantes ou invariantes éticas* inamovíveis que, embora ainda não percebidas pelo intelecto, já condicionavam e davam sentido à *praxis* humana.

De todos esses valores o primordial é o da *pessoa humana,* cujo significado transcende o processo histórico, através do qual a espécie toma consciência de sua dignidade ética. Daí dizermos que *a pessoa é o valor fonte.* Embora Kant o tenha formulado à luz de outros pressupostos, continua válido este seu imperativo

---

1. Sobre o Direito Natural como uma *conjetura inevitável,* vide nossos livros *Direito Natural/Direito Positivo,* Saraiva, 1984, e *Verdade e Conjetura,* Nova Fronteira, 1983.

que governa toda a vida moral e jurídica: "Sê uma pessoa e respeita os demais como pessoas". Eis aqui, pois, uma exigência axiológica que, longe de constituir um ditame da "razão prática", como o queria Kant, emerge transcendentalmente da consciência histórica.

São essas *constantes* ou *invariantes axiológicas* que, a nosso ver, formam o cerne do Direito Natural, *delas se originando os princípios gerais de direito,* comuns a todos os ordenamentos jurídicos. Desses princípios resultam outros, não por mera inferência lógica, mas em virtude de exigências de ordem prática, à medida que a Ciência Jurídica vai recortando, na realidade social e histórica, distintas esferas de comportamentos, aos quais correspondem distintos sistemas de normas.

À luz dessa nossa compreensão conjetural do Direito Natural, sempre em progressão ou contínua objetivação histórica, é preciso distinguir entre princípios gerais de direito *imediatos* e *mediatos.* Os primeiros expressam, de maneira direta, os valores essenciais e conaturais a qualquer forma de convivência ordenada: são considerados, por conseguinte, *imediatos,* em relação às constantes axiológicas de que promanam. Já os princípios gerais *mediatos,* que se harmonizam com os primeiros, e que a eles se subordinam, ou representam exigências jurídicas características de todo um ciclo histórico — tal como o Direito Comparado no-lo revela —, ou então traduzem formas de compreensão que fundamentam o ordenamento jurídico de cada povo.

Como se vê, a concepção do Direito Natural, em termos de *condição transcendental, lógica e axiológica, da experiência histórica possível,* não cria soluções de continuidade entre os princípios gerais de direito de caráter imediato, ligados aos valores essenciais da pessoa humana, reconhecida como valor-fonte de todos os valores, e os princípios gerais derivados ou mediatos que vão historicamente se objetivando nos quadros da civilização geral ou da experiência particular de cada nação.

FUNÇÃO E GRADUAÇÃO DOS PRINCÍPIOS GERAIS DE DIREITO

Lembramos, no início desta aula, que, sendo omissa a lei, deve o juiz julgar de acordo com a analogia, os costumes e os princípios gerais de direito.

Entendem alguns intérpretes e, entre eles, o insigne Clóvis Beviláqua, que, no mencionado texto, haveria uma enumeração excludente, de tal modo que, em primeiro lugar, se deveria recorrer à analogia; a seguir, aos costumes e, por fim, aos princípios gerais. Essa asserção de Clóvis prende-se ainda à tese da supremacia absoluta da lei.

Não nos parece que assim deva ser posta a questão. Ao estudarmos os processos de aplicação e integração do Direito, já vimos que a analogia, em sua essência, consiste no preenchimento da lacuna verificada na lei, graças a um raciocínio fundado em razões de similitude, ou seja, na correspondência entre certas notas características do caso regulado e as daquele que não o é.

Ora, o apelo à analogia não impede que recorramos, concomitantemente, aos costumes e aos princípios gerais mesmo porque todo raciocínio analógico pressupõe a apontada correspondência entre duas modalidades do real postas em confronto *(analogia entis)* e conduz naturalmente ao plano dos princípios. Quando mais não seja, estes reforçam as aduzidas razões de similitude e dão objetividade à sempre delicada aplicação do processo analógico.

Por outro lado, a distinção que se faz entre *analogia legis*, — a qual subordina dois casos semelhantes a um mesmo texto legal — e *analogia juris*, que dá solução igual a duas hipóteses em virtude da mesma razão de direito, demonstra que a *analogia legis*, que é a analogia propriamente dita, não exclui de antemão os princípios gerais, mas antes com eles intimamente se correlaciona. Em verdade, apesar dos esforços de alguns tratadistas, em sentido contrário, a *analogia juris* se confunde com os princípios gerais de direito.

Esclarecido esse ponto, cabe, outrossim, ponderar que os princípios gerais de direito não têm função apenas no caso particular de lacunas encontradas na legislação, como ainda se sustenta por anacrônico apego a uma concepção "legalista" do Direito.

Em verdade, toda a experiência jurídica e, por conseguinte, a legislação que a integra, repousa sobre princípios gerais de direito, que podem ser considerados os alicerces e as vigas mestras do edifício jurídico.

Consoante advertência de Roscoe Pound, que foi um dos mestres mais lúcidos da Jurisprudência norte-americana, o Direito é experiência desenvolvida pela razão e razão provada pela experiência, residindo a sua parte vital nos princípios e não nas regras.

Assim sendo, é à luz dos princípios que devemos interpretar e aplicar modelos jurídicos, quer estes se ajustem ou não, total ou parcialmente, à relação social sobre cuja juridicidade cabe ao juiz decidir. Antes do juiz, aliás, são os juristas e os advogados que examinam as espécies ocorrentes, em confronto com as disposições legais, fixando diretrizes e formulando pretensões que orientam a função jurisdicional, pois, consoante já dissemos, são os *modelos teóricos ou dogmáticos* que dizem qual o significado pleno dos *modelos jurídicos,* sejam estes legais, costumeiros, jurisprudenciais ou negociais.

Ainda restam duas questões relevantes no concernente ao assunto objeto desta aula. Em primeiro lugar, as três visões dos princípios gerais, em termos, respectivamente, de Direito Pátrio, Direito Comparado e Direito Natural, não envolvem, a rigor, uma opção, pois, em geral, se nota uma coincidência entre os princípios por aqueles três modos declarados, inexistindo razões de conflito. A consideração de que todo homem, pelo simples fato de ser homem, é uma pessoa ou um sujeito de Direito, é, por exemplo, tanto um princípio de Direito Natural como um princípio consagrado em nossa lei positiva.

Sob certo prisma, os princípios de Direito Natural oferecem maior grau de generalidade, a tal ponto que são ditos princípios "universais" ou "transcendentais", conciliando-se, lógica ou axiologicamente, com os princípios gerais de Direito Comparado e com aqueles que, mais particularmente, estruturam o ordenamento jurídico de cada país.

Os princípios gerais de direito são, em suma, *conceitos básicos* de diversa graduação ou extensão, pois alguns cobrem o campo todo da experiência jurídica universal; outros se referem aos ordenamentos jurídicos pertencentes, por assim dizer, à mesma "família-cultural"; outros são próprios do Direito pátrio.

Mas não é só. Já dissemos que o ordenamento jurídico nacional se distribui em "faixas normativas" ou sistemas de modelos jurídicos distintos, correspondentes às diferentes regiões ou esferas da realidade social. Se assim é, cada "região jurídica" pressupõe, por sua vez, diretrizes ou conceitos básicos que asseguram a unidade lógica dos institutos e figuras que a compõem. É mister, por conseguinte, estudar os princípios gerais do Direito Civil, do Direito Processual, do Direito do Trabalho etc., e, mais particularmente, do Direito de Família, do Direito Cambial etc.

Os princípios gerais de Direito põem-se, dessarte, como as *bases teóricas* ou as *razões lógicas* do ordenamento jurídico, que deles recebe o seu sentido ético, a sua medida racional e a sua força vital ou histórica. A vida do Direito é elemento essencial do diálogo da história.

O PROBLEMA DOS CONFLITOS DE PRINCÍPIOS

Isto posto, como devemos agir no caso de conflito manifesto entre um princípio de Direito Comparado, como tal reconhecido por relevantes manifestações da doutrina e da jurisprudência estrangeiras, — e um princípio inerente ao Direito pátrio? Não resta dúvida que, por mais que seja desejável a universalização do Direito, enquanto houver discrepância entre os nossos princípios jurídicos e os alienígenas, não poderá o jurista brasileiro, enquanto jurista, contrariar pressupostos do ordenamento nacional. No Direito Internacional Privado, por exemplo, o princípio de ordem pública exclui a aplicação de normas e princípios estrangeiros que conflitem com nossos usos e costumes, ou com a nossa estrutura social e política.

Bem mais delicado é o conflito entre os princípios de Direito Natural e os do Direito Positivo, pátrio ou comparado. É o problema da "resistência às leis injustas", ou da não-obediência ao que é "legal", mas não é "justo". Na prática, a questão se resolve, ou se ameniza, através de processos interpretativos, graças aos quais a regra jurídica "injusta" vai perdendo as suas arestas agressivas, por sua correlação com as demais normas, no sentido global do ordenamento.

Quando, porém, não há interpretação que permita esse encapsulamento ético da regra flagrantemente contrária à razão e à justiça, pode haver, como tem havido, recusas heróicas quanto à sua aplicação, mas, colocada a questão no plano estrito do Direito Positivo, são resistências de valor moral ou político, mas não de natureza jurídica. Ao jurista, advogado ou juiz, não é dado recusar vigência à lei sob alegação de sua injustiça, muito embora possa e deva proclamar a sua ilegitimidade ética no ato mesmo de dar-lhe execução. Mesmo porque poderá tratar-se de um ponto de vista pessoal, em contraste com as valorações prevalecentes na comunidade a que ele pertence, e também porque permanece intocável a lição de Sócrates, recusando-se a evadir-se da prisão, subtraindo-se à iníqua pena de morte que lhe fora imposta: "é preciso que os homens bons respeitem as leis más, para que os maus não aprendam a desrespeitar as leis boas".

O Direito assim o exige, por mais que isto nos possa causar estranheza, sobretudo aos jovens tocados pela chama do ideal e seduzidos pela beleza dos atos heróicos. A experiência histórica do Direito demonstra-nos que a Justiça é o valor mais alto, mas pode não ser o mais urgente, inclusive porque, quando se preservam a ordem e a paz, também se preservam as condições para a reconquista do justo.

Poderíamos dizer que a "razão jurídica escreve direito por linhas tortas", parafraseando um nosso dito popular, que, na sua simplicidade, corresponde, em estilo hegeliano, à "astúcia da razão", atuante no desenrolar do processo histórico.

É claro que o problema é aqui estudado sob o prisma estrito do Direito. Como categoria ética, social ou política, pode-se falar em "Direito de revolução", ou de "insurreição", mas estes são processos não jurídicos, *processos de fato* que só adquirem qualificação jurídica no momento em que instauram uma nova ordem normativa e marcam nova distribuição de poderes e competências.

O VALOR DOS BROCARDOS JURÍDICOS

Até pouco tempo, as parêmias e brocardos jurídicos eram olhados com soberano desprezo pelos filósofos e teóricos do Direito, que os apontavam como reminiscências de processos rotineiros, a embaraçar a tarefa da Ciência Jurídica.

Assumia-se, desse modo, atitude diametralmente oposta à de passiva aplicação dos antigos adágios, como se fossem princípios gerais comprovados pela experiência dos séculos.

A verdade é que, apesar das críticas e condenações veementes, os brocardos jurídicos continuaram a correr o foro, invocados em arestos e obras eruditas, de preferência em sua originária e sucinta veste latina, o que demonstra que algo há neles de válido, a merecer estudo desprevenido.

Hoje em dia, tende-se a apreciar o problema com mais objetividade, reconhecendo-se que, se nem sempre traduzem princípios gerais ainda subsistentes, atuam como idéias diretoras, que o operador de Direito não pode *a priori* desprezar. Procede-se, em suma, uma análise rigorosa das antigas máximas, verificando-se que umas impediram, por largo tempo, a compreensão de certos fatos jurídicos, enquanto que outras ainda representam diretivas de inegável valor prático, quando empregadas com o devido critério. Como exemplo de adágios, que, no dizer de Esser, possuem um valor permanente como ponto de partida, mas que, a meu ver, valem como cristalizações históricas de princípios gerais, lembraríamos os seguintes: *Ubi eadem legis ratio, ibi eadem legis dispositio* (onde a razão da lei é a mesma, igual deve ser a disposição); *permittitur quod non prohibetur* (tudo o que não é proibido, presume-se permitido); *Excepciones sunt strictissimae interpretationis* (as exceções são de interpretação estrita); *Semper in dubiis benigniora proeferenda sunt* (nos casos duvidosos deve-se preferir a solução mais benigna); *Ad impossibilia nemo tenetur* (Ninguém está obrigado ao impossível); *Utile per inutile non vitiatur* (O que num ato jurídico é útil não deve ser prejudicado por aquilo que não o é).

Ao lado desses adágios, de inegável alcance prático, outros há que são a fossilização do erro, como, por exemplo: *Interpretatio cessat in claris* (Dispensa-se a interpretação quando o texto é claro); *Testis unus, testis nullus* (Uma testemunha não faz prova). O que demonstra com quanto cuidado devem ser acolhidas as lições das máximas jurídicas antigas ou modernas.

Seria conveniente que o exame das parêmias mais usuais no foro fosse objeto de trabalhos de seminários, inclusive para verificar até que ponto influem em nossa experiência jurídica.

Capítulo XXIV

DOS PLANOS E ÂMBITOS DO CONHECIMENTO JURÍDICO

Sumário: Ciência do Direito e Dogmática Jurídica. A História do Direito. A Sociologia Jurídica. A Política do Direito. Filosofia e Teoria Geral do Direito. Lógica Jurídica e Juscibernética. Outras formas do saber jurídico.

CIÊNCIA DO DIREITO E DOGMÁTICA JURÍDICA

A Ciência do Direito estuda o fenômeno jurídico em todas as suas manifestações e momentos. Aos cientistas do Direito interessa essa experiência não apenas já aperfeiçoada e formalizada em leis, mas, também, como vai aos poucos se manifestando na sociedade, nas relações de convivência.

A Ciência do Direito é, portanto, uma ciência complexa, que estuda o fato jurídico desde as suas manifestações iniciais até aquelas em que a forma se aperfeiçoa. Há, porém, possibilidade de se circunscrever o âmbito da Ciência do Direito no sentido de serem estudadas as regras ou normas já postas ou vigentes. A Ciência do Direito, enquanto se destina ao estudo sistemático das normas, ordenando-as segundo princípios, e tendo em vista a sua aplicação, toma o nome de Dogmática Jurídica, conforme clássica denominação.

Os autores empregam terminologias diversas, falando, por exemplo, em Jurisprudência Técnica. Preferimos a expressão

Dogmática Jurídica, que é como que a teoria positiva do Direito Positivo.

Em que consiste, propriamente, o objeto dessa ciência? Será ela, efetivamente, uma ciência, ou, ao contrário, terá os requisitos e as qualidades de uma arte? Será algo diverso da Ciência do Direito?

Variam os autores na conceituação dessa matéria. Entendem alguns que a Dogmática Jurídica, sendo o estudo sistemático dos preceitos jurídicos, confunde-se com a própria Ciência do Direito. As demais indagações sobre o Direito não seriam propriamente jurídicas, mas sociológicas, morais, econômicas, e assim por diante.

Em contraposição a esses autores temos aqueles que sustentam uma separação radical entre Ciência do Direito e Dogmática Jurídica. É o caso, por exemplo, de Pedro Lessa, que dedica páginas muito interessantes a este assunto, em seu livro *Estudos de Filosofia do Direito*.

Segundo esse antigo mestre de Filosofia Jurídica, a Dogmática Jurídica não é uma ciência, mas uma arte, e até mesmo a explanação de uma arte. Dizia Lessa que a Ciência do Direito tem um processo de pesquisa de base indutiva, cabendo-lhe partir dos fatos sociais até atingir os princípios. Uma vez postos os princípios e conhecidas as leis gerais que governam o fenômeno social, é que surge o trabalho secundário de interpretação e aplicação das normas. Esse trabalho acessório teria um cunho puramente artístico, variável segundo a capacidade de apreensão de cada estudioso, sem possuir as qualidades de estabilidade e de certeza que caracterizam os conhecimentos científicos.

Estão vendo, portanto, que, segundo Pedro Lessa, a Dogmática Jurídica é uma complementação secundária ou algo de acessório com referência à Ciência Jurídica, à qual tocaria o trabalho mais nobre da descoberta da verdade, dos princípios e das leis.

Não concordamos com essas posições. Para nós, a Dogmática Jurídica não é um outro nome da Ciência do Direito, nem tampouco se reduz a um simples processo artístico. No nosso modo de entender a *Dogmática Jurídica* corresponde ao momento culminante da aplicação da Ciência do Direito, quando o jurista se eleva ao plano teórico dos princípios e conceitos gerais indispensáveis à *interpretação, construção* e *sistematização* dos preceitos e institutos de que se compõe o ordenamento jurídico. Como veremos, ao tratar da Teoria Geral do Direito, quando esta determina as estruturas lógicas da experiência jurídica, no âmbito e em função das exigências normativas constantes do ordenamento em vigor, toma o nome de Dogmática Jurídica.

O Direito não é constituído apenas com fins explicativos. Pode o físico descobrir leis, sem volver os olhos atentos aos problemas da ação humana, sem se preocupar com as possíveis aplicações de seus princípios ou teorias. Uma das condições do progresso científico estará, mesmo, no desinteresse das pesquisas. Certas revoluções se operam no plano das ciências porque alguns homens se dedicam a lucubrações ou a experiências que parecem, num primeiro momento, absolutamente desligadas de qualquer aplicação no mundo prático ou no campo dos interesses imediatos. Pensamos, como o disse um grande cientista, que o progresso da ciência está na razão geométrica de seu desinteresse, muito embora depois se tornem do maior interesse.

Mas, se isto ocorre no plano das ciências físico-matemáticas, não acontece o mesmo no das ciências sociais, ou, mais acertadamente, no das ciências normativas, entre as quais se coloca o Direito.

A pesquisa, no mundo jurídico, visa sempre a um momento de aplicação. O sociólogo poderá estudar o fenômeno jurídico sem qualquer preocupação de ordem prática, buscando descobrir os nexos causais ou as constantes que existem entre o fato social e o mundo jurídico. O jurista, porém, como cientista do Direito, não poderá jamais parar ou suspender a sua pesquisa, no plano meramente compreensivo, porquanto, no mundo jurídico, a compreensão se converte necessariamente em *normação*.

Toda pesquisa jurídica tem duplo momento: o *momento compreensivo*, ou seja, da descoberta de relações constantes ou daquilo que denominamos, de maneira geral, princípios, tipos e leis, e um momento consecutivo, não facultativo ou contingente, o *momento normativo* que implica um *modelo* de atividade ou de conduta a ser seguido.

Toda colocação teorética de um princípio jurídico representa momento condicionante da colocação de um princípio prático de ação. O erro ou o equívoco de Pedro Lessa consistiu em estabelecer uma separação radical entre ciência especulativa, de um lado, e ciência normativa, de outro, ou melhor, em ter uma concepção um tanto acanhada do que seja ciência normativa.

É necessário que compreendam a distância fundamental que existe entre a *aplicação* das leis, no mundo das ciências físico-matemáticas, e a aplicação das regras jurídicas. O anatomista estuda, por exemplo, o corpo humano, e fixa certos princípios e verdades. Daí poderá surgir uma *técnica*, como a técnica operatória, que não pode prescindir dos conhecimentos especulativos. A ligação, porém, entre estes e aquela não tem um laço de necessidade absoluta. O mesmo não se dá com o fenômeno jurídico, pois este não se aperfeiçoa enquanto não surge o momento normativo. Enquanto que no plano das ciências físico-matemáticas esgota-se a tarefa científica na pura explicação, nos domínios jurídicos qualquer posição teórica é um momento de ação a ser desenvolvida visando à consecução dos fins objetivados na e pela regra de direito.

Vêem, pois, que é sempre a finalidade prática que conduz ou orienta a pesquisa jurídica. O jurista, quando interpreta um texto e tira conclusões, coordenando-as e sistematizando-as, segundo princípios gerais, visa ao problema da aplicação. É nesse trabalho que consiste principalmente a Dogmática Jurídica.

Qual a razão de ser desse nome? Como se explica o emprego dessa terminologia que à primeira vista surpreende? Por que Dogmática Jurídica? Muitas confusões surgem pelo uso da palavra "dogmática", por entenderem alguns estudantes, levados pela aparência verbal, que essa pesquisa implicaria a aceitação, sem discussão, das verdades jurídicas como se tratasse de regras absolutas e infalíveis. Toma-se erroneamente a palavra "dogma" como uma imposição à inteligência e uma violentação aos valores da consciência...

O emprego do termo "Dogmática Jurídica" tem a sua explicação no seguinte fato: para nós, juristas, o Código Civil ou o Código Penal são posições normativas das quais temos de partir para nossa atividade prática. O civilista não pode ignorar, por exemplo, qualquer dos artigos do Código Civil, mas deve tomar suas normas como asserções, a partir das quais seu trabalho se processa. As regras jurídicas, nesse sentido, são dogmas, porquanto não podem ser contestadas na sua existência, se formalmente válidas. Pode haver discussões quanto ao seu alcance e eficácia, mas ninguém poderá excusar-se alegando ignorar o texto da lei ou por ser contrário aos seus objetivos.

O ato de legislar não é obra de juristas, nem pode sê-lo. A função legislativa é eminentemente política, implicando o Direito como uma de suas conseqüências ou momentos. Feita a lei, revelado o Direito através da fonte legal, temos, entretanto, um documento do qual não podemos prescindir. O jurista constrói um sistema lógico, tendo como ponto de partida essas posições normativas que operam no espaço e no tempo. Daí a afirmação de alguns de que se trata de um trabalho artístico, e não de um trabalho científico.

Um jurista alemão, Von Kirchmanm, em um livro que teve grande repercussão em princípios do século XIX, já sustentava que não existe Ciência do Direito, por estar o trabalho do jurista condicionado por algo que não é posto por ele, mas por outrem, abrangendo fins que nada têm de científico, refletindo apenas conveniências transitórias. Afirmava ele que bastam três palavras inovadoras do legislador para que bibliotecas jurídicas inteiras fiquem reduzidas a papel de refugo...

Não concordamos com essa idéia de que o jurista não possui nenhuma estabilidade científica no momento da pesquisa. Não resta dúvida que o jurista encontra um sistema de normas e que estas normas são "dogmas" no sentido já esclarecido, mas não é razão para que sua investigação seja considerada desprovida de valor científico. Efetivamente, ele realiza a interpretação, aplicação e integração das normas, obedecendo a princípios lógicos, para que elas possam satisfazer às exigências sociais sem que haja contradições internas no sistema.

Além disso, a regra jurídica, uma vez posta ou positivada, produz efeitos de maneira autônoma, atingindo não raro certos alvos ou objetivos que jamais haviam sido previstos por aqueles que as editaram, o que demonstra que a pesquisa do jurista implica imaginação e criatividade. É uma tarefa que não tem a segurança e a certeza dos que se dedicam a investigações de laboratório ou às formalizações matemáticas, mas que tem a certeza compatível com a complexidade dos fatos sociais. Nós, juristas, não devemos ter a preocupação de reduzir a Ciência do Direito a números e quantidades. Em nossa profissão prevalecem critérios qualitativos, infensos a números e diagramas. Certos juristas contemporâneos, que tudo esperam da "axiomatização do Direito", repetem, num plano diverso e com roupagem matemática, os antigos erros da escolástica decadente, reduzida a gratuito exercício verbal.

Devemos evitar, na Ciência Jurídica, tanto os males da formalização que se aliena da experiência, como os do casuísmo que a pulveriza e estiola. Nada mais pernicioso do que reduzir a Jurisprudência a comentários de leis. Os comentários deixam-nos no vestíbulo da Dogmática Jurídica. A Ciência do Direito somente se revela como ciência madura quando as interpretações dos artigos completam-se através de uma visão unitária de todo o sistema. É por essa razão que os grandes comentaristas, como Clóvis Beviláqua, antes de entrar na apreciação particular de cada regra de direito, cuidam dos princípios gerais que as condicionam. Realizam, assim, um trabalho de Dogmática, que, de certa maneira, faz lembrar o da Geometria. Dizem alguns, mesmo, que a Dogmática Jurídica é a Geometria das ciências éticas, visto como construímos e desdobramos conseqüências, partindo de certos textos ou pressupostos, contidos nas regras de direito, assim como os geômetras elaboram a sua ciência partindo de axiomas e postulados.

Os senhores durante os cinco anos do curso não vão fazer praticamente outra cousa senão Dogmática Jurídica. Já estão estudando Dogmática Jurídica Civil, e estudarão, sucessivamente, Dogmática Jurídica Penal, Comercial, e assim por diante, porquanto é a Dogmática o momento em que a Ciência Jurídica atinge a sua expressão culminante e própria.

Sendo, portanto, momento essencial da Ciência do Direito, a Dogmática Jurídica com ela não se confunde, assim como uma não pode ser reduzida à outra.

A HISTÓRIA DO DIREITO

Durante vários séculos, desde a obra fundadora dos jurisconsultos romanos até o século XIX, pode-se dizer que a Ciência do Direito, entendida sobretudo como Teoria Dogmática do Direito, ou Dogmática Jurídica, ocupou quase que sozinha toda a esfera do saber jurídico.

Dizemos que lhe coube quase todo o campo do conhecimento do Direito, porque, desde a antiguidade clássica, não faltaram tentativas de História do Direito, especialmente sob o ponto de vista constitucional e político, como é o caso da *Constituição dos Atenienses,* escrita por Aristóteles entre 328 e 325 a. C.

Se na primeira metade do século XVIII temos a obra genial de Giambattista Vico intitulada *Princípios de uma Ciência Nova* , na qual se firmaram perspectivas para uma compreensão histórico-cultural da experiência jurídica, pode-se dizer que obras sistemáticas de História do Direito, fundadas em rigorosa metodologia, só aparecem em época recente.

A historiografia jurídica do século XIX desenvolveu uma distinção, que se tornou clássica, entre história *interna* e história *externa* do Direito. Esta se refere mais propriamente às fontes e aos acontecimentos político-sociais que as determinaram, enquanto que a história interna tem por objeto a vida dos institutos e instituições, em conexão com as teorias em que se baseiam.

Todavia, os grandes historiadores, forrados de real cultura jurídica, sempre souberam aliar os dois aspectos, efetivamente inseparáveis.

Melhor será, pois, dizer que a História do Direito pode se desenrolar em três planos que se correlacionam: o dos fatos sociais que explicam o aparecimento das soluções normativas, bem como as mutações operadas no ordenamento jurídico, dando relevo ao problema das *fontes* do Direito; o das *formas* técnicas de que se revestem tais soluções normativas, pela constituição de modelos institucionais; e o das *idéias* jurídicas que atuam, como fins, nas alterações verificadas nas fontes e seus modelos normativos. Conforme o maior ou menor pendor pelos aspectos sociológico, técnico ou filosófico de seu autor, os livros de História do Direito revelam mais inclinação no sentido de um desses três aspectos, mas eles se acham sempre presentes, ainda que subentendidos.

Quanto à orientação dos estudos históricos do Direito podemos afirmar que ela obedece às mesmas razões que presidem à historiografia geral, mesmo porque o Direito não é senão um dos elementos integrantes do mundo da cultura. Há épocas em que a História do Direito é vista — como sobretudo no século XIX — à luz das idéias de *evolução* e *progresso,* dentro de um quadro unitário e englobante. Em nossos dias, ao contrário, prevalece a idéia da História do Direito em função dos diferentes ciclos culturais, sem preocupação de descobrir as "leis universais" da experiência jurídica. Por outro lado, apura-se o cuidado pela história de institutos e instituições particulares, e, sem perda das naturais correlações que a entrelaçam com a História do Direito comum a todos os povos da mesma "família cultural", dedica-se especial atenção à História do Direito de cada país.

Nesse ponto, preciso é salientar que o Brasil, que, sob tantos aspectos, pode se orgulhar de uma grande e original cultura jurídica, bem pouca atenção tem dispensado à história de seu Direito. Com essa lacuna, arriscamo-nos a conceber o Direito de maneira reflexa, desenvolvendo-se entre os juristas um diálogo subordinado mais a influências externas do que às forças íntimas que governam nossas experiências, sem sequer nos darmos conta de nossos anacronismos e originalidades.

A SOCIOLOGIA JURÍDICA

O aparecimento da Sociologia Jurídica é bem recente na história da cultura. Ao contrário do que geralmente se pensa, o positivismo de Augusto Comte, que reduz, praticamente o direito ao "cumprimento de um dever", se, de um lado, levava os juristas a dar maior atenção ao *fato social,* objeto da Sociologia, de outro lado, não tinha a devida percepção do valor das construções jurídicas, produto de bimilenar experiência histórica.

Já em fins do século XIX, porém, esse divórcio entre o *sociológico* e o *jurídico* começou a ser superado, passando os juristas a indagar das raízes sociais e das possíveis leis de tendência que condicionam as *estruturas ou formas do Direito,* auxiliando a compreender a sua *eficácia* ou *efetividade.* Deve-se mesmo dizer que alguns juristas foram além do razoável, pretendendo converter a Ciência do Direito em mero capítulo da Sociologia Jurídica.

Abstração feita desses exageros, que se notam em todas as formas de "sociologismo jurídico", o certo é que os juristas não podem dispensar as contribuições da Sociologia na compreensão do fenômeno jurídico. A Sociologia é, porém, uma ciência que tem por objeto a compreensão do fato social, ou da conduta humana em geral, sem se propor o problema específico da aplicação obrigatória das normas que dela resultam. Daí dizermos que a Sociologia é *a ciência compreensiva dos fatos sociais, tais como na realidade são,* enquanto que o Direito seria incompreensível sem se configurarem os fatos como os fatos *devem ser.*

Da mesma forma, podemos dizer que a Sociologia Jurídica, — que não é senão a Sociologia mesma enquanto tem por objeto de estudo a experiência jurídica, — a Sociologia Jurídica nos mostra *como os homens se comportam,* efetivamente, em confronto com as regras de direito, ao contrário da Jurisprudência ou Ciência do Direito que nos mostra como os homens *devem se comportar,* em tais ou quais circunstâncias disciplinadas por aquelas regras. Trata-se, pois, de dois prismas ou perspectivas diferentes para a compreensão de um mesmo objeto que é a *experiência jurídica.*

A Sociologia Jurídica, em resumo, é a *ciência compreensiva* de experiência Jurídica, enquanto que a Ciência Jurídica é a *ciência compreensivo-normativa* dessa mesma experiência, visto como ao jurista interessa saber tanto o que o homem *faz* como o que o homem *deve fazer* na sua qualidade de "destinatário das regras de direito".

Dessa distinção de ordem geral resultam outras não menos relevantes, a começar pela observação de que, enquanto que a Sociologia Jurídica se verticaliza no sentido da eficácia ou da efetividade do Direito, cuidando de determinar pelo menos as *leis prováveis* ou *estatísticas* dos comportamentos efetivos, a Ciência do Direito estuda os "modelos de conduta", para determinar os "modos de qualificação normativa" dos comportamentos reais, a fim de atribuir-lhes conseqüências já premoduladas na *norma juris*.

Compreende-se, pois, que a Sociologia Jurídica se desenvolva como *estudo da conduta jurídica, enquanto conduta social,* ao passo que a Ciência do Direito não pode deixar de ser *ciência normativa, com a finalidade prática de aferir e garantir as formas de relacionamento social, sob o prisma de sua licitude ou ilicitude.*

É claro que os estudos sociológico-jurídicos são da máxima importância para o legislador e o jurista, pois é indispensável saber como os homens *estão agindo* para se estabelecer como *devem agir*: a norma jurídica deve surgir embebida de compreensão do fato social, se se quer que ela tenha eficácia.

Emanada a regra de direito, cumpre, depois, saber como foi ela recebida pelos indivíduos e grupos, quais as suas conseqüências no plano dos comportamentos efetivos: à luz dessas pesquisas, torna-se possível aperfeiçoar os modelos jurídico-normativos, bem como orientar o jurista no ato de interpretá-los.

Donde se conclui que estamos perante ciências distintas, que devem se desenrolar de maneira isomórfica, mesmo porque seria absurdo pensar numa Sociologia Jurídica sem qualquer conhecimento de Ciência do Direito.

Não será demais ponderar que a Sociologia Jurídica, hoje em dia, deixou de lado a pretensão de orientar o jurista, ensinando-lhe a fazer as leis, para realizar indagações objetivas sobre os comportamentos humanos em face das leis, em pesquisas relativas a campos distintos da vida social, o que serve de base tanto para a compreensão do sociólogo como para as exigências compreensivo-normativas do jurista.

A POLÍTICA DO DIREITO

Bem mais antiga que a Sociologia Jurídica, que é ciência de nosso tempo, é a Teoria da Legislação, atualmente melhor denominada Política do Direito, que representa, por assim dizer, o ponto de interseção entre a Política e o Direito.

No século XVIII, com os trabalhos, por exemplo, de Filangieri e de Bentham, a Ciência ou Teoria da Legislação despertou muito entusiasmo, mas depois caiu em descrédito, em grande parte devido à confiança desmedida depositada na obra legislativa, com a qual se pensava transformar o mundo.

Mas, se era condenável esse otimismo legiferante, constitui grande erro olvidar um campo de estudo que, uma vez situado realisticamente, é de importância prática fundamental, inclusive porque implica o problema da *legitimidade do poder.*

Se a Política ou Ciência Política, em geral, visa à realização dos fins da comunidade através da ação do Estado e de outros centros de poder, a Política do Direito indaga das *formas e meios jurídicos* mais adequados à consecução daqueles fins.

Antes de mais nada, há um problema inicial que é o dos critérios de necessidade, conveniência ou oportunidade da atividade legislativa e de sua correlação com as exigências da *opinião pública,* cujo conceito cabe determinar.

Põe-se, em seguida, o quadro complexo das *técnicas legislativas*, assunto de relevante importância prática, máxime à vista do intervencionismo estatal que, nos dias atuais, envolve problemas de *planejamento.* Os planos do Governo, quaisquer que sejam os seus objetivos, desde os de ordem econômico-financeira aos de povoamento ou de natureza cultural, exigem técnicas jurídicas apropriadas, pois todos eles devem ser consubstanciados em leis e regulamentos.

Ao lado da teoria e da técnica da legislação, cabe ainda à Política do Direito indagar dos campos de interesse que podem interferir no processo legislativo, como, por exemplo, os chamados "grupos de pressão" (*lobbies*), que por muitos modos, lícitos ou ilícitos, procuram determinar as opções normativas dos legisladores.

Muito embora alguns pretendam reduzi-la à Sociologia Política, pensamos que, não obstante suas naturais vinculações com os estudos sociológicos, a Política do Direito tenderá cada vez mais a revelar-se como o estudo global da *nomogênese jurídica,* isto é, das valorações e estruturas sociais que condicionam o aparecimento de uma norma jurídica, como obra de síntese superadora de possíveis antagonismos fáticos e valorativos. Um dos assuntos fundamentais da Política do Direito será, cada vez mais, o chamado *Direito do Planejamento,* que exige conhecimentos e técnicas especiais.

FILOSOFIA E TEORIA GERAL DO DIREITO

A referência à missão da Filosofia do Direito tem de ser sumária, nestas aulas propedêuticas, porque o seu conceito pressupõe o de Filosofia, mais o de Direito.

Diremos apenas que a Filosofia do Direito se situa, paradoxalmente, na base e na cúpula do edifício jurídico, representando tanto os alicerces da experiência jurídica (os princípios e fundamentos transcendentais) como o sentido unitário e englobante do Direito como experiência ideal de justiça.

A Filosofia do Direito indaga dos pressupostos lógicos da Ciência do Direito e de seus métodos de pesquisa *(Epistemologia Jurídica)*; procura determinar o *sentido objetivo* de sua história, através de mil vicissitudes sociais, nos diversos ciclos de suas evoluções e involuções, calmarias e crises *(Cultorologia Jurídica,* ou *Filosofia da História do Direito)* e, finalmente, afronta o problema central do fundamento do Direito, indagando dos valores e fins que norteiam e devem nortear o homem na experiência jurídica *(Deontologia Jurídica).* Essa tríplice ordem de indagações não se discrimina, porém, sem uma prévia tomada de contato com a experiência jurídica, para saber em que consiste o Direito ao mesmo tempo como *realidade* e como *conceito.* Esta Parte Geral da Filosofia Jurídica, da qual as três anteriores são projeções distintas, mas naturalmente complementares, nós a denominamos *Ontognoseologia Jurídica,* por motivos que seria impossível por ora esclarecer.

Pois bem, em íntima vinculação com a Filosofia do Direito põe-se a *Teoria Geral do Direito,* cujas contribuições formam "*magna pars*" de um curso como este de Introdução ao estudo do Direito.

A Teoria Geral do Direito distingue-se da Filosofia do Direito por ser um estudo que por inteiro se desenvolve ao nível das diversas formas do conhecimento positivo do Direito, cujos conceitos e formas lógicas ela visa a determinar de maneira global e sistemática. Suas conclusões não se restringem, pois, à Ciência do Direito, mas devem ser aplicáveis também à Sociologia Jurídica, à História do Direito etc.

Ela é tão positiva como o Direito Positivo, isto é, não alimenta qualquer preocupação de indagar das condições ou pressupostos últimos e transcendentais da experiência jurídica, como faz a Filosofia. A Teoria Geral do Direito tem por fim, como se vê, a determinação das *estruturas lógicas da experiência jurídica em geral,* de tal modo que as suas conclusões, como já o dissemos, sejam válidas tanto para o jurista como para o sociólogo ou o historiador do Direito.

A Teoria Geral do Direito elabora também seus princípios, mas como *generalizações conceituais,* a partir da observação dos fatos, em função das exigências práticas postas pela unidade sistemática das regras. Muito embora nem sempre o jurista se dê conta disso, aqueles *princípios gerais,* de origem empírica, destinados a disciplinar comportamentos concretos, acham-se condicionados pelos *princípios transcendentais* de que cogita a Filosofia Jurídica.

A Teoria Geral do Direito, sem ultrapassar o plano empírico da experiência jurídica, determina os seus conceitos básicos, tais como os de norma jurídica, modelo jurídico, relação jurídica, sujeito do direito, direito subjetivo, fonte do direito etc. descendo, progressivamente, à determinação de conceitos menores, como os de direitos reais, obrigacionais etc.

Isto assente, surgem logo estas perguntas: Nesse caso, como distinguir a Teoria Geral do Direito e a Dogmática Jurídica? Não foi dito, em aula anterior, que esta não só é o estudo positivo do Direito Positivo, mas também momento culminante da Ciência Jurídica enquanto ciência positiva?

Na realidade, a Dogmática Jurídica, cuja noção entendemos preferível estabelecer de antemão, por motivos de ordem pedagógica, *não é senão a especificação da Teoria Geral do Direito no âmbito e em função do ordenamento jurídico e de sua aplicação:* é, em suma, a Teoria Geral do Direito *focalizada especificamente pelo jurista enquanto jurista.*

Todas as tentativas de distinção entre Teoria Geral do Direito e Dogmática têm falhado por não se ter visto que entre elas só existe uma relação de gênero a espécie. Por outras palavras, a Dogmática Jurídica não é senão a Teoria Geral do Direito sob o prisma da Ciência Jurídica, como *teoria do ordenamento jurídico e suas exigências práticas.*

Basta folhear uma obra de Sociologia Jurídica para perceber-se que o estudioso dessa ciência também se subordina a todo um sistema de conceitos jurídicos gerais, como os já assinalados, sem os quais não lhe seria nem sequer possível identificar um fato como sendo *fato jurídico,* para indagar de sua significação social ou de sua efetividade, submetendo-o a análises estatísticas. Além disso, os estudos de Sociologia Jurídica ou de História do Direito têm contribuído para a revisão de muitos pontos da Teoria Geral, a qual não pode ser uma para o jurista e outra para o sociólogo, uma vez que ela se destina a determinar as estruturas e funções de uma única experiência jurídica.

De início, quando a Ciência do Direito ocupava sozinha o campo do Direito, era natural que a Teoria Geral do Direito fosse elaborada apenas em função da Ciência *dogmática* do Direito. Já é tempo, porém, de ampliar as suas perspectivas, no sentido de uma Teoria Geral do Direito comum a toda a problemática jurídica, estudada pelo *jurista,* pelo *historiador* ou pelo *sociólogo.*

Quando, porém, a Teoria Geral do Direito se põe apenas no âmbito e em função das exigências lógicas e práticas do ordenamento jurídico, não vemos como distingui-la, validamente, da *Dogmática Jurídica.*

LÓGICA JURÍDICA E JUSCIBERNÉTICA

Durante muito tempo se tratou da Lógica Jurídica apenas como uma forma de aplicação da Lógica geral ao mundo do Direito, divergindo os autores, às vezes, sobre pseudoproblemas, como, por exemplo, o do primado do método indutivo ou do dedutivo.

Em nosso tempo, o assunto tem assumido uma direção diversa, a partir de uma análise mais direta e objetiva da norma jurídica em seu aspecto proposicional, isto é, enquanto "proposição lógica" que opera com o verbo *dever ser*.

A compreensão da Lógica Jurídica como *Lógica do dever ser* abriu perspectivas novas, sobretudo a partir de Kelsen. Nestas últimas décadas, com o superamento da Lógica aristotélica e o emprego de *novas técnicas de formalização de tipo matemático*, tal como as realizadas pela chamada Nova Lógica ou Lógica Simbólica, também a Lógica Jurídica tem sido objeto de uma profunda transformação, sendo posto por vários autores o problema lógico em termos de análise ou cálculo proposicional.

Se ainda há quem persiste em considerar a Lógica Jurídica uma Lógica *aplicada*, vai cada vez mais prevalecendo a tese da relativa autonomia da Lógica Jurídica, que, a nosso ver, se desdobra em *Analítica Jurídica* e *Dialética Jurídica*. Sob o prisma *analítico*, ou formal, abrange diversas ordens de pesquisas, dentre as quais cumpre destacar a *Deôntica Jurídica*, relativa às *proposições normativas*, campo de estudo que assume contornos mais precisos com os estudos de Von Wright.

Ao lado dos estudos lógicos de caráter formal ou analítico, vão se afirmando cada vez mais as *investigações de natureza dialética*, tanto no sentido hegeliano-marxista da contraposição de opostos, como no sentido mais atual, que se harmoniza com a Ciência contemporânea, de uma dialética de complementaridade. A *Dialética Jurídica* põe-se, assim, a lado da *Analítica Jurídica*, cobrindo esta os estágios alcançados, progressivamente, por aquela, que é uma *Lógica constitutiva* ou *Lógica do concreto*, abrangendo a *teoria da argumentação*.

Finalmente, cabe lembrar que, no quadro da renovação dos conhecimentos jurídicos, está se constituindo a *Cibernética Jurídica* ou *Juscibernética*, que se propõe a compreender a conduta jurídica segundo *modelos cibernéticos* (o comportamento humano em termos de "comportamento" das máquinas) e a colocar à disposição imediata dos juristas os recursos dos computadores eletrônicos, por exemplo, na tarefa legislativa, na ordenação polivalente dos dados jurídicos e a realização rigorosa de cálculos resultantes da aplicação das regras jurídicas onde seja possível a quantificação.

Parte relevante da Juscibernética é a *Informática Jurídica*, que delineia novas e fecundas perspectivas no sentido de fornecer ao jurista um "banco de dados". É preciso, porém, evitar deformações incabíveis quanto à redução final do "qualitativo" ao "quantitativo", ou à substituição da apreciação do juiz pela memória decisória dos autômatos...

No Estado de Justiça Social, que é, por definição, um Estado de múltiplas atribuições, essa interferência deve obedecer às modernas técnicas do planejamento, aplicáveis inclusive ao Direito, sendo essencial, sob esse prisma, a utilização de computadores. Isto exigirá por parte dos juristas, especializados em "Direito do planejamento", o aprendizado da linguagem cibernética, para a elaboração eletrônica dos dados jurídicos.

OUTRAS FORMAS DO SABER JURÍDICO

Esta resenha tem por fim mostrar, a quem se inicia nos estudos do Direito, que o jurista, como tal, ocupa um espaço cultural que não abrange todos os horizontes do saber jurídico.

Não é essencial que o advogado ou o juiz sejam filósofos ou especialistas em Teoria Geral do Direito, e muito menos sociólogos do Direito, mas é indispensável que tenham conhecimento das investigações que se realizam nesses domínios, com um mínimo de informação compatível com a dignidade da própria tarefa. Mas se quiserem ser jurisconsultos, mister lhes será alçar-se além do campo da prática jurídica e de suas imediatas técnicas formais até o plano da Filosofia e da Teoria Geral do Direito.

Não nos sendo possível analisar outros campos das Ciências Jurídicas, vamos apenas nos referir a mais dois: o da *Psicologia Jurídica*, que põe à disposição do jurista prático e do sociólogo preciosas contribuições sobre a natureza do comportamento humano, e a *Etnologia Jurídica* ou Antropologia Jurídico-cultural que não só nos esclarece sobre a experiência jurídica dos povos primitivos como nos auxilia a compreender também o Direito atual como uma dimensão da vida humana e um dos fatores fundamentais da história.

No quadro anexo, reunimos, em síntese, as diversas formas do conhecimento jurídico, tendo como pontos de referência os elementos *fato*, *valor* e *norma*, de conformidade com a teoria tridimensional do Direito.

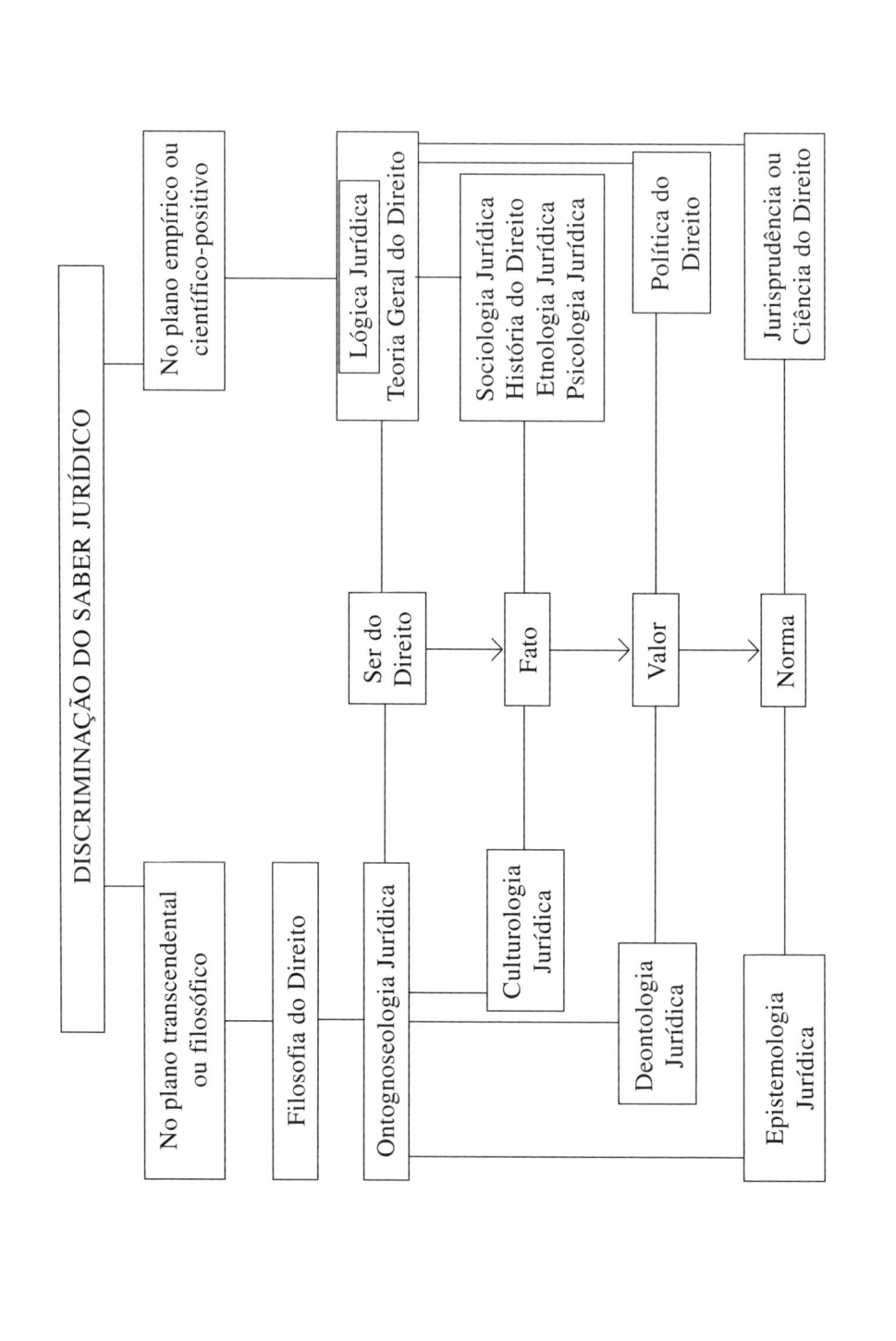

DISCRIMINAÇÃO DO SABER JURÍDICO

No plano transcendental ou filosófico

Filosofia do Direito

- Ontognoseologia Jurídica
  - Ser do Direito
  - Culturologia Jurídica → Fato
- Deontologia Jurídica → Valor
- Epistemologia Jurídica → Norma

No plano empírico ou científico-positivo

- Lógica Jurídica / Teoria Geral do Direito — Ser do Direito
- Sociologia Jurídica / História do Direito / Etnologia Jurídica / Psicologia Jurídica — Fato
- Política do Direito — Valor
- Jurisprudência ou Ciência do Direito — Norma

Capítulo XXV

DIVISÃO DO DIREITO (I)

Sumário: Direito Público e Direito Privado. Direito Interno e Internacional. Direito Constitucional. Direito Administrativo. Direito Processual. Direito Penal. Direito Internacional Público. Direito do Trabalho. Direito Internacional Privado. Direito Financeiro e Tributário.

DIREITO PÚBLICO E DIREITO PRIVADO

Toda ciência, para ser bem estudada, precisa ser dividida, ter as suas partes claramente discriminadas.

A primeira divisão que encontramos na história da Ciência do Direito é a feita pelos romanos, entre Direito Público e Privado, segundo o critério da *utilidade* pública ou particular da relação: o primeiro diria respeito às coisas do Estado (*publicum jus est quod ad statum rei romanae spectat*), enquanto que o segundo seria pertinente ao interesse de cada um (*privatum, quod ad singulorum utilitatem spectat*).

Poderá prevalecer, hoje em dia, uma distinção fundada na contraposição entre a utilidade privada e a pública?

O Estado cobre, atualmente, a sociedade inteira, visando a proteger a universalidade dos indivíduos, crescendo, dia a dia, a interferência dos poderes públicos, mesmo fora da órbita dos Estados socialistas, ou, para melhor dizer, comunistas, onde se apagam cada vez mais as distinções entre o que cabe ao Estado e o que é garantido permanentemente aos cidadãos como tais.

Ante essa interferência avassaladora do Estado, justifica-se ainda a distinção tradicional entre Direito Público e Direito Privado? Alguns autores preferem responder pela negativa. É o caso de Hans Kelsen, que estabelece uma identidade essencial entre Estado e Direito, sendo o primeiro apenas a pessoa à qual deve ser referido o ordenamento jurídico considerado como um todo.

Para Gustavo Radbruch, Direito Público e Direito Privado são meras categorias históricas, formas que recebem, através do tempo, um conteúdo variável, revestindo-se de caráter técnico ou pragmático.

A nosso ver, a distinção ainda se impõe, embora com uma alteração fundamental na teoria romana, que levava em conta apenas o elemento do interesse da coletividade ou dos particulares. Não é uma compreensão errada, mas incompleta. É necessário, com efeito, determinar melhor os elementos distintivos e salientar a correlação dinâmica ou dialética que existe entre os dois sistemas de Direito, cuja síntese expressa a unidade da experiência jurídica.

Há duas maneiras complementares de fazer-se a distinção entre Direito Público e Privado, uma atendendo ao *conteúdo*; a outra com base no *elemento formal*, mas sem cortes rígidos, de conformidade com o seguinte esquema, que leva em conta as notas distintivas prevalecentes:

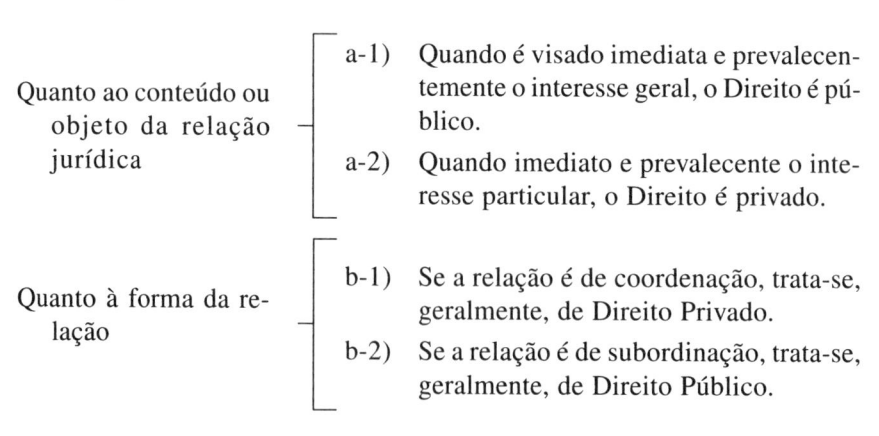

Quanto ao conteúdo ou objeto da relação jurídica
- a-1) Quando é visado imediata e prevalecentemente o interesse geral, o Direito é público.
- a-2) Quando imediato e prevalecente o interesse particular, o Direito é privado.

Quanto à forma da relação
- b-1) Se a relação é de coordenação, trata-se, geralmente, de Direito Privado.
- b-2) Se a relação é de subordinação, trata-se, geralmente, de Direito Público.

O conteúdo de toda relação jurídica é sempre um interesse, tomada a palavra na sua acepção genérica, abrangendo tanto os bens de natureza material como os de ordem espiritual. O que caracteriza uma relação de Direito Público é o fato de atender, de maneira imediata e prevalecente, a um interesse de caráter geral. É o predomínio e a imediatidade do interesse que nos permite caracterizar a "publicidade" da relação. Quando uma norma proíbe que alguém se aproprie de um bem alheio, não está cuidando apenas do interesse da vítima, mas, imediata e prevalecentemente, do interesse social. Por esse motivo, o Direito Penal é um Direito Público, uma vez que visa a assegurar bens essenciais à sociedade toda.

Por outro lado, existem, como vimos, relações intersubjetivas, em virtude das quais um dos sujeitos tem a possibilidade de exigir de outro a prestação ou a abstenção de certo ato.

Ora, há casos em que as duas partes interessadas se acham no mesmo plano, contratando ou tratando de igual para igual. Em outros casos, uma das partes assume uma posição de eminência, de maneira que há um subordinante e um subordinado. Dois exemplos esclarecerão melhor o assunto.

Um indivíduo adquire algo, numa loja, e, contra o pagamento, recebe a cousa adquirida. Temos aí uma relação de compra e venda. Tanto o comprador como o vendedor se encontram na mesma situação, no mesmo plano, de maneira que a relação é de *coordenação*. É uma relação típica de Direito Privado.

Ao lado das relações de coordenação, temos outras nas quais o Estado aparece em posição eminente, *institucional*, ou seja, manifestando a sua autoridade organizada.

Se amanhã o Tribunal Eleitoral convocar os eleitores para as urnas, é evidente que estaremos diante de uma relação de Direito Público. O leitor não se põe diante do Estado em pé de igualdade; existe uma prescrição por parte do Estado, e o cidadão lhe deve obediência, sob pena de serem aplicadas sanções penais. Então dizemos que há uma relação de Direito Público.

DIREITO INTERNO E INTERNACIONAL

Direito Interno é aquele que tem vigência em um determinado território, como acontece com o Direito brasileiro, o Direito francês etc. Nos seus estudos de Teoria do Estado, já tiveram ocasião de aprender que o Estado possui sempre três elementos: o território, a população e o poder político.

Pela palavra "território" não devemos entender apenas o assento geográfico, em que reside certa coletividade. Território é a expressão técnica que serve para delimitar a zona de interferência ou de incidência do poder político. Território é, portanto, o espaço social submetido à soberania jurídica e política de um determinado Estado. Nesse sentido, o território abrange também o mar territorial, que, no Brasil, se estende até 200 milhas, as embaixadas, os nossos navios e aeronaves, obedecidas as regras de Direito Internacional.

O Direito Externo, ao contrário, rege relações distintas do Direito nacional, quer as que se estabelecem entre os indivíduos como tais, quer as concluídas entre particulares com o Estado, ou dos Estados entre si.

A divisão em interno e externo aplica-se tanto no Direito Privado como no Direito Público, o que quer dizer que existe Direito Público Internacional, assim como há relações internacionais de caráter privado, como logo mais será esclarecido.

DIREITO CONSTITUCIONAL

O primeiro dos ramos do Direito Público Interno é o Direito Constitucional, que é o Direito primordial, porquanto condiciona os demais, conferindo-lhes estrutura diversa de Estado para Estado. É evidente que o Direito Civil ou o Direito Administrativo não podem ter a mesma configuração quando subordinados a uma constituição de tipo socialista ou capitalista.

O Direito Constitucional tem por objeto o sistema de regras referente à organização do Estado, no tocante à distribuição das esferas de competência do poder político, assim como no concernente aos direitos fundamentais dos indivíduos para com o Estado, ou como membros da comunidade política.

Nas Constituições contemporâneas, ao invés de se disciplinar primeiro a organização do Estado, como antes se fazia, para depois serem estabelecidos os direitos e garantias individuais, começa-se pelo enunciado destes, o que demonstra que, no Direito atual, os poderes do Estado são estatuídos em função dos imperativos da sociedade civil, isto é, em razão dos indivíduos e dos grupos naturais que compõem a comunidade. Por outras palavras, o *social* prevalece sobre o *estatal*. Esta é a orientação seguida na Constituição de 1988.

De outro lado, se permanece a atenção dispensada aos órgãos estatais, segundo a forma de Estado adotada (Federação, ou Estado unitário) ou a forma de governo vigente (Presidencialismo, ou Parlamentarismo, por exemplo) os direitos individuais são tratados com grande amplitude. Não se determinam apenas os direitos de *cidadania*, mas também os *direitos sociais*, desde os que protegem a vida até os relativos à comunicação.

Como as normas constitucionais são as normas supremas, às quais todas as outras têm de se adequar, a Constituição, além de delimitar as esferas de ação do Estado e dos particulares, prevê as formas preservadoras dos direitos fundamentais *in abstracto* e *in concreto*. É graças, sobretudo, à competência atribuída ao Poder Judiciário, que pode ser decretada a inconstitucionalidade de um *ato normativo* do próprio Estado, de maneira originária, ou de qualquer *ato concreto* ofensivo a normas constitucionais, no decorrer de uma demanda.

Temos, assim, no Brasil um sistema de Direito Constitucional escrito, ao contrário, por exemplo, da Grã-Bretanha, cujo Direito Constitucional é fundamentalmente costumeiro.

DIREITO ADMINISTRATIVO

Muito ligado ao Direito Constitucional, põe-se o Direito Administrativo. O Estado Moderno distingue-se pela discriminação de três poderes, que não são rigorosamente independentes, mas autônomos, embora mantendo entre si relações íntimas de necessária cooperação. Dos três poderes, um existe, cuja função primordial é executar serviços públicos em benefício da coletividade: é o poder que outros autores propõem se denomine "Poder Administrativo", mas que é mais próprio denominar Executivo.

O Estado é modelado em função das finalidades que lhe são atribuídas, como já devem saber a esta altura dos estudos de Teoria do Estado. Embora variem os meios de ação e os objetivos visados, não se ordena politicamente uma comunidade de maneira unitária, sem se ter o objetivo de preservar a unidade e a paz interna do País, a segurança de todos em todos os sentidos, e a obtenção de certos bens de vida, considerados essenciais, conforme o prisma ideológico dominante. O Estado organiza-se, pois, para servir, qualquer que seja a sua coloração doutrinária. Enquanto se organiza para atender a fins sociais e econômicos, constitui-se como um sistema de serviços públicos.

Os *serviços públicos* são, por conseguinte, os meios e processos através dos quais a autoridade estatal procura satisfazer às aspirações comuns da convivência. O Direito Administrativo, de certa maneira, é o Direito dos serviços públicos e das relações constituídas para a sua execução. A atividade do Estado pode ser de várias espécies: ora é *legislativa*, para edição de normas legais de organização e de conduta; ora é *jurisdicional*, como quando o juiz toma conhecimento de uma demanda e profere a sua decisão; ora é de cunho *administrativo*, para consecução de objetivos da comunidade que o Estado executa como próprios. Essa terceira forma de atividade, muito embora deva conter-se nos limites da lei, não tem por fim apenas realizá-la, como pretendem os adeptos da concepção do Direito Administrativo em termos técnico-jurídicos. O que o Estado visa, com a função administrativa, não é declarar o Direito, mas realizar obras e serviços destinados, de maneira concreta, a propiciar benefícios à coletividade, ou preservá-la de danos, segundo critérios próprios de necessidade, de oportunidade ou de conveniência. No exercício da função administrativa, os órgãos estatais não atuam segundo critérios ou pretensões postos por terceiros, mas sim em razão de sua competência para apreciar o que deva ou não ser feito, nos limites, é claro, da legalidade indispensável à vida social.

Um grande jurista italiano, Alfredo Rocco, fazendo um confronto entre a atividade puramente jurídica do Estado e a de cunho administrativo, observa que, quando o Estado age na qualidade de administrador, ele visa à satisfação de um interesse próprio, embora os beneficiários reais sejam os indivíduos que o compõem. Quando o Estado, ao contrário, age através do Poder Judiciário, a sua interferência se dá para resolver *interesse alheio*. Numa demanda, o que o Judiciário resolve é um conflito de interesses. O Estado está presente, na pessoa do juiz, é certo, mas para atender a interesses alheios. No caso específico da administração, ao contrário, o que se objetiva de maneira direta é o interesse do próprio Estado, enquanto representante da coletividade.

Poder-se-á dizer, contra essa distinção, que nada deve interessar tanto ao Estado como a distribuição da Justiça, expressão que é da paz social, mas não é menos certo que a razão determinante da função judiciária é o interesse privado, tanto assim que, salvo os casos de ação pública, se o respectivo titular não faz uso do direito de ação, não se verifica, em princípio, a interferência do Estado.

Levando em conta, porém, além da pertinência do interesse, também a sua *imediatidade* e *prevalência*, podemos dizer que o Direito Administrativo tem por objeto o sistema de princípios e regras, relativos à realização de serviços públicos, destinados à satisfação de um interesse que, de maneira direta e prevalecente, é do próprio Estado, em razão, porém, da sociedade ou do *bem comum*.

DIREITO PROCESSUAL

Ao lado do Direito Administrativo, colocamos o *Direito Processual*, cuja caracterização já está implícita na distinção feita, nada sendo tão anacrônico quanto situar esse ramo do Direito na tela do Direito Privado.

Pelo Direito Processual o Estado também presta um serviço, porquanto dirime as questões que surgem entre os indivíduos e os grupos, e estes e as diversas áreas do governo. O juiz, no ato de prolatar uma sentença, sempre o faz em nome do Estado. A jurisdição, que é o ato através do qual o Poder Judiciário se pronuncia sobre o objeto de uma demanda, é indiscutivelmente um serviço público. Distingue-se, entretanto, do serviço administrativo pelos motivos já aduzidos, e também por um fato não menos relevante.

Quer se trate de jurisdição *contenciosa* (referente a um conflito de interesses entre autor e réu), quer se trate de jurisdição *voluntária*, destinada, por exemplo, a homologar o decidido pelas partes, o Poder Judiciário sempre age em função do que é *proposto* ou *posto* pelos interessados, visando a atender, de maneira direta, à pretensão das partes. O interesse do Estado em fazer justiça opera-se, concretamente, através do interesse das partes na demanda.

O Direito Processual objetiva, pois, o sistema de princípios e regras, mediante os quais se obtém e se realiza a prestação jurisdicional do Estado necessária à solução dos conflitos de interesses surgidos entre particulares, ou entre estes e o próprio Estado.

São seus temas principais, a *ação*, o *processo* e a *lide*, que constituem os meios mediante os quais quem tenha interesse legítimo (*autor* da ação) recorre ao Estado para que este *declare*, ou *constitua* um direito, ou *condene* o réu a uma prestação, ou *mande* que algo seja ou não feito ou, então, que algo seja *executado* como conseqüência de decisão judicial, ou dada a natureza formal do título. Da diversidade dos objetivos *supra* discriminados resultam cinco tipos básicos de ação e de sentença: *declaratória*, *constitutiva*, *condenatória*, *executiva* e *mandamental*, categoria esta posta em evidência pelo ilustre jurisconsulto Pontes de Miranda.

O Direito Processual discrimina-se em duas subespécies ou categorias, que são o *Direito Processual Civil*, destinado à solução dos conflitos que surgem nas atividades de ordem privada, de caráter civil ou comercial (o novo Código relativo a essas regras está em vigor desde 1973) e o *Direito Processual Penal*, que regula a forma pela qual o Estado resolve os conflitos surgidos em razão de infrações da lei penal.

DIREITO PENAL

Um quarto ramo do Direito Público é o Direito Penal ou Criminal. As regras jurídicas estão sujeitas a ser violadas. Pode-se mesmo dizer que é da natureza do Direito essa possibilidade de infração, a qual, quando se reveste de gravidade, por atentar a valores considerados necessários à ordem social, provoca uma reação por parte do Poder Público, que prevê *sanções penais* aos transgressores. Há mesmo quem afirme, com manifesto exagero, que todo Direito seria, em última análise, de natureza penal. Mas, o Direito Penal, no sentido próprio do termo, é o sistema de princípios e regras mediante os quais se tipificam as formas de conduta consideradas criminosas, e para as quais são cominadas, de maneira precisa e prévia, penas ou medidas de segurança, visando a objetivos determinados. Surgem, desse modo, como pressupostos teóricos da Dogmática Penal dois problemas correlatos, que, são antes de Filosofia e de Política Criminal: o problema do fundamento do *direito de punir* e o da *finalidade da pena*. Pune-se para prevenir novos crimes, ou para castigo do delinqüente? Tem a pena por fim recuperar o criminoso, para devolvê-lo ao convívio social, ou o que deve prevalecer são objetivos de prevenção social? Eis perguntas relevantes que, a seu tempo, devem merecer estudos especiais.

Não existe sociedade sem crime. É por esse motivo que a sociedade se organiza, para preservar-se contra o delito e atenuar-lhe os efeitos. Não é no Direito Penal, porém, que se estuda o delito como fato social, que é objeto da Criminologia, baseada em pesquisas de ordem sociológica, antropológica, psicológica etc. O Direito Penal estuda, mais propriamente, as regras emanadas pelo legislador com a finalidade repressiva do delito e preservativa da sociedade. É claro, todavia, que nenhum penalista poderá compreender o significado das normas penais sem ter noções científicas sobre o *fato social* e *psicológico do delito*, em necessária conexão com os *valores* ou *fins* determinantes ou condicionantes da conduta delituosa.

Cabe, outrossim, ponderar que, dada a sua natureza, que envolve o problema substancial da liberdade humana, o ordenamento jurídico penal se distingue dos demais pelos princípios da *legalidade estrita* e da *tipicidade*, a que já nos referimos em aula anterior. Além disso, prevalecem no Direito Penal contemporâneo as exigências ético-sociais da plena garantia da defesa; do respeito à pessoa do delinqüente; do caráter estritamente pessoal da pena; da adequação desta à individualidade do criminoso; do caráter contraditório da instrução criminal, tal como a Constituição de 1988 consagra (art. 5.º, XLV a LVII).

DIREITO INTERNACIONAL PÚBLICO

Muito embora sem pretensão de definir, podemos dizer que o Direito Internacional tem por objeto de estudo a experiência jurídica correspondente à comunidade internacional e seu ordenamento jurídico.

Quando o Brasil mantém contato com outros Países para a solução de problemas recíprocos, tais relações ficam sob a ação ou incidência do Direito Internacional. A palavra mesmo está dizendo que é um Direito inter-nações, com base em um ordenamento que não se reduz ao ordenamento de cada Estado, mas pressupõe a correlação dos Estados.

Alguns internacionalistas contemporâneos, especialmente os filiados à teoria de Kelsen, sustentam, entretanto, que o Direito Internacional não pressupõe, nem lógica, nem praticamente, a existência do Estado, pois é este que não poderia existir se não houvesse uma comunidade internacional, na qual os Estados juridicamente coexistem, respeitando-se mutuamente. Para reforço dessa tese alega-se que há Direito Internacional também entre outros grupos desprovidos da qualidade estatal, e até mesmo entre indivíduos, à margem dos Estados.

Lembram outros internacionalistas que o mundo contemporâneo apresenta algumas entidades políticas de caráter complexo que vão desde certas Comunidades de Estados, organizadas para fins de segurança recíproca, até entidades de finalidades econômicas, como o Mercado Comum Europeu e o Mercosul. Tais entidades impõem cada vez mais suas normas aos Estados que as integram, o que também demonstra a não-subordinação do Direito Internacional à soberania dos Estados.

Fazendo abstração de outras doutrinas, podemos dizer que duas delas predominam quanto à compreensão do Direito Internacional, a saber, a *monista*, que subordina toda a experiência jurídica ao ordenamento internacional; e a *dualista*, que afirma a existência de dois ordenamentos complementares, o dos Estados e o ordenamento internacional. Note-se, aliás, que a teoria dualista não exclui que possa haver relações internacionais entre ordenamentos não estatais, e mesmo entre particulares, desde que como tais os Estados as reconheçam, expressa ou tacitamente.

Aqui, surgiria o problema de saber se, efetivamente, o Direito Internacional é um Direito. Durante algum tempo se contestou ao Direito Internacional essa qualidade, por ser desprovido de sanção. Que valor têm os tratados e as convenções, quando os povos se negam a cumpri-los? Que força juridicamente organizada poderá interferir para o cumprimento do que foi internacionalmente pactuado?

Pelas aulas anteriores, estão já os senhores em condições de compreender que essa objeção não tem qualquer procedência. O que caracteriza o Direito não é a coação efetiva, real, concreta, mas a possibilidade de coação. Não se pode contestar a possibilidade de coação no plano do Direito Internacional, que já apresenta casos de coação até mesmo juridicamente organizada. Hoje em dia, aliás, já existe um órgão superestatal, munido de força suficiente, para exigir dos Estados o cumprimento das normas de caráter internacional. Podemos dizer que, apesar dos pesares, a evolução no plano da comunidade internacional vai obedecer aos mesmos marcos que se apontam na evolução do Direito Privado, com uma passagem progressiva da solução armada dos conflitos para o seu superamento nos quadros do Direito.

DIREITO DO TRABALHO

Embora neste ponto as divergências sejam muito grandes, preferimos situar na tela do Direito Público o Direito do Trabalho, que alguns preferem denominar Direito Social, mas de maneira imprópria. Parece-nos, com efeito, que, na época atual, o elemento social inspira de tal forma a experiência jurídica que todo o Direito é social. A socialização do Direito não se dá apenas nas relações de trabalho, mas indistintamente em todos os setores da experiência jurídica.

O Direito do Trabalho é considerado por certos autores de natureza mista, como um Direito *sui generis*, um pouco *privado* e um pouco *público*. Não vemos como aceitar essa caracterização. A distinção entre Direito Público e Direito Privado não comporta um terceiro gênero. *Tertius non datur.*

O Direito do Trabalho apresenta-se, a nosso ver, como Direito eminentemente público, como resulta da determinação de seus elementos capitais. Constitui-se, com efeito, como sistema de princípios e regras destinados a disciplinar as relações entre empregadores e empregados, e as respectivas entidades representativas, a instituir órgãos de Previdência e de Seguro sociais, a reger as formas e meios necessários à solução dos conflitos dos indivíduos e das categorias profissionais, não apenas segundo o desejo ou interesse de cada uma delas, mas principalmente segundo exigências do bem coletivo. Quando o Estado disciplina as formas de prestação do trabalho, ou da Previdência Social; ou, então, quando disciplina os contratos coletivos, ou institui fundos de garantia, ou normas processuais etc., ele interfere na sua qualidade fundamental de *poder soberano*, estabelecendo o equilíbrio entre as partes interessadas e impondo soluções a que os particulares estão todos sujeitos. Tais vínculos são de *subordinação*, e não de *coordenação.*

O caráter publicístico do Direito do Trabalho é transparente, embora ele diga respeito a interesses individuais concretos. Há um paralelismo, de certa maneira, entre o Direito Processual, no qual se dá a interferência do Estado para resolver conflitos de interesses particulares, e o Direito do Trabalho que disciplina o interesse privado, mas segundo uma forma de intervenção que tem como medida e objetivo o interesse geral. No Direito do Trabalho, desenvolveu-se, aliás, mais uma categoria de Direito Processual, que é o Direito Processual do Trabalho, que, no Brasil, não é disciplinado pelo Código de Processo Civil, mas por um título especial da Consolidação das Leis do Trabalho e normas complementares.

Isto não obstante, alguns autores entendem que o Direito do Trabalho pertence, propriamente, à classe do Direito Privado, de maneira que as regras fundamentais, que condicionam, por exemplo, o Direito Civil e o Direito Comercial, também condicionariam, de maneira satisfatória, as relações que se constituem e se desenvolvem no mundo da produção e, especialmente, as relações entre empregadores e empregados. Tal doutrina explica-se, até certo ponto, naqueles países onde o Direito do Trabalho ainda se acha em situação incipiente ou em formação, com as suas regras incrustadas no Direito Civil.

Era essa a situação brasileira, na época em que se promulgou o Código Civil, no qual encontramos diversas disposições destinadas a reger relações de trabalho. Foi somente depois desse período que o Direito do Trabalho passou a ter um desenvolvimento muito grande, sobretudo com o advento da Revolução de 1930 e a constituição do Ministério do Trabalho, Indústria e Comércio, a decretação de leis específicas sobre a matéria e, finalmente, a Consolidação das Leis do Trabalho, que se encontra em vigor.

No Direito do Trabalho é inegável que nos deparamos com a presença do Estado, na sua função institucional, impondo limites à iniciativa individual, ao livre jogo dos interesses particulares. Se examinarmos, por exemplo, as regras que, hoje em dia, governam o contrato individual de emprego, é fácil perceber que o operário e o industrial, por exemplo, não têm liberdade de dispor livremente, fixando salários à sua vontade, mas devem obedecer a um mínimo estabelecido coercitivamente pelo poder público. Por exemplo, ninguém pode perceber menos do que o salário mínimo, ninguém pode renunciar àquelas garantias concernentes ao repouso semanal remunerado, ao trabalho normal de oito horas.

Não estão, portanto, patrões e empregados, como um comerciante que vende e um freguês que compra, mas como seres que, no ato de convencionar as formas de remuneração do trabalho, devem atender a exigências imperativas de ordem pública.

Não apenas as regras mínimas que o Estado declara são obrigatórias, mas também as regras contidas nas chamadas convenções coletivas de trabalho. Os sindicatos podem estabelecer regras que obrigam a todos os seus associados e também aos demais elementos não sindicalizados que exerçam a mesma atividade profissional.

As convenções coletivas elaboradas pelos sindicatos são obrigatórias, e nenhum operário pode contrariar aquilo que o órgão de classe estabeleceu nas convenções gerais. Há um caráter publicístico e cogente nessas regras, embora elas não sejam diretamente postas pelo Estado, mas pelas categorias profissionais armadas de um poder que o Estado lhes confere, ou lhes reconhece.

Outro exemplo, que vem confirmar o caráter publicístico do Direito do Trabalho no Brasil, é aquele que nos dá a ampla esfera de Previdência Social: cada trabalhador, no Direito Brasileiro, é contribuinte obrigatório da Previdência, cujas finalidades legais são o amparo ou garantia na aposentadoria, em caso de doença, desemprego etc.

O Direito do Trabalho, no Brasil, é, na realidade, um ramo do Direito Público, assumindo fisionomia bem diversa da de 1916, por ocasião da promulgação de nosso primeiro Código Civil.

Não vemos, portanto, necessidade de dizer que o Direito do Trabalho constitui um direito de exceção, um "*tertium genus*", uma terceira espécie do Direito, posto entre o Direito Público e o Direito Privado.

Em que pese a autoridade de professores que aceitam essa terceira categoria, pensamos que o Direito do Trabalho se caracteriza de maneira bem clara, como um dos campos em que as relações se distinguem pelo seu elemento publicístico de defesa não do trabalho de per si, apenas, mas do trabalhador como elemento integrante da coletividade.

DIREITO INTERNACIONAL PRIVADO

O Direito Internacional Privado é, às vezes, incluído na esfera do Direito Privado. A sua finalidade, alega-se, é a satisfação de interesses de particulares, pertencentes a nações diversas e, por conseguinte, pertencentes a sistemas jurídicos distintos, cujas normas podem ser conflitantes. Vejamos se é procedente essa alegação.

Já dissemos que as regras de direito têm vigência e eficácia tão-somente no âmbito do território do respectivo Estado, dependendo, no entanto, da anuência dos outros Estados para produzirem efeitos em seus territórios. Ora, o homem não é um ser jungido à terra, como as árvores, caracterizando-se antes por sua grande mobilidade social. Os homens transferem-se continuamente de um país para outro e, mesmo ficando na própria terra, entram em contato cultural ou mercantil com outros indivíduos, estabelecendo relações por cima das fronteiras.

Surge, então, o problema: quais as regras que devem disciplinar as relações jurídicas assim constituídas, no caso de haver "conflito de normas" pertencentes a dois ou mais ordenamentos?

Desnecessário é acentuar que os progressos da ciência e da tecnologia tornam o mundo cada vez mais "um só", unindo indivíduos e grupos através de relações supranacionais, a tal ponto que já podemos e devemos falar em Direito Comercial Internacional, em Direito Penal Internacional, em Direito Administrativo Internacional etc.

Marchamos, paulatinamente, no sentido de um Direito capaz de estabelecer as grandes formas de convivência dos homens, enquanto homens e não enquanto brasileiros, franceses ou alemães. Antes, porém, que se constituam esses sistemas de Direitos, já reclamados por tantos, há o problema da harmonia das regras jurídicas de um País com as de outros com referência às relações privadas constituídas no trato internacional. A disciplina jurídica, cujo objeto é dirimir os possíveis conflitos entre regras jurídicas estabelecidas pelos diferentes Estados, chama-se Direito Internacional Privado. A bem ver, trata-se de uma designação imprópria, porque esse Direito não é internacional nem é privado. É privado, no sentido de que visa a satisfazer a interesses particulares, mas as suas normas, na realidade, não têm as características peculiares às categorias do Direito Civil ou do Direito Comercial. É fácil perceber a razão disto. O Direito Internacional Privado não possui regras que disciplinem as relações entre as pessoas, mas sim regras destinadas a determinar quais as regras que devem ser aplicadas para disciplinar aquelas relações.

Há necessidade, aqui, de distinguir dois tipos de Direito: um Direito versa sobre as relações entre os indivíduos e grupos, em seus diversos campos de atividade, e um outro tipo de Direito não tem por objeto relações, mas sim regras de direito. Este segundo tipo chama-se "sobre-direito" (*Überrecht*) segundo terminologia proposta por Zitelman. Exemplifiquemos: o Direito Internacional Privado não rege as relações matrimoniais em si, mas determina, no caso de haver conflito de normas, quais as regras, deste ou daquele outro ordenamento jurídico, que devem ser aplicadas, no caso de um casamento entre um brasileiro e uma francesa, ou, então, entre italianos que, após o matrimônio, tenham passado a residir no Brasil.

Qual será o Direito aplicável nessas duas hipóteses? O brasileiro ou francês? É o Direito brasileiro, como expressão da soberania nacional, que determina quais as regras que deverão ser aplicadas nas relações entre os cônjuges no território nacional, impondo, no primeiro caso, a lei brasileira, mas reconhecendo, no segundo, a aplicação da lei italiana pelo juiz brasileiro.

O Direito Internacional Privado, portanto, não tem por finalidade reger ou complementar relações, mas decidir sobre as regras que se destinam a essas mesmas relações. É, por isso, um sobredireito. Em linguagem atual, diríamos que, em confronto com a linguagem jurídica dos demais Direitos já estudados, o Direito Internacional Privado se situa como *metalinguagem jurídica*.

Custa-nos, pois, crer que um Direito, que decide sobre a incidência de normas de outro Estado, se contenha no campo do Direito Privado. Ele não confere, de maneira alguma, direitos a Fulano ou a Sicrano, apenas fornece meios para se saber qual a regra a ser aplicada na hipótese de Fulano e Sicrano pretenderem a aplicação de regras pertencentes a ordenamentos jurídicos distintos, entre si inconciliáveis.

Um dos conceitos básicos do Direito Internacional Privado é o critério de ordem pública. Vela pelos direitos do estrangeiro no Brasil, enquanto não entram em conflito com as tradições da nossa gente e da nossa sociedade, e disciplina as relações jurídicas exeqüíveis no território nacional, pondo-os em consonância com os ditames de nosso ordenamento jurídico, numa natural e renovada tarefa de conciliação do Direito Externo com o Direito Interno.

DIREITO FINANCEIRO E TRIBUTÁRIO

Dentre os ramos principais do Direito Público cumpre fazer referência ao Direito Financeiro, até não muito tempo estudado como parte complementar da Ciência das Finanças, mas em vertiginoso desenvolvimento, como resultado imediato da crescente expansão do Estado.

O Direito Financeiro é uma disciplina jurídica que tem por objeto toda a atividade do Estado no concernente *à forma de realização da receita* e *despesa* necessárias à execução de seus fins.

Note-se que nos referimos à *forma de realização*, pois são a Ciência das Finanças e a Economia que fornecem aos administradores os elementos indispensáveis à política financeira. No Estado de Direito, porém, tais soluções devem adequar-se a *formas jurídicas*, institucionalizando-se, para garantia dos indivíduos e do próprio Estado.

Poder-se-ia dizer que o Direito Financeiro é a Ciência das Finanças em sua *projeção* ou *potenciação institucional*, isto é, enquanto os seus objetivos, em virtude das opções da Política Financeira do País, se consubstanciam num sistema de princípios e normas a que a atividade do Fisco se deve adequar. Desse modo, constitui-se toda uma estrutura normativa, isto é, elaboram-se os *modelos jurídicos* que instauram relações entre as pessoas e o Estado *enquanto Fisco*.

Embora naturalmente vinculado ao Direito Financeiro, desenvolve-se o *Direito Tributário*, que se refere, mais propriamente, às relações entre o Fisco e os contribuintes, tendo como objeto primordial o campo das receitas de caráter compulsório, isto é, as relativas à imposição, fiscalização e arrecadação de impostos, taxas e contribuições, determinando-se, de maneira complementar, os poderes do Estado e a situação subjetiva dos contribuintes, como complexo de direitos e deveres.

Conceito-chave do Direito Tributário é o de *fato-gerador* da incidência fiscal, o qual, como todo fato jurídico, só pode ser compreendido como fato inserido numa estrutura normativa constituída em função dos valores econômico-financeiros que o Estado tenha em vista realizar. Como cada imposto deve necessariamente corresponder a um distinto fato-gerador, sob pena de ilícita bitributação, bem se compreende a importância de seu conceito.

Para salvaguarda dos direitos individuais, perante o poder tributário do Estado, dispõe a Carta Magna de 1988, em seu art. 146, que cabe à lei complementar estabelecer normas gerais em matéria tributária, definindo os tributos e suas espécies, relacionando os impostos nela discriminados com os respectivos fatos geradores, com outras cautelas destinadas a legitimar as imposições do Fisco no Estado Democrático de Direito.

Capítulo XXVI

DIVISÃO DO DIREITO (II)

Sumário: O Direito Civil. O Direito Comercial. Unificação do Direito Privado. Outros ramos do Direito Privado.

O DIREITO CIVIL

Afirma com razão Messineo que, até que sejam reconhecidos direitos ao indivíduo enquanto indivíduo, ainda que subordinados ao interesse geral da comunidade, não poderá deixar de haver Direito Privado. Este se refere ao homem enquanto pessoa e sujeito instaurador de entes coletivos (pessoas jurídicas), abstração feita de sua sujeição ao Estado, isto é, nas suas relações particulares, a título individual, no seio da família, ou com relação aos bens que lhe são próprios, ou aos laços obrigacionais que constitui, visando ou não a fins patrimoniais ou empresariais.

No amplo domínio do Direito Privado destaca-se o Direito Civil como Direito fundamental ou "Direito comum" a todos os homens, no sentido de disciplinar o modo de ser e de agir das pessoas, com abstração de sua condição social, muito embora exercendo funções ou atividades diferençadas. Desse tronco comum abrem-se ramos, com características próprias, como o Direito Comercial ou o Agrário.

Os romanos não distinguiam o Direito Civil do Comercial: todas as relações de ordem privada continham-se no *jus civile* ou, então, no *jus gentium*, que era relativo aos estrangeiros ou às relações entre romanos e estrangeiros.

Costumamos dizer que o Código Civil é a *constituição do homem comum*, isto é, do que há de comum entre todos os homens. Na verdade, a Lei Civil não considera os seres humanos enquanto se diversificam por seus títulos de cultura, ou por sua categoria social, mas enquanto são pessoas garantidamente situadas, com direitos e deveres, na sua qualidade de esposo ou esposa, pai ou filho, credor ou devedor, alienante ou adquirente, proprietário ou possuidor, condômino ou vizinho, testador ou herdeiro etc. Sob o prisma da teoria culturalista do Direito, o Código Civil é, a bem ver, a Constituição fundamental. Se, do ponto de vista formal ou técnico-jurídico, isto é, segundo a ordem hierárquica das competências, uma Constituição é a lei maior ou primordial, o mesmo não se pode dizer do ponto de vista histórico-cultural, pois, a essa luz, a Lei Civil surge como o ordenamento mais estável, o menos sujeito a transformações bruscas. Basta confrontar a duração das Constituições com a dos códigos para se dar razão a Radbruch quanto à maior estabilidade do Direito Civil e à mutabilidade incessante do Direito Constitucional ou do Administrativo.

Se lembrarmos, consoante velha mas sempre atual advertência de Gianturco, que grande parte da questão social reside no campo do Direito Privado, corrigiremos uma visão errônea sobre o primado das Constituições, situada que seja a questão no plano dos valores históricos e existenciais.

Firmada, assim, a importância fundamental, como verdadeira "infra-estrutura da experiência jurídica", que se deve conferir ao Direito Civil, cabe ainda observar que, por ser ele o "Direito comum", o Código Civil tende a reunir em seu contexto regras pertinentes a situações especiais, como, por exemplo, a dos empresários e sociedades empresárias, o que suscita, como veremos, o problema da unificação ou não do Direito Privado, realizada nas matrizes do Direito Civil.

Volvendo, porém, ao conteúdo ou objeto do Direito Civil, podemos dizer que ele apresenta, como suas vigas mestras, ou elementos basilares, estes princípios que, numa sociedade democrática, condicionam toda a vida jurídica, a saber:

a) a idéia de que todo ser humano é sujeito de direitos e obrigações, pelo simples fato de ser homem (*princípio da personalidade*);

b) o reconhecimento de que a geral capacidade jurídica da pessoa humana lhe confere o poder de praticar certos atos ou abster-se deles, segundo os ditames de sua vontade (*princípio da autonomia da vontade*);

c) a admissão de que esse poder implica a faculdade de outorgar direitos e aceitar deveres, nos limites da lei, dando existência a relações ou situações jurídicas, como os *negócios jurídicos*, em geral, e os contratos em particular (*princípio da liberdade de estipulação negocial*);

d) o reconhecimento de que o homem, por seu trabalho ou por formas outras que a lei contempla, pode exteriorizar a sua personalidade em bens imóveis ou móveis que passam a ser objeto exclusivo de seu querer, e de seu patrimônio (*princípio da propriedade individual*);

e) a idéia de que entre as situações jurídicas constituídas pelo livre querer dos indivíduos uma há que é a expressão imediata de seu ser pessoal, a *família*, a cobro de indébitas ingerências em sua vida íntima (*princípio da intangibilidade familiar*);

f) a aceitação de que, entre os poderes que o homem exerce sobre os seus bens, inclui-se o de poder transmiti-los, no todo ou em parte, a seus herdeiros, a começar dos descendentes (*princípios da legitimidade da herança e do direito de testar*).

A essas estruturas mestras da vida civil devemos acrescentar uma outra que veio se afirmando à medida que era superada a concepção *individualista*, que presidiu à feitura dos Códigos Civis do Ocidente, desde o famoso "Código Napoleão", de 1804, ao Código Civil alemão (*Bürgerliches Gesetzbuch*, geralmente indicado com as iniciais B.G.B.), de 1900, e o Código Civil brasileiro de 1916, ora revogado. Referimo-nos à chamada "socialização" ou "humanização" do Direito, que consagra:

g) a função social dos direitos civis, da propriedade e dos negócios jurídicos (atos e contratos de natureza civil ou econômico-empresarial), a fim de que se conciliem as exigências do todo coletivo com os citados poderes conferidos aos indivíduos (*princípio da solidariedade social*).

É com base nesses sete princípios que se ordena o Direito Civil contemporâneo, situando-se as suas regras ora em vários códigos, ora num Código Fundamental, — ao qual, por justificado amor à tradição, se dá o nome de "Código Civil", — abrangendo:

a) os *direitos pessoais*, como os relativos ao indivíduo como ente válido por si mesmo, protegendo-lhe o ser pessoal, o nome, a imagem etc.;

b) os *direitos obrigacionais*, tendo como fulcro o poder de constituir situações jurídicas intersubjetivas para consecução de fins civis ou econômicos;

c) os *direitos associativos*, como projeção da autonomia da vontade constituindo entes coletivos, isto é, pessoas jurídicas privadas;

d) os *direitos reais*, relativos à posse e à propriedade e suas formas de explicitação;

e) os *direitos de família*, desde a sua constituição pelo casamento até as formas de extinção da "sociedade conjugal", as relações entre os cônjuges, ascendentes e descendentes etc.;

f) os *direitos de sucessão*, que resultam da transferência de bens por força de herança.

Com maior ou menor amplitude, são essas as categorias jurídicas que compõem o amplo quadro do Direito Civil, no mundo atual, devendo-se notar que, mesmo nos chamados Estados socialistas ou "democracias populares", persistem as estruturas do Direito Civil, mas como algo de concedido ou permitido pelo Estado, o qual chama a si a propriedade dos meios de produção; limita, quando não extingue de vez, a "autonomia da vontade", como fulcro da livre iniciativa; converte a família em instituição a serviço de seus desígnios políticos ou ideológicos; reduz ao mínimo, quando não o suprime, o direito de testar.

Não é, pois, nos domínios aparatosos dos contrastes ideológicos que devemos situar as diferenças essenciais entre um ordenamento jurídico liberal ou social-democrático e um ordenamento comunista, mas antes em função dos valores existenciais da vida privada. É na tela dessa experiência que nos damos melhor conta do conflito de valores existentes entre duas *concepções de vida,* que condicionam duas distintas concepções do Direito e do Estado.

O DIREITO COMERCIAL

Como tivemos ocasião de dizer, o Direito Privado confundia-se, inicialmente, com o *jus civile* e o *jus gentium,* sem se distinguir em *Civil* e *Comercial,* como ocorreu no período medieval. Foi nos últimos séculos da Idade Média que surgiram várias corporações de mercadores, cuja finalidade era realizar o comércio, não só dentro do âmbito da própria comuna, ou da própria região, mas também com outros povos. Várias cidades medievais, como, por exemplo, Gênova, Florença, Veneza e as cidades alemãs e flamengas, ganharam grande fama pela sua capacidade comercial, assim como, também, pelos seus elementos de cultura. Essas cidades constituíram verdadeiros centros do comércio europeu.

Ora, no campo das atividades mercantis, surgiram determinados tipos de regras destinadas a reger relações, como, por exemplo, as de compra e venda de caracterísitcas especiais. Aos poucos, uma grande mudança se verificou, pelo destaque de considerável massa de regras do Direito Civil, a fim de governar as relações surgidas no comércio *(jus mercatorum).* Algumas delas se distinguiam por certos elementos ainda hoje apontados como peculiares no chamado Direito Comercial, o qual, pois, apareceu na Idade Média como o Direito especial de uma classe, a classe dos mercadores.

O Direito Comercial é, pois, um dos ramos do Direito Privado, sendo um desdobramento ou especificação do Direito Civil. Perdeu, todavia, a sua característica de Direito classista, para passar a reger, *objetivamente,* determinado campo da experiência jurídica privada. Desse modo, o seu objeto passou a ser a *atividade negocial* enquanto destinada a fins de natureza econômica, sendo essa atividade habitual e dirigida à produção de resultados patrimoniais. Hoje em dia, por conseguinte, prevalece a tese de que não é o ato de comércio como tal que constitui o objeto do Direito Comercial, mas algo mais amplo: a atividade econômica habitualmente destinada à *circulação das riquezas,* mediante bens ou serviços, o ato de comércio inclusive, implicando uma estrutura de natureza empresarial.

Em geral, as nações possuem dois códigos distintos, o Civil e o Comercial, como acontece entre nós: o Código Civil brasileiro, Lei n.º 3.071, de 1.º de janeiro de 1916, e a Lei Comercial, promulgada em 1850, há mais de um século, completados ambos por dezenas de leis especiais.

A existência de um Código Comercial distinto esbarra na verificação de que o Direito Comercial não rege apenas relações entre comerciantes, mas de qualquer pessoa, física ou jurídica, cujos atos tenham por escopo a produção de bens e serviços que integrem a circulação dos resultados da produção, dando lugar a relações caracterizadas sob a denominação genérica de *atividade negocial ou empresarial.*

Os atos jurídicos, consoante já foi exposto, são formas de exteriorização da vontade. Dentre os atos que concretizam a intenção volitiva do homem, há uma forma de atividade que se distingue por estes dois requisitos:

1.º) opera uma revenda ou promove a circulação de bens;

2.º) é exercida com escopo de lucro.

Não existe comércio sem propósito de lucro. Se quem pratica uma atividade mercantil, não o faz por simples amadorismo, ou por paixão pelo trabalho, temos que compreender que é para obter uma vantagem de natureza patrimonial.

Podemos, por conseguinte, concluir que o Direito Comercial, entendido como especificação do Direito Civil, repousa sobre estes elementos *basilares:*

a) autonomia da vontade expressa, dinamicamente, numa *atividade negocial,* com propósito de lucro;

b) estrutura empresarial;

c) garantia e certeza da circulação e do crédito.

UNIFICAÇÃO DO DIREITO PRIVADO

Alguns autores entenderam, já no século passado, que a distinção entre Código Civil e Comercial não tem mais razão de ser. O primeiro a afirmar a necessidade da unificação do Direito Privado foi o nosso Teixeira de Freitas. Recebeu ele a incumbência do Império de elaborar um Projeto de Código Civil. Depois de vários anos de indagações e pesquisas, o ilustre mestre, quando já havia redigido nada menos de 4.908 artigos de seu monumental "Esboço de Código Civil", declarou haver chegado à conclusão de que as obrigações civis e mercantis deviam ser disciplinadas num só Código, precedido de um Código Geral.

Não obtendo o apoio do Governo para essa nova orientação, declinou ele da alta incumbência que lhe fora confiada.

Essa atitude de Teixeira de Freitas tem para nós um alto significado, porque demonstra até que ponto as convicções de um cientista, verdadeiramente autêntico, podem determinar suas atitudes. Vendo que o objetivo governamental estava em conflito com as suas convicções científicas, abriu mão de tão dignificante missão, para ficar fiel ao que tinha na conta de verdade.

Foi Teixeira de Freitas o primeiro, na Ciência do Direito ocidental, a afirmar a doutrina da unificação das regras privatísticas. Depois de Teixeira de Freitas, o primeiro acontecimento de relevo que se observa no sentido da unificação do Direito Privado é representado pelo aparecimento do Código Suíço das Obrigações, que disciplina tanto as civis como as comerciais.

Nem sempre é fácil resolver qual a lei aplicável a certas relações sociais, se a civil ou a comercial. Há menos dificuldade nessa determinação quando um comerciante entra em contato com outro comerciante. Entretanto, no mundo contemporâneo o fato econômico desenvolve-se com tal intensidade que não raro será difícil dizer se uma relação é mercantil ou puramente civil.

Hoje em dia, por exemplo, não são apenas os comerciantes que assinam letras de câmbio ou notas promissórias, títulos usados exclusivamente pelos mercadores, na época medieval e até época bem recente. O emprego do título de crédito tornou-se corrente e universal. Ora, a letra de câmbio é um título mercantil, de natureza formal, cujo caráter comercial se impõe com abstração das pessoas intervenientes.

Foi na Itália que a teoria da unificação do Direito Privado encontrou grandes defensores, notabilizando-se sobretudo a figura do príncipe dos comercialistas italianos, Cesare Vivante, autor de um monumental tratado de Direito Comercial. Vivante bateu-se ardorosamente pela unificação do Direito Privado, granjeando um número sem conta de adeptos, inclusive, no Brasil, onde a tradição de Teixeira de Freitas era propícia a tais idéias.

Na Itália, que é, indiscutivelmente, o país onde o Direito Comercial adquiriu maior altitude cultural, a tese da unificação do Direito Privado acabou triunfando. É obra dos nossos dias: o Código Civil italiano é de 1942 e, com ele, se abriu um novo capítulo na história da codificação civil.

Observe-se que, na Itália, depois da unificação do Direito Privado, com o desaparecimento do Código Comercial, disputaram os autores para saber se desaparecera apenas o *Código Comercial,* ou se desaparecera também o *Direito Comercial.* Alguns mestres, como, por exemplo, Mário Rotondi, que é um dos grandes partidários da tese da unificação, sustentava que o Direito Comercial deixara de existir como disciplina autônoma.

Em contraposição a essa tese de Mário Rotondi, vemos um jurista insigne, Francesco Messineo, afirmar que, não obstante a inexistência do Código Comercial, ainda subsiste, com caracterização plena, o Direito Comercial, como um Direito autônomo.

Afirma, com razão, Messineo que o fato de existir ou não um Código não cria, ou extingue, o Direito correspondente, pois não se trata de autonomia legislativa, mas sim de *autonomia científica.*

O Direito Comercial é um Direito autônomo, porquanto visa a determinados problemas, cuja existência se configura de forma clara e bem nítida nas relações sociais, sendo necessário, além do mais, ponderar que o Código Civil abrange matéria que não é toda de Direito Civil, assim como este não se contém por inteiro nesse Código. Pelas mesmas razões, além de se fundar nas normas constantes do Código Civil unificado, o Direito Comercial tem outras fontes legais, como, por exemplo, as leis sobre falência, títulos cambiais etc. Ora, se vigora, separadamente, uma lei de falências, ao lado de outras leis especiais, regulando as atividades empresariais, é porque, indiscutivelmente, persiste algo nos fatos sociais que não justifica o desaparecimento do Direito Comercial, como campo autônomo de pesquisa.

No Brasil, não obstante a tradição de Teixeira de Freitas, continuamos a ter dois códigos distintos, mas, se há divergências no tocante à unificação plena do Direito Privado, pode-se afirmar que é quase pacífica a tese da unidade do Direito Obrigacional.

Na década de 30, o Governo Federal atribuiu a uma Comissão de ilustres juristas, constituída pelos ministros do Supremo Tribunal, Hahnemann Guimarães, Orozimbo Nonato e Filadelfo de Azevedo, a alta incumbência de redigir um Projeto de *Código das Obrigações.*

Tal projeto não chegou a ser convertido em lei e, com o passar do tempo, veio sendo sentida a necessidade da reforma ou revisão de toda a legislação civil e comercial.

Em um primeiro momento, foi ainda seguido o modelo suíço de um Código Civil distinto do de Obrigações, tal como ficou consubstanciado nos projetos de autoria, respectivamente, dos Profs. Orlando Gomes e Caio Mário da Silva Pereira, com a colaboração de outros ilustres jurisconsultos, como o Professor Sílvio Marcondes, que elaborou a parte relativa à atividade negocial.

Tal orientação padecia, a nosso ver, de um defeito, qual seja o abandono da ordenação sistemática já atingida pelo Código Civil em vigor, onde toda a matéria relativa aos Direitos de Família, das Coisas, das Obrigações etc., se acha logicamente subordinada a uma *Parte Geral*. É nesta que estão estabelecidas as normas estruturais da legislação civil, assegurando unidade sistemática às regras a seguir especificadas.

Daí a iniciativa do Governo da República de abandonar a idéia de dois códigos distintos, um Civil e outro Comercial, preferindo-se disciplinar unitariamente o que se tornou comum no Direito das Obrigações, mas no âmbito do próprio Código Cível, consoante proposta por nós feita ao sermos designado para presidir a Comissão Revisora e Elaboradora do Código Civil, constituída pelos eminentes juristas José Carlos Moreira Alves, Agostinho Alvim, Sílvio Marcondes, Erbert Chamoun, Clóvis do Couto e Silva e Torquato Castro.

Nossa posição, portanto, em face ao problema, é no sentido de que não deve ser feito um código autônomo de obrigações, mas sim realizar a unificação das obrigações em geral no sistema do Direito Civil. Isto não obstante, continuarão a existir, lado a lado, o Direito Civil e o Comercial, pelos motivos já aduzidos.

Absurdo seria contestar o valor autônomo da *atividade empresarial,* a qual dá nascimento a certos tipos de associações, como, por exemplo, as sociedades anônimas. Haverá, sempre, um Direito Comercial relativo a essas organizações privadas constituídas por iniciativa dos empresários visando a fins de lucro, com base no investimento feito.

Além do mais, o Direito Comercial precisa de certas garantias, especialmente no que se refere ao crédito. Impõe-se a existência de um registro próprio, onde os atos dos empresários fiquem claramente salvaguardados, para que seja determinada a responsabilidade em relação a terceiros ou de terceiros. O registro das empresas é uma necessidade da própria mobilidade da vida econômica dos nossos dias.

O Direito Comercial não pode, nem deve desaparecer, embora as suas normas fundamentais passem a integrar o Código Civil. Foi esta a solução adotada pela Comissão Revisora do Código Civil, por nós presidida, que, além do Livro das Obrigações, apresenta outro, destinado a disciplinar a *atividade negocial* em geral, e a das empresas mercantis e industriais, em particular. A essa parte preferimos dar o nome de *Direito de Empresa,* que abrange tanto a comercial como a industrial.

OUTROS RAMOS DO DIREITO PRIVADO

O progresso social e, sobretudo, as novas realizações no plano da ciência e da tecnologia, isto é, as novas *situações fáticas* e os novos *valores* e aspirações que com elas se correlacionam — é o que se costuma denominar "impacto da ciência e da tecnologia sobre a sociedade" — determinaram o aparecimento de novos corpos ou sistemas de *normas,* destinados a disciplinar, de maneira própria, determinadas relações e situações jurídicas.

É assim que, ao lado do Direito Comercial, ocorrem outras "especificações do Direito Civil", como é o caso do *Direito Agrário,* do *Direito Cooperativo* etc.

O Direito Agrário não é, a bem ver, uma novidade histórica, pois as relações pertinentes à agricultura e à pecuária, ao *status* do agricultor e suas atividades no campo, instituindo formas peculiares de produção e circulação de riquezas, já haviam sido objeto da atenção do legislador mesmo antes do aparecimento do Direito Comercial. As normas sobre as "relações agrárias" ou, mais genericamente, sobre os "problemas da terra" abundam no Direito Romano. Nos seus estudos de História antiga devem ter ouvido falar das "questões agrárias" que marcaram certas fases da República ou do Império romanos, determinando o aparecimento e a reforma da legislação sobre o domínio e o uso da terra.

O nosso Código Civil ainda contém dezenas de artigos sobre relações jurídicas oriundas da atividade agrícola ou pecuária, a demonstrar a inserção da matéria na problemática civil.

O que ocorre, porém, de novo em nossa época é a figuração de soluções normativas cada vez mais especializadas e autônomas sobre a atividade agrícola, sua especial "estrutura empresarial", novas formas de relacionamento entre agricultores, meeiros, arrendatários, assalariados etc., no plano da vida rural.

Desde a fonte superior da Constituição vigente (art. 161) até recentes diplomas legislativos, tais como o Estatuto da Terra (Lei n.º 4.504, de 20-11-1964) ou o Decreto-lei n.º 167, de 14 de fevereiro de 1967, sobre títulos de crédito rural, é toda uma *estrutura normativa* nova que surge, compondo de maneira diversa *fatos* e *valores* sociais e econômicos. Nas recentes leis de reforma ou revisão agrária, encontrarão os senhores, ao lado das regras de Direito Público (de Direito Administrativo ou Previdenciário relativos à proteção da produção e do trabalhador rurais) uma poderosa messe de regras de Direito Agrário de natureza privada, com *institutos jurídicos agrários próprios*. Como já explicamos em aulas anteriores, chamamos "instituto jurídico" todo conjunto de regras ou normas jurídicas reunidas em uma unidade lógica autônoma, em função de uma definida porção da realidade social e dos fins por ela visados, disciplinando-lhe sua estrutura e relações intersubjetivas. Assim é que nos referimos aos institutos do casamento, do pátrio poder etc., bem como ao da "parceria agrícola", da "empresa agrícola" etc.

Direito Agrário é, pois, o ramo do Direito Privado que disciplina as relações jurídicas privadas que se constituem e se desenvolvem em função e para os fins da atividade agrícola ou pastoril.

É por possuir configuração própria que a empresa agrícola ainda se conserva como entidade *a se*. No Anteprojeto do Código Civil, elaborado pela Comissão por nós presidida, está assegurado, porém, ao empresário agrícola o direito de registrar-se como empresário sujeito aos preceitos comuns a comerciantes e industriais, inclusive em matéria falimentar.

Alguns autores apresentam o *Direito Industrial* como sendo um dos ramos do Direito Privado. Entendemos, todavia, que as normas sobre marcas de fábrica e de comércio, privilégio de invenção, e o respectivo registro, se inserem no campo do Direito Comercial, ou na tela do Direito Administrativo, não chegando a constituir um ramo autônomo do Direito. É só por motivos de ordem pragmática que os distintos preceitos podem ser tratados em um contexto unitário.

Uma breve referência desejamos fazer a outros domínios jurídicos que estão progressivamente se emancipando do Direito Comercial: o *Direito da Navegação* (marítima, terrestre e aérea) e o *Direito Cartulário*.

O antigo *Direito Marítimo*, como parte especial do Direito Comercial, não é, hoje em dia, senão uma parte do Direito da Navegação, na sua nova realidade econômico-social, abrangendo a navegação civil e mercantil, qualquer que seja o objetivo visado pelo transporte de pessoas e de bens, pesca, serviço postal, pesquisas científicas, turismo etc. É nesse amplo contexto, no qual, como se vê, a idéia finalística de lucro cede lugar ao *conceito instrumental de transporte,* que se situa o já anunciado Direito Espacial ou Astronáutico, relativo à navegação interplanetária.

Este exemplo serve para demonstrar como as alterações operadas no plano do *fato* tecnológico não implicam apenas o aparecimento ou a mudança de *normas* particulares, mas importam na formação de verdadeiros "continentes normativos", ou seja, corpos autônomos de valores e regras que integram distintos sistemas de Direito.

São também novas exigências de ordem fática e axiológica (ligadas aos problemas da "comunicação" em nossos dias, e aos progressos de "informação") que estão dando autonomia à parte do Direito Comercial que trata dos títulos de crédito (letras de câmbio, cheques, *warrants* etc.) como *formas de direito abstrato,* nos quais, por assim dizer, a causa da relação jurídica se confunde com o título mesmo, desligando-se da causa de sua emissão: os valores de certeza creditícia, a segurança nos escambos e na circulação passam a ter *validade formal abstrata.* Por outro lado, as relações internacionais da circulação e do crédito impõem *leis uniformes,* leis que nascem de tratados e convenções disciplinando, por exemplo, a letra de câmbio ou o cheque. Tais convenções, aprovadas pelos órgãos soberanos do Estado, passam a constituir Direito Interno.

Surgem, desse modo, *regras de Direito Internacional com eficácia obrigatória no Direito Interno*, e que, em princípio, não podem ser revogadas a não ser após denúncia formal do tratado, no todo ou em parte, e não por simples edição de uma lei ordinária.

O certo é que se discriminam e se especificam, dia a dia, as esferas do Direito, visando-se cada vez mais a estabelecer uma correlação real entre *fatos, valores* e *normas*, consoante a *teoria tridimensional* do Direito o demonstra perante qualquer momento da experiência jurídica, tanto do ponto de vista da Filosofia como da Teoria Geral do Direito.

Capítulo XXVII

FUNDAMENTOS DO DIREITO

Sumário: Perspectivas gerais. A teoria da justiça.

PERSPECTIVAS GERAIS

Nossa última lição vai ser breve, pela razão paradoxal de que se trata de assunto que envolve toda a problemática filosófico-jurídica. Desejamos que nosso último encontro fique como um traço de união entre estas aulas preliminares e as que dedicaremos, no quarto ano, ao problema do fundamento, o que quer dizer à *teoria da justiça*.

É claro que qualquer homem, mesmo sem ter elegido a profissão de jurista, poderá perguntar-se: Mas, afinal, por qual razão devemos obedecer à lei? Que motivo nos leva a sacrificar, às vezes, algo que satisfaria aos nossos desejos, mas se impõe como um dever? Em que se funda, em suma, a obrigatoriedade do Direito? Afinal que é legal e que é justo?

Essas e outras perguntas, sob as mais diversas formulações e sob as mais distintas perspectivas, foram feitas pelo homem comum e pelos filósofos, políticos, sociólogos e juristas, desde o início da cultura.

Por mais estranho que pareça, os homens não sabiam ainda em que consistia a lei, como estrutura lógica, ou como elemento da Ciência Jurídica, e já se preocupavam com o seu fundamento. É que a lei apareceu, primeiro, aos olhos da espécie humana recémabertos para o problema, como um ditame divino, uma decisão dos deuses, e, como vontade divina, foi crida e obedecida, sem maiores indagações.

Foi bem mais tarde que essa maneira de ver adquiriu foros de doutrina, desenvolvendo-se no sentido de ser a razão ou a vontade de Deus a fonte originária do Direito, entendida como Direito Natural, ao qual devem se conformar os preceitos da lei positiva.

Como era de se esperar, em contraposição a essa visão transcendente do fundamento do Direito, logo apareceram outras tendências de pensamento, a começar pela redução do Direito à natureza, às próprias forças imanentes que atuam no bojo dos acontecimentos humanos, compreendidos como uma das parcelas ou expressões dos *fatos naturais*. Esse "naturalismo" jurídico às vezes assume feições de um materialismo ingênuo, outras, pretende apoiar-se em conclusões das ciências físicas ou biológicas. Sob esse ângulo, sendo o Direito concebido como um "momento da natureza", o problema do fundamento é, em última análise, transposto para o da sua "fundação causal".

Mais significativas são, porém, as doutrinas que se situam no âmbito da experiência social e histórica, ainda quando possam se inspirar nas pesquisas das ciências naturais. É no homem mesmo, na sua "condição humana", que se procura, em suma, fundamentar o Direito.

Nessa linha de pensamento, já nos lembrava Platão, em seus diálogos memoráveis, que para uns o fundamento do Direito é a vontade dos mais fortes ou dos mais astutos; para outros, é o resultado da aliança dos mais fracos prevenindo-se contra os abusos da força; para outros é a utilidade, a combinação ou ajuste dos interesses; mas há quem aponte a exigência da ordem, da felicidade geral, da segurança ou da paz. Nem faltaram os céticos a sorrir desses contrastes, vendo neles a demonstração da impossibilidade de qualquer resposta plausível...

Intimamente vinculada, originariamente, à fundamentação utilitária do Direito aparece a teoria contratualista, que já se esboça na corrente dos sofistas e dos epicuristas, para encontrar o seu clima propício no dealbar da época moderna, com Althusius e Grocio e, depois, vencendo séculos até a Revolução Francesa, através de Hobbes, Locke, Rousseau, os jusnaturalistas do século XVIII e, sob um prisma diverso, Kant. O Direito e até mesmo a sociedade não seriam mais que o resultado de um acordo de vontades, que cada autor concebia a seu modo, como antecedente lógico de uma conclusão desejada. E, assim, a mesma tese contratualista serviu a Hobbes para fundar o Estado monárquico absoluto, personificado no Leviathan, o deus mortal; ou, para Rousseau lançar as bases de sua democracia radical. Havia pelo menos a coerência louvável de indicar-se um fundamento único para o Direito e o Estado.

Com palavras diversas e com outros intuitos, todo esse leque variegado de doutrinas tem se alternado em nosso tempo, assim como sempre retornam à cena, ou dela nunca saem, antigas concepções, como a do Direito Natural. Este ora se mantém na sua feição originária, — ligada à filosofia aristotélica e estóica, aos jurisconsultos romanos e aos mestres da Igreja, desde Santo Agostinho e Santo Tomás, — ora se converte em Direito Racional, expressão imediata da razão humana, ora se apresenta, como em tempos mais recentes, sob um enfoque crítico-transcendental.

Não faltam, evidentemente, outras interpretações do problema do fundamento, entre as quais merece ser lembrada, por sua imensa influência na história de nosso século, a do "materialismo histórico", segundo o qual o Direito não passa de uma superestrutura governada pela infra-estrutura econômica. Embora os marxistas reconheçam certa inter-relação entre o Direito e a economia, não é menos verdade que essa concepção só pode levar à conclusão dos juristas da antiga República Soviética (URSS), conforme conceito exposto pela maioria de seus expoentes, de que o Direito é um conjunto de regras coercitivas a serviço da classe dominante, detentora dos meios de produção, seja a burguesia ou o proletariado.

A TEORIA DA JUSTIÇA

Se considerarmos o pensamento jurídico atual, verificamos que, ao lado do marxismo, fiel ao seu economismo essencial, ou dos adeptos do Direito Natural de tradição tomista, com todas as suas variantes, duas novas posições vieram se destacando de maneira mais significativa.

Em primeiro lugar, os neopositivistas ou neo-empiristas consideram que não se pode dizer que a procura do fundamento do Direito corresponda a um problema: a justiça é antes uma aspiração emocional, suscetível de inclinar os homens segundo diversas direções, em função de contingências humanas de lugar e de tempo. Sendo impossível decidir-se por qualquer delas com base em dados verificáveis, a justiça é, do ponto de vista da ciência, um pseudoproblema, o que não impede que, do ponto de vista da Moral, seja uma exigência de ordem prática, de natureza afetiva ou ideológica.

Antes dos neopositivistas, e antecipando-se a eles, também Kelsen viu na justiça uma questão de ordem prática, insuscetível de qualquer indagação teórico-científica. No plano teórico, só se pode falar em fundamento, ao ver de Kelsen, em termos puramente lógicos, para se explicar o pressuposto da validade dessa ordem escalonada de normas que é o Direito, de conformidade com a sua teoria da "norma fundamental", à qual já nos referimos.

Pois bem, se há os que contestam a possibilidade de uma teoria da justiça, nunca esta logrou atingir contornos tão vivos e originais como em nosso tempo, sobretudo à medida que vieram adquirindo maior profundidade os estudos de Axiologia ou Teoria dos Valores.

Originando-se de múltiplas fontes inspiradoras, a partir de estudos de natureza psicológica ou sociológica, bem como da Filosofia dos Valores, é inegável que a Axiologia, em nossos dias, sob a influência de pensadores e cientistas das mais diversas tendências, desde fenomenólogos a pragmatistas, de existencialistas e neocontratualistas a culturalistas, se desenvolve em dois planos: um *filosófico,* sobre os valores em si mesmos ou em sua objetividade, sendo esta concebida de diversos modos; e um outro *positivo,* relativo às "experiências valorativas", à sua estrutura, condicionamento social, suas inter-relações etc.

É no âmbito da Axiologia, como um de seus temas capitais, que se situa, pois, a *teoria da justiça.*

Partindo-se da observação básica de que toda regra de Direito visa a um *valor*, reconhece-se que a *pluralidade dos valores* é consubstancial à experiência jurídica. Utilidade, tranqüilidade, saúde, conforto, intimidade e infinitos outros valores fundam as normas jurídicas. Estas normas, por sua vez, pressupõem outros valores como o da *liberdade* (sem o qual não haveria possibilidade de se escolher entre valores, nem a de se atualizar uma valoração *in concreto*) ou os da *igualdade*, da *ordem* e da *segurança*, sem os quais a liberdade redundaria em arbítrio.

A nosso ver, a Justiça não se identifica com qualquer desses valores, nem mesmo com aqueles que mais dignificam o homem. Ela é antes a *condição primeira de todos eles, a condição transcendental de sua possibilidade como atualização histórica*. Ela vale para que todos os valores valham. Não é uma realidade acabada, nem um bem gratuito, mas é antes uma intenção radical vinculada às raízes do ser do homem, o único ente que, de maneira originária, *é* enquanto *deve ser*. Ela é, pois, tentativa renovada e incessante de harmonia entre as experiências axiológicas necessariamente plurais, distintas e complementares, *sendo, ao mesmo tempo, a harmonia assim atingida*.

A dialética da justiça é marcada por essa intencionalidade constante no sentido da composição harmônica dos valores, sendo esta concebida sempre como momento de um processo cujas diretrizes assinalam os distintos ciclos históricos.

Cada época histórica tem a sua imagem ou a sua idéia de justiça, dependente da escala de valores dominante nas respectivas sociedades, mas nenhuma delas é toda a justiça, assim como a mais justa das sentenças não exaure as virtualidades todas do justo.

Pode dizer-se que, na história da teoria da justiça, desdobram-se três tendências fundamentais. Primeiro, foi ela vista como uma *qualidade subjetiva,* uma virtude ou hábito, tal como ficou expresso no lapidar enunciado dos jurisconsultos romanos, inspirados na tradição voluntarista de sua gente e nas lições da Filosofia estóica: *contans ac perpetua voluntas unicuique suum tribuendi (vontade constante e perpétua de dar a cada um o que é seu).*

Depois, com o predomínio das concepções naturalistas, a justiça passou a ser vista de *forma objetiva,* como realização da ordem social justa, resultante de exigências transpessoais imanentes ao processo do viver coletivo.

Não há, porém, como separar a compreensão subjetiva da objetiva, consoante já o advertira Platão, o senhor das intuições mais altas: "não pode haver justiça sem homens justos".

Na realidade, vista apenas como virtude ou vontade de dar a cada um o que é *seu,* fica-se à metade do caminho, mesmo porque o *seu* de cada um somente logra sentido na totalidade de uma estrutura na qual se correlacionem, deste ou daquele modo, o todo e as partes. Vista, ao contrário, apenas na sua extrapolação objetiva, a ordem justa pode ser mera justaposição mecânica de interesses, segundo critérios de medida impostos à *subjetividade humana,* esquecendo-se que esta, consoante ensinamento fundamental de Husserl, é a *fonte doadora de sentido* à realidade, a força primordial que converte em humano tudo aquilo que se submete a sua *intencionalidade.*

Eis, por conseguinte, como e por que a justiça deve ser, complementarmente, subjetiva e objetiva, envolvendo em sua dialeticidade o homem e a ordem justa que ele instaura, porque esta ordem não é senão uma projeção constante da pessoa humana, valor-fonte de todos os valores através do tempo[1].

É a razão pela qual entendemos insuficiente, não obstante os seus méritos, a compreensão neocontratualista de base kantiana que nos oferece J. Rawls, com paradigmas que seriam necessários à legitimidade da experiência jurídica, como, por exemplo, a imparcial, potencial e proporcional correlação que deve haver entre os direitos de um e de outros. São princípios referenciais úteis à focalização do tema, mas que nos deixam no vestíbulo da ordem justa.

---

1. Sobre esses temas, *vide* Miguel Reale, *Fundamentos do Direito,* 2.ª, ed., 1972, e *Filosofia do Direito,* cit., 13.ª ed., Capítulos XIX e XXXVIII.

A justiça, em suma, somente pode ser compreendida plenamente como *concreta experiência histórica*, isto é, como valor fundante do Direito ao longo do processo dialógico da história[2].

Em virtude dessa conexão essencial entre história e justiça, pode-se dizer, sem pretensão de ter-se alcançado uma idéia definitiva de justiça, que esta implica "constante coordenação racional das relações intersubjetivas, para que cada homem possa realizar livremente seus valores potenciais visando a atingir a plenitude de seu ser pessoal, em sintonia com os da coletividade".

É por todas essas razões que cumpre reconhecer que a justiça, condicionante de todos os valores jurídicos, funda-se no *valor da pessoa humana*, *valor-fonte* de todos os valores. Ambas devem ser consideradas "invariantes axiológicas", conforme estudo inserto em meu livro *Paradigmas da Cultura Contemporânea*[3].

---

2. Sobre essa compreensão histórico-axiológica de justo, *vide* nosso *Teoria Tridimensional do Direito*, cit., 5.ª ed.; *O Direito como Experiência*, cit., e sobretudo *Nova Fase do Direito Moderno,* 1990.

3. São Paulo, Saraiva, 1996, págs. 95 e segs. Esse estudo sobre "invariantes axiológicas" também figura em Miguel Reale, *Estudos de Filosofia Brasileira*, Lisboa, Instituto de Filosofia Luso-Brasileira, 1994, págs. 207 e segs.

BIBLIOGRAFIA

São aqui lembradas apenas algumas obras de Teoria Geral do Direito e de Introdução à Ciência do Direito. Para as de caráter filosófico-jurídico, reporto-me às indicadas em nossa Filosofia do Direito, *8.ª ed.*

AFTALIÓN, GARCIA OLANO Y VILANOVA — *Introducción al Derecho,* 8.ª ed., Buenos Aires.

ALLEN, CARLETON KEMP — *Law in the Making,* 5.ª ed., Oxford, 1951.

BATALHA, WILSON DE SOUSA — *Introdução ao Direito,* São Paulo, 1967-1968.

BOBBIO, NORBERTO — *Studi per una Teoria Generale del Diritto,* Turim, 1970.

BURCKHARDT, WALTHER — *Einführung in die Rechtswissenchaft,* 2.ª ed., Zurique, 1948.

CARNELUTTI, FRANCESCO — *Teoria Generale del Diritto,* 3.ª ed., Roma, 1951.

COELHO DE SOUZA, DANIEL — *Introdução à Ciência do Direito,* Rio, 1972.

ENGISCH, KARL — *Introdução ao Pensamento Jurídico,* trad. port., Lisboa, 1965.

ESSER, JOSEF — *Einführung in die Grundbegriffe des Rechtes und Staates,* Viena, 1949.

FALZEA, ANGELO — *Voci di Teoria Generale del Diritto,* Milão, 1970.

FERRAZ FILHO, TÉRCIO SAMPAIO — *A Ciência do Direito,* São Paulo, 1977.

FLÓSCOLO DA NOBREGA, J. — *Introdução ao Direito,* 2.ª ed., Rio de Janeiro, 1962.

FRANCO MONTORO, ANDRÉ — *Introdução à Ciência do Direito,* 2.ª ed., São Paulo, 1.º vol., 1970, 2.º, 1971.

GARCIA MAYNEZ, EDUARDO — *Introducción al Derecho,* 3.ª ed., México, 1949.

GRAY, JOHN CHIPMAN — *The Nature and Sources of the Law,* 2.ª ed., Nova York, 1948.

GUSMÃO, PAULO DOURADO DE — *Introdução à Ciência do Direito,* 11.ª ed., Rio de Janeiro, 1986.

HART, HERBERT — *El Concepto del Derecho,* trad. cast., Buenos Aires, 1963.

HOHFELD, WESLEY N. — *Concetti Giuridici Fondamentali,* trad. ital., Turim, 1969.

HOLMES, OLIVER WENDELL Jr. — *The Common Law,* 47.ª ed., Boston, 1923.

HUBNER GALLO, JORGE I. — *Introducción al Derecho,* Santiago de Chile, 1966.

JACQUES, PAULINO — *Curso de Introdução à Ciência do Direito,* Rio, s/d.

KELSEN, HANS — *Teoria Pura do Direito,* 2.ª ed., trad. port., 2 vols., Coimbra, 1962.

LEGAZ Y LACAMBRA, L. — *Introducción a la Ciencia del Derecho,* Barcelona, 1943.

LEVI, ALESSANDRO — *Teoria Generale del Diritto,* Pádua, 1950.

LIMA, HERMES — *Introdução à Ciência do Direito,* 9.ª ed., Rio, 1958.

MACHADO NETTO, A. L. — *Introdução à Ciência do Direito,* 1.º vol., São Paulo, 1960, 2.º vol., 1963.

— *Teoria Geral do Direito,* Rio, 1966.

NAWIASKY, HANS von — *Allgemeine Rechtslehre als System der rechtlichen Grundbegriffe,* Eisiedeln-Colônia, 1941.

OLIVEIRA FILHO, BENJAMIN — *Introdução à Ciência do Direito*, 3.ª ed., Rio, 1961.

PASQUIER, CLAUDE DU — *Introduction à la Théorie Générale et à la Philosophie du Droit*, Neuchâtel, 1948.

POUND, ROSCOE — *The Nature of Law,* vol. II de *Jurisprudence*, St. Paul, Minn., 1959.

RADBRUCH, GUSTAVO — *Einführung in die Rechtswissenshaft,* 9.ª ed., reelaborada por Konrad Zweigert, Stuttgart, 1958.

RECASÉNS SICHES, LUIS — *Introducción al Estudio del Derecho*, México, 1970.

ROUBIER, PAUL — *Théorie Générale du Droit,* 3.ª ed., Paris, 1951.

SARAIVA, JOSÉ H. — *Lições de Introdução ao Direito*, Lisboa, 1963.

SAUER, WILHELM — *Juristische Elementarlehre*, Basiléia, 1944.

TELLES JUNIOR, GOFFREDO — *Filosofia do Direito*, São Paulo, 1965.

VINOGRADOFF, Sir PAUL — *Introducción al Derecho*, trad. cast., México, 1952.

ÍNDICE ANALÍTICO REMISSIVO

A

Acepções da palavra "direito": 61 a 64
Advogado: 174
Alteridade: 50, 56
Amor: 38
Analogia: 85, 296 a 299
Anarquismo: 79
Argumentação: 88
Atos anuláveis: 207
　inexistentes: 207
　jurídicos: 203 a 209
　nulos: 206
Atributividade: 51
Autonomia: 107
Axiologia: 374

B

Belo: 37
Bem comum: 39, 59
Bem individual: 39
Bens culturais: 30
Bilateralidade atributiva: 50, 51, 55
Brocardos jurídicos: 303, 319

C

Capacidade jurídica: 232, 359
Cibernética jurídica: 335
Ciência do direito: 16
　normativa: 29
Ciências culturais: 30 a 32
Civilização: 25
Classificação das regras jurídicas: 117
Coação: 46, 69 a 72
Common law: 97, 141, 153, 154
Complementaridade: 6, 67, 90, 91
Compreensão: 86
Conflito entre os princípios gerais do direito: 317
Convenção social: 56
Cortesia: 57
Costumes: 139 a 143, 155 a 157
　primitivos: 146
Cultura: 25 a 27

D

Decretos Legislativos: 164, 165
Dedução: 83
Destinatários da norma jurídica: 130
Desuso: 121, 293
Dever ser: 34, 87
Dialela: 90

383

Dialética: 65, 67, 88, 90, 335
Direito:
   absoluto e relativo: 222
   acepções do termo: 61 a 64
   administrativo: 343 a 345
   agrário: 367 e 368
   alteridade: 56
   atributividade: 51
   civil: 357 a 362
   coação: 46
   comercial: 361 a 363
   como ciência: 3, 16, 17, 323
   como comportamento humano: 5
   como fato: 3
   como linguagem: 7
   comparado: 309, 310
   conceito: 15
   constitucional: 342 e 343
   construído (realidade cultural): 23, 285
   dado (realidade natural): 282
   definição: 47, 60, 61
   divisão: 4
   do planejamento: 332, 336
   do trabalho: 349 a 352
   e moral: 41 a 57
   espacial: 369
   estrutura dimensional: 64 a 67
   filosofia do: 13 a 16, 332
   financeiro e tributário: 354 a 356
   fundamento: 16, 371 a 376
   heteronomia: 48
   industrial: 368
   internacional privado: 352 a 354
   internacional público: 348, 349
   interno e internacional: 341
   introdução ao seu estudo: 10 e 11
   justo: 288
   livre: 289 a 293
   marítimo: 369
   medieval: 149
   método: 9
   multiplicidade: 3
   natural: 272, 273, 286, 306, 311 a 314, 372
   noção: 1, 2
   objetivo: 64, 183
   penal: 346, 347
   positivo: 17, 189
   privado: 4, 339 a 342
   processual: 345, 346
   público: 4, 339 a 341
   público subjetivo: 267 a 269
   real e pessoal: 221, 222
   sentido finalístico ou teleológico: 7
   sociologia do: 19, 20, 63, 328 a 330
   sua posição no mundo da cultura: 9, 10
   subjetivo: 64, 249 a 265
   teoria geral do: 18, 334 a 336
   unidade: 3, 7
Disciplinas jurídicas: 4 a 6
Dogmática jurídica: 321 a 328, 334
Doutrina: 175 a 178

E

Economia: 20 a 22
Eficácia: 112 a 116, 300
Emenda Constitucional: 164, 165

Enunciados normativos: 175
Eqüidade: 170, 298
Escola do direito livre: 284 a 289
  da exegese: 280, 281
  dos pandectistas: 282, 283
Estado: 76 a 79
  de Direito: 79, 240, 270, 355
  e o Direito Objetivo: 188 a 190
  totalitário: 79
Estruturas normativas: 176, 185, 187
  da regra jurídica: 101 a 104
  do poder: 141, 177
  tridimensional do direito: 64 a 68
Ética do dever ser: 37
  material de valores: 37
Etnologia jurídica: 143 a 146, 338
Exegese: 278 a 283
Experiência jurídica: 2, 3, 17, 62, 197
Explicação: 86

F

Fato: 65 a 67
Fato jurídico: 199 a 203
  tipo: 101, 201
Filosofia do direito: 13 a 15, 332
Fim da lei: 290
Fins: 26
Fonte legal: 164, 165
  negocial: 179 a 181
Fontes do direito: 139 a 178
Formas: 21
Foro íntimo: 55
Fundação: 245, 246

Fundamento ético da norma jurídica: 115, 116
  de validade do ordenamento jurídico: 192 a 197
Fundamentos do direito: 371 a 377
  dos direitos públicos subjetivos: 271 a 276

G

Gradação da positividade jurídica: 78
  dos princípios gerais de direito: 316 a 318

H

Hermenêutica do direito: 280 a 294
Heteronomia do direito: 48
Hierarquia das Leis: 119, 120
História do direito: 63, 327, 328

I

Imperatividade: 33, 128 a 135
Indicativa: 34
Indução: 83
Informática jurídica: 336
Institucionalismo: 235
Instituto: 191, 192
Integração do direito: 296 a 304
Intenção: 54
Interesse legítimo: 260, 261
Interpretação do direito: 277 a 289
  autêntica: 175
  estrutural: 291 a 294
  evolutiva: 283
  extensiva: 297
  gramatical: 277 a 281
  histórica: 281

385

Intersubjetividade: 50, 51
Invariantes axiológicas: 32
   e o Direito: 276 e 377

J

Juízo de realidade: 33, 87
   de valor: 33
Jurisconsulto: 174
Jurisprudência: 16, 62, 167 a 172
Juscibernética: 334
Justiça: 65, 123, 375 a 377
   comutativa: 124
   distributiva: 124
   social: 124

K

Kultur: 25

L

Lacunas no direito: 286, 287
Legitimação: 219
Lei: 162 a 166
   como fonte de direito: 162 a 166
   cultural: 29
   físico-matemática: 27 a 29
Lei complementar: 165
Lei delegada: 165
Livre pesquisa do direito: 284, 285
Lógica jurídica: 334 a 338
   analítica: 104
   deôntica: 335
   dialética: 104, 335

M

Marxismo: 373

Medidas provisórias: 166
Método: 10, 83
Mínimo ético: 41 a 44
Modelos jurídicos: 183 a 188
   a) prescritivos: 176, 177, 184
   b) dogmáticos: 175 a 178, 305
Módulo: 37
Momento nomogenético: 84
Moral: 41 a 57, 73

N

Natureza das coisas: 187
Negócio jurídico: 208, 209, 223 a 226
Nomogênese jurídica: 141
   legal: 163
Norma fundamental: 194, 196, 197
Normas:
   de conduta: 96, 134
   de cultura: 115
   de ordem pública: 130, 131, 133 a 135
   de organização: 96 a 99
   dispositivas: 134 a 136
   éticas: 35 a 40
   genéricas, particulares e individualizadas: 137
   interpretativas: 137, 138
   jurídica (conceito): 293
   jurídica: 20, 67, 93 a 96, 335
   negociais: 190
   perfeitas e imperfeitas: 126 a 128
   preceptivas, proibitivas e permissivas: 136
   primárias e secundárias: 97 a 99
Normativismo concreto: 104

O

Objeto da relação jurídica: 222, 340
Ônus: 262, 263
Ordenações Afonsinas, Manuelinas e Filipinas:
  jurídicas não estatais: 77
Ordenamento jurídico: 190 a 197

P

Pandectistas: 282
Personalidade jurídica: 227
Pessoa jurídica: 233 a 246
Plenitude da ordem jurídica: 192
Pluralidade da ordem jurídica: 77, 78
Pluralismo metodológico: 84
Poder: 38, 262
Poder negocial: 179 a 181
Polaridade: 67
Política do direito: 89, 332
Prejulgado: 175
Prestação: 219
Pretensão: 261
Princípios gerais do direito: 305 a 308
Processo legislativo: 141, 164 a 166
Proporcionalidade: 56, 60
Psicologia jurídica: 338

Q

Questão de fato e de direito: 209 a 211

R

Razão de direito: 5
Regra jurídica: 65
  de conduta: 101 a 104
  de organização: 98, 99
Régua de Lesbos: 123
Relação jurídica: 213 a 226
Relações intersubjetivas: 2, 224
Resoluções: 164, 165

S

Sanção: 72 a 77
Santo: 38
Sentença passada em julgado: 46
Ser: 87
Silogismo judiciário: 301
Sistema legal: 192
Situações subjetivas: 183, 249 a 263
Soberania: 189, 272
Socialidade: 2
Sociedade civil: 79
Sociologia do direito: 20, 63, 330 a 332
Status: 219
Subsunção: 302
Sujeitos do direito: 219 a 222, 227 a 249

T

Tatbestand: 100
Teoria:
  da argumentação: 88
  da informação: 89
  da justiça: 373 a 377
  da pessoa jurídica: 233 a 238
  dos modelos jurídicos: 183 a 188
  geral do direito: 18, 19, 332 a 334
  sobre o direito subjetivo: 249 a 263

tridimensional de direito: 64 a 68
tridimensional do ordenamento jurídico: 194 a 197
Tipicidade: 347
Título: 219
Tópica: 90
Tridimensionalidade: 64 a 68, 194

U

Unificação do direito privado: 363 a 367

Universalidade da sanção estatal: 78
Útil: 38

V

Validade: 105 a 116
Validade do ordenamento jurídico: 192 a 197
Valor: 26, 34, 65 a 68
Vigência: 105 a 109
Vínculo de atributividade: 218

ÍNDICE ONOMÁSTICO

A

Afonso, V. D. — 151
Agostinho, Sto. — 56, 125
Alighieri, Dante — 60, 61
Althusius — 372
Alves, José Carlos Moreira — 366
Alvim, Agostinho — 366
Aquino, Sto. Tomás de — 50, 56, 125, 312, 373
Aristóteles — 18, 31, 50, 53, 56, 90, 123, 124, 311, 327
Ascarelli, Tullio — 22, 169, 302
Ascoli, Max — 289
Aubry — 284, 285
Azevedo, Filadelfo de — 365

B

Bagolini, Luigi — 59, 187, 302
Barassi, Ludovico — 171
Barbosa, Rui — 110, 137
Barreto, Tobias — 47
Beethoven — 292
Bentham, Jeremias — 42, 89, 331
Betti, Emílio — 291, 292
Beviláqua, Clóvis — 176, 220, 315, 326

Bobbio, Norberto — 97, 101
Bossuet — 268
Brentano, Frank — 236
Burckhardt, W. — 250

C

Carnelutti — 297
Castro, Torquato — 366
Chamoun, Erbert — 366
Cícero — 25, 61, 311
Cogliolo — 126
Comte, Augusto — 19, 328
Cossio, Carlos — 215, 216, 302
Coulanges, Fustel de — 146
Couto e Silva, Clóvis do — 366
Crisipo — 311
Croce, Benedetto — 101

D

Decugis, Henri — 148
Del Vecchio, Giorgio — 50, 56, 255, 256, 310, 313
Demolombe — 278
Dilthey — 86

Duguit, Léon — 129, 257, 258

E

Ehrlich, Eugen — 288
Engisch, Karl — 301
Esser, Josef — 301, 305, 319

F

Falzea, Angelo — 224
Feuerbach — 215
Figueiredo, Jackson — 68
Filangieri — 89, 331

G

Garcia Maynez, E. — 126
Gény, François — 24, 284, 286, 287
Gianturco — 358
Gibson — 98
Gierke — 234
Gomes, Orlando — 365
Grócio — 56, 372
Guimarães, Hahnemann — 365

H

Hart, Herbert — 97, 98, 99, 101, 107, 196
Hauriou, Maurice — 112, 235
Heidegger, Martin — 1
Hobbes — 312, 373
Holmes, Wendel — 301
Husserl, Edmund — 236

J

Jaspers — 26
Jellinek, Georg — 42, 255, 273
Jhering, Rudolf von — 273, 290
Justiniano — 146, 282

K

Kant — 37, 44, 49, 50, 54, 64, 160, 194, 312, 313, 314, 373
Kantorowicz, Hermann — 288
Kelsen, Hans — 47, 48, 93, 97, 114, 129, 160, 237, 238, 240, 340
Kirchmanm, von — 325
Korkounov — 126

L

Laband — 76, 272
Larenz, Karl — 301
Legaz y Lacambra — 220
Leibniz, Wilhelm — 54
Lenin — 38
Lessa, Pedro — 322, 324
Lévi-Strauss — 188
Locke — 373

M

Manuel, D. — 151
Marcondes, Sílvio — 365, 366
Marx, Karl — 79
Mendes Júnior, João — 19
Messineo, Francesco — 364
Montesquieu — 24, 188

N

Napoleão — 152, 277, 281, 285, 359
Nonato, Orozimbo — 365

O

Olivecrona, Karl — 201

P

Panêcio — 311
Perelman, Chaim — 90

Péricles — 229
Petrazinski — 50
Pitágoras — 14
Platão — 53, 372, 376
Pomponius — 288
Pontes de Miranda — 100, 201, 255, 346
Ponty, Merleau — 188
Portalis — 277
Posidônio — 311
Pound, Roscoe — 301, 316

R

Radbruch, Gustavo — 340
Rau — 284
Rawls, J. — 376
Reale, Miguel — 16, 78, 91, 111, 121, 123, 208, 376, 377
Recaséns Siches — 65, 209, 220, 302
Rocco, Alfredo — 344
Roguin — 267
Romano, Santi — 2, 235, 262
Rosmini — 36
Ross, Alf — 196, 201, 257
Rotondi, Mário — 364
Rousseau, Jean-Jacques — 278

S

Saleilles, Gabriel — 283

Saussure — 292
Savigny — 113, 175, 213, 233, 234, 251, 282, 290
Scheler, Max — 37
Silva Pereira, Caio Mário — 365
Simonius — 304
Sócrates — 310, 318
Stammler, Rudolf — 21, 56, 115, 288, 313

T

Teixeira de Freitas — 131, 151, 203, 222, 290, 363, 364, 365
Thomasius, Christian — 50
Thon — 254

U

Ulpiano — 311

V

Vico, Giambattista — 3, 89, 327
Viehweg, Theodor — 90
Vivante, Cesare — 364

W

Windscheid — 251, 253, 254, 255, 283, 284
Wright, von — 335

Z

Zenão — 311
Zitelman — 284, 287, 353